重点大学软件工程规划系列教材

IT项目管理

——从理论到实践（第2版）

张锦 王如龙 主编

邓子云 罗铁清 王莹 副主编

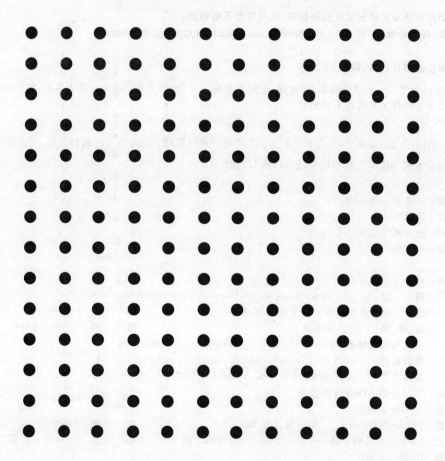

清华大学出版社
北京

U0368715

内容简介

本书在充分汲取国内外 IT 项目管理思想宝库的精华和丰富实践经验的基础上,结合国内外信息技术发展的趋势和信息化建设的特点,根据作者多年 IT 项目开发和管理经验、科研成果和实践心得,以及在大学和企业讲授 IT 项目管理课程的教学体会总结而成。

全书共分为 14 章,从一般项目、IT 项目和软件项目的不同层次、不同角度对项目管理进行了系统的介绍。针对信息技术与信息化的特点,以理论与实践相结合为原则,全面、深入地讲解了 IT 项目管理和软件项目管理的理论、方法、技术和工具,给出了较完整的 IT 项目管理文档模板范例。本书在每章开篇都明确了该章的学习目标和需要掌握的知识要点,并安排了与该章内容相关的实际案例与案例分析以及相关的习题与思考。

本书第 2 版将 IT 项目管理新知识与最佳实践紧密结合,采用美国项目管理协会(PMI)项目管理知识体系指南(PMBOK 指南)第 5 版的体系框架,补充了近年来作者在 IT 项目管理研究与实践中取得的成果和体会。

本书可供大专院校信息科学与工程、软件工程、计算机及相近专业本、专科生和研究生作为 IT 项目管理、软件项目管理课程的教材或参考书,同时也可作为从事信息化工作的项目实施人员和管理人员的培训教材或参考书。

图书在版编目(CIP)数据

IT 项目管理——从理论到实践/张锦,王如龙主编.—2 版.—北京:清华大学出版社,2014(2024.1重印)
重点大学软件工程规划系列教材
ISBN 978-7-302-37208-0

Ⅰ.①I… Ⅱ.①张… ②王… Ⅲ.①IT 产业－项目管理－高等学校－教材 Ⅳ.①F49

中国版本图书馆 CIP 数据核字(2014)第 152123 号

责任编辑:付弘宇 李 晔
封面设计:傅瑞学
责任校对:白 蕾
责任印制:杨 艳

出版发行:清华大学出版社
　　　　网　　址:https://www.tup.com.cn,https://www.wqxuetang.com
　　　　地　　址:北京清华大学学研大厦 A 座　　　　邮　　编:100084
　　　　社 总 机:010-83470000　　　　邮　　购:010-62786544
　　　　投稿与读者服务:010-62776969,c-service@tup.tsinghua.edu.cn
　　　　质量反馈:010-62772015,zhiliang@tup.tsinghua.edu.cn
　　　　课件下载:https://www.tup.com.cn,010-83470236
印 装 者:三河市铭诚印务有限公司
经　　销:全国新华书店
开　　本:185mm×260mm　　　印　　张:25.75　　　字　　数:618 千字
版　　次:2008 年 9 月第 1 版　　2014 年 10 月第 2 版　　印　　次:2024 年 1 月第12次印刷
印　　数:19501～21000
定　　价:69.00 元

产品编号:056694-03

作者简介

张锦，博士后，教授，具有多学科交叉的学术背景、多领域的科研经历和丰富的企业项目管理经验。国家高级项目管理师，担任多家培训机构的资深项目管理培训专家。

先后获得湖南大学通信工程学士学位、湖南大学计算机应用技术硕士学位和浙江大学生物医学工程博士学位，并先后在北京师范大学系统科学博士后流动站和美国芝加哥大学（University of Chicago）计算所从事博士后研究。

先后任职湖南大学信息科学与工程学院副教授、湖南师范大学数学与计算机科学学院教授，曾担任国家自然科学基金评审专家、国家中小企业创新基金评审专家、二十余家期刊/国际会议等论文评审专家等。先后主持或参与国家自然科学基金、国家 863 重点项目、国家 973 项目以及省级课题十余项，负责了多个项目的全流程管理，研究领域涉及可信软件、电力行业软件、人工智能、软件形式化、脑科学、模式识别等多个领域。

先后担任后天科技有限公司总经理、津湘汽车集团 CIO、弘高融资租赁有限公司 CIO、弘高高科投资管理有限公司副总经理等职务，负责企业信息化战略的制定、实施和运维升级，主导的信息化项目涵盖企业移动互联网战略转型、现代汽车服务信息化升级、电力行业软件生产线研发等，单个项目金额近 2000 万元，项目涉及人员近百人。

王如龙，湖南大学信息科学与工程学院教授，曾任软件工程系主任、天工远科信息技术公司副总经理、技术总监、国家科学技术奖评审专家、教育部科技奖评审专家、国家高新技术企业评审专家、国家创新基金项目评审专家、教育部教育信息化专家，资深高级 IT 项目管理师 & 高级需求分析师培训师，湖南省制造业信息化专家组副组长、湖南省软件行业协会常务理事、湖南省物流与采购联合会常务理事、湖南省物流标准化技术委员会委员、湖南省优秀中青年专家、享受国务院政府特殊津贴专家。

从事企业信息化、软件工程和 IT 项目的研发、管理和教学 30 余年，多次承担国家科技攻关项目、省部级重点项目和国家创新基金项目，完成数十项大型应用软件系统的开发。获得国家科技成果 1 项、国家工程设计优秀软件奖 1 项、省部级科技奖 16 项。

发表著作和论文百余篇，其内容涉及计划优化、流程优化、产品优化及建模方法与模型自动生成技术；MIS、CIMS、ERP、POS、ASP、SaaS 等系统研发；软件工程、IT 项目管理、信息系统、需求工程、IT 服务管理、企业架构等理论研究与应用。

主要研究方向为企业信息化、IT 项目管理、软件工程、IT 服务管理。

第2版前言

本书第 1 版自 2008 年 9 月出版以来,受到广大读者的厚爱,在 5 年多的时间内共印刷了 7 次。不少高校用其作为"IT 项目管理"、"软件项目管理"课程的教材,不少企业用其作为"信息化管理"人才的培训教材。

几年来,信息技术和信息化应用快速发展,IT 项目管理愈来愈受到社会的关注和认同,其理论与实践的研究和实践已成为信息化的主流之一。为适应这一发展需要,更好地为广大读者服务,我们对原书做了认真修订,形成了第 2 版。

第 2 版将 IT 项目管理的新知识与最佳实践紧密结合,采用项目管理知识体系指南(PMBOK 指南)(第 5 版)的体系框架,将第 1 版的 44 个过程修改为 47 个过程,其中专门增加了 4 个规划过程,以提高一致性和清晰度,并强调各子计划被整合成综合的项目管理计划的重要性与必要性。第 2 版还特别增加了第 10 个知识领域(项目干系人管理),用来定义项目干系人对关键决策和活动的适度参与,并结合案例进行了重点解析。在第 2 版的每一个章节中,都补充了近年来编者在 IT 项目管理研究、教学和实践中取得的体会和成果,例如,在第 2 章增加了"IT 项目管理最佳实践模型",在第 4 章增加了"软件项目范围的控制区间模型",在第 14 章增加了"知识的递进与文档的关系模型"和"制定文档编制计划"方法等。

为了使本书更为精练,第 2 版删去了第 1 版中设置的每章小结和推荐阅读,对第 1 版的第 13 章"IT 项目监理与审计"、第 15 章"IT 系统运营与服务管理"、第 16 章"项目管理软件"和第 17 章"IT 项目管理应用实例"也忍痛割爱。

第 2 版由张锦和王莹进行了全面的调整、补充和完善,张锦撰写了第 12 章"强化项目干系人管理"。叶柏龙、李珂、荣辉桂、李珩、欧阳柳波、秦拯、陶志勇、刘娜、蒋象慧、鲁权、陈建国等参与了部分章节的编写工作。

经典著作《全球通史》的作者、美国学者斯塔夫里阿诺斯指出,人类历史反复出现如下状况:从技术变革的产生到允许其大规模发挥效用所必需的社会变革的出现之间,存在着一个时间差。也就是说,知识的增长与运用知识的能力不平衡。

编者以为,人类在"技术变革"与"社会变革"之间的"时间滞差",

使之产生了许多"麻烦"和"痛苦"。而项目管理能够帮助人们了解产生"时差"的奥秘,并能够将"麻烦"转变为"便捷",将"痛苦"转变为"快乐"。这就是项目管理的奥妙所在。

编者深刻地认识到,世界上最难学懂学透的学问,是如何享受生命;在人类所有缺点中,最严重的缺点是轻视生命,而生命又是由一个又一个项目来完成的,通过项目来爱生命,我们就能领悟到生命中最深刻的秘密。在IT项目管理的研究、教学和实践中,我们愈来愈感觉到项目管理的价值所在。

爱因斯坦说:"用专业知识教育人是不够的,通过专业教育,他可以成为一种有用的机器,但不能成为一个和谐发展的人。要使学生对价值有所理解并且产生热诚的感情,那是最根本的。他必须对美和道德有鲜明的判别力。"正是基于这种理念,我们在IT项目管理的理论研究和实际应用过程中,特别是在课堂教学实践中,特别注重情感的投入和价值观的灌输。这些情感与价值观在持续地感染着学生和学员,他们对这门课程也倾注了极大的热情和高度的认同。以下是同学们在学习中的感想与体会,编者希望与大家来分享他们的收获。

何轼同学说:"通过IT项目管理课程的学习,我深深地体会到了项目之于国家、企业和个人的重要作用,体会到了项目管理的深刻价值,更体会到了IT项目管理的博大精深。感到了只有在日后的学习及工作中不断积累项目知识、经验才有可能成长为优秀的软件项目管理人才。我还看到了软件项目及项目管理在我国的发展水平仍不是很高,感受到自己身上所肩负的责任。"

王瑶同学说:"上完这门课,我学到的东西很多。以前很多的一些看法、认识,大多是有偏见的。现在我深刻地了解到IT项目管理的重要性,知道做软件需要了解许多项目管理的模板,这对以后的工作都是很有帮助的。另外,还有老师们上课结合自身的经验、体会给予的告诫,更让我们提前了解到今后工作以及做人的一些方向。"

易雯同学说:"上了软件项目管理课,我在时间、成本的把握和沟通技巧方面都有所长进。这门课程讲的不仅仅是书上的知识,还有很多老师宝贵经验和经历的分享。老师深刻剖析的一个个案例,确实让我们增长了见识。软件项目管理是我们软件学院的一大特色,让我看到了我们学院与其他学院的不同,很新颖,觉得很值。相信我以后一定可以用到从这门课程中所学到的知识,多年后自学起来也会更容易上手。"

黄晓军同学说:"上完这门课后,我认识到软件项目管理课程讲述的不仅仅是软件行业的项目管理,同时也适用于各个行业,乃至人生规划的管理。我从这门课程中获得最大的收获是老师通过总结经验概括出来的至理名言和大量案例的讲解。老师自身经验的讲述以及大量的流程、模板和表格使我更清楚地了解到项目管理方法和原理在实践中的应用。我会在项目管理领域继续探索、学习,用行动去体会'项目造就人生,人生享受项目'的真谛。"

……

无论是老师还是学生,我们都已经体会到应该将每一堂课都当作一个项目或项目的某个阶段来运作。从每堂课结束时课堂上所响起的热烈而长久的掌声中,我们都感觉到了项目与项目管理的价值。

本书第1版发行以来,编者收到了很多读者的来信,他们对本书的肯定和支持使我们倍感亲切和鼓舞;他们提出的建议和要求是我们前进的动力和方向。在此,对各位关心和支持本书教学和出版的领导、同事、朋友、学生和学员表示衷心感谢。

感谢清华大学出版社的工作人员对本书再版发行的大力支持和帮助。

本书的配套课件及其他相关资料可以从清华大学出版社网站 http://www.tup. tsinghua.edu.cn 下载,在本书及课件的使用过程中遇到任何问题,请联系 fuhy@tup. tsinghua.edu.cn 或 mail_zhangjin@163.com。

张锦　王如龙

于岳麓山下

2014 年 4 月 20 日

第1版前言

项目和项目管理是一个既古老又年轻的话题,说它是古老的,是因为自从有了人类就有了项目和项目管理的存在,它伴随着人类的发展,见证着历史的兴衰;说它是年轻的,是因为当今的项目与项目管理集全球化、多元化、专业化特点于一身,无处不显示着它强大的生命力和其科学性、创新性带来的勃勃生机。

随着信息技术(Information Technology,IT)的快速发展和日益深入应用,IT项目越来越多地影响到人们生活的方方面面。虽然IT项目及IT项目管理只有几十年的历史,但其对"项目及项目管理"各种特点的表现却淋漓尽致,令人无限感慨。

40多年来,"软件危机"一直困扰着人们,严重阻碍着IT项目和软件产业的发展,人们在苦苦地寻找"银弹",希望有一天能够降服这些"人狼"。1987年美国国防科学委员会曾在一份报告中指出,管理是软件开发的最大问题区域,20多年来,未能实现"应用新的软件方法和技术可以提高软件生产率和质量"这一诺言。报告认为,基本问题是不能管理其软件过程,在无纪律的、混乱的项目状态下,组织不可能从较好的方法和工具中获益。在不断的探索和实践过程中,人们已经认识到,引起IT项目失败的原因:一是由于IT项目的复杂性,二是由于缺乏合格的IT项目管理人才。而不能进行有效的项目管理是导致IT项目失控的直接原因。

IT项目管理既是一门科学又是一门艺术。因为它是一门科学,所以遵循和不遵循管理科学来管理就会产生截然不同的结果;因为它是一门艺术,所以IT项目的管理既要领悟项目管理的真谛,也要不断进行创新,在这一过程中人的潜能可以得到尽情发挥。通过项目的开发、控制与管理,我们将体会人生、享受生活,达到人生的崇高境界。

本书的目的

基于对上述结论的认识和认同,也基于笔者近30年在IT项目特别是大型应用软件项目的开发和管理过程中的经验与教训,近10年来在大学和软件企业从事IT项目管理的教学体会、科研成果和实践心得,笔者深刻地认识到"给我们造成麻烦的不是我们不知道的东西,而是我们已知道的东西原本不是这样的"。作为项目的管理者、开发者和采用者,说他们不了解项目与项目管理应该是不可能的,但能够全面掌握项目与项目管理的原理、方法、技术和工具,并运用到管理项目实践中,对每一个人都是一个极大的挑战。

不论读者是具有多年 IT 行业从业经验的管理者、开发者和参与者,还是希望进入 IT 行业的大学生、研究生,都希望您能通过这本书在如下的 4 个方面有所收获:

(1) 在解决问题方面,提高对项目管理的认识,特别是对 IT 项目管理的认识,进而理解 IT 项目管理的重要性和必要性。

(2) 在满足需求方面,满足信息化社会和 IT 企业对 IT 项目建设的需要;满足高校对 IT 项目管理类课程教学的需要;满足 IT 项目对软件项目的需求;满足个人掌握 IT 项目开发与管理技能的需求。

(3) 在掌握重点方面,总结、提高和创造 IT 项目和项目管理的有效方法和实践,达到掌握与控制 IT 项目管理全过程的目的。

(4) 在实践应用方面,以项目管理的原理为基础、以实践经验和实际案例为对象,通过学习项目管理的方法、技术和工具,提高 IT 项目的开发质量和管理效率。

本书的特点

本书从项目、IT 项目和软件项目的不同层次、不同角度对项目管理进行了介绍,在项目管理知识体系框架基础上,针对信息技术与信息化特点,以理论与实践相结合为原则,系统讲解了 IT 项目管理和软件项目管理的理论、方法、技术和工具。根据当前 IT 项目管理的热点问题和 IT 项目管理的需要,通过 IT 项目管理流程、IT 项目监理与审计、软件项目配置管理、IT 系统运营与服务、项目管理软件等章节的讲解,提高读者认识和区别 IT 项目与其他项目的能力,加强实施与管理 IT 项目特别是软件项目的能力。

为了让读者理解本书每一部分的学习目的和价值,在每章开篇都分析了学习该章节的理由与所存在的价值,提出了该章的学习目标和需要掌握的知识要点。这有助于读者明确学习方向,掌握学习重点和难点,进而达到运用项目管理知识解决实际问题的目的。

为了让读者更好地理解各章的重点内容、掌握相关实践方法,在每章开篇与结尾处均安排了与该章内容相关的实际案例及其分析。本书提到的 23 个案例绝大部分源于作者亲身参与的项目,我们力图通过案例介绍与分析对项目进行真实重现,使得没有太多实际 IT 项目经历的读者也能真切感受真实 IT 项目的场景。通过这些案例,我们将作者在项目管理方面的经验与教训毫无保留地展现给读者,其目的就是希望通过这些鲜活的案例提高读者的学习热情,更好地理解项目管理的本质和精髓,切实掌握解决 IT 项目实施中各种问题的方法与途径。

知识的掌握需要教与学的互动,而能力的提高更需要读者经历艰苦钻研的过程才能体会醍醐灌顶时的雀跃、感悟时的会心一笑,并真正体会凤凰涅槃式的升华。因此,笔者认为在课堂上学习项目管理的时间只是很小的一部分,对这些知识的理解、体会、巩固和完善需要读者在课后花费大量时间和精力完成。笔者也经常听到有不少同学在找工作时抱怨说,用人单位往往更偏向于有实际工作经验和能力的人,而自己在学校的学习很难达到这个要求。在学校的教学过程中的确很难让每位同学都参与实际的 IT 项目,积累项目经验。为了弥补课堂教学效果的不足、缩短学生融入企业所需的时间,笔者认为在学习 IT 项目管理的过程中为学生推荐一些优秀读物、设计一些有针对性的习题,可以在很大程度上帮助学生积累经验、培养实际工作能力。基于这个出发点,本书精心设计了 154 个"习题与思考"题目,认真选择了 38 篇"推荐读物",通过这种方式以巩固同学们的课堂所学,提高项目实施能力，积累项目管理经验。

本书的读者

本书充分汲取了国内外 IT 项目管理实践和思想宝库中的精华，结合当今社会信息化的特点和信息行业的发展趋势，并融入作者多年从事 IT 项目研发、管理和教学的心得和体会，力求为读者提供一本系统、全面、丰富并具有指导意义和可操作性的教材。本书可作为软件工程、计算机和信息管理专业本科生、专科生和研究生的教材或参考书，也可作为电气工程、管理工程等相关专业本科生和研究生的教材或参考书。为了配合教师的课堂教学和企业培训，本书提供了丰富的教辅资源，包括配套电子教案、详细习题解答等，希望为教师课堂教学、学生课下理解以及读者自学等提供完善的辅导材料。

为了加快我国的信息化建设，并使得我国信息化进程具有鲜明的时代特征和中国特色，我们急需一支在不同领域、不同岗位从事信息化管理工作的队伍。本书也可以作为这些从业人员在实施 IT 项目时对 IT 项目进行研究和管理的培训教材和参考书。书中介绍的 IT 项目管理知识体系、IT 项目管理流程、项目管理软件和软件项目管理模板与规程可以帮助他们提高 IT 项目的操作能力、实施能力、控制能力和项目管理水平。

本书的作者

本书由湖南大学软件学院王如龙教授总体策划并组织编写，王如龙为主编，邓子云、罗铁清为副主编。其中第 1 章"走进 IT 项目管理"、第 2 章"把握环境、控制过程"由王如龙撰写；第 3 章"整合项目资源"、第 11 章"关注项目的采购与外包"、第 17 章"IT 项目管理应用实例"由邓子云撰写；第 4 章"控制项目范围"、第 10 章"应对项目风险"由唐爱国撰写；第 5 章"保障项目进度"、第 12 章"理顺 IT 项目管理流程"由罗铁清撰写；第 6 章"驾驭 IT 项目成本"由孙美青撰写；第 7 章"保证项目的质量"由西米莎撰写；第 8 章"协调项目人力资源"由王莹撰写；第 9 章"改善项目的沟通"由伍江杭撰写；第 13 章"IT 项目监理与审计"、第 15 章"IT 系统运营与服务"由杨烺撰写；第 14 章"规范项目配置管理"、第 16 章"项目管理软件"由张益林撰写；附录 A"IT 项目管理文档模版范例"由王如龙、罗铁清共同撰写。张锦、黄婧、刘蓉、唐一韬、谢英辉、段琳琳、段智敏、李号彩等人参与了本书部分章节内容的编写工作。

本书重点参照作者最近几年在大学和企业讲授"IT 项目管理"、"软件项目管理"、"需求工程"、"软件工程"和"CMM&ISO 9000 概论"等课程的讲义，并根据相关内容对全书进行了总撰。

在本书的编写过程中，参阅了大量的资料与文献，其中有 120 多篇书籍和文章已在参考文献中列出，部分文献资料限于篇幅没有一一列出，在此谨向所有参考资料的作者表示谢意。

由于编者水平所限，以及本书框架、体系和内容所具有的探索性和创新性，书中的错误和不妥在所难免，敬请读者不吝批评指正。

王如龙

于岳麓科教新村

2008 年 3 月 18 日

CONTENTS

目　　录

第 1 章

走进IT项目管理

【本章知识要点】

不管你是有感觉还是没有感觉、已经认识还是没有认识,项目总是存在于你的身边;无论你是有体会还是没有体会、是主动运作还是被动执行,项目管理总是作用于你的周围。IT 项目管理既是一门科学,又是一门艺术。由于它是一门科学,所以遵循科学的管理规律和不遵循科学的管理规律就会产生截然不同的结果;由于它又是一门艺术,所以在项目管理过程中需要充分发挥项目经理和项目团队的主动性与创造性。

本章分析项目与项目管理的价值;讨论一般项目、IT 项目、软件项目的概念与特点以及项目管理、IT 项目管理、软件项目管理的概念和特点;介绍项目管理组织与项目管理知识体系。学习完本章后,应当掌握如下知识:

(1) 项目与项目管理的价值和作用。

(2) 项目与项目管理的概念和特点。

(3) 项目管理组织与项目管理知识体系。

(4) 信息技术与信息化概念与特点。

(5) IT 项目与 IT 项目管理概念与特点。

(6) 软件项目与软件项目管理概念与特点。

【案例 1-1】

企业信息化破茧之路　项目管理是 IT 项目灵魂
——对话 IT 项目管理专家王如龙

软件项目管理能力,一直被认为是我国软件企业的弱势之一。长期徘徊于低层次竞争层面的我国软件企业,如何跳出软件项目屡战屡败的怪圈?软件人一直在思索创立我国 IT 产业特色、全面提升 IT 产业综合竞争力的新型战略。而在国内企业信息化项目成功率不高,软件业发展面临严重挑战的内忧外困之时,软件又将如何破茧,强化其在 IT 行业中的一流聚集效应?

与众多身陷发展困境或盈利怪圈的软件企业不同的是,近年来湖南天工远科信息技术公司承接的大型 IT 项目皆是捷报频传,衡阳钢管集团、涟源钢铁集团、湘潭钢铁集团、湖南关西汽车涂料公司、广西平果铝业公司、泰格林纸集团、广东电信公司、广东移动公司等的 IT 项目都取得了成功。湖南大学软件学院教授、湖南省计算技术研究所研究员、天工远科信息技术公司副总经理王如龙认为，天工远科得益于多年以来在 IT 项目管理方面的最佳实践。

在软件企业中全面提升项目管理水平，将是我国软件产业破茧的第一关。

酝酿 20 年的 IT 项目管理雏形

在王如龙和天工远科领导层的积极推动下，2002 年天工远科 IT 项目管理体系正式成形，后来相继提升到 2.0 版、3.0 版。天工远科 IT 项目管理体系的实施，为公司的持续发展打下了夯实的基础，也为企业信息化项目的实施提供了很好的支撑平台。

谈到 IT 项目管理，王如龙表示，对此他很早就有深刻的体会。在他 20 世纪 80 年代初工作伊始的湖南省计算技术研究所，当时的实力在全国名列前茅，以"计算机应用所"闻名。该所的主要任务就是研发计算机应用项目，满足社会和用户的需求。同样的工作，有很多研究人员搞了一辈子，搞的东西还是应用不起来，究其原因就是过于强调成果与论文，忽视了市场需求与实际应用效果。做得好的研发人员，不但在理论研究方面出色，更重要的是对软件市场和用户的需求把握得好、时机合适，他们能根据用户的不同需求提出解决方案、将计算机科学理论和技术应用到实践中，其成功当然着力于对 IT 项目管理的重视。

关注成果和论文的没能留下多少业绩，注重实际需求和项目实施的越做越好。两种人的不同结局给新进计算所的王如龙身临其境的触动，也让他对 IT 项目管理有了最初的感性认识。虽然他后来相当长一段时间主要在从事科研攻关、软件开发和教学工作，但对 IT 项目管理的探索和认知却一直没有停止过。他深刻地认识到，自己的发展得益于关注 IT 项目管理，现在回过头来看相关的书籍，很多项目实施方法和软件开发的管控过程很多年以前他就在做，只是没有条理性和理论化。多年的软件开发与实施的经验与教训使他逐步认识到，IT 项目失败的主要原因是项目的复杂性和缺乏合格的 IT 项目管理人才，而缺乏有效的项目管理是导致软件项目失控的直接原因。认知和实践使他坚定了向项目管理要效益、求发展的明确方向。

项目管理是企业信息化的灵魂

王如龙认为，目前软件企业的发展分为两个方向，即项目型和产品型。两种企业都会遇到项目管理问题。项目型软件企业离不开项目管理，这应该是非常浅显的道理；而产品型软件企业也是一样，没有项目管理，一样无法做到快速响应并兼顾大多数客户需求、满足项目相关利益者的期望，一样无法规范和控制软件的生产过程和实施过程。

软件企业在 IT 项目开发与实施中，应该有个基本的要求，就是不管什么东西，都要留下痕迹，每一步都要在项目管理中得到体现。首先，软件企业开发人员的流动性很大，人走了，中间成果就没了，项目无法接手做下去，这是很多 IT 项目失败的原因。企业必须实行程序加文档的方式进行 IT 项目的开发、控制与管理，从项目启动开始就要求软件开发人员按规范的流程和方式操作，再把过程形成文档，无论人员怎么变动，都不会因此影响项目的进程和完整性。其次，最重要的是实施规范化、标准化、流程化、透明化，这样可塑性强，便于控制。最后就是能促成项目管理环境互动式的进步，无论是项目经理、还是项目团队或整个企业，都能从规范的项目管理中得到提升。只有将项目管理中所具有的个人能力和经验固化到项目组织中，企业和个人才能持续受益和发展。所以说，项目管理是所有软件企业和信息化建设企业的基础和灵魂。

项目管理与企业命运捆绑在一起

众所周知,软件开发项目是智力密集型的项目,其质量保证历来让人大伤脑筋。软件项目的质量保证不像传统制造业的质量检测和控制,软件项目大多是投入巨资来实现一个特定的应用系统,如果在工程即将竣工时再进行质量检查与确认,显然为时已晚。

王如龙认为,决定软件质量的不仅仅是人和技术,过程控制被提到越来越突出的位置。如果把IT项目开发比作一个三条腿的板凳,人、技术、过程这三条腿缺少任何一条,板凳都是废品。严谨的过程控制不仅可以在每个阶段回溯和纠正项目的偏差,识别IT项目的风险甚至果断中止项目,而且可以将人才流动所带来的不利影响降到最低限度。

项目对企业的意义有如庄稼对田地一样重要。首先,项目是知识转化为生产力的重要途径,从知识到效益的转化要依赖于项目来实现,企业买专利、搞科研,最终都需要通过项目实现。其次,企业生存发展以成功的项目为载体,企业要通过一个又一个项目的成功来完成其使命,实现发展目标和利润、扩大规模、强化品牌效应,锻炼研发团队,留住人才。最后,只有成功的项目才能使客户满意,企业才能持续发展。如果一个项目很好地满足了客户的需求,才能得到客户的二期、三期工程,甚至得到别的相关项目或推荐给客户的同行。所以说,项目管理与企业的命运是捆绑在一起的。

(《计算机世界》记者 刘佰忠 2004.8.16)

资料来源:http://www.amteam.org/k/PM/2004-8/480965.html

1.1　项目与项目管理的价值

项目作为国民经济及企业发展的基本元素,作为人类进步和个人成长的主要载体,对国家、企业、个人的发展都起着至关重要的作用。项目管理对项目的成败起到极其重要的作用,对企业、个人整体的发展产生深远的影响。以科学有效的项目管理作为竞争武器,通过运用项目管理工具来有效进行管理,将为企业和个人创造最佳优势。人们对项目和项目管理价值的认识将越来越具体和深刻,项目管理必将成为人类未来发展的主旋律。

1.1.1　项目的价值

茫茫宇宙、大千世界,有多少已经发生和将要发生的重大事件令我们感叹,有多少已经建立和将要建立的宏伟工程令我们惊奇,有多少已经成功和将要成功的时代精英令我们钦佩。世界的变迁、人类的发展给我们无限遐想。有多少人在思考,有多少人在摸索,有多少人在探究着发展和成功的秘诀。在不同的时期、不同的地方、不同的人群中,人们总是在思考这样的问题:某些事件为什么一定会发生?某些工程为什么一定会成功?某些发明为什么一定会出现?某些精英为什么一定会产生?也许对每一个问题都可以给出各种各样的解释,列出无穷无尽的因素、得出这样或那样的结论。但是,有一个相同点是非常明确的:所有的重大事件、所有的宏伟工程、所有的卓越发明、所有的时代精英,都是通过一个又一个项目造就的。

项目作为国民经济、组织运作和个人发展的基本元素,对国家、组织和个人的发展都起着至关重要的作用。一般来说,一个新成立的组织,是靠一个项目或多个项目来启动的,当这些项目完成后,组织进入日常工作状态,随着环境的变化和组织的发展,组织需要新的项目来适应和提高。组织通过日常工作来维持基本的运行,通过项目来推进自身的发展和壮大,项目与日常工作对组织成长的作用如图1-1所示。

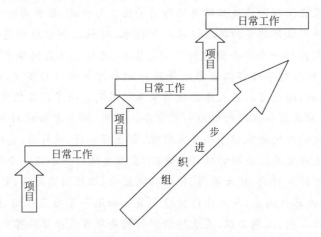

图1-1   项目与日常工作对组织成长的作用

　　项目是有价值的,项目价值是指项目具有明示和潜在的功能,能满足利益相关方明示和潜在的需要。组织和个人的能力与业绩是通过一系列项目来展现的,成功的项目是企业形象的主要来源,榜样的力量是无穷的,经典项目和样板工程的价值已越来越得到人们的认可和重视。

　　人类的发展、社会的进步,需要一代又一代人的不懈努力。人们经验的积累、成绩的取得和对人类的贡献,是通过一个又一个项目的实施来体现的。正是这一个又一个项目的失败、成功;再失败、再成功,体现了人类的文明,实现了人的价值,推动了人类的进步。

　　人的一生,是伴随着一个又一个项目而发展、成熟的;人的一生,也必须依靠一个又一个项目来达到自己的目标,实现自己的理想。个人、家庭、企业、社会都是通过项目来发展壮大的,个人、团队、企业的价值都是通过项目来实现的。项目无论大小,它既然已经存在,就一定有它存在的意义。我们应该把参与每一个项目看成获得的一个机会,而不仅仅是一项工作。

　　项目是实现价值、成就事业的载体。通过项目来实现企业和人生的价值,可以通过3个层次来体现,如图1-2所示。

图1-2   项目的价值实现

第一个层次,通过管理项目来实现价值。处于这个层次的人,通过不断的学习和实践,逐步掌握项目管理的理论、方法、技术、手段和工具。他们不断积累和利用项目管理经验,有效地进行项目管理,以实现或超出干系人的期望。在这个层次上,需要不断地进行管理项目的学习,以尽快掌握项目管理的本领。

第二个层次,通过发现项目来实现价值。处于这个层次的人,通过对项目和项目管理认识的不断提高,对项目管理的理论、方法、技术和工具不断提出改进措施。他们能敏锐地感悟到潜在项目的价值所在,从而不失时机地开发它、利用它。在这个层次上,需要不断地积累观察与分析项目的经验,以快速、准确地挖掘项目、发现项目。

第三个层次,通过创造项目来实现价值。处于这个层次的人,对项目和项目管理的实质有深刻和全面的了解,对项目所涉及的因素能客观和具体地进行分析,对项目潜在的价值能深刻地剖析、准确地判断,从而开拓性地创造它、控制它、发展它。在这个层次上,需要不断地进行项目的创新,以持续、健康地创造项目和发展项目。

1.1.2　项目管理的价值

浩瀚长空、悠悠岁月,多少国家的兴衰、多少企业的成败、多少精英的荣辱令我们感叹。究其原因,真是千差万别、无穷无尽。但是,一个又一个项目决策的正确或错误、项目管理的成功或失败,是极其重要的因素。项目可以成就一个人、一个企业,也可以毁掉一个人、一个企业。如何管理国家,如何管理企业,如何管理项目,如何管理家庭和自己,应该成为我们毕生求索的目标。项目管理无处不在、无时不在,项目管理既是项目成功的要素,也是项目失败的根源。

从人类开始有组织的活动,就一直执行着各种规模的项目,项目管理的价值也越来越引起人们的重视。在现代社会中,不管人们从事何种职业,进行哪项工作,都在参与项目,进行管理。由于客观或主观上的原因,许多人在项目的实践中,并没有意识到应该采用项目管理的理论、方法和技术来有效地、更好地管理项目,所以走了不少弯路,付出了很大的代价。而成功的企业和个人,正是从一个又一个项目的失败与成功中感悟项目管理的价值,掌握项目管理的本领。

项目管理作为管理学的一个子集,具有管理学在通常意义上的价值。企业管理对企业的兴衰成败起着决定性的作用,项目管理对项目的成败也起着决定性的作用。项目最主要的价值来源是通过完成业务目标来获得的,而要确保业务目标的实现,需要有效的项目管理。实行项目管理可以为企业创造巨大的价值。

通过项目管理企业在财务能力、客户满意度、项目成功率和学习能力以及增长指数方面都将取得极大的改进。许多跨国公司的经验表明,企业的成功在于有效地推行项目管理。鉴于掌握和使用项目管理是对其未来发展起关键作用的因素,IBM公司正在致力于将整个企业的运作管理变成基于项目的管理。其他的跨国公司如朗讯、惠普等在其公司运营的核心部分都采用了项目管理模式进行运作。越来越多的企业正在或将要引入项目管理,一些国内的企业也把项目管理作为自己主要的运作模式和提高企业运作效率的解决方案。

IT项目管理正是因为其自身的价值已得到企业和个人的认可和应用重视。具有扎实IT项目管理理论和丰富项目实践经验的从业人员是IT行业中最需要的和最具竞争力的人才。项目经理的成长和成熟是公司管理走向成熟的表现,IT项目经理的数量和质量决定了我国信息产业和信息化的发展速度和水平。

项目管理还有一个非常重要的价值,这就是知识积累。由于项目本身的特殊性,特别是IT项目的复杂性和不确定性特征,使得项目管理的效果与项目经理和项目团队的状态密切相关。每个项目的成功实施除了获得产品、服务或成果外,还会留下非常宝贵的项目经验和教训,形成组织过程资产,为后续的项目提供有力的支撑。

1.2　走进项目

项目和项目管理实践与人类历史同样悠久,埃及的金字塔、古罗马的尼姆水道、中国的古长城等已被人们普遍赞誉为早期成功项目的典范。在今天,项目已成为推动人类生产与进步的主要动力。项目无时不有、无处不在,理解项目概念、熟悉项目特征对确立与管理项目尤为重要。

1.2.1　人类活动的特点

自从有了人类,就有了活动。自古至今,人类的经济、政治、军事、宗教及其他一切社会活动,都具有3个基本特点。

1. 目的性

人类的一切活动都是经过大脑思考,为了达到预期的目的而进行的。人类也正是在为实现预期目的的活动中,在不断地劳动、思考、谋划、设计和组织管理的过程中,逐步进化和进步的。

2. 依存性

人类为了生存和发展,必须通过适应和改造外部环境来取得必需的资源,必须通过个人或集体的劳动为自己或他人提供需要的产品和服务。人从来就不是孤立的个体,社会越发展,人们之间的分工就会越细,其相互之间的依存关系也越来越紧密。

3. 知识性

人类活动的一个显著特点是能够从自己的实践中学习,从他人的经验中学习,并且能把学到的知识加以记忆、积累、分析、推理和提高,从而形成人类独有的知识体系,包括各种科学理论、原理、方法和技艺。

人类活动的上述3个特点为人类的项目管理实践提供了客观条件,回答了项目和项目管理实践与人类历史同样悠久的原因。

1.2.2　作业与项目

随着社会的发展,人类有组织的活动逐步分化为两种类型:一类是连续不断、周而复始的活动,称为"作业或运作"(Operations),如车间加工产品的活动、财务人员的日常工作等;另一类是临时性的、一次性的活动,称为"项目"(Projects),如企业新产品开发、应用软件开发等。项目与作业的区别如表1-1所示。

表 1-1 项目与作业的区别

项 目	作 业	项 目	作 业
独一无二	重复的	多变的资源需求	稳定的资源需求
有限时间	无限时间（相对）	柔性的组织	稳定的组织
革命性的改变	渐进性的改变	效果性	效率性
状态的不平衡	平衡	风险和不确定性	经验性
目标之间不均衡	均衡	以达到目标为宗旨	以完成任务为宗旨

1.2.3 项目的定义

项目,来源于人类有组织的活动的分化,国际标准化组织和项目管理组织对项目进行了如下明确的定义。

（1）国际项目管理协会(International Project Management Association,IPMA)对项目的定义为：项目是一个特殊的、将被完成的有限任务,它是在一定时间内,满足一系列特定目标的多项相关工作的总称。

（2）英国项目管理协会(Association for Project Management,APM)对项目的定义为：项目是由一系列具有开始和结束日期、相互协调和控制的活动组成的,通过实施而达到满足时间、费用和资源等约束条件的独特的过程。

（3）美国项目管理协会(Project Management Institution,PMI)对项目的定义为：项目是为创造独特的产品、服务或成果所做的临时性工作。

（4）中国（双法）项目管理研究委员会（Project Management Research Committee,PMRC)对项目的定义为：项目是一个特殊的将被完成的任务,它是在一定时间内,满足一系列特定目标的多项相关工作的总称。

从以上各组织对项目所作的定义可以看出,无论是"任务"、"过程"还是"工作",都包含有三层含义：

- 项目是一项有待努力完成的任务,有特定的环境与要求。
- 项目任务是有限的,它要满足一定的性能、功能、质量、数量、技术指标等要求,每个项目都会创造独特的产品、服务或成果。
- 项目是在一定的组织机构内,利用有限的人、财、物等资源,在规定的时间内完成的任务。

我们把利用有限资源、在一定的时间内,完成满足一系列特定目标的多项相关工作叫做项目。

项目可以是建造一栋大楼、修建一条大道、开发一种产品,也可以是某项课题的研究、某种流程的设计、某类软件的开发,还可以是某个组织的建立、某类活动的举办、某项服务的实施等。项目是建立一个新企业、新组织、新产品、新工程、新流程或规划实施一项新活动、新系统、新服务的总称。项目的外延是广泛的,大到我国的南水北调工程建设,小到组织一次聚会,都可称其为一个项目。

所以从某种意义上说,一切都是项目,一切也将成为项目。

1.2.4　项目的特征

项目作为一类特殊的活动具有以下特征。

1. 目标的独特性

每一个项目都有一个明确的目标,这一独特的目标通常通过定义任务的范围、时间、成本和质量来确定。

2. 项目的一次性

项目是一次性的任务,一次性是项目的基本特征。一次性意味着每一个项目都有其特殊性,世界上不存在两个完全相同的项目。

3. 项目的整体性

项目是为实现目标而进行的一系列活动的集合,它不是一项项孤立活动的堆积。项目的整体性体现了项目的过程性和系统性。

4. 项目的临时性

项目都有明确的开始日期和结束日期,项目任务应该在规定的时间段内完成。

5. 项目的不确定性

由于项目的唯一性,人们很难确切地定义项目的目标,或准确估算完成任务所需要的时间和成本。

6. 资源的多变性

项目需要使用各种不同的资源来执行任务。资源的需求是动态的、多变的,有时甚至是不确定的。

7. 项目的发起人

项目有许多项目利益方或利益相关者,并且需要有一个主要发起人。一般由项目发起人为项目指定方向和提供资金。

1.3　走进项目管理

项目管理具有悠久的历史。古代埃及的金字塔、古罗马的尼姆水道、古代中国的都江堰和万里长城,都是人类祖先开始项目的实践标志。有项目,就必然会存在着项目管理问题。因此,可以认为人类最早的项目管理是从埃及的金字塔和中国的万里长城开始的。但那时对项目的管理还只是凭借个人的经验、智慧,依靠个人的才能和天赋,没有科学的标准。

事实上,很多项目管理技术的发展主要源于军事。1917年,亨利·甘特发明了著名的甘特图,用于车间日常工作安排与管理,管理者使用甘特图,按日历徒手画出要做的任务图表。其后,这一工具成为军事项目中对工作进行计划和评审的标准模式。20世纪50年代后期,美国杜邦公司的路易斯维化工厂创造了关键路径法(Critical Path Method,CPM),用于研究和开发、生产控制和计划编排,结果大大缩短了完成预定任务的时间,并节约了10%左右的投资,取得了显著的经济效益。同一时期,美国海军在研究开发北极星号潜水舰艇所采用的远程导弹 F. B. M. 的项目中开发出了计划评审技术(Program Evaluation and Review Technique, PERT)。计划评审技术的应用使美国海军部门顺利解决了组织、协调参加这项工程的遍及美国 48 个州的 200 多个主要承包商和 11 000 多个企业的复杂问题,节约了投资,缩短了约两年工期(计划工期为 8 年,缩短工期近 25%)。20 世纪 60 年代,耗资 400 亿美元,有两万多个企业参加的阿波罗登月计划,也是采用计划评审技术进行计划和管理的。一些国家的经验表明,应用网络计划技术,可节约投资的 10%~15% 左右,缩短工期 15%~20% 左右,而编制网络计划所需要的费用仅为总费用的 0.1%。

现代项目管理科学便是从 CPM 和 PERT 这两项技术的基础上迅速发展起来的,通过融合后来发展起来的工作分解结构(Work Breakdown Structure, WBS)、蒙特卡罗(Monte Carlo Simulation, MCS)统计模拟方法和挣值(Earned Value, EV)分析技术,形成了一门关于项目资金、时间、人力等资源控制的管理科学。

管理科学与项目管理是伴随着社会的进步、应用领域的扩展和项目的复杂化而逐渐形成的学科,项目管理的理念在人们的实践中起到了越来越明显的作用。项目管理的理论来源于管理项目的工作实践,项目管理的重要性为越来越多的组织和个人所认识。理解项目管理知识体系,掌握项目管理原理、方法、技术和工具,是项目成功的基本保证。

1.3.1 管理的概念

"项目管理"给人的一个直观概念就是"对项目进行的管理",这是其最原始的概念,它说明了两个方面的含义:项目管理属于管理的大范畴,项目管理的对象是项目。因此,要理解项目管理,必须先理解管理的概念。

管理学是人类智慧的结晶。正如美国管理学大师彼得·德鲁克所说:"在人类历史上,还很少有什么事比管理学的出现和发展更为迅猛,对人类具有更为重大和更为激烈的影响。"近百年来,许多学者对管理的定义进行了一系列阐述,综合这些研究成果,可以将管理定义为:管理是管理者为了有效地实现组织目标、个人发展和社会责任,运用管理智能进行协调的过程。这一表述包含了丰富的内涵。

1. 管理的目的是为了实现预期目标

世界上既不存在无目标的管理,也不可能实现无管理的目标。没有目标也就没有管理,达不到目标的管理是无效的管理。

2. 管理的本质是协调

协调就是使个人的努力与集体的预期目标相一致。每一项管理职能、每一次管理决策都要进行协调,都是为了协调。协调者的能力体现着他的管理能力。

3. 协调必定产生在社会组织之中

当个人无法实现预期目标时,就要寻求他人的合作,形成各种社会组织,原来个人的预期目标也就必须改变为社会组织全体成员的共同目标。个人与集体之间,以及各成员之间必然会出现意见和行动的不一致,这就使协调成为社会组织必不可少的活动。

4. 协调的中心是人

在任何组织中都同时存在人与人、人与物的关系。但人与物的关系最终仍表现为人与人的关系,任何物源的分配也都是以人为中心的。由于人不仅有物质的需要,还有精神的需要,因此社会文化背景、历史传统、社会制度、人的价值观、人的物质利益、人的精神状态、人的素质、人的信仰,都会对协调活动产生重大影响。

5. 协调方法的多样性

协调的方法是多种多样的,需要定性的理论和经验,也需要定量的专门技术。信息技术的应用和发展,将促进协调活动发生质的飞跃。在管理学范畴内体现着计划、组织、指挥、控制等管理过程和方法的运用。

6. 协调的关键是平衡

一般来说,通过管理要达到的目标有多个,而这些目标之间都会存在矛盾和冲突,找到目标的一致性和平衡点是协调的关键。

彼得·德鲁克认为,管理是一种实践,其本质不在于"知"而在于行,其验证不在于逻辑而在于成果,其唯一权威就是成就。德鲁克一再强调管理是实践的综合艺术,他认为无论是经济学、计量方法还是行为科学,都只是管理人员的工具。这种经验主义学派的观点,对项目管理的产生和发展产生了很大影响。

1.3.2　项目管理的定义

随着项目管理实践的发展,项目管理的内涵得到了较大的充实和发展,"项目管理"已经是一种新的管理方式、一门新的管理学科的代名词。它已有了两种不同的含义:其一是指一种管理活动,即一种有意识地按照项目的特点和规律,对项目进行组织管理的活动;其二是指一种管理学科,即以项目管理活动为研究对象的一门学科,它是探求项目活动科学组织管理的理论与方法。前者是一种客观实践活动,后者是前者的理论总结;前者以后者为指导,后者以前者为基础。

美国项目管理协会(PMI)对项目管理的定义为:项目管理就是将知识、技能、工具与技术应用于项目活动,以满足项目的要求。项目管理是通过合理运用和整合项目管理过程得以实现。可以根据逻辑关系,把项目管理的 47 个过程归类成启动、规划、执行、监控和收尾五大过程组。项目经理是负责实现项目目标的个人。

这一定义不仅仅是强调使用专门的知识和技能,还强调项目管理中过程的重要性。项目经理不仅仅要努力实现项目的范围、时间、成本和质量目标,还必须协调项目过程,以满足项目参与者或受项目影响的人的需求和预期。

管理一个项目通常包括:识别需求;在规划和执行项目时,处理干系人的各种需要、关注和期望;在干系人之间建立、维护和开展积极、有效和合作性的沟通;为满足项目需求和创建项目可交付成果而管理干系人;平衡相互竞争的项目制约因素,如范围、质量、进度、预算、资源、风险等。

中国(双法)项目管理研究委员会(PMRC)对项目管理的定义为:项目管理就是以项目为对象的系统管理方法。通过一个临时性的专门的柔性组织,对项目进行高效率的计划、组织、指导和控制,以实现项目全过程的动态管理和项目目标的综合协调与优化。

实现项目全过程的动态管理是指在项目的生命周期内,不断进行资源的配置、协调和科学决策,从而使项目处于最佳的运行状态,产生最佳的效果。项目目标的综合协调与优化是指项目管理应该综合协调好时间、费用及功能等约束性目标,在较短的时间内成功地达到一个特定的成果性目标。

项目管理贯穿于项目的整个生命周期,对项目的整个过程进行管理。它是一种运用既有规律又经济的方法对项目进行高效的计划、组织、指导、控制的手段,并在时间、费用和技术效果上达到预定目标。

项目管理的主要要素是资源、需求与目标、项目组织和项目环境。资源是项目实施的最根本的保证,需求和目标是项目实施结果的基本要求,项目组织是项目实施运作的核心实体,环境是项目取得成功的可靠基础。

1.3.3 项目管理的特点

项目管理的日常活动通常是围绕项目计划、项目组织、质量管理、费用控制、进度控制等五项基本任务来展开的。

项目管理与传统的部门管理相比,最大的区别和特点是注重于综合性管理,并且项目管理工作有严格的时间期限。项目管理必须通过不完全确定的过程,在确定的期限内生产出不完全确定的产品或完成不完全确定的任务,日程的安排和进度的控制常常对项目管理产生很大的压力,主要表现在以下几个方面。

1. 项目管理的对象是项目或被当作项目来处理的运作

项目管理是针对项目的特点而形成的一种管理方式,因而其适应对象是项目,特别是大型的、比较复杂的项目;鉴于项目管理的科学性和高效性,有时人们会将重复性"运作"中的某些过程分离出来,加上起点和终点当作项目来处理,以便于在其中应用项目管理的方法。

2. 项目管理的全过程都贯穿着系统工程的思想

项目管理把项目看成一个完整的系统,依据系统论"整体—分解—综合"的原理,将系统分解为许多责任单元,由责任人分别按要求完成任务,然后汇总、综合成最终的成果;同时,项目管理把项目看成一个具有完整生命周期的过程,强调部分对整体的重要性,促使管理者不要忽视其中的任何阶段,以免造成总体的缺陷甚至失败。

3. 项目管理的组织具有特殊性

项目管理的一个最明显的特征表现在其组织的特殊性,具体体现在如下几个方面。

(1)有了"项目组织"的概念。项目管理的突出特点是项目本身作为一个组织单元,围绕项目来组织单元。

(2)项目管理的组织是临时性的。由于项目是一次性的,而项目的组织是为项目的建设服务的,项目终结了,其组织的使命也就完成了。

(3)项目管理的组织是柔性的。项目的组织打破了传统的固定建制的组织形式,它根据项目生命周期各阶段的具体需要适时调整组织的配置和人员,以保证组织的高效、经济运行。

(4)项目管理的组织强调其协调控制职能。项目管理是一个综合管理过程,其组织结构的设计必须充分考虑到有利于组织各部分的协调与控制,以保证项目总体目标的实现。

4. 项目管理的体制是一种基于团队管理的个人负责制

由于项目系统管理的特点和要求,需要集中权力以控制工作正常进行,因而项目经理是一个十分重要和关键角色。

5. 项目管理的方式是目标管理

项目管理是一种多层次的目标管理方式。由于项目往往涉及的专业领域十分宽广,而项目经理不可能成为每一个专业领域的专家,他只能以综合协调者的身份,向被授权的专家明确项目目标、工作任务和限定条件,此外的具体工作应该由被授权者负责完成。同时,经常反馈信息、检查督促并在遇到困难需要协调时及时给予帮助和支持。项目管理只要求在约束条件下实现项目目标,其实现方式具有灵活性。

6. 项目管理的要点是创造和保持一种使项目能顺利进行的环境

有人认为,"管理就是创造和保持一种环境,使置身于其中的人们能在集体中一道工作,以完成预定的使命和目标。"这一特点说明了项目管理是一个管理过程,而不是技术过程。处理各种冲突和意外事件,营造和谐的工作环境是项目管理的主要工作。

7. 项目管理的方法、工具和手段具有先进性、开放性

项目管理采用科学先进的管理理论和方法,采用先进高效的管理手段、工具和系统,强调信息的共享。

1.3.4　项目管理知识体系

项目管理是从第二次世界大战以后发展起来的,通过几十年的发展,已成为一种管理技术和科学,并被越来越多的人们所接受。项目管理工作者们在几十年的实践中感觉到,虽然从事的项目类型不同,但仍有一些共同之处,因此他们自发组织起来共同探讨这些共性主题,即项目管理知识体系的建立。

项目管理知识体系的表现形式因为不同的项目管理组织的工作而有不同的表现,目前主要存在两大项目管理研究体系,即以美国项目管理协会(PMI)为代表的项目管理知识体系和国际项目管理协会(IPMA)为代表的项目管理知识体系。

1. PMI 与 PMBOK

美国项目管理协会(PMI)创建于 1969 年,PMI 在推进项目管理知识和实践的普及中扮演了重要角色。PMI 的成员主要以企业、大学和研究机构的专家为主,它卓有成效的贡献是开发了项目管理知识体系(Project Management Body of Knowledge,PMBOK),国际标准化组织正是以该文件为框架,制定了 ISO 10006 关于项目管理的标准。1987 年 PMI 公布了第一个 PMBOK,目前每四年更新一次。

PMI 于 2012 年发布的《项目管理知识体系指南(第 5 版)》把项目管理划分为 10 大知识领域和 47 个项目管理过程,包括 4 个核心知识领域、5 个辅助知识领域以及项目整合管理。

PMBOK 的 4 大核心知识领域包括项目范围管理、项目时间管理、项目成本管理和项目质量管理,它们被视为核心知识领域的原因是,在这几个方面将形成具体的项目目标。项目核心知识领域和相关过程如表 1-2 所示。

表 1-2 项目核心知识领域和相关过程

核心知识领域	主 要 过 程	简 要 描 述
项目范围管理	规划范围管理	创建范围管理计划,书面描述将如何定义、确认和控制项目范围
	收集需求	为实现项目目标而确定、记录并管理干系人的需要和需求
	定义范围	对项目和产品进行详细描述
	创建 WBS	通过创建工作分解结构(Work Breakdown Structure,WBS)过程,将项目可交付成果和项目工作分解为较小的、更易于管理的组件
	确认范围	正式验收已完成的项目可交付的成果
	控制范围	监督项目和产品的范围状态,管理范围基准变更
项目时间管理	规划进度管理	为规划、编制、管理、执行和控制项目进度制定政策、程序和文档
	定义活动	识别和记录为完成项目可交付成果而必须进行的具体行动
	排列活动顺序	识别和记录项目活动之间的依赖关系
	估算活动资源	估算执行各项活动所需的材料、人员、设备或用品的种类和数量
	估算活动持续时间	根据资源估算的结果,估算完成单项活动所需的工作时段数
	制定进度计划	分析活动顺序、持续时间、资源要求和进度制约因素,创建项目进度模型
	控制进度	监督项目活动状态,更新项目进展,管理进度基准变更,以实现进度计划
项目成本管理	规划成本管理	为规划、管理、花费和控制项目成本制定政策、程序和文档
	估算成本	对完成项目活动所需要的资金进行近似的估算
	制定预算	汇总所有单个活动或工作包的估算成本,建立一个经批准的成本基准
	控制成本	监督项目状态,以更新项目成本,管理成本基准变更
项目质量管理	规划质量管理	识别项目及其可交付成果的质量要求和/或标准,并书面描述项目将如何证明符合这些质量要求
	实施质量保证	审计质量要求和质量控制测量结果,确保采用合理的质量标准和操作性定义
	控制质量	监督并记录质量活动执行结果,以便评估绩效,并推荐必要的变更方法

PMBOK 的 5 大辅助知识领域包括项目人力资源管理、项目沟通管理、项目风险管理、采购管理和项目干系人管理,之所以称它们为辅助知识领域,是因为项目目标是通过这些知识领域的辅助来实现的。项目辅助知识领域以及相关过程如表 1-3 所示。

表 1-3 项目辅助知识领域和相关过程

辅助知识领域	主 要 过 程	简 要 描 述
项目人力资源管理	规划人力资源管理	识别和记录项目角色、职责、所需技能、报告关系,并编制人员配备管理计划
	组建项目团队	确认人力资源的可用情况,并为开展项目活动而组建团队
	建设项目团队	提高工作能力,促进团队成员互动,改善团队整体氛围,以提高项目绩效
	管理项目团队	跟踪团队成员工作表现,提供反馈,解决问题并管理团队变更,以优化项目绩效

辅助知识领域	主要过程	简要描述
项目沟通管理	规划沟通管理	根据干系人的信息需要和要求及组织的可用资产情况,制定合适的项目沟通方式和计划
	管理沟通	根据沟通管理计划,生成、收集、分发、存储、检索及最终处置项目信息
	控制沟通	在整个项目生命周期中对沟通进行监督和控制,确保满足项目干系人对信息的需求
项目风险管理	规划风险管理	定义如何实施项目风险管理活动
	识别风险	判断哪些风险可能会对项目产生影响,并记录这些风险的特性
	实施定性风险分析	评估并综合分析风险的发生概率和影响,对风险进行优先排序,从而为后续分析或行动提供基础
	实施风险定量分析	就已经识别的风险对项目整体目标的影响进行定量分析
	规划风险应对	针对项目目标,制定提高机会、降低威胁的方案和措施
	控制风险	在整个项目中实施风险应对计划,跟踪已识别风险、监督残余风险、识别新的风险,对风险过程的有效性进行评估
项目采购管理	规划采购管理	记录项目采购决策、明确采购方法、识别潜在卖方
	实施采购	获取卖方应答,选择卖方并与其洽谈和签定书面合同
	控制采购	管理采购关系、监督合同执行情况,并根据需要实施变更和采取纠正措施
	结束采购	完成单次项目采购
项目干系人管理	识别干系人	识别能影响项目决策、活动或结果的个人、群体或组织,以及被项目决策、活动或结果所影响的个人、群体或组织,并分析和记录他们的相关信息。这些信息包括他们的利益、参与度、相互依赖、影响力及对项目成功的潜在影响等
	规划干系人管理	基于对干系人需要、利益及对项目成功的潜在影响的分析,制定合适的管理策略,以有效调动干系人参与整个项目生命周期
	管理干系人参与	在整个项目生命周期中,与干系人进行沟通和协作,以满足其需要与期望,解决实际出现的问题,并促进干系人合理参与项目活动
	控制干系人参与	全面监督项目干系人之间的关系,调整策略和计划,以调动干系人参与项目的积极性

　　在十大知识领域中的项目整合管理是一项综合功能,它在项目生命周期中协调所有其他项目管理知识领域所涉及的过程,将这些过程进行有效的整合,确保项目所有组成要素在适当的时间结合在一起,按照组织确定的规程实现项目的目标。"整合"兼具统一、合并、沟通和集成的性质,对受控项目从执行到完成、成功管理干系人和满足项目要求,都至关重要。项目整合管理相关过程如表1-4所示。

表 1-4　项目整合管理相关过程

知识领域	主要过程	简要描述
项目整合管理	制定项目章程	编写一份正式批准项目并授权项目经理在项目活动中使用组织资源的文件
	制定项目管理计划	定义、准备和协调所有子计划，并将它们整合为一份综合项目管理计划。项目管理计划包括经过整合的项目基准和子计划
	指导与管理项目工作	为实现项目目标而指导和执行项目管理计划中所确定的工作，并实施已经批准的变更工作
	监控项目工作	跟踪、审查和报告进展，以实现项目管理计划中确定的绩效目标
	实施整体变更控制	审查所有的变更请求，批准变更，管理对可交付成果、组织过程资产、项目文件和项目管理计划的变更，并对变更处理结果进行沟通
	结束项目或阶段	完结所有项目管理过程组的所有活动，以正式结束项目或项目阶段

2. IPMA 与 ICB

国际项目管理协会(IPMA)1965 年在瑞士注册成立，其成员主要代表各个国家的项目管理研究组织，最初多为欧洲国家，现已扩展到世界各大洲。IPMA 是一个非营利性组织，它的职能是成为项目管理国际化的主要促进者。到目前为止，有英国、法国、德国、俄罗斯、中国等 30 多个国家的项目管理专业组织成为其成员组织。这些国家的组织用本国语言和英语开发本国项目管理的专业需求，IPMA 则以国际上广泛接受的英语作为工作语言来提供有关的国际层次的服务。

IPMA 在项目管理知识体系方面做出了许多卓有成效的工作，从 1987 年开始就着手进行"项目管理人员能力基准"的开发，IPMA 在 1998 年确认了 IPMA 项目管理人员专业资质认证全球通用体系的概念，1999 年正式推出了国际项目管理知识体系(IPMA Competency Baseline，ICB)。ICB 把个人能力划分为 42 个要素，其中 28 个核心要素，14 个附加要素，以及关于个人素质的 8 大特征和总体印象的 10 个方面，如表 1-5 所示。

表 1-5　IPMA 项目管理知识体系

28 个核心要素			
1	项目和项目管理	15	资源
2	项目管理的实施	16	项目费用与融资
3	按项目进行管理	17	技术状态与变化
4	系统方法与综合	18	项目风险
5	项目背景	19	效果量度
6	项目阶段与生命周期	20	项目控制
7	项目开发与评估	21	信息、文档与报告
8	项目目标与策略	22	项目组织
9	项目成功与失败的标准	23	团队工作

续表

28 个核心要素			
10	项目启动	24	领导
11	项目收尾	25	沟通
12	项目的结构	26	冲突与危机
13	范围与内容	27	采购与合同
14	时间进度	28	项目质量管理
14 个附加要素			
1	项目信息管理	8	组织学习
2	标准和规则	9	变化管理
3	问题解决	10	市场、生产管理
4	会谈与磋商	11	系统管理
5	长期组织	12	安全、健康与环境
6	业务过程	13	法律方面
7	人力资源开发	14	财务与会计
个人素质 8 个特征			
1	沟通能力		
2	首创精神、务实、活力、激励能力		
3	联系的能力、开放性		
4	敏感、自我控制、价值欣赏能力、勇于负责、个人综合能力		
5	冲突解决、辩论文化、公正		
6	发现解决方案的能力、全面思考		
7	忠诚、团结一致、乐于助人		
8	领导能力		
总体印象的 10 个方面			
1. 逻辑性	2. 思考的系统性和结构化方法		3. 很少犯错
4. 清晰	5. 普遍的能力		6. 透明度性
7. 概括	8. 权衡的能力	9. 经验水平	10. 技能

3. PMRC 与 C-PMBOK

中国(双法)项目管理研究委员会(PMRC)于 1991 年成立,1996 年加入 IPMA,是我国唯一的、行业的、全国性的、非营利性的项目管理专业组织,其上级组织是中国优选法统筹法与经济数学研究会。PMRC 自成立以来,做了大量的开创性工作,为推进我国项目管理事业的发展,促进我国项目管理与国际项目管理专业领域的沟通与交流起了积极作用,特别是在推动我国项目管理专业化与国际化方面,起着越来越重要的作用。

就其概念而言,项目管理知识体系应包括项目管理专业领域相关的全部知识。但由于项目管理是一门实践性非常强的交叉学科,又涉及不同的应用领域中各具特色的项目,加之学科和专业本身的不断发展,要建立一个"完全"的 PMBOK 文件几乎是可能的。因而,各国项目管理知识体系的研究与开发,其核心是解决"为什么要建立 PMBOK 文件"、"哪些知识应该包含在 PMBOK 文件中"、"如何将这些知识组成为一个有机的体系"这三个关键问题。这实质上也是在明确建立 PMBOK 的"目的"的基础上,解决好知识体系的"范畴"和结构"问题"。

基于这些观点,PMRC 在充分研究了国际上十几个项目管理知识体系,特别是 PMI 的 PMBOK 和 IPMA 的 ICB 基础上,于 2001 年推出了一个具有中国特色的项目管理知识体系(Chinese Project Management Body of Knowledge,C-PMBOK)。

C-PMBOK 文件主要是以项目生命周期为基本线索展开的,从项目及项目管理的概念入手,按照项目开发的四个阶段,即概念阶段、开发阶段、实施阶段和收尾阶段,分别阐述了每一阶段的主要工作及其相应的知识内容,同时考虑到了项目管理过程中跨项目生命周期两个以上的公共知识及其涉及的方法和工具。与其他项目管理知识体系相比较,C-PMBOK 的突出特点是以生命周期为主线,以模块化的形式来描述项目管理所涉的主要工作及其知识领域。C-PMBOK 模块结构的特点,使其具有了各种知识组合的可能性,特别是对于结合行业领域和特殊项目管理领域知识体系的构架非常实用。

2006 年年初,PMRC 决定在 C-PMBOK 2001 的基础上组织专家编撰新一版的《中国项目管理知识体系》,即 C-PMBOK 2006。编撰 C-PMBOK 2006 的主要目的是形成我国项目管理学科的基础性文件,构建项目管理学科体系框架。同时也兼顾了作为 IPMA 国际项目管理专业资质认证知识考核依据和标准的需要。

C-PMBOK 2006 项目管理体系参考框架之项目管理基础与生命周期阶段相关知识如表 1-6 所示,项目管理领域相关知识如表 1-7 所示,项目管理常用方法与工具如表 1-8 所示。

表 1-6 C-PMBOK 2006 的项目管理基础与生命周期阶段相关知识

项目管理基础			
项　　目		**项　目　管　理**	
1	项目的概念	1	项目管理的概念
2	项目的属性	2	项目管理的特点
3	项目的分类	3	项目管理的内容

项目生命周期四个阶段							
1 概念阶段		2 开发阶段		3 实施阶段		4 收尾阶段	
1	一般机会研究	1	启动	1	采购招标	1	项目资料验收
2	特定项目机会研究	2	范围规划	2	合同管理	2	项目交接与清算
3	方案策划	3	范围定义	3	合同收尾	3	费用决算
4	初步可行性研究	4	活动定义	4	质量保证	4	项目审计
5	详细可行性研究	5	质量计划	5	质量控制	5	项目后评价
6	项目评估与决策	6	组织规划	6	质量验收		
		7	采购规划	7	生产要素管理		
		8	活动排序	8	进展报告		
		9	持续时间估计	9	范围控制		
		10	进度安排	10	进度控制		
		11	资源计划	11	费用控制		
		12	费用估计	12	综合变更控制		
		13	费用预算	13	范围确认		
		14	项目计划集成				

表 1-7　C-PMBOK 2006 项目管理领域相关知识

项目管理领域相关知识							
1 项目范围管理		2 项目时间管理		3 项目费用管理		4 项目质量管理	
1	启动	1	活动定义	1	资源计划	1	质量计划
2	范围规划	2	活动排序	2	费用估计	2	质量保证
3	范围定义	3	活动持续时间估计	3	费用预算	3	质量控制
4	范围控制	4	进度安排	4	费用控制	4	质量验收
5	范围确认	5	进度控制				
5 人力资源管理		6 项目信息管理		7 项目风险管理		8 项目采购管理	
1	组织规划	1	信息管理规划	1	风险管理规划	1	采购规划
2	团队组建	2	信息分发	2	风险识别	2	采购招标
3	团队管理	3	进展报告	3	风险评估	3	合同管理
4	项目经理	4	信息归档	4	风险应对计划	4	合同收尾
				5	风险监控		
				6	安全管理		
9 项目综合管理							
1	项目计划集成	3	综合变更控制	5	项目监理		
2	生产要素管理	4	冲突管理	6	行政监督		

表 1-8　C-PMBOK 2006 项目管理常用方法与工具

常用方法与工具					
1	工作分解结构	10	标杆管理	19	SWOT 分析法
2	网络计划技术	11	责任矩阵	20	资金时间价值
3	甘特图	12	激励理论	21	评价指标体系
4	里程碑图	13	沟通方式	22	项目财务评价
5	项目融资	14	模拟技术	23	项目国民经济评价
6	资源费用曲线	15	挣值方法	24	不确定性分析
7	资源负荷图	16	并行工程	25	项目环境影响评价
8	质量控制方法	17	要素分层法	26	有无比较法
9	质量技术文件	18	方案比较法		

1.4　走进 IT 项目

　　20 世纪 90 年代以来,在世界范围内出现了波澜壮阔的信息化浪潮,经济全球化和全球信息化已经成为当今世界的两大趋势,材料、能源和信息是现代社会发展的三大资源。为了获取更多的信息资源,并利用信息资源服务于自身的发展,信息化成为一种必需的手段。信息技术的迅猛发展,使信息资源和 IT 项目的重要性日益突出,任何有信息生成和需求的组织机构和个人都需要信息化。

1.4.1　信息技术

信息技术(Information Technology,IT)是在信息科学的基本原理和方法的指导下扩展人类处理信息能力的技术,它是以电子计算机和现代通信为主要手段,实现信息的获取、加工、传递和利用等功能的技术总和。信息技术主要包括传感技术、通信技术、计算机技术和控制技术等。

(1)传感技术,即信息的采集技术,它对应于人的感觉系统。传感技术扩展了人获取信息的感觉系统的功能,包括信息识别、信息提取、信息检测等技术。

(2)通信技术,即信息的传递技术,对应于人的神经系统。通信技术的主要功能是实现信息快速、可靠、安全的传递,各种通信技术,包括信息加密技术、广播技术等,都可以归属于这个范畴。

(3)计算机技术,即信息的存储和处理技术,对应于人的思维系统。计算机存储技术,从狭义上讲,包括存储器的读写速度、存储容量和存储稳定性等;从广义上讲,则是一种类似于人脑的信息存储功能,具有信息的组织、检索、关联等功能。计算机信息处理技术,从狭义上讲,主要包括信息的编码、压缩、加密和再生等技术;从广义上讲,属于一种模拟人类智能的技术,具有逻辑推理、决策判断等高级功能。

(4)控制技术,即信息的使用技术,对应于人的效应系统。控制技术是信息处理过程的最后环节,它将信息处理的结果利用一定的形式进行控制和表现,它包括调控技术、显示技术等。

信息技术是当代世界新技术革命的核心,其发展不仅深刻地影响人们的工作、学习和生活方式,影响政府与社会公众交互方式,而且正在迅速成为世界经济增长的重要推动力,它所引发的社会信息化正在深刻地改变人类社会的方方面面。信息技术使我们的时代从以物质能量为主的生产力转换到以信息知识和技术为主的生产力,从工业经济转换到知识经济,从读写为主的时代转换到视听为主的时代;它开创了经济增长的新方式,使其由工业化社会靠资源投入的高消耗、高污染的实现方式,改变为依靠科技进步来实现;它改变了人的思维方式,将思维主体由个人为主发展到以群体为主,以人脑为主发展到以人-机系统为主,将思维客体由现实性为主发展到以虚拟为主,将由工业技术中介系统和工业文明所产生的各种物化的思维工具构成的思维中介系统发展为由网络技术中介系统和信息技术所产生的各种物化的思维工具构成,进而实现现实性思维到虚拟性思维的转变;它改变了人们传统的工作和生活方式,利用便捷的网络通信系统,"足不出户"即可实现购物、娱乐、通信乃至工作等已经不再是梦想。

数字化、网络化、智能化、个性化、微型化、移动化、服务化、参与式和交互式是信息技术的发展方向,也是用信息技术改造传统产业、推动经济发展、实现社会信息化的主要动力。信息技术的迅猛发展及其所引发的社会信息化,已经并且持续给人类社会带来了巨大的影响,使人类社会加快了进入信息时代的步伐。

伦敦商学院迈克尔·艾尔教授将信息技术几十年的发展历程归纳为4个阶段:数据处理阶段(20世纪60年代至70年代)、信息技术阶段(20世纪80年代)、信息管理年代(20世纪90年代)和信息业务阶段(目前)。

如今,IT正处于信息业务阶段。在这个阶段,信息技术无处不在,并且与社会各个方面的各种应用紧密结合在一起,提供着高效率的支持服务:从业务层面来看,IT 的首要任务是不断地开发新的业务内容,并以合理的成本、高效的方式提供这些业务,帮助企业赢得业务上的优势;IT 部门在组织内部肩负的职责也不再是信息系统的开发和技术支持,而更多的是进行新业务、新 IT 服务的创新。

信息技术所指的范围非常广泛,包括技术基础设施(硬件、系统软件和通信设施)、应用基础设施(应用软件和数据库)和其他设施、文档等。

信息系统(Information System,IS)是由计算机硬件、网络和通信设备、计算机软件、信息资源、信息用户和规章制度组成的以处理信息流为目的的人机一体化系统。

信息技术是信息系统的组成部分,在实际应用中对两者一般不加区别。

1.4.2　信息与信息化

信息技术以信息为对象,以信息化为手段,以推动社会进步为目的。为此,应该对信息和信息化有一个明确、深刻的认识。

1. 信息的概念

信息作为一个科学术语,最早出现于通信领域,20 世纪中叶后被引入哲学、信息论、系统论、控制论、情报学、管理学、计算机等领域。信息的广泛应用,导致人们对信息的认识和定义的不同。信息是一个内容丰富、运用普遍、含义又相当模糊的概念,信息的定义归纳起来有如下几种:

- 信息是有一定含义的数据,是人们用来描述客观世界的知识;
- 信息是加工处理后的数据,是事物存在或运行状态的表达;
- 信息是对决策或行为有现实或潜在价值的数据。

从以上对信息的定义可以看出,信息是事物存在的方式、形态和运动规律的表征,信息不是事物本身,而是由事物发出的消息、指令、数据等所包含的内容。一切事物,包括自然界和人类社会都会产生信息,信息可以从不同角度分类。按照重要性可以分为战略信息、战术信息和作业信息;按照应用领域可以分为管理信息、社会信息、科技信息和军事信息等;按照加工顺序可分为一次信息、二次信息和三次信息等;按照反映形式可分为数字信息、图像信息和声音信息等。

信息是有价值的数据集合。信息的属性可以从以下几个方面来说明:

- 事实性——事实是信息的第一和基本特征,不符合事实的信息不仅没有价值,而且可能的价值为负。
- 等级性——信息与管理层一样,一般分为战略级、策略级和执行级,不同的信息性质也不同。
- 价值性——信息是经过加工并生产经营活动产生影响的数据,是劳动创造的,是一种资源,因此是有价值的。
- 传输性——信息可以通过各种手段进行传输。
- 时效性——信息的效用依赖于时间并有一定的期限,其价值的大小与提供信息的时间密切相关。
- 时间性——信息存在其产生、获取、传递和存储的时间要求。
- 转换性——信息、物质和能源三位一体,又可以相互转化。

2. 信息化概念

信息化作为社会发展中的重要进程,体现了社会发展的基本规律。信息化是人类社会发展的一个高级进程,其核心是要通过全体社会成员的共同努力,在经济和社会各个领域充分应用基于现代信息技术的先进社会生产工具,创建信息时代社会生产力,推动社会生产关系和上层建筑的改革,使国家的综合实力、社会的文明素质和人民的生活质量全面达到现代化水平。

信息化是工业社会向信息社会的动态发展过程。在这一过程中,信息产业在国民经济中所占的比重上升,工业化与信息化的结合日益密切,信息资源成为重要的生产要素。与工业化的过程一样,信息化不仅仅是生产力的变革,而且伴随着生产关系的重大变革。信息化是一种社会的经济形态,是指从事获取、传输、处理、提供应用信息的部门,以及其他各部门对信息的应用,在国民经济中的贡献和占用的劳动力等超过了工业、农业等物质资料生产所占的比重。另外,信息化又是一个过程,即上述与信息有关的各部门相对信息的应用在国民经济中所占的比重不断上升,最终超过工、农业的全过程。

信息化是实现现代化和提升现代化水平的重要动力,而现代化则是信息化发展的价值取向;信息化既要立足于信息技术应用,又要着眼于信息资源的开发利用;信息化不仅与经济增长密切相关,还与社会发展密切相关,因而是一项涉及技术、经济和社会等各个方面的巨大的系统工程;与现代化一样,信息化也是一个不断发展的动态过程。

在不同的层面上,信息化可分为:国家信息化、地区信息化;经济信息化、社会信息化;城市信息化、农村信息化;领域信息化、行业信息化;政府信息化、企业信息化;社区信息化、家庭信息化、个人信息化等。

我国的信息化是指在经济、科技、社会各个领域,在开发、生产、服务、管理、生活各层次,有效开发利用信息资源,建立先进的信息基础设施,发展信息技术及产业,加快国民经济发展和社会进步,提高综合国力和竞争力,提高人们的生活、工作水平及质量。

1.4.3　IT项目的定义与分类

信息化的实现以IT项目为载体,以信息技术为基础。同时,信息化的发展又有力地推进了IT项目的应用和信息技术的进步。由于信息技术既是信息化的基石,同时又是信息化的发展对象与目标,因此信息技术与信息化两者之间相辅相成、相得益彰。

PMRC发布的IT信息化项目管理知识体系(iPMBOK 2004)将信息技术与信息化综合起来视为一体,用IT信息化来综合描述信息技术与信息化,与此对应的项目称为IT信息化项目。人们还习惯于将以计算机为主体的各种项目称为IT项目。

利用有限资源、在一定的时间内,完成满足一系列特定的IT信息化目标的多项相关工作叫做IT项目。

为便于对IT项目进行管理,与一般项目相似,根据IT项目的特点,按照项目的产业属性、物理形态、应用范围、项目用途等对IT项目进行分类,构成了IT项目分类体系,如表1-9所示。

表 1-9　IT 项目分类表

序　号	项目分类方法	分类项目名称
一	按产业属性分类	信息产品(设备)制造项目
		软件与系统集成项目
		信息服务项目
二	按物理形态分类	有形产品型项目
		无形服务型项目
		软件型项目
三	按用途分类	开发型项目
		应用型项目
四	按范围分类	行业应用领域型项目
		区域型项目
		企业型项目
		社区/家庭/个人型项目
五	按使用对象分类	社会公共型项目
		组织专用型项目

1. 按 IT 项目产业属性划分

根据我国对信息产业的划分标准,IT 信息化项目可分为信息产品(设备)制造项目、软件与系统集成项目、信息服务项目三大类。其中,软件与系统集成项目可分为操作软件项目、系统软件项目、集成软件项目、工具软件项目、应用软件项目;信息服务项目则包括邮电通信服务项目、计算机网络服务项目、广播电视传媒项目、信息咨询服务项目等。

2. 按 IT 项目物理形态划分

IT 项目的物理形态一般包括有形产品型、无形服务型和软件型三大类。有形 IT 项目具有物质实物形态特征,如计算机网络系统,其交付物为有形的硬件产品。无形服务形 IT 项目具有无物质形态特征,如信息咨询服务,其交付物为无形的成果。软件型 IT 项目具有可视的形态特征,如计算机软件系统,其交付物为软体性质。

3. 按 IT 项目用途划分

IT 项目可分为开发型项目和应用型项目两大类。开发型项目的主要目的在于为各类应用型项目提供所需的技术支持与产品支持,其主体是软件与系统集成项目;应用型项目的主要目的在于解决各类用户对信息处理的各种需求问题,主体是信息系统建设项目。

4. 按项目范围划分

IT 项目可分为行业应用领域型项目、区域型项目、企业型项目、社区/家庭/个人型项目等。行业领域型项目以提供本行业领域信息化服务为目标,如铁路订票信息系统项目;区域型项目主要目的在于为本区域提供信息化服务,主体为政府各类信息化工程项目,如金税工程;企业型项目是以本企业信息化服务为主要目的的 IT 项目,如企业局域网建设、企业ERP 系统等。社区/家庭/个人型项目以服务社区、家庭为主体,如社区监控系统等。

5. 按项目使用对象划分

IT 项目可分为社会公共型项目和组织专用型项目。社会公共型项目的使用对象是社会公众,如银行金卡系统,投资者不是项目的使用者,投资者投资建设该项目的目的在于为其客户提供高效的信息化服务;组织专用型项目是投资者出于自身的信息化需要而建设的项目,其投资者也是该项目的使用者,如企业管理信息系统项目等。

1.4.4 IT 项目的特征

IT 项目除了具有其一般项目所具有的目标的独特性、项目的一次性、项目的整体性、项目的临时性、项目的不确定性、资源的多变性、项目有一个主要发起人等特征外,还具有明显的特殊性。

1. 目标的不确定性

由于许多的 IT 项目是以无形的智力产品为项目目标,与建造项目以有形的建造物为项目目标相比,要明确、具体地描述或定义最终的 IT 项目产品非常困难,经常出现任务边界模糊的情况。即便是清晰地定义了项目的目标,客户仍然会经常调整实现指标。项目目标和期望的不确定性,使得期望变更频繁,项目难以控制,在最终交付产品或服务时容易发生纠纷。

2. 需求的不稳定性

IT 项目的创新性特点和高技术特征,加之信息的不对称,使得项目需求者和系统的开发者之间对项目需求的理解和实现存在许多的分歧和不确定因素。需求的不确定性引起需求的不断变更,给项目的实施带来非常不利的影响。

3. 费用的不可控性

IT 项目是一种高投入的项目,各项目之间资源需求和资源成本可比性差,即使是同样的项目,受 IT 技术发展和项目实施环境的影响,其项目成本也存在较大差别。IT 项目费用的可控性差和普遍超出费用预算的现状,严重制约了 IT 产业的发展。

4. 项目的时限性

任何项目都有周期限制,IT 项目应用的需求和特点决定了它在这方面有更加严格的要求。IT 项目的紧迫性决定了其历时有限,并且具有明确的起点和终点。项目的超时将严重影响项目的协调和实际应用价值。随着信息技术的飞速发展,IT 项目的生命周期越来越短,需求越来越迫切,时间甚至成为项目成败的决定性因素。

5. 对智力的依赖性

IT 项目是一种智力密集型项目,其开发和应用都依赖于经过专业训练,并达到一定技术水准的专业人员来完成。项目成员的结构、责任心、能力、环境、稳定性和情绪对项目的质量和成功起到至关重要的作用。

6. 项目评价的主观性

由于外部因素对 IT 项目影响的复杂性和不可估测性,加之 IT 项目的性能、质量、应用效果和效益等指标量化困难,难以建立统一的量化指标和评价标准,IT 项目的验收与评价具有明显的主观性特征。

7. 项目的创新性

IT 项目是以 IT 技术为基础的开发与应用项目,由于 IT 技术和应用正处在一个高速发展和不断更新的时期,因此IT项目的研发与应用也离不开IT技术与管理的创新。IT项目的创新性特征是IT项目复杂性的一个主要根源。

1.5 走进IT项目管理

IT项目管理属于管理的大范畴,它是项目管理的一个重要分支,其项目管理的对象是IT项目。尽管经过多年的发展,项目管理已经成为一个较为成熟的领域,但是IT项目管理却有着超出一般项目管理的内容。IT项目的实施与管理,无论对于政府、企业还是个人,都不仅是一个简单的信息设备的购置和使用问题,而是建立新的价值观念、知识结构和心理态度的系统工程。

1.5.1 IT项目管理的定义

PMRC将IT项目管理定义为:IT信息化项目管理,是指在一定期限内,根据一定的IT信息化项目需求,依托一定的资源,为达成一定的IT信息化目标而进行的一系列活动。

参照PMI对项目管理的定义,将IT项目管理定义为:IT项目管理就是把各种知识、技能、手段和技术应用于IT项目活动之中,以达到IT项目的要求。IT项目管理是通过应用和综合诸如启动、规划、实施、监控和收尾等IT项目管理过程来进行的。项目经理是负责实现IT项目目标的个人。

这些定义说明管理一个IT项目,至少必须包括:

- 识别项目需求。
- 明确项目目标,并确定这些目标是能够实现的。
- 权衡与协调质量、范围、时间、费用方面产生的要求与冲突。
- 使IT项目计划、方法和技术文档适应于利益相关者的不同需求与期望。

1.5.2 IT项目管理的特点

IT项目管理除了具有一般项目管理所具有的项目管理对象特征、采用系统工程思想、关注组织的特殊性、明确个人负责制、项目目标管理方式、营造项目环境以及开放、先进的项目管理方法、手段的运用等特征外,还具有明显的特殊性。主要表现在以下方面。

1. 与战略目标的相关性

IT项目的一个显著特点是与企业战略目标的相关性。作为企业战略一部分的信息化战略目标是通过IT项目来实现的,IT项目的成败与企业的发展目标、核心竞争力的提高息息相关。在IT项目的可行性阶段,应该明确企业战略目标、信息化战略目标和IT项目目标之间的关系;在IT项目的获取阶段,应该体现信息化战略目标的核心作用和IT项目对企业管理、发展和竞争的相关性。

2. 与业务规则的一致性

部门或企业的运转,都要按照一整套法规、政策和标准进行,这类管理原则统称为业务规则。无论这些业务规则是由IT项目所设计的应用软件来强制执行,还是通过IT项目定义的流程实现对政策和程序的执行控制,都必须与确定的业务规则完全一致。因此,在IT

项目的管理全过程,需要明确与业务规则的一致性。

3. 环境基础的重要性

尽管 IT 项目是一次性的,旨在产生独特的产品或服务,但是 IT 项目具有需求来源广泛、应用环境复杂的特点,使得 IT 项目的环境基础直接影响到 IT 项目管理的效率和成败。因此,项目经理必须在一个更大的组织视野下考虑项目,明确项目在更大的组织环境中所处的位置,分析基础环境对项目的影响,营造有利于 IT 项目管理的环境基础和设施。

4. 管理的集成性

IT 项目管理的集成性体现在先进的信息技术与管理艺术的综合集成上。一方面由于 IT 项目的复杂性,需要采用先进的信息技术;另一方面 IT 项目还涉及项目开发单位以及应用单位的组织、管理的调整与业务流程的重组,单靠信息技术是无能为力的。因此,要成功管理 IT 项目,应该特别关注技术、管理与人的协调与综合集成。

5. 人力资源管理的特殊性

IT 项目工作的技术性很强,需要大量高强度的脑力劳动。尽管近年来系统辅助开发技术和工具有了很大发展,但 IT 项目的开发仍然需要大量的手工劳动,这些劳动十分细致、复杂和容易出错。因而 IT 项目既是一种智力密集型项目,又是一种劳动密集型项目。IT 项目具有的智力密集型和劳动密集型特点,使得人力资源管理成为 IT 项目最敏感和最复杂的工作。与其他项目相比,在 IT 项目中人力资源的作用尤为突出,其管理的好坏直接关系到项目的成功和发展,必须予以足够的重视。

6. 项目过程的可控性

IT 项目所具有的不确定性、不稳定性和创新性特征,使得项目计划制定困难,项目计划变更频繁,项目过程难以控制。有效的过程管理不仅能对计划的编制和变更进行控制,以确保计划的可行性和可操作性,同时可以纠正项目在实施过程中出现的偏差,控制项目的风险,还可以将项目人员流动带来的不利影响降低。因此,IT 项目过程的可控性直接关系到项目的成败。在 IT 项目的管理不但要强调达到的目标,而且要强调达到目标的过程,特别要明确和监控计划变更过程。

7. 文档的完整性

IT 项目,特别是软件项目的隐蔽性特征使得项目的文档化管理尤为重要。在项目实施的全过程中,中间成果与最终成果一样重要。中间成果是通过测试、评审、检查来确认的,而确认的基础和依据是产生这些成果的技术文档和管理文档。因此,IT 项目管理除了强调文档的重要性与必要性,还要强调文档的完整性和可回溯性。要明确文档产生和评审的流程、标准、规范、制度和模板。必须让项目相关人员理解到不完整、不可回溯的技术文档和管理文档对项目的危害是巨大的。

1.6 走进软件与软件项目

在 20 世纪中期,软件伴随着第一台数字电子计算机埃尼亚克的问世而诞生,以编写软件为职业的软件人开始出现。软件以计算机为载体,软件的发展以计算机的发展为基础,同时,软件是计算机系统的核心和灵魂,软件的发展又有力地推进了计算机硬件的发展。软件项目属于 IT 项目范畴,软件项目是以软件为产品的项目,其核心是软件。软件的开发和应用通过软件项目来实现。

1.6.1　软件的定义

世界上第一个编写软件的人是英国著名诗人拜伦的独生女阿达(Augusta Ada Lovelace)。19 世纪 60 代,阿达为巴贝奇(Charles Babbage)的机械式计算机编写了计算三角函数的程序、级数相乘程序、伯努利函数程序等软件。尽管限于当时的环境与条件,巴贝奇最终没有制造出理想中的计算机,阿达的软件也无用武之地,但他们对计算机技术的诞生和发展产生的深远影响和杰出贡献已载入计算机发展的史册。

20 世纪 60 年代,美国的大学开始设立计算机专业,教学生如何编写程序。软件对人类来说是一个全新的领域,其发展历史只有短短的几十年,但其发展速度和对人类社会发展的影响都是空前的。随着计算机硬件性能的不断提高和计算机体系结构的不断改变,以及计算机应用领域的不断扩张,计算机软件变得越来越复杂和成熟,其地位和作用也发生了巨大的变化。软件已从个性化的程序变为工程化的产品,人们已经认识到把软件这一术语等同于计算机程序是很狭隘的。

一个软件系统通常包括在计算机运行中能够提供所希望的功能和性能的程序;使程序能够正确运行的数据结构和数据;描述系统结构的系统文档和如何使用与维护该系统的用户文档。因此,将软件定义为:软件(software)是计算机系统中与硬件(hardware)相互依存的另一部分,它是程序(program)、数据(data)和文档(document)的完整集合,如图 1-3 所示。

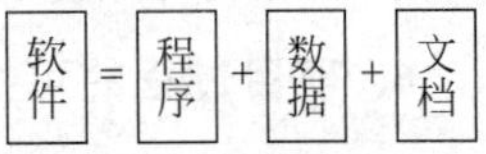

$$软件 = 程序 + 数据 + 文档$$

图 1-3　软件的组成要素

其中,程序是按照事先设计的功能和性能要求执行的指令序列;数据是使程序能正常、正确操纵信息的设计结构;文档是与程序的开发、维护和使用有关的图文资料。

程序是软件的窗口,它展示着系统的能力;数据是软件的根本,它决定了系统的价值;文档是软件的灵魂,它关系到系统的命运。

1.6.2　软件的分类

软件的分类方法,直接影响到软件项目的分类与管理。但事实上,要给出一个科学的、统一的、严格的软件分类标准是不现实的。然而,对软件的类型进行必要的划分对于软件项目的开发与管理是非常有价值的,因此有必要从不同角度对软件进行分类。

1. 按软件功能划分

软件按功能来划分可分为系统软件、支撑软件和应用软件。

- 系统软件是与计算机紧密配合以使计算机各部件与相关软件及数据协调、高效工作的软件,如操作系统、数据系统等。
- 支撑软件是协助用户进行软件开发与管理的软件,主要包括帮助程序人员开发软件的工具性软件和帮助管理开发进程的软件,如文本编辑程序、关系数据库系统、设计分析程序、预编译程序、静态分析程序等。

- 应用软件是在特定领域内开发、为特定目的服务的一类软件。目前我国商业数据处理软件在应用软件中占有很大的比例，应用软件还包括工程与科学计算软件、计算机辅助设计、系统仿真、嵌入式软件等；此外，企业信息化、电子政务、电子商务、办公自动化、中文信息处理等方面的应用软件飞速发展，产生了很好的社会效益和经济效益。

为贯彻《计算机软件保护条例》，2002 年 2 月我国发布了《计算机软件著作权登记办法》，明确规定计算机软件分类代码参照国家标准《计算机软件分类与代码》（报批稿）执行。在这一标准中，软件按功能划分为系统软件、支持软件和应用软件 3 大类共 30 个小类，如表 1-10 所示。

表 1-10 计算机软件分类代码表

代码	计算机软件类别	说　明	代码	计算机软件类别	说　明
10000	**系统软件**		**60000**	**应用软件**	
11000	操作系统	包括实时、分时、分布式、智能等操作系统	61000	科学和工程计算软件	
			61500	文字处理软件	
12000	系统实用程序		62000	数据处理软件	
13000	系统扩充程序	包括操作系统的扩充、汉化	62500	图形软件	
14000	网络系统软件		63000	图像处理软件	
19900	其他系统软件		64000	应用数据库软件	
30000	**支持软件**		65000	事务管理软件	
31000	软件开发工具		65500	辅助类软件	
32000	软件评测工具		66000	控制类软件	
33000	界面工具		66500	智能软件	
34000	转换工具		67000	仿真软件	
35000	软件管理工具		67500	网络应用软件	
36000	语言处理程序		68000	安全与保密软件	
37000	数据库管理系统		68500	社会公益服务软件	
38000	网络支持软件		69000	游戏软件	
39900	其他支持软件		69900	其他应用软件	

2. 按软件工作方式划分

可分为实时处理软件、分时软件、交互式软件和批处理软件。

- 通过使用实时处理软件，快速处理系统出现的事件或产生的数据，并及时反馈信号，以监测和控制相关过程。
- 通过使用分时处理软件，系统把处理机时间轮流分配给多个联机用户，以实现多个用户同时使用计算机资源的目的。
- 通过交互式软件的运行，实现人机的通信。这类软件能灵活地接受用户给出的信息，并且在时间上没有严格的限定。同时，为设计友好的用户界面创造了条件。
- 通过运行批处理软件，将一组输入作业或一批数据以成批处理的方式依次进行处理。

3. 按软件规模划分

按软件开发所需人力、时间、完成的源程序行数,可划分为微型、小型、中型、大型、甚大型、极大型6类,如表1-11所示。

表1-11　软件规模分类表

类　别	参加人员数	研制期限	产品规模(源代码行)
微型	1	1～2周	5百行
小型	1	1～6月	5百～2千行
中型	1～5	1年内	5千～5万行
大型	5～10	2～3年	5万～10万行
甚大型	100～1000	4～5年	100万行
极大型	2000～5000	10年内	1000万行

4. 按软件使用频度划分

软件的使用频度根据应用领域的具体要求存在很大的差别。有的软件使用频度非常高,如超市的POS系统、航空订票系统、银行业务系统等,需要每天进行处理。而有的软件使用频度比较低,如工业普查、人口普查软件等,只有当进行普查年才运行这些软件。有的统计资料需按年度进行统计分析,相应的程序可能一年才运行一次。显然,开发不同使用频度的软件,其侧重点是不相同的,应该明确区别。

5. 按软件失效的影响划分

软件的可靠性根据应用领域、工作性质以及操作环境的特点来确定。在一些重要领域和系统中,如果软件失效或不可靠,将产生严重影响甚至无法挽回的重大损失,人们一般称这类软件为关键软件。这类软件的特点体现在:可靠性等质量要求特别高;与完成重要功能的大系统的处理部件紧密相连;可能对人员、公众、设备和设施的安全造成影响,还可能影响到环境的质量和国家的安全。

6. 按软件服务对象划分

从软件的服务对象来看,软件可以划分为通用软件产品和定制软件产品。

- 通用软件产品是由软件开发机构开发生产,在市场上公开销售,可以独立使用的软件。这类软件服务于多个用户及多个目的,例如数据库软件、字处理软件、财务管理软件、绘图软件、杀毒软件以及工程管理工具等。
- 定制软件产品是受特定客户的委托,由软件开发机构为这类客户定制开发的软件。这类软件服务于特定用户及特定的目的,如卫星控制系统、空中交通管制系统、生产控制系统、特定的业务处理系统等。

7. 按软件的有偿性、无偿性划分

从使用软件是否需要支付费用的角度来看,可以将软件划分为商业软件、共享软件、免费软件和公用软件。

- 商业软件是拥有版权的一种软件商品,它通过计算机公司或软件零售商进行推销,一般要求使用者先付款后使用。
- 共享软件的版权归作者所有,其软件广告主要通过Internet发布,大量的共享软件

是通过网络来进行推销的。用户一般可以通过 Internet 下载试用版,作者可能要求用户付费,也可能不需要付费。

- 免费软件的版权拥有者对于版权的保护一般仅限于软件本身的修改,并通过软件传播拥有者的信息。拥有者让软件自由流传和使用,并明确软件的使用者不需要支付费用。
- 公共软件是一种不具备版权的软件,它允许任何人自由、随便地使用、修改、复制,没有人宣称对其拥有版权。公用软件主要是一些计算机爱好者出于不同目的自愿发布给其他人使用的软件。

1.6.3 软件的特点

软件在计算机系统中是一种逻辑产品,而硬件是一种物理部件。相对于硬件和传统的工业产品而言,软件具有明显的不同。

1. 软件产品的抽象性

软件是一种逻辑产品,而不是具体的物理实体,因而它具有抽象性。在软件的开发过程中没有具体的物理制造过程,因而不受物理制造过程的限制,其结果以交付软件产品为标志,这个特点使它与计算机硬件或其他工程对象有着明显的差别。人们可以把软件记录在介质上,但无法看到软件的形态,软件必须通过观察、测试、分析、判断和计算机的运行来了解它的功能、性能和其他特性。

2. 软件生产过程的特殊性

软件是通过人们的智力活动,把知识与技术转化成信息的一种产品,是在研制、开发中被创造出来的。与传统产品需要经过小试、中试、小批量生产后才能定型并大批量生产的制造过程不同,软件的生产过程以创造性思维为主,它是人们脑力劳动的结晶,它的研发过程就是生产过程。软件产品研发成功之时就是软件产品定型之际,况且复制产品的成本非常低廉,因此软件生产过程比较特殊,而且其研发成本远远大于生产成本。另外,软件生产的特点使得软件在研发过程中产生的质量问题严重影响着软件产品的应用与推广。因此,要保证软件的质量,必须在软件研发阶段进行严格的过程控制,加强质量管理。

3. 软件缺陷检测的困难性

目前,发现软件错误和缺陷的主要手段是软件测试。一般情况下,软件测试过程与整个软件开发过程基本上是平行的,软件测试是软件开发过程中最艰巨、最繁重的任务。由于软件生产的特殊性,使得软件缺陷难以跟踪和控制,检测和预防软件缺陷困难,需要进行一系列的软件测试活动以降低软件的错误率。但即使如此,软件缺陷和错误也难以杜绝和根除。

4. 软件维护的复杂性

软件在使用过程中不会因为磨损而老化,所以与传统工业产品不同,它不存在部件磨损、老化问题。但是,软件为了纠正错误或适应硬件、环境以及需求的变化,需要进行维护。而这些维护工作又不可避免地引入新的错误,导致软件质量下降、失效率升高,从而加速了软件的退化。软件的维护比硬件的维护要复杂得多,其成本也高得多,软件维护与硬件的维护有着本质的差别。

5. 软件对环境的依赖性

软件的开发与运行必须在相对确定的硬件环境中进行,特别是应用软件的开发和运行必须以硬件、系统软件和支撑软件为基础。因此,软件对硬件和系统环境有着较强的依赖性,软件不能完全摆脱硬件单独活动。

6. 软件开发方式与软件发展的不对称性

软件的一个显著特征是智力密集和劳动密集,其生产过程主要以脑力劳动为主,目前仍然以原始的手工作坊式方式进行开发。尽管近年来软件技术取得了较大进展,人们提出了许多新的开发方法、开发工具和开发环境,但在软件项目中采用的比例仍然很低。由于传统的手工作坊式开发方式仍然占据软件开发的统治地位,使得软件开发效率受到很大的限制,满足不了社会的需求,制约了软件的快速发展。

7. 系统开销的主导性

随着计算机技术的不断发展和应用领域的不断深入,软件的应用越来越复杂,其软件开发与维护的成本也越来越大。在计算机系统中,硬件与软件的成本在短短的几十年发生了很大的变化。在20世纪50年代,发达国家软件成本占计算机系统的比例在20%以内;20世纪60年代改变为50%,80年代达到60%,90年代达到70%,进入本世纪以来,已经高达80%。由此可见,在计算机系统中软件的开销大大高于硬件的开销,处于消耗的主导地位。

8. 与社会因素的关联性

相当多的软件工作涉及社会因素,其开发与运行涉及机构、体制、流程及管理方式等问题,甚至涉及人的观念和心理,还与国家的法律、法规和安全紧密相关。例如,企业管理软件、电子商务、电子政务的开发与运行,与企业和社会的方方面面密切相关。

1.6.4 软件项目的特点

软件项目的最终成果是软件产品,而软件产品与其他任何产品的最大区别是无形和没有物理属性。软件项目的特点主要表现为以下几方面。

1. 软件项目的高度复杂性

随着信息技术和计算机应用的不断普及和深入,软件项目的复杂性越来越高。有人甚至认为,软件是目前为止人类所遇到的最为复杂的事物,软件项目是最为复杂的项目。其复杂性可能来自实际问题的复杂性,也可能来自软件自身逻辑的复杂性。

2. 智力密集,可见性差

软件工程过程充满了大量高强度的脑力劳动。软件开发的成果是不可见的逻辑实体,软件产品的质量难以用简单的尺度加以度量,软件的存在和项目的进展不易感知。

3. 单件生产,过程不规范

软件的生产一般是在特定机型上,利用特定硬件配置,由特定的系统软件或支撑软件支持,形成了特定的开发与应用环境。这种建立在内容、形式各异的基础上的研制、生产方式和应用环境,使得软件项目难以规范和统一。

4．劳动密集、自动化程度低

软件项目经历的各个阶段都渗透了大量的手工劳动,这些劳动自动化程度低,工作强度大,工作过程细致、开发过程复杂并容易出错,软件的正确性难以保证。

5．软件开发工作渗透了人的因素

为高质量地完成软件项目,不仅需要软件人员具有一定的技术水平,而且还要求他们具有良好的心理素质。软件人员的情绪和工作环境对他们的工作有很大影响,与其他行业相比,这一特点十分突出。

6．软件项目开发方法的多样性

虽然近年来软件工程的发展带来了许多新的软件技术,也开发了一些有效的开发工具和开发环境,但这些方法和技术在软件项目中采用的比例仍然很低。作为一门学科,软件开发还非常年轻,项目的开发还没有完全摆脱手工艺的方式,也没有统一的方法和技术。具有不同经验和学科背景的人们为软件开发方法论、过程、技术、实践和工具的发展做出了贡献,这些多样性也带来了软件项目开发的多样性。

1.7　走进软件项目管理

软件项目管理属于IT管理范畴,它是IT项目管理的一个核心部分,其管理的对象是软件项目。软件项目管理是在20世纪70年代中期由美国提出的,软件项目管理主要专注于软件项目活动的一些行为分析与管理,它涉及的范围覆盖了整个软件项目开发的全过程,软件产品的特性决定了软件项目管理与其他领域的项目管理有不同之处。IT信息化项目管理知识体系与软件工程知识体系存在较大区别。

1.7.1　软件项目管理的意义

软件项目管理是为了使软件项目能够按照预定的范围、成本、进度、质量顺利完成,而对范围、费用、时间、质量、人力资源、风险、采购等进行分析和管理的活动。

20世纪70年代中期,美国国防部专门研究了软件开发项目不能按时提交、预算超支和质量达不到用户要求的原因,结果发现70%的项目是因为管理不善引起的,而非技术原因。美国国防科学委员会在1987年的一份报告中指出:"管理为软件开发的最大问题区域"。20多年来,未能实现"应用新的软件方法和技术可提高软件生产率和质量"这一诺言,"基本问题是不能管理其软件过程。在无纪律的、混乱的项目状态下,组织不可能从较好的方法和工具中获益"。软件是无形的、含糊的,软件的开发是以人为中心的过程,在真正实现它之前,人们很难想清楚他要的是什么。"采购软件时政府并不是在购买一个预先能详细说明的产品,而是在购买能导致一个产品的工作"。

人们已经认识到,软件项目失败的原因主要有两个:一是软件项目的复杂性,二是缺乏合格的软件项目管理人才。缺乏有效的项目管理是导致软件项目失控的直接原因。

1.7.2　软件项目管理的重点

近年来,软件项目管理虽然有了较大改善,但软件项目的高失败率和项目实施中存在的诸多问题仍然在困扰着人们。软件产品能否满足用户的需求,并在预定的费用、进度、时间和质量要求内交付产品仍然难以预料和控制。这种状况对软件开发者、系统使用者和项目管理者来说都是严峻挑战。根据对软件和软件项目特点的分析,软件项目管理的重点包括人员的组织与管理、软件度量、软件项目计划、风险管理、软件质量保证、软件过程能力评估和软件配置管理等几个方面。

人员的组织与管理把注意力集中在团队的构成与优化;软件度量包括过程度量和产品度量两个方面,它关注用量化的方法来评测软件开发中的费用、效率、进度和产品质量等要素,判断这些要素达到期望值的程度;软件项目计划主要包括工作量、成本、开发时间的估计,并根据估计值制定和调整软件项目组的工作;风险管理预测未来可能出现的各种危害到软件产品质量的潜在因素并由此采取措施进行预防;质量保证是确保软件产品和服务能够充分满足用户要求的质量而进行的有计划、有组织的活动;软件过程能力评估对软件开发能力进行衡量;软件配置管理针对开发过程中人员、工具的配置和使用提出管理策略。

在软件项目管理中还面临许多需要解决的实际问题,例如:

- 软件项目定义中的问题。如何合理地定义客户需求,明确项目范围,是实施软件项目面临的首要问题。客户与软件企业之间具有很强的互动性,随着信息技术的不断深入和应用领域的不断扩展,客户需求日益呈现出多样性、不确定性、易变性和个性化特点。只有与客户充分沟通,才能真正满足客户的需求。
- 软件项目实施中的问题。软件行业是一个高智力密集型行业,也是一个人员相对不稳定的行业,这不仅使项目资源调度复杂化,而且直接影响到项目的实施进度和质量。另外,在项目组织实施过程中,还不可避免地存在着功能型部门与项目团队的冲突、员工的个性化与团队运行模式的冲突等,这也是项目实施过程中必须认真解决的问题。
- 软件项目控制中的问题。软件在项目实施全过程中,企业需要与客户、合作伙伴进行充分沟通与交流,严格确定和控制项目和项目阶段的开始时间与结束时间,其中任何一个环节、任何一个阶段出现问题,都会影响到整个项目的进程。另外,在软件项目管理中,常常会面临应用技术、业务需求等方面的变化,这也增加了项目控制的难度。
- 软件项目评价中的问题。项目评价有两个方面:一是评价项目,由于在软件项目中客户的需求难以定义清晰,导致项目范围模糊,这给合理地评价项目带来了困难;二是评价项目成员,对于软件项目来说,项目开发人员一般都具有较强的个性,渴望价值创造与自我实现,如何做到公正、客观、量化地评价开发人员的价值,也是软件项目管理的难点和重点。

【感想和体会】

知道项目应该是什么样子,说明你在成长;知道项目实际是什么样子,说明你在成熟;知道怎样把项目变得更好,说明你将获得成功!

有了项目就有了希望,管理好了项目才会获得希望!

1.8　习题与思考

1. 谈一谈你对项目与项目管理价值的认识,举例说明项目和项目管理的价值所在。

2. 讨论人类活动的特点,分析这些特点在项目或作业中是如何体现的。

3. 项目作为一类特殊的活动具有许多特征,请根据自己的实践经验,列举它的特征。

4. 为什么说"管理的本质是协调,协调的中心是人,协调的关键是平衡"?

5. 项目管理的主要要素有哪些? 项目管理与传统的部门管理相比最大的区别和特点有哪些?

6. 在 PMBOK 的 10 个知识领域中,有哪几个是核心知识领域? 为什么称它们为核心知识领域?

7. 举例说明 IT 项目除了一般项目所具有的特征外的其他特殊性。

8. 一个软件系统通常包括哪几部分? 它们的作用是什么?

9. 软件项目的特点主要表现在哪些方面? 应该在哪些方面进行重点管理?

10. 从网站、杂志等资料中,读一篇对你有帮助的 IT 项目管理文章,概括文章的主要内容(要求附文章及来源),并谈一谈你的读后感。

第 2 章

把握环境　控制过程

【本章知识要点】

项目管理是在一个大于项目本身的环境中进行的,它通过项目生命周期的四个阶段来进行管理,在项目全生命周期和每个阶段中,通过一系列过程来达到项目目标。在管理项目时需要考虑各种不同的因素,项目的成功与天时、地利、人和密不可分。熟悉组织环境、运用系统原理、掌握项目阶段、理解项目组织、控制项目过程是项目成功的基本保证。

本章介绍组织环境和项目组织;分析系统原理与方法、项目阶段和项目生命周期;讨论项目管理过程组的任务、过程、依据和成果;介绍 IT 项目管理最佳实践模型。学习完本章后,应当掌握如下知识:

(1) 组织的环境和组织环境的特征。

(2) 战略计划与项目的选择。

(3) 项目管理的系统原理与方法。

(4) 项目阶段特征与项目生命周期。

(5) 项目组织的特征、结构与设计原则。

(6) 组织文化对项目组织的影响。

(7) 项目过程组的过程、任务与成果。

(8) 项目过程组之间的活动强度与交叠关系。

(9) IT 项目管理的最佳实践模型。

【案例 2-1】

告别工业时代的制造企业命运

在海尔,信息化绝对不是装饰词。

从企业内部看,如果不实行全面信息化,就无法进行快速有序的管理。海尔集团现有 10 800 多个产品品种,平均每天开发 1.3 个新产品,每天有 5 万台产品从青岛出库发往全国各地;海尔一年的资金运作进出达 996 亿元,日均相互结算 3 亿元,平均每天需做 1800 多笔账,每分钟做 4 笔账;市场开发则涉及上百个国家几万名经销商。如此巨大的业务量,即使出现的差错率很低,差错数量也相当惊人。如果没有计算机辅助管理,没有各部门各人之间的密切配合,就会出现无数失误和混乱。

从企业外部看,为了创世界名牌,海尔集团目前正在大力整合全球供应链资源(700多家分供方,其中世界500强企业59个)、市场资源(全球营销网点58 800个)、科技资源(全球18个设计中心)和人力资源(数百名海外经理人和3000个经销商)。海尔目前每个月平均接到90多万个海内外销售订单,这些订单的定制产品品种达1万多个,需要采购的物料品种达26万余种。仅出口的产品每天就有300多个集装箱。在国际化进程中必须凭借信息化管理同世界接口,否则不要说发展,就是维持现行管理都很难。

在信息化内容方面,海尔坚持企业组织流程再造先行,然后才应用计算机软硬件,推进企业信息化。海尔信息化建设是从生产、经营、管理多方面全面推进的。海尔制造系统的信息化主要是应用CAD(Computer-Aided Design,计算机辅助设计)、CAM(Computer-Aided Manufacturing,计算机辅助制造)、CAE(Computer-Aided Engineering,计算机辅助工程),建立CIMS(Contemporary Integrated Manufacturing Systems,计算机集成制造系统)。在开发决策支持系统(Decision Support System,DSS)的基础上,采用人机交互方式实施计划与控制,从物料资源规划(Materials Resource Planning,MRP)发展到制造资源规划(Manufacturing Resource Planning,MRP-Ⅱ)和企业资源规划(Enterprise Resource Planning,ERP)。还有集开发、生产和实物分销于一体的及时生产(Just In Time,JIT),供应链管理中的快速响应和柔性制造(Agile Manufacturing),以及通过网络协调设计与生产的并行工程(Concurrent Engineering)等。这些新的生产方式把信息技术革命和管理进步融为一体,目的是追求高速度生产;PDM(Product Data Management,产品数据管理)系统是为了应用互联网与世界各地的研究机构进行交互式设计;物流信息系统及电子商务系统,主要实现"三个JIT",即JIT采购、JIT送料、JIT配送;商流的CRM(Customer Relationship Management,客户关系管理)系统,面对的是全球的58 800个营销网点,它的任务不是管理网点,而是不断地从这些营销网点中获取新订单。

2.1 把握组织环境

英国著名生物学家、进化论的奠基人达尔文说:"万物进化的幸存者,不是属于那些最强大的或是最聪明的,而是那些最能适应环境变化的。"

项目管理的许多理论和概念其实并不难理解,难的是在实际的项目中如何很好地运用它们,其主要的原因是项目的运作环境不是静态的和孤立的,项目的启动和管理必须从组织整体环境和战略计划角度考虑。

2.1.1 组织环境的概念

任何一个组织都不可能离开外部因素和条件独立存在,所有的项目都是在一定的环境背景下规划与实施的,这些因素都会对项目产生积极或消极的影响。因此项目团队应该将项目置于其所处的环境及其同这些环境之间的关系中进行考虑。

人类通过社会活动,按照一定目的、任务和形式加以编制的群体称为组织,而存在于组织外部,和组织密切联系,决定组织存在和发展的自然、经济、技术、政治、社会的各种因素和条件的集合体称为组织环境。单一的某个事物或某个条件只是环境的一个组成单元或子系统,只有与组织相关的一切外部条件的集合体才可以称为这个组织的环境。组织环境包括自然环境和社会环境两大部分,项目管理者必须非常重视对组织环境因素的了解和认识。

1. 自然环境

自然环境是组织存在和发展的各种自然条件的总和,是组织所存在的地理位置以及这一地理位置上的地形、气候等自然物,这些自然物相互联系和作用,组成了整体性的结构。

自然环境是自然界的一个特定部分,它独立于人而客观存在。但是作为组织的自然环境,它又总是与人的某种社会活动相联系,是人类各种社会活动,特别是生产活动的物质基础和物质资料的来源。在 IT 项目管理过程中,人和自然是同时起作用的,随着社会生产力和科学技术的进步,越来越多的自然物进入了项目实践活动范围,成为组织管理的环境因素。

当项目和自然环境相互产生影响时,项目管理者应该引起高度重视。在项目团队中应当有人具备相关的自然环境知识,以充分利用好自然环境和避免不利的自然环境对项目的影响,并尽量防止和避免项目对自然环境产生不利的影响。

相对来说,自然环境的变化速度还是比较缓慢的,社会环境的变化周期则要快得多,对组织的威胁和项目的影响也要更大一些。

2. 社会环境

组织的社会环境是与组织和项目相关的各种社会关系的总和,它主要由经济环境、政治环境和文化环境组成。

- 经济环境。经济环境的主要因素包括市场状况、经济状况以及竞争势态等,市场因素是企业和项目经理最为关注的环境因素。市场需求越大,越有利于企业通过项目来扩大生产规模、采用 IT 技术提升产品档次;市场竞争越激烈,企业提高质量、增加品种、降低成本、改进服务的压力也越大。这些都给企业和项目经理提供了极大的机遇,也面临严峻的挑战。

- 政治环境。政治环境对组织的影响极其深刻,政治局面是否安定、政治制度及经济管理体制状况、法律及政策状况直接影响到组织的稳定和项目的持续发展。在 IT 项目团队中需要有人熟悉相应的国际、国家、地区和当地的法律和习惯,以及可能影响 IT 项目的政治环境。项目经理应该主动了解政治环境对 IT 项目的影响程度,充分利用好的政治环境和政策,使 IT 项目健康发展。

- 文化环境。一般而言,文化有广义和狭义两种理解,广义的文化是指人类在社会历史实践过程中所创造的物质和精神财富的总和,狭义的文化是指社会的意识形态,以及与之相适应的礼仪制度、组织机构、行为方式等物化的精神。组织的文化环境主要是指教育、科技、道德、心理习惯以及人们的价值观与道德水准等影响着组织系统的各种文化条件的总和。项目团队需要理解项目与人之间是如何相互影响的,需要理解具有本组织特色的价值观念、团队意识、行为规范和思维模式。项目经理应该确定组织是否已经充分认识到项目管理是管理该项目所必需的,其项目经理的责任与权利是明确的。

人们虽然把组织环境分为自然环境和社会环境,但作为组成组织环境的主要因素,这二者并不是完全割裂的,它们之间实际上也是在人类社会实践基础上建立起来的相互联系的统一体。

组织环境对 IT 项目的效益和效率起关键作用,对项目团队的组建起着决策的作用。组织环境是 IT 项目管理的基础和必要条件,不重视环境和制度建设的组织不可能造就优秀的 IT 人才和 IT 项目经理。

2.1.2 组织环境的特征

组织环境是组织系统所处的环境,这种环境是与组织及组织活动相关的、在组织系统之外的一切物质和条件的统一体,组织环境是相对于组织和组织活动而言的,组织环境的性质与内容都与组织的项目活动息息相关。组织环境具有以下特征。

1. 客观性

组织环境是客观存在的,它不随组织中人们的主观意志为转移,不管你知道不知道、愿意不愿意,组织环境都是客观存在的,而且它的存在客观地制约着组织的活动。作为组织环境基础的自然的和社会的各种条件是物质实体或物质关系,它们是组织赖以存在的物质条件,对组织来说是一种客观存在的东西。

2. 系统性

组织环境是由与组织相关的各种外部事物和条件相互有机联系所组成的整体,它也是一个系统,称为组织的外部系统。组成这个系统的各种要素,如自然条件、社会条件等相互关联,形成一定的结构,表现出组织环境的整体性。组织所处的社会是一个大系统,组织的外部环境和内部环境构成了不同层次的子系统。任何子系统都要遵循它所处的更大系统的运动规律,并不断进行协调和运转。项目的管理活动就是在这种整体性的环境背景中进行的。

3. 动态性

组织环境的各种因素是不断变化的,各种组织环境因素又在不断地重新组合,不断形成新的组织环境。组织系统既要从组织环境中获取物质、能量和信息,也要向组织环境输出各种产品和服务,这种输入和输出的结果必然要使组织环境发生变化,使得组织环境本身总是处于不断运动和变化之中,这种环境自身的运动就是组织环境的动态性。

组织环境的客观性、系统性、动态性等特征说明了组织环境本身就是一个有着复杂结构的运动着的系统,掌握这些特征对 IT 项目的管理具有非常重要的意义和作用。正确分析组织所面临的环境中的各种组成要素及其状况,是任何一个项目管理者进行成功的项目管理活动所不可或缺的前提条件。

实践证明,一个 IT 项目的成功,30%靠项目经理的能力,70%取决于企业 IT 项目管理的环境。组织必须建立一个良好的项目管理环境,并不断地对项目管理环境进行优化,才能确保 IT 项目的成功率。优秀的项目经理和项目团队必须具有充分利用好的环境、及时适应不利环境、不断调整恶劣环境的勇气和能力。

2.1.3 战略计划与项目的选择

IT 项目最大的问题是项目定义的不确定性和易动性,而缺少正确的项目需求是导致 IT 项目失败的主要原因。IT 项目人员往往缺乏对组织的战略目标和 IT 战略计划的全面了解,在实施 IT 项目时,他们将更多地把视角放在技术层面上,忽略了对组织战略目标的理解能力和信息化的感悟能力的造就。从这个角度来看,IT 项目人员应该将对战略计划的理解放在首要位置。

"战略"是"战争谋略"的简称,这一概念来源于军事领域,是指战争中整体性、长期性、基本性问题的计谋。战略与战术的主要区别有:战略针对整体性问题,战术针对局部性问题;战略针对长期性问题,战术针对短期性问题;战略针对基本性问题,战术针对具体性问题。

1965 年,美国的伊戈尔·安索夫(Igor Ansoff)发表《企业战略》后,"战略"这个概念在企业领域开始使用。人们将组织的整体性、长期性、基本性计划称为战略计划。战略计划是通过对组织优势、劣势的分析,研究组织环境中存在的机会与挑战,预测未来的趋势,展望新的产品和服务需求,从而确定的长远目标规划。

组织经常直接或间接利用项目,去实现战略规划中的目标。项目的批准通常出于以下一项或多项战略考虑,包括市场需求、业务需求、战略机会、社会需要、环境考虑、客户要求、技术进步和法律要求等。

SWOT 为 IT 项目战略计划提供了一个优秀的分析方法。SWOT 分析又称态势分析,它将与研究对象密切相关的各种内部优势因素(Strengths)、弱点因素(Weaknesses)、机会因素(Opportunities)和威胁(Threata)因素,通过调查分析和罗列后按矩阵形式排列,并运用系统分析的原理,将各种因素相互匹配加以分析,从中得出一系列相应的结论。SWOT 分析方法的核心问题是:

- 我们的强项是什么,在项目中如何很好地利用这些强项?
- 我们的弱项是什么,如何减少这些弱项对项目的影响?
- 市场提供了怎样的机会,如何在项目中利用这些机会?
- 威胁项目成功的因素有哪些,应该如何来应对这些威胁?

一般来说,市场和政策属于环境因素,它与企业内部特征关系不是特别紧密,企业也难以控制。而 SWOT 分析则是与企业内部特征紧密相关的,它实质上是核心竞争力的分析,因此对于 IT 项目战略计划的确定,SWOT 分析具有举足轻重的作用。

实践表明,让非 IT 部门的负责人参与 SWOT 的调查与分析非常关键,因为他们能够帮助 IT 人员很好地理解组织战略,明确各部门的业务关系。

无论 IT 项目是否会成为"战略型信息系统",从 IT 项目计划开始就从组织整体的战略角度进行分析是非常关键的。组织必须制定一个 IT 应用战略以明确 IT 应用如何才能服务于组织的整体目标。IT 计划与战略必须要与组织的计划与战略相一致,组织的战略计划应该在 IT 项目的选择过程中发挥积极的指导作用。有关研究表明,支持明确的商业目标是企业投资 IT 项目的首要原因。使企业能够更好的获利、支持潜在的商业目标等也是企业投资 IT 项目的主要目的。表 2-1 对企业投资 IT 项目的原因进行了分析。

表 2-1　企业投资 IT 项目的原因

投资 IT 项目的原因	从 IT 项目整体价值角度考虑的排序
支持明确的商业目标	1
较好的内部收益	2
支持潜在的商业目标	3
较好的净现值	4
合理的项目投资回收期	5

投资 IT 项目的原因	从 IT 项目整体价值角度考虑的排序
作为抗衡竞争对手类似系统的手段	6
支持管理决策	7
满足预算约束条件	8
存在很大的获益可能性	9
较好的投资回收率	10
项目成功的可能性很大	11
满足技术和系统的要求	12
支持法律和政府要求	13
较好的利润指标	14
引入新技术	15

2.2 掌握系统方法

尽管 IT 项目是一次性的,通过项目得到的是独特的产品或服务,但项目并不是孤立存在的,组织也不可能孤立地运行项目。因为任何组织和项目都是由人员、物资和信息组成的系统,任何项目的管理都是对系统的管理,没有系统也就没有项目和项目管理。项目必须在一个广泛的组织环境中运行,项目经理需要掌握系统原理,采用系统思维方法,在一个更大的组织视野下来考虑项目。

2.2.1 系统的定义与特征

系统是由相互联系和相互制约的若干组成部分结合成的、具有特定功能的有机整体。从系统的这一定义可以看出,系统包含有三层含义:

- 系统由若干部分组成;
- 系统有一定的结构;
- 系统有一定的功能和目的。

在自然界和人类社会中,一切事物都是以系统的形式存在,任何事物都可以被看作是一个系统,项目也不例外。从系统的起源和组成要素的性质来看,可以划分为自然系统和人造系统。自然系统是指其组成部分是自然物的系统,如生态系统、海洋系统、气象系统、太阳系等。人造系统则是为达到某种目的而人为构成的系统,如生产系统、科技系统、交通系统、信息系统等。从某种意义上来说,任何人造系统都是通过项目来构建的,掌握系统的特征和原理对项目管理具有深远的意义。

集合性是系统最基本的特征。一个系统至少由两个或两个以上的子系统构成,构成系统的子系统称为要素。系统是由各个要素结合而成的,这就是系统的集合性。

系统的结构是有层次的,系统在组织、作用、结构和功能等方面都表现出层次特性,构成一个系统的分系统和子系统分别处于不同的地位和作用。

系统具有相关性。系统的相关性体现在系统内各要素之间相互依存、相互制约。系统的相关性一方面表现为子系统同系统之间的关系,系统的存在和发展,是子系统存在和发展的前提,因而各子系统本身的发展,就受到系统的制约。

2.2.2　系统的原理

原理是指某种客观事物的实质及运动的基本规律,系统原理为认识项目管理的本质和方法提供了新的视角。系统原理的要点体现在如下几个方面:

- 整体性原理。整体性原理是指要素之间的相互关系以及要素与系统之间的关系以整体为主进行协调,局部服从整体,使整体效果为最优。强调项目的整体性,就是从项目整体着眼,部分入手,统筹考虑,各方协调,达到项目整体的最优。
- 动态性原理。系统的运动状态是绝对的,而稳定状态是相对的。系统不仅作为一个功能实体而存在,而且作为一种运动而存在。系统内部的联系是一种运动,系统与环境的相互作用也是一种运动。项目与系统的相互作用也是一种运动。
- 开放性原理。世界上不存在完全封闭的系统,一个系统一定存在于一个更开放的系统之中。对外开放是系统的生命,任何试图把本系统封闭的做法,都必将导致失败。明智的项目管理者应该从开放性原理出发,充分估计到外部对项目的各种影响,努力从开放中扩大项目从外部吸收的资源,并尽量使这些资源有利于项目健康、持续的发展。
- 环境的适应性原理。系统不可能孤立存在,它一定会与周围的事物发生联系。这些与系统发生联系的周围事物的全体就是系统的环境。环境是一个更大、更高级的系统。如果系统与环境进行物质、能量和信息的交流,能保持最佳适应状态,则说明这是一个有生命力的理想系统。一个不能适应环境的系统是一个无生命力的系统,同样,一个不能适应环境的项目不是一个好项目,而且是不能成功的。
- 综合性原理。所谓综合性就是把系统的各部分、各方面和各种因素联系起来,考察其中的共同性和规律性。任何系统和项目都可以看作是由许多要素为特定的目的而组成的综合体。系统的综合性体现在两个方面:一方面是系统目标的多样性与综合性,另一方面是系统实施方案的多样性与综合性。项目管理者充分运用系统综合性原理,将项目目标和项目实施方案的要素进行认真的综合与分解,就能很好地驾驭项目。

2.2.3　系统方法

为了有效地应对复杂的环境,解决在 IT 项目中普遍存在的不注意项目的整体性,"头痛医头,脚痛医脚",抓住一点,不顾其他的问题,项目经理需要对项目有一个全面的考虑,认清项目在更大的组织环境所处的位置,以系统的方法从整体的视角看待项目和项目运营的组织环境。

在 IT 项目管理中采用系统思维对项目的成功具有关键的作用。系统思维所体现的系统方法是解决复杂问题的一个整体分析方法,包括系统观念、系统分析和系统管理。

系统观念是指一整套系统地思考事物的思维模式。任何事物都是作为系统而存在的,都是由相互联系、相互依存、相互制约的多层次、多方面,按照一定结构组成的有机整体,系统思维要求人们必须把研究和处理的对象看作是一个完整的系统,不仅要看到其中的组成部分,还要辩证地对待它的整体与部分、部分与部分、系统与环境等的相互联系和相互作用,并从整体的角度把系统中的人、物、能量、信息加以处理和协调,以便对问题做出最佳的处理。

系统分析是一种解决问题的方法,这种方法通过确定系统的研究范围,将其分解为各个组成要素,然后识别和评价各要素存在的问题、机会、约束、需求,对提出的解决方案站在系统的高度进行比较,筛选一个最优的方案。

系统管理是在一个系统进行变革的过程中,运用系统的原理来管理和解决相关的问题。在管理一个具体的 IT 项目时,人们很容易将主要精力放到项目的一些细节上,而忽视了项目对更大系统或组织运营和需求的影响。明确 IT 项目的关键业务、技术和组织以及各个项目间的相关性,是对高层管理人员和项目经理的基本要求和系统管理的首要任务。

运用系统的方法有助于项目团队将项目视为一系列有机联系的阶段,也有助于项目经理在项目整体计划中充分结合经济上和组织上的考虑,更有助于项目经理从组织的战略高度来考虑项目的实施和管理。

2.3 熟悉项目阶段

人们已经认识到,项目不是孤立存在的,它必须作为系统的一部分加以运营。项目还需要经历一个从开始到结束的时间过程,项目工作在这一过程中呈现出一定的阶段性和特征,将 IT 项目分为几个阶段来进行管理是人们在长期项目实践中总结的有效方法。

2.3.1 项目阶段的特征

IT 项目的非独立性、不确定性、隐蔽性等特征,使得项目的范围、工期和团队规模成为支持项目成功的三大支柱。

调查分析表明,项目的范围越小、项目组的规模越小、项目的工期越短,项目的风险就越小、项目越容易控制、项目的成功率越高。尽管这样,人们却不可能只做规模小的项目,也不可能将大规模的项目人为地拆分和缩小。为此,人们将项目划分成不同的阶段,以简化项目的复杂度和可控性,更好地处理项目与组织的日常运营之间的关系,提高项目的成功率。

项目阶段的划分根据项目和行业的不同有所不同,但几个基本的阶段包括定义、开发、实施和收尾。项目定义阶段和开发阶段的主要工作是形成项目计划,称为项目可行性阶段。项目实施阶段和收尾阶段的主要工作是根据项目计划开展实际工作,称为项目获取阶段。项目阶段的总体架构如图 2-1 所示。

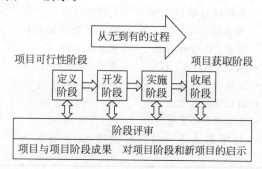

图 2-1 项目阶段总体架构

定义阶段的主要任务是制定项目建议书,它主要描述为什么要做?做什么?对于项目目标来说,项目建议书决定着其未来的蓝图与框架。

开发阶段的主要任务是规划项目怎么做?谁来做?项目组要根据项目建议书,制定出更为详细的项目计划。

实施阶段的主要工作是执行项目计划,并进行项目的监督和控制。其目的就是把项目的内容完成。项目组要根据项目的执行情况,形成项目状态报告。

收尾阶段的主要任务是完成项目的验收与工作总结,形成项目验收报告与工作总结报告,为后续的项目提供经验、教训和帮助。

项目的阶段进程是一个从无到有的过程,在这一过程中,每个阶段都以工作成果的完成为标志,这种工作成果应该是有形的、可评审的和可回溯的。一个项目阶段的结束通常以通过工作成果的评审标志,阶段评审的目的主要有两个:一是决定该项目是否可以进入下一个阶段;二是尽可能以较小的代价查明和纠正错误。

每一个阶段产生的成果,不但应该包括项目的技术成果,还应该包括项目的管理成果以及形成这些成果的过程。这些成果应该成为项目下一个阶段和组织其他项目的宝贵财富。

需要特别指出的是,不为系统测试和评审工作安排足够的时间和资源简直就是一场灾难!

2.3.2　项目生命周期的特征

与世界上的任何事物一样,项目也有一个孕育、诞生、成长、成熟、衰亡的过程,这就是项目的生命周期。项目生命周期是项目阶段的集合,在项目的不同阶段,项目管理的内容是不相同的,而这些内容是以项目的生命周期过程为重点展开的。

通过对项目生命周期的管理,人们能够对项目的阶段和过程有一个系统、全面、完整的了解。项目的生命周期及其主要工作如表2-2所示。

表 2-2　项目的生命周期及其主要工作

定 义 阶 段	开 发 阶 段	实 施 阶 段	收 尾 阶 段
• 明确需求	• 确定项目组主要成员	• 建立项目组	• 提交最终产品
• 策划项目	• 界定最终产品范围	• 建立与完善项目沟通渠道	• 评估与验收
• 调查分析	• 研究实施方案	• 实施项目激励机制	• 清算与审计账务
• 收集数据与信息	• 确定项目质量标准	• 建立项目工作包,细化相关技术需求	• 评估项目
• 确立目标	• 保证项目资源	• 建立项目信息控制与管理系统	• 项目技术与管理文档的归档
• 进行可行性研究	• 制定项目整体计划	• 执行工作分解结构的各项工作	• 资源清理
• 明确合作关系	• 预算项目费用与现金流量	• 获得订购物资和服务	• 转移产品责任者
• 确定风险等级	• 形成工作分解结构	• 指导/监督/预测/控制:项目范围、进度、费用、质量	• 项目组的解散与人员再分配
• 拟定战略方案	• 制定项目政策与程序	• 管理项目的变更,解决实施中的问题	
• 进行资源测算	• 评估项目风险		
• 提出组建项目组方案	• 确认项目有效性		
• 提出项目建议书	• 编制项目概要报告		
• 获准进入下一个阶段	• 获准进入下一个阶段		

通过设定项目生命周期,可以对如下要点进行规定:

- 项目的各阶段应当从事何种技术工作;
- 项目各阶段可交付成果应何时完成,以及如何进行审查、核实和确认;
- 项目各阶段的参与人员;
- 如何控制和批准项目的各阶段。

尽管不同领域的项目,甚至同领域的不同项目,其生命周期的划分和工作内容有较大不同,但项目生命周期具有一些共同的特点:

(1)项目阶段一般按顺序首尾衔接,各阶段通过规定的技术信息、文档、部件以及相关的管理文档等中间成果的交接来确定。

(2)项目对费用和人员的需求开始时比较少,随着项目的发展,人力投入和费用会越来越多,并达到一个最高点。当项目接近收尾时又会迅速减少。这种模式如图 2-2 所示。人员与费用的投入同时也体现了项目生命周期内完成的工作量与时间的关系。

(3)项目开始时,成功地完成项目的把握性较低,因此风险和不确定性是最高的。随着项目逐步向前发展,成功的可能性也越来越高。

(4)在项目起始阶段,项目利益相关者对项目产品的最后特点和最终成本的影响力是最大的,随着项目的进展,这种影响力会逐渐减弱,图 2-3 形象地说明了这一特征。造成这种现象的主要原因是,随着项目的推进,变更的难度和代价越来越大。

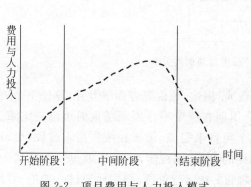

图 2-2 项目费用与人力投入模式

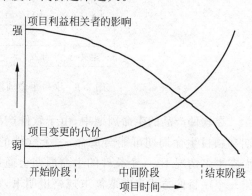

图 2-3 项目利益相关者的影响随时间的变化

2.3.3 项目生命周期与产品生命周期

产品的生命周期从提出产品研发开始,直到最后停止使用该产品为止。对于软件企业来说,产品的市场成功才是开发项目结束的真正标志。软件产品的生命周期应该包括产品项目筛选、概念形成、产品开发、产品上市以及市场增长、成熟、衰退等各个阶段组成的全过程。

软件产品研发人员对软件生命周期的概念都比较了解,软件工程采用的生命周期方法学就是从时间角度把软件开发和维护的复杂问题进行分解,将软件生命周期划分为软件定义、软件开发和软件运行维护 3 个时期,每个时期再进一步划分为若干个阶段。为了反映软件生命周期内各阶段的主要工作以及这些工作如何进行组织和衔接,人们采用软件开发模型进行直观的图示表达,软件开发模型是跨越整个软件生命周期的所实施的全部工作和任务的结构框架。通过软件生命周期的划分,确定每个阶段的任务,以降低软件产品定义、开发和维护的难度,达到提高软件产品质量、降低软件开发成本的目的。

一些常用的软件开发模型包括瀑布模型、螺旋模型、第四代技术模型、原型模型、构建组装模型、混合模型、喷泉模型等。这些模型都是软件产品生命周期的实例,是软件工程思想的具体化,是人们在软件开发实践中总结出来的开发方法和步骤,软件的类型和所开发的系统的复杂程度决定所采用的软件开发模型。

区分项目生命周期和软件产品生命周期,了解它们的相互关系是非常重要的。无论项目是什么类型,通过这个项目产生什么产品,都可以采用项目生命周期的方法和步骤来实施。而产品生命周期根据产品的类型、规模、应用领域等属性的不同却会有很大的不同。

大部分的 IT 产品都是通过一系列的项目开发出来的。例如生产一种新型的笔记本电脑的项目仅仅是其产品生命周期的一个阶段,该产品的生命周期开始于经营计划,经过产品构思到产品开发,再到市场运作和产品升级,直到退出市场为止,如图 2-4 所示。

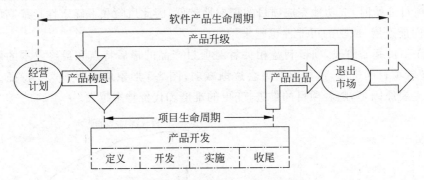

图 2-4　项目生命周期与产品生命周期的关系

在软件产品的生命周期中,由于软件产品的性质、用途、规模等方面的差异,软件生命周期和项目生命周期可能会重合,一个软件的生命周期在一个项目周期结束时也随之结束。而在更多情况下,一个软件的生命周期会通过多个项目来完成,例如在软件需求阶段,可以以一个项目的方式来获取需求规格说明书,在软件的设计、编程阶段,可以通过一个项目的方式来管理,在测试阶段也可以单独组织成一个项目;在运行阶段,则主要通过一般的运行管理而非项目管理的方式来进行;而在升级维护阶段,仍然可以根据具体要求通过组织项目的方式来完成,或者随着软件产品进入下一个生命周期,而又启动新的项目。应该明确,软件项目生命周期是软件产品生命周期的一部分,项目管理是一项横跨整个产品生命周期的活动,在软件生命周期的每一个阶段都必须实施有效的项目管理活动。

2.4　了解项目组织

项目管理与传统组织管理的最大区别在于项目管理更强调项目经理的作用,强调团队的协作精神,其组织形式具有更大的灵活性和柔性。在一个既定的项目中,项目组织是所有活动的焦点,是所有影响项目的内部与外部的活动中心,项目组织形式和运行机制对项目的管理起到十分重要的作用。

2.4.1　组织的特征

从历史上来看，"组织"与"管理"曾经被看作同义词，因此从某种意义上说，管理理论是首先从研究组织理论开始逐步发展形成的。巴纳德认为，人类由于受生理的、心理上的、生物的和社会的限制，为了达到个人的目的，不得不进行合作。而要使这种合作以较高的效率实现预定的目的，就必须形成某种组织机构。德鲁克认为组织的目的，就是要使平凡的人做出不平凡的事。

在现代社会中的每一个人都是生活、工作在某种组织之中，家庭、学校、企业、团体、国家都以组织的形式存在。尽管组织的形态各异，但它们都有一些共同的特征。

1. 目的性

任何组织都有其目的，这样的目的既是这种组织产生的缘由，也是组织形成后使命的体现。例如，为了开发一个软件产品而形成的开发项目组织，开发客户需要的软件产品就是该组织的目的。组织的目的性还表现在组织成员对目的的共享性，即组织成员共同认可同样的组织目的。

2. 专业化分工

组织是在分工的基础上形成的，组织中不同的职务或职位承担不同的组织任务。专业化分工能有效解决工作的复杂性与人的能力差异之间的矛盾，便于工作经验的积累和办事效率的提高。

3. 依赖性

组织内部的不同职务或职位不可能孤立地行使自己的职权，从事自己的工作，它与组织纵向和横向的职务或职位都有千丝万缕的联系。随着组织信息化水平的不断提高，这种依赖性越来越明显。

4. 等级制度

任何组织都存在上下级关系，这是维系一个组织的基础。一般来说，下属应该绝对执行上级的指示，这是组织对下级的要求，也是下属的责任。而上级应该指导下属的工作，承担组织下属活动的责任。

5. 开放性

所有组织都与外界环境存在着千丝万缕的联系，组织的开放性是组织生存的基础，无论是资源的获取还是产品的推广，都必须有一个开放的环境。

6. 环境的适应性

组织本身是一个系统，然而它又存在于决定组织存在和发展的自然、经济、技术、政治、社会等环境的大系统之中，它必须具有环境适应性才能生存和发展。

2.4.2　项目的组织结构

在基于项目的组织中，包括人在内的一切资源聚合在一起的目的就是为了完成项目的任务，达到项目设定的目标。一般组织的特征及设计原则同样适应于项目组织，实际中存在多种项目组织结构，每一种组织结构都具有各自的优点和缺点，有其适用的场合。因此人们在进行项目组织设计时,除了考虑一般组织特征和设计原则,还要着重考虑项目的特点,采取具体问题具体分析的方法,选择合适的项目组织结构。

执行项目的组织结构对项目所需资源的获取起着关键的作用,与项目有关的组织结构一般有职能型、项目型和矩阵型等类型,而矩阵型又可以分为弱矩阵、平衡矩阵和强矩阵三种类型。它们的关键特征如表2-3所示。

表 2-3   组织结构对项目和项目经理的影响

项目特征 \ 组织结构	职能型	矩阵型			项目型
		弱矩阵	平衡矩阵	强矩阵	
项目经理权限	很少或没有	有限	少到中等	中等到大	很多,甚至全权
项目可利用的资源	很少或没有	有限	少到中等	中等到多	很多,甚至全部
控制项目预算的人	职能经理	职能经理	职能经理与项目经理	项目经理	项目经理
项目经理的角色	兼职	兼职	全职	全职	全职
项目管理的行政人员	兼职	兼职	兼职	全职	全职

在一个项目型组织结构中项目经理的权力最大,他在获取资源、控制项目预算等方面起到关键作用。而在一个职能型组织结构中,项目可利用的资源非常有限,项目经理的权限非常小,这显然对项目的完成可能是非常不利的。对项目组织结构的分析有助人们针对不同的项目特点和要求确定不同的项目组织结构。

1. 职能型组织

典型的职能型组织是一个金字塔式层次结构,如图2-5所示(图中灰框表示参与项目活动的职员)。采用这种项目组织形式的项目的资源分散在各职能部门,当项目需要这些资源时,由各职能部门经理负责安排和使用。这种结构的优点在于它能够充分利用组织的资源,但在项目实施没有明确的项目组织界线,项目小组成员完成的项目任务与其在职能部门完成的工作没有明确的区别,且多属于兼职工作。采用职能型组织结构实施的项目没有全职的项目经理,项目的协调工作需要各职能部门的上级来完成。

2. 项目型组织

与职能型组织相对应的是项目型组织,如图2-6所示(图中灰框表示参与项目活动的职员)。这种组织形式是以项目组作为独立运行的单位,组织的大部分资源用于项目工作,项目经理有很大的独立性和职权。项目型组织的优点在于具有明确的项目负责人对项目结果的实现承担责任,可以充分利用项目组的专有资源。但由于项目资源被各项目组独占,企业的整体资源利用程度不高,各项目间资源共享困难。

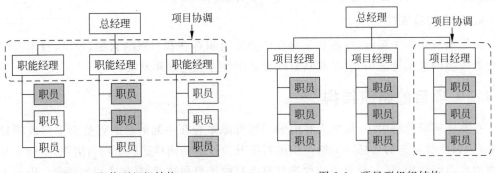

图 2-5   职能型组织结构   图 2-6   项目型组织结构

3. 矩阵型组织

矩阵型组织兼有职能型和项目型组织的特征。这种组织形式即能够保证有人对项目目标负责,又能够有效利用整个组织的资源。根据项目组对项目资源占有程度的大小,可以将矩阵型组织分为弱矩阵、平衡矩阵和强矩阵三种类型。三种项目组织形式反映了项目经理和职能经理对项目影响的程度。项目经理对项目的影响在弱矩阵中最小,在强矩阵中最大,而职能经理的影响与此相反。

1) 弱矩阵型

弱矩阵型组织十分类似于职能型组织结构,这种组织具有职能型组织的许多特征,如图 2-7 所示(图中灰框表示参与项目活动的职员)。在这种组织中,项目经理是兼职的,由于资源的支配权大多数仍然掌握在职能部门经理手中,所以他更像是一个协调者或联络员,因此他也很难对项目的最终结果承担责任。

2) 平衡矩阵型

平衡矩阵型组织结构如图 2-8 所示(图中灰框表示参与项目活动的职员)。在这种组织中设置了项目经理,明确了项目经理对项目的结果承担责任。但这样的项目经理并不能独立于职能部门,对于项目和项目资金也不能全权支配。

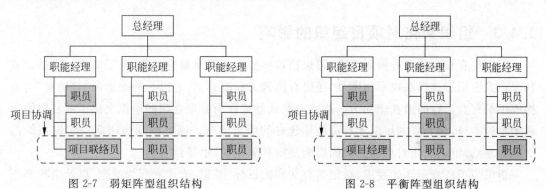

图 2-7 弱矩阵型组织结构　　　　图 2-8 平衡阵型组织结构

3) 强矩阵型

强矩阵型组织具有项目型组织的许多特征,如图 2-9 所示(图中灰框表示参与项目活动的职员)。在这种组织中拥有相当大权限的项目经理和权职的行政管理人员,这些人员不再属于原来的职能部门,也不需要完成职能部门的工作。同样,项目组成员的主要时间投入到项目中,项目经理比职能经理更具有指挥权。

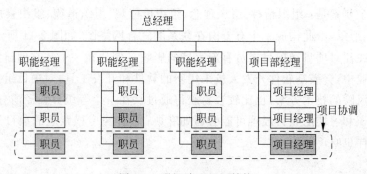

图 2-9 强矩阵型组织结构

4. 复合型组织

很多组织在不同的组织层级上用到上述所有的结构,这种组织通常被称为复合型组织结构。如图 2-10 所示。例如,对一些重要项目,可以建立专门的项目团队;而小项目仍由职能部门管理。

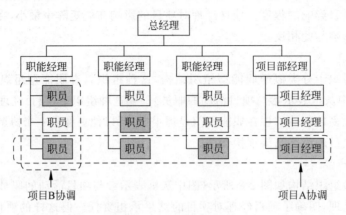

图 2-10　复合型组织结构

2.4.3　组织文化对项目组织的影响

组织具有自己的各种构成要素,要想把这些要素有机地整合起来,除了要有一定的正式和非正式组织形式以及规章制度外,还要有协调力和凝合剂,它以一种无形的"软约束"力量构成组织有效运行的内在驱动力。这种力量就是被称为管理之魂的组织文化。项目组织来源于组织本身,只有好的组织才有可能构建好的项目团队。而好的项目团队一定以组织的文化为基础,组织文化对项目组织的影响是潜移默化的,也是巨大的。

组织为了自身运作的要求,必须要有共同的目标、理想、追求和行为准则,以及机构和制度,否则组织就是一盘散沙,在这种基础上组建的项目团队就更是问题。

组织文化的任务就是努力创造这些共同的价值观念体系和共同的行为准则。在这个意义上来说,组织文化是指组织在长期的实践活动中所形成的并且为组织成员普遍认可和遵循的具有本组织特色的价值观念、团体意识、行为规范和思维模式的总和。

从现代系统论的观点来看,组织文化的 3 个层次是:表层文化、中介文化和深层文化。组织文化的 5 个表现形态是:物化文化、制度文化、管理文化、生活文化和观念文化。构成组织文化的 8 个要素是:组织精神、组织理念、组织价值观、组织道德、组织素质、组织行为、组织制度、组织形象,由此构成一个有着内在联系的复合网络图,如图 2-11 所示。

组织文化往往对项目和项目成员有着直接的影响。例如在一个具有创新意识和进取心较强的软件企业中,会鼓励软件开发人员采用新的软件和开发工具,对项目组提出的独特的或者存在较大风险的技术方案,也比较容易获得通过。在一个等级界线泾渭分明的组织中,有强烈创新意识和习惯的项目经理可能会遇到麻烦;而作风专横跋扈的项目经理在鼓励参与的组织中同样也吃不开。

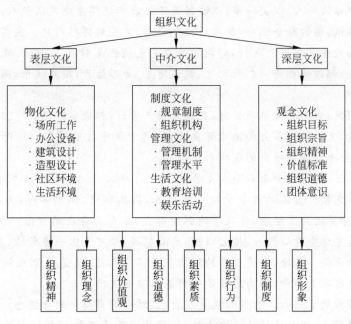

图 2-11　组织文化复合网络图

　　无论是项目经理还是一般职员,都应该重视组织文化、熟悉组织文化,充分利用组织文化对项目影响有利的一面,克服和纠正消极的因素,使项目建立在一个牢固的基础上。

　　实践表明,只有将项目经理和项目团队的个人能力,固化成组织的核心竞争力,并建立起组织的项目管理体系和运作机制,才能使项目的成功从偶然成为必然。

【案例 2-2】

软件企业的精神

　　近几个月,我深入到几个项目组,与用户和项目组人员进行了广泛的接触和交流。当看到我们的员工在工作现场克服种种困难,加班加点拼命工作时,我深受教育;当听到用户对我们员工的工作和编制的软件给予肯定和赞扬时,我深受鼓舞。当看到某些项目管理不到位、软件质量出现低级错误时,我非常焦虑;当看到由于个别员工对工作不负责任、敷衍了事,造成不良后果,以致用户对我们公司的能力和信誉产生质疑时,我非常不安。面对正反两方面的情况,我思前想后,究其现象的产生,有体制上的因素,也有管理上的原因;有前进中的困难,也有发展中的问题;有的是我们力所能及的,有的是我们暂时还无法改变的。但是,我想有一点是我们每个员工必须认真思考和明确的,这就是我们的企业精神是什么?

　　我以为诚信、敬业、团结、创新应该是天工远科的企业精神。

　　诚信是企业之本。诚,有两个含义。其一是忠诚。我们必须对自己的企业忠诚,这是自己能在公司得到发展和提高的基本条件。很难想象,一个对企业不忠诚的人,会在企业中有突出的表现和不凡的业绩;同样的道理,一个企业,没有一批忠诚的员工,是不可能在强手如林的 IT 领域立于不败之地的。公司与员工是皮与毛的关系,皮之不存,毛将焉附?因此,唯有每一位员工能视公司为自己的家,以维护公司的利益,提高公司的信誉,完善公司的形象为己任,才能和公司一道蒸蒸日上、共同发展。其二是以诚待人。诚者,诚实无伪、真心实意。我们提倡以诚待人、以诚待事、以诚待天下。我们提倡老老实实做人,踏踏实实做事。我们做的每件事情,编的每个程序,既要对得起公司,又要对得起用户。诚实待人、真心实意待人、不欺骗人,无论是对用户也好,对同事也罢;无论他是对我善、抑或对我恶,我都不存半点欺诈的念头,都以诚相待。久而久之,精诚所至、金石为开,用户快乐,同事快乐,我也快乐,何乐而不为?

信,就是守信。我们在实施项目时,在做每项工作时,都应牢牢记住守信是我们的本分。答应用户的事情,无论遇到多大的困难都要完成,这才是守信用的人。想用户所想、急用户所急,这样的企业才能得到用户的支持和理解。

我们必须牢记,诚信是企业和个人发展之本。

敬业是应尽之责。员工必须敬爱自己的职业,恪尽职守、鞠躬尽瘁,为公司建功立业。首先,不论是程序员还是总经理,你从事的职业存在,必有其存在的价值。因此无论分工如何、职务高低,只要你全身心投入,持之以恒、悉心钻研,必可干出一番成绩,且从中找到你的人生价值和生活乐趣。其次,敬爱自己的职业既是尊重自己,又是对他人和社会的尽责,每一位员工必须具有敬业精神,因为敬业是一种基本职业道德。

敬业要有强烈的责任心。责任心就是对自己、对公司有高度的责任感。每一位员工,尤其管理者都应懂得,一项工作就是一份责任,不管你自己干还是指挥他人干,你都必须对此项工作的结果负责,绝不允许推卸责任给他人。每一位员工都应懂得,质量是天工远科的生命线。我们的软件出了百分之一的错误,对用户来说就是百分之百的问题。因此,每设计一个方案、每编制一段程序、每测试一个模块、每编写一页文档、每接待一位客户,我们都应扪心自问:我尽力了吗? 我对公司负责了吗?

敬业就是要使自己的工作表里如一,追求精益求精。那种在工作中欺上瞒下、在编制程序时瞒天过海的人,既害企业,又害自己,最终将自食其果。敬业必须勤奋。勤奋,是将美好愿望变成现实的必要手段,是获得成功的唯一途径。勤奋在两点:一是勤动脑,积极主动深入实际,想办法出主意,发挥创造性,做出有特色的工作业绩。二是勤动手,脚踏实地从小事做起,锲而不舍做好每一件小事,编好每行程序,写好每页文档,聚沙成塔以成就我们的大事业。勤奋是一种积极的态度,向上的精神,不完全等于能力,一个人勤奋、敬业加上有能力就能在公司大有作为。

我们应该明确,敬业是我们应尽的责任和义务。

团结是立业之基。团结就是力量,这是每个人都明白的道理,但要真正在企业中形成风气,就需要我们共同的努力。必须明确,团结是事业成功的基本保证,团结是对每一位员工的基本要求,讲究团队合作精神、发挥整体的优势是IT企业成功的必要条件。企业的发展不光来自经济的财富,而且来自人的力量。团结有两层含义,对内团结周围的每一位员工,使他们成为我们患难与共的事业伙伴;对外团结每一位客户,使他们成为我们真正的朋友。

软件发展的现实已经告诉我们,那种单枪匹马打天下的"个人英雄主义",那种靠几个人开发软件、发展IT企业的时代已经不复存在。企业要发展、要壮大,就必须团结许多人一起工作。这么多人走到一起来,家庭环境、工作经历千差万别,工作风格、思维习惯各不相同。但寸有所长,尺有所短,只要我们多看到他人的长处,多检查自己短处,就能在集体中持有一种良好的心态。你所在的项目组出了问题、完不成任务,相信你也高兴不起来。你能在项目组中帮助他人解决难题,项目组的同仁需要你、尊重你,你所在的项目组工作出色,相信你会倍感欣慰。我们要明白,帮助他人就是帮助了自己。我们从事的工作十分辛苦,时时刻刻都可能碰上不顺心的事,工作中也少不了各种矛盾和问题。我们要学会理解人、体谅人、尊重人,久而久之便可生出许多爱心,做人自然就厚道,就能宽恕他人的不是,也会敬重周围的每一个人。我们的项目经理、业务主管更要注重团结。不能团结周围的事业伙伴,不能协调与相邻部门的关系,能力再强也将一事无成。因此,是否具备较强的协同工作能力,是否善于团结人、关心人、爱护人应是任免和考核项目经理的一项最重要指标。

没有用户,天工远科就不会存在,每一位员工都必须清醒地认识这一点。我们的产品、我们的软件、我们的服务,自己说一万遍好不如用户说一声好。得罪了用户就是得罪了企业,伤害了自己。我们要想方设法团结每一位用户,使其成为我们真正的朋友。只要我们能做到承担一个项目就增加一批朋友,我们的事业就能发展,我们的企业之树就会更加枝繁叶茂。

我们应该懂得,团结是企业的立业之基。

创新是企业之源。我们面临的世界是一个千变万化的世界,我们从事的行业是一个日新月异的行业。在今天这个物竞天择、适者生存的社会和行业,要把握未来市场,重要的一点是要有创新精神。信息社会中软件企业不是大鱼吃小鱼,而是快鱼吃慢鱼,对于个人来说也应该是这个道理。

创新是对自我的扬弃。吾日三省吾身,不断反省自己、否定自己、超越自己,这是一个人的美德,但反省自己、否定自己不是每个人都能做到的,不断发现和改正自己的缺点,认识和发扬自己的长处,我们才会变得越来越强大。人如此,企业亦如此。

要创新就必须努力学习。学习、学习、再学习应该成为我们企业长盛不衰的风气,应成为我们每个员工的共识。只有不断学习我们才能及时、准确地掌握新的知识和技术,我们才能有所进步,有所创新。

我们必须坚信,创新是企业发展的源泉。

有人说,商道即人道;有人说,小企业做事,大企业做人。曾有一个伟人说:"人是要有点精神的。"我想,只要把做人的精神与做企业的精神高度统一起来,那么我们还有什么困难不能克服,还有什么奇迹不能创造呢。

资料来源:王如龙.天工远科报.2002年第四期2002.02.15

2.4.4　IT项目组织的特点

IT项目组织是组织的一种,一般组织的特征及设计原则同样适合于IT项目组织。由于受IT项目以及IT项目管理特性的影响,IT项目组织与一般组织比较,有着显著的特点,主要表现在如下几个方面。

1. 客户适应性

IT项目建立在客户需求的基础上,例如信息管理系统、业务处理系统都是与客户的日常工作紧密联系在一起的,在开发这类项目时,必须根据客户的特点和需求来确定项目组织结构、工作流程和运作方式。

2. 任务导向性

IT项目组织是以完成项目任务为目标的工作团队。尽管一个项目的完成需要多种专业领域的知识和技能,但是IT项目组织不能像职能部门那样以它们的专业职能为导向,而必须以项目的整体任务为导向。组建 IT 项目组织的最基本目的是,通过整合完成项目需要的多种知识和技能来实现项目整体目标。

3. 利益冲突性

与一般的组织相比,IT 项目组织将面对更多的利益相关者。利益相关者来自项目发起人、客户、用户、供应商、职能部门负责人,还包括项目团队的每一位成员。这些利益相关者对项目的认识、从项目中得到的利益、对项目的期望都各不相同。因此,在项目的各个阶段产生矛盾、出现冲突是不可避免的,这些都会对项目的运行和结果产生不同程度的影响。

4. 组织动态性

IT 项目组织是一种临时性的、柔性的组织,项目组织随着项目任务的确定而产生,随着任务的完成而结束。在项目生命周期的各个阶段,需要按任务的要求安排不同层次和专业特长的人员来完成相应的工作,团队成员也必须在完成其分配的任务后离开项目团队,而另外一些人则会由于任务需要而中途加入团队中。

5. 责权的不对称性

IT 项目的一个主要特点是以任务为导向,这就决定了项目经理必须对项目的过程和结果承担直接的责任。然而,由于 IT 项目组织所具有的动态性和柔性特征,团队的成员和项目需要的各种资源都必须依靠外界的支持与配合才能获得。但是,项目经理获取这些资源和控制这些资源的权力非常有限,责任与权力的不对称性使项目经理的工作倍感艰难。

6. 信息的不对称性

一般来说,IT 项目是由具有一种文化背景的人替具有另一种文化背景的人开发项目。IT 项目组的人员一般都是信息技术方面的专家,但是缺乏应用领域的相关知识,包括实际知识和文化知识,应用领域的专家也可能缺乏信息技术的知识。这就导致了项目组与客户之间信息不对称。在项目组内部,由于项目组的成员来自不同的专业领域,每一个人掌握的技术和工作的经验不同,这些人员极可能在某一方面比项目经理掌握的技术要多,项目开发组织与项目应用组织信息的不对称和项目组织成员之间信息的不对称使 IT 项目组织的管理面临强大的挑战。

7. 全过程的风险性

IT 项目需求的不稳定性和对智力的依赖性,使得项目的全过程中充满着不确定性。项目组织只能在项目的实施过程中不断明确任务目标,调整与完善管理规则。从某种程度来说,对项目组织的管理是对风险的管理、对变化的管理和对问题事件的管理。

由于 IT 项目组织存在以上特点,它的管理方式与企业组织的运行方式有很大的区别,认识到这些差别,协调好项目组织与各职能部门之间的关系,处理好项目工作与各职能部门日常工作的冲突,是确保项目顺利进行的基本保证。

2.5　控制项目过程

过程就是一组为实现某个特定目标而进行的一系列相互联系的行动和活动。"一个好的结果必定包含了一个好的过程","没有好的过程控制就一定不会有好的结果"。人们在长期的项目管理实践中总结出来的这些经验说明了项目过程的重要性和控制项目过程的必要性。

项目的过程大致可以分为两类。一类是产品导向型过程,它注重对项目产品进行具体说明并进行制造。产品导向型过程常常是通过项目生命周期来进行定义,并且在不同的应用领域会有所不同。另一类是项目管理过程,它注重对项目工作进行描述和组织,项目管理的过程在大多数时候对多数项目都是适用的。

2.5.1 项目管理过程组

IT 项目管理是将知识、技能、工具和技术应用于 IT 项目活动之中,以满足项目的要求,它是通过利用 IT 项目管理知识、技能、工具和技术的过程实现的。

项目管理是一项综合的工作,它需要将项目的每个过程与其他过程恰当地配合与联结起来。过程之间的这些相互作用和影响经常要求项目管理者对各种项目要求和目标进行权衡。对于比较大而复杂的 IT 项目,可能要求某些过程反复多次才能确定和满足利益相关者的要求,并就这些过程的结果达成一致意见。在大多数情况下,大多数项目都有共同的项目管理过程,这一过程包括启动、规划、执行、监督和结束 5 个过程组,如图 2-12 所示。

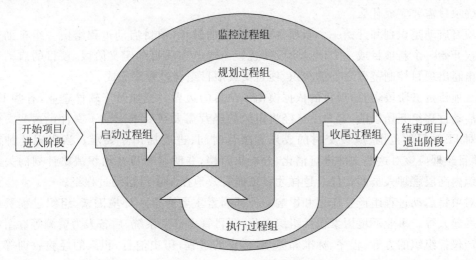

图 2-12 项目管理过程组

启动过程组的主要任务是确定并核准项目或项目阶段。在项目开始阶段启动过程的主要成果就是形成一个项目章程和选择一位项目经理。

规划过程组的主要任务是确定和细化目标,并规划为实现项目目标和项目范围的行动方针和路线,确保实现项目目标。规划过程的主要成果包括完成工作任务分解结构、项目进度计划和项目预算。

执行过程组的主要任务是通过采用必要的行动,协调人力资源和其他资源,从整体上有效地实施项目计划。执行过程的主要成果就是交付实际的项目工作。

监控过程组的主要任务是定期测量和实时监控项目进展情况,发现偏离项目管理计划之处,及时采取纠正措施和变更控制,确保项目目标的实现。监控过程的主要成果就是,在要求的时间、成本和质量限制范围内获得满意的结果。

收尾过程组的主要任务是采取正式的方式对项目成果、项目产品、项目阶段进行验收，确保项目或项目阶段有条不紊地结束。收尾过程的主要成果包括项目的正式验收、项目审计报告和项目总结报告编制以及项目组成员的妥善安置。

项目管理过程组之间的依赖关系是非常清楚的，对于每一个项目，无论是项目的整个生命周期，还是项目生命周期的每一个阶段，都将使用这 5 个过程组，并按照同样的顺序来实施。

项目管理过程组与项目的应用领域或行业关心的重点无关。项目管理的综合性要求每一个项目过程同其他项目过程恰当地配合并联结起来，以协调和控制项目的实施。过程之间的相互影响和作用经常要求对项目的各种需求和目标进行权衡，许多的过程在项目执行期间可能需要进行多次重复和修改。项目经理应该负责确定过程组中哪些子过程将用于该项目，由何人使用，以及在执行这些过程时应当遵循的标准和规则。

2.5.2　启动过程组

启动过程组的主要目的是，保证干系人期望与项目目的的一致性，让干系人明了项目范围和目标，同时让干系人明白他们在项目中的参与，有助于实现他们的期望。通过这个过程组明确项目需要完成什么。

项目启动是识别和开始一个新项目或新阶段的过程，项目启动过程组由一组有助于正式授权开始一个新项目或一个项目阶段的过程组成。在项目的定义阶段，项目的启动过程一般由超出项目控制范围之外的组织、项目集或项目组合过程来完成。

在项目定义阶段，初始项目的依据模糊了项目的边界。例如对于软件企业，有些 IT 项目在启动过程组开始以前，客户就已经将组织的经营需要或要求形成了文件。这些文件还可能对 IT 项目的范围、应该交付的成果和项目时间、进度提出了要求。当出现这种情况时，项目经理应该对这些文件进行消化、分析和归档，并明确项目与组织战略计划的关系以及组织内高层管理人员的责任。这样才有可能有效地控制项目启动过程组。

对项目启动过程组产生作用和影响的外部因素主要有事业环境因素、组织过程资产和项目发起人等。事业环境因素包括组织文化、项目管理信息系统、后备人力资源等。组织过程资产包括组织的方针、程序、标准和原则，确定的过程，历史信息，积累的经验教训等。项目发起人为项目提供资金并指定项目的方向，在项目的启动阶段他们对项目有绝对的决定权。

项目启动的成功表现在高层领导承诺对项目的积极支持和参与，因为没有高层领导层的支持，就不可能有一个好的项目环境，也很难把握项目的需求和资源。项目启动的成功还表现在明确了项目目标以及项目的阶段目标，并且这些目标是具体的、可操作的和可测量的。应该充分准备和控制启动阶段的每项工作，因为好的启动是项目成功的基本保障。高层领导确认了项目所要完成的目标与内容的高层次描述，并承诺对该项目负责，是项目或项目阶段启动成功的关键标志。

大型复杂项目应该被划分为若干阶段。在此类项目中，随后各阶段也要进行项目启动过程，以便确认在最初制定的项目章程和识别项目干系人过程中所做出的决定是否依然有效。在每个阶段开始时进行启动过程，有助于保证项目符合其预定的业务需要，核实成功标准，审查项目干系人的影响、动力和目标。然后决定该项目是继续、推迟还是终止。

优秀的项目经理在项目启动时就应该主动积极地了解项目背景,把握项目的目标,特别是在项目的每一个阶段,应该确保项目启动过程的有效性和持续性。

2.5.3 规划过程组

规划过程组的主要作用是,为成功完成项目或阶段确定战略、战术及行动方案或路线。规划过程组包含明确项目范围,定义和优化目标,为实现目标制定行动方案的一组过程。IT项目管理团队通过规划过程组、子过程及其相互关系来规划和管理IT项目,以实现在项目启动过程中提出的项目目标。收集不完整和把握程度不一的各种信息是规划过程组的重要工作;通过规划过程来识别、明确和完善项目范围和费用,安排项目范围内各种活动的时间,从而制定项目管理计划是规划过程组的主要目标;在客户提出新的需求或发现新的项目信息时,识别或解决新的依赖关系、要求、风险、机会、假设和制约因素是规划过程组的主要任务。

由于IT项目管理的复杂性,可能需要通过多次反馈来做进一步分析。随着收集和掌握的项目信息或特征不断增多,项目很可能需要进一步规划。项目生命周期中发生的重大变更,可能会引发重新进行一个或多个规划过程,甚至某些启动过程。这种项目管理计划的逐渐细化称为"渐进明细",表明项目规划和文档编制是反复进行的持续性活动。规划过程组产生的项目管理计划和项目文件将对项目范围、时间、成本、质量、沟通、人力资源、风险、采购和干系人参与等所有方面做出具体规定。

好的项目规划的产生需要有一个好的基础和环境支撑,项目规划和项目计划编制是涉及面最广、相互关系最复杂的阶段,然而组织和项目团队对它往往重视不够。由于编制的计划常常没有或不能用于促进项目的实际行动,许多人对计划编制工作抱有消极态度,甚至有所抵触,这个问题在IT项目中表现得尤为突出,必须引起高层管理的高度重视。

应该明确,通过项目规划过程编制项目计划的目的,就是指导项目的具体实施。要达到这个目标,计划必须具有指导性、现实性和可操作性。不可操作的计划不是好计划,甚至不能称为计划。因此,组织应该安排足够的人员、时间和经费,特别要注意安排有项目背景和计划经验的人来进行计划编制工作,期望一个没有相关经验的人编制出高质量的项目管理计划是不现实的,也是十分危险的。

必须强调项目管理计划不仅仅是做给他人看的,而是指导项目组完成项目来用的。好的项目管理计划是项目成功的基础和保障。组织还应该认识到,项目管理计划的编制反映了编制者的经验和能力,必须予以高度关注和重点培养。

2.5.4 执行过程组

项目的执行过程就是一个从无到有的实现过程。软件项目的任何需求、计划、方案都必须经过这一过程来完成。执行过程组包含完成项目管理计划中确定的工作,以满足项目规范要求的一组过程。IT项目团队通过它来完成项目管理计划中所明确的任务以满足项目要求,形成项目或项目阶段产品或可交付成果。针对不同的项目,项目团队应当确定需要哪些子过程。

项目在执行过程中,其执行结果可能引发计划更新和基准重建,包括变更项目的范围、变更预期的活动持续时间、变更资源需求以及考虑未曾预料到的风险。

项目的执行必须通过必要的行动来保证完成项目计划的各项任务。执行中的偏差可能影响项目管理计划或项目文件,需要进行仔细分析和判断,并制定适当的项目管理应对措施。执行过程组不但用于按照项目管理计划整合并实施项目活动,而且还协调人与资源、处理项目范围说明书明确的范围、实施经过批准的变更。

项目的执行通常需要发费掉项目预算中的大部分资源,如何有效地获取、利用和管理资源是项目经理在项目执行阶段必须解决的首要问题。项目实施最重要的输出是工作结果,即产品的交付。应该强调的是,阶段工作产品、中间产品与最终产品一样重要。

项目的执行必须采取有效的行动,以确保完成项目计划中的各项活动。而有效行动的基础是组织提供的执行标准、规范、规则、流程和模板。优秀的项目经理应该基于这个基础将项目的执行活动变成大家的积极行动和不断产生的项目成果。

2.5.5　监控过程组

监控过程组的主要作用是,定期或在特定事件发生时、在异常情况出现时,对项目绩效进行测量和分析,从而识别与项目管理计划的偏差。通过有效的过程监控使项目工作离项目目标越来越近,最终实现项目目标。

监控过程组由观察项目的执行情况,及时、准确地发现潜在问题并在必要时采取纠正行动,进而有效地控制项目的各个过程的活动组成。通过监控过程,使项目团队按照项目目标,对项目进度进行评测,监控其与计划的偏离程度,并采取措施使项目进度符合计划要求。监控过程的主要工作体现在两个方面:一方面对照项目管理计划和项目实施基准来严格监视正在进行的项目活动;另一方面,对妨碍整体变更控制的因素施加影响,以确保项目成员仅实施经过批准的变更。

项目的监控贯穿于项目的整个生命周期,这种连续的监控活动使项目团队能够洞察整个项目的健康状况,并将项目中需要引起重视的问题凸显出来。项目的监控必须以目标来驱动,其理想结果就是,在要求的时间、成本和质量限制范围内达到项目确定的目标。

IT项目管理监控的是过程,而不是结果,有效的项目控制必须是可见的和及时的。持续的监督使项目团队得以洞察项目的健康状态,并识别需要特别关注的地方。监控过程组不仅监控某个过程组内正在进行的工作,而且监控整个项目工作。在多阶段项目中,监控过程组要对各项目阶段进行协调,以便采取纠正或预防措施,使项目实施的任何行动符合项目管理计划的要求。

监控过程组还可能提出并批准对项目管理计划的更新。例如,没有按期完成某项活动,可能导致对项目预算和进度目标的调整和平衡;为了降低或控制管理费用,需要合理运用异常管理程序和相关技术。应该强调,在监控过程组的一系列过程中,IT项目唯一不变的是,每个过程都是在变更中一步一步逼近全体干系人都可以接受的结果。确定项目里程碑、设立完成这些里程碑的标志和过程是项目有效控制的基础。

优秀的项目经理应该有很好的心态和控制能力,善于把项目的控制过程变成团队成员的有效行动。

2.5.6　收尾过程组

收尾过程组包含完结所有项目过程组的所有活动,正式结束项目或阶段或合同责任的一组过程。当本过程组完成时,就表明为完成某一项目或项目阶段所需要的所有过程组的所有过程均已完成,标志着项目或项目阶段正式结束。收尾过程组也用于正式处理项目提前结束的情形。提前结束的项目可能包括中止的项目、取消的项目或有严重问题的项目。

项目收尾包括验证所有可交付成果是否完成。通过项目收尾过程组,使项目干系人和客户对中间成果和最终产品进行确认和验收,使项目或项目阶段有序地结束。为了将项目融入用户的正常运营,计划并实施平稳的转换是非常重要的,因为大多数项目会产生一些可整合到现有组织结构中的结果。对在完成之前被取消的项目,正式收尾也是非常重要的,因为通过这一过程,可以总结组织应吸取的、能够改进未来项目的教训。

项目收尾的一项重要工作是项目工作总结、对项目成员进行评估和人员转移,组织对项目有贡献的人给予表彰和奖励是必需的。对项目的不足和教训进行剖析,提醒大家不再出现相类似的问题是也是必要的。合理转移项目成员,明确项目后续工作和参与人员对组织和其他项目来说是非常重要的。认真地进行项目总结是对项目和项目组成员的尊重,优秀的项目经理在项目收尾时得到最多的应该是友谊和未来。

2.5.7　过程组之间的关系

项目过程组中的每一个过程都是以完成一定的任务为特征的,其管理过程不是孤立的、一次性的活动,它们贯穿于项目的每一个阶段,以不同的活动强度存在于项目的各个阶段,并且在整个项目生命周期以及生命周期的每一个阶段相互交叠,如图 2-13 所示。

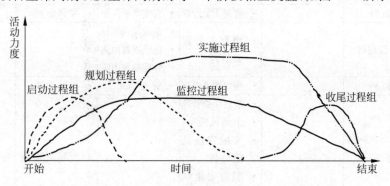

图 2-13　项目管理过程组的活动强度与交叠关系

对于不同的 IT 项目,其项目过程组的活动力度和时间长度是不相同的。一般情况下,实施过程组消耗的资源和时间是最多的,其次是计划过程组。启动过程组和收尾过程组相对来说,占用的资源和时间都会要少许多。监控过程组从项目或项目阶段开始直到项目或项目阶段结束,其占用的资源和活动的力度呈抛物线。

项目阶段内的 5 个过程组是相互联系在一起的,一个过程组的成果或输出是另一个过程组的依据或输入。特别是规划、执行和监控过程组之间,其相互联系是循环反复的。例如,通过规划过程,编制一个可行的计划,以实现项目的目标;通过实施过程,完成项目计划规定的任务;通过项目监控及时发现与纠正计划和实施过程出现的不合理性和不完整性,确保项目的计划过程与实施过程的正确性。

将项目管理的 47 个过程归入五大项目管理过程组和十大项目管理知识领域,如表 2-4 所示。

表 2-4　项目管理知识领域、过程组、过程之间的关系

知识领域 ＼ 过程组	启动过程组 (2)	规划过程组 (24)	执行过程组 (8)	监控过程组 (11)	收尾过程组 (2)
项目整合管理(6)	• 制定项目章程	• 制定项目管理计划	• 指导与管理项目工作	• 监控项目工作 • 实施整体变更控制	• 结束项目或阶段
项目范围管理(6)		• 规划范围管理 • 收集需求 • 定义范围 • 制作 WBS		• 确认范围 • 控制范围	
项目时间管理(7)		• 规划进度管理 • 定义活动 • 排列活动顺序 • 估算活动资源 • 估算活动持续时间 • 制定进度计划		• 控制进度	
项目成本管理(4)		• 规划成本管理 • 估算成本 • 制定预算		• 控制成本	
项目质量管理(3)		• 规划质量管理	• 实施质量保证	• 控制质量	
项目人力资源管理(4)		• 规划人力资源管理	• 组建项目团队 • 建设项目团队 • 管理项目团队		
项目沟通管理(3)		• 规划沟通管理	• 管理沟通	• 控制沟通	
项目风险管理(6)		• 规划风险管理 • 识别风险 • 实施定性风险分析 • 实施定量风险分析 • 规划风险应对		• 控制风险	
项目采购管理(4)		• 规划采购管理	• 实施采购	• 控制采购	• 结束采购
项目干系人管理(4)	• 识别干系人	• 规划干系人管理	• 管理干系人参与	• 控制干系人参与	

从表 2-4 可以看出,过程组所包含过程的数量和工作性质,从一个侧面反映了过程组的特性。例如规划过程组包括的过程有 24 个,超过了 47 个过程的一半,而且这些活动将直接指导项目的实施和监控,这也体现了 IT 项目管理规划的复杂性和重要性。由于 IT 项目的特殊性,项目团队经常要做一些以前从来没有做过的事情,为了完成这些特殊的活动,项目团队必须做大量的规划工作,并在实施的过程中进行有效的监控。项目的 5 个过程组在项目生命周期和项目周期中的每一个阶段进行着一系列系统地、相互关联地活动,项目团队应该熟悉过程之间的关系,了解这些过程的活动规律,明确过程任务,控制过程成果。

实践表明,要完成 IT 项目的任务,不但要强调预期达到的项目目标,还要强调达到目标的过程,特别要强调计划编制与计划变更过程的一致性,以确保项目目标的实现。

2.6 IT 项目管理最佳实践模型

进行有效的 IT 项目管理,需要将项目生命周期的 4 个阶段、5 个过程组、10 大知识领域、项目运作流程和项目文档管理 5 个层面进行有机的结合,并通过案例分析和模板应用两大部分实现项目的有效管理。5 个层面和两大部分构成了 IT 项目管理最佳实践模型,如图 2-14 所示。

图 2-14 IT 项目管理最佳
实践模型

2.6.1 案例分析与模板应用

IT 项目管理案例分析,就是通过一个个具体 IT 项目案例进行深入的观察和分析,以总结 IT 项目管理的经验,发现问题或者验证已有 IT 项目管理的理论。一个成功的案例分析过程,是将 IT 项目管理理论与实践巧妙结合的过程。

案例分析考察的是高层次的认知目标和实践体会,通过这种方法,不仅能考察和提高我们对项目管理知识的了解程度,而且能考察和提高我们理解、运用项目管理知识的能力,更重要的是它能考察和提高我们综合、分析、评价项目管理方面的能力。IT 项目经理应该认真收集、归纳和总结在 IT 项目研发中的背景资料,针对项目管理中存在的问题,依据项目管理理论知识,或做出决策,或作出评价,或提出具体的解决问题的方法或意见等,形成一系列有指导意义的案例分析文档。

模板,在工业领域是指生产、合成重复产物的模子。在 IT 项目中,特别是软件项目的研发与管理过程中,需要形成大量的技术文档和管理文档。模板的应用就是指按照规定的基本结构和内容来编制 IT 项目技术文档和管理文档的过程与方法。我们称规定的基本结构和内容为文档的模板。模板的作用就是告诉文档编写者,文档基本的结构应该包含哪几部分,从而使得文档的编写有章可循。

模板应用是标准、规范、规则和流程在具体项目中的有效体现。成熟的企业应该确定符合企业实际情况的一系列模板,利用这些模板从组织层面来指导和帮助项目团队进行 IT 项目的开发和管理。成熟的 IT 项目开发者和管理者应该主动地、熟练地使用模板来完成项目的各项工作。附录 A 提供的《IT 项目管理文档模板范例》可以帮助大家进一步理解模板应用的方法与作用。

"IT 项目管理案例分析"和"模板应用"好像项目管理的两大支柱,它们支撑着阶段、过程、知识领域、流程和文档的应用和发展。

2.6.2 五个层面的有机结合

IT 项目管理将项目的 4 个阶段、5 大过程组、10 大知识领域、项目工作流程和项目文档管理紧密联系起来。通过不同的层面、不同的角度和多种手段的有机结合,实现项目的阶段目标和最终目标。

IT 项目管理,特别是软件项目的生命周期特征,与项目的开发方法密切相关。典型的信息系统项目的生命周期模型包括瀑布模型、V 模型、原型化模型、增量模型、螺旋模型、迭代模型、IBM-Rational 统一过程(RUP)、喷泉模型、敏捷开发和微软解决方案框架结构(Microsoft Solution Framework,MSF)等。采用不同的生命周期模型,其项目阶段和要完成的阶段任务是不同的。而从项目管理的角度来看,无论采用哪种项目生命周期模型,都可以归纳到定义、开发、实施和收尾这 4 个阶段和阶段任务中,它反映了 IT 项目发展的规律。在这个层次上,应该特别强调对阶段成果进行测试与评审的重要性和有效性。

IT 项目管理的 5 个过程组,体现了 IT 项目管理的活动特点和规律。我们不应该把通用的项目生命周期与项目管理过程组相混淆,因为过程组中的过程所包含的活动,既可以在每个项目阶段执行或重复执行,也可以在整体项目层面执行和重复执行。在这个层次上,应该特别强调明确它们之间的相互依赖关系和相互作用要点。

知识领域是一套完整的概念、术语和活动的集合,它们联合构成某个专业领域、项目管理领域或其他特定领域。在《PMBOK 指南(第 5 版)》中,5 大过程组的 47 个项目管理过程被进一步的归纳为 10 大知识领域。在这个层次上,应该特别强调项目的多目标管理特点,深入分析项目协调与整合的作用与方法,牢固掌握项目管理知识体系框架。

项目运作流程是指项目运作中的活动流向与活动关系。运作流程包括实际工作过程中的工作环节、步骤和程序。过程是活动的集合;活动是任务的集合;任务起着把输入进行加工然后输出的作用。通过对项目运作流程的分析与定义、进入条件与退出条件的确定,以及每个流程环节应该完成的工作和需要获取的成果,掌握 IT 项目开发与管理的工作流程。在这个层面,应该特别强调以结果为导向,掌握生成输出的工具和技术,提高 IT 项目管理的控制能力。

项目文档既是产品形成与项目管理过程的见证,也是提高项目管理质量的有效手段。在 IT 项目的实施过程中,文档资料的编写整理和归档是 IT 项目管理的一项重要工作,是项目成果的组成部分,没有完整文档的 IT 项目是有缺陷的,也是没有生命力的。国家标准化管理局早在 1988 年 1 月就颁布了《计算机软件开发规范》和《计算机软件产品开发文件编制指南》,作为软件开发和文档编制工作的准则和规程,应该强调它的指导和规范作用。

IT 项目管理最佳实践,是指通过某种技术、方法、过程、活动或机制可以使 IT 项目开发与管理实践的结果达到最优,并减少出错的可能性。实践证明,IT 项目的管理并不是一个单纯的技术问题,而是一种以服务为中心、以流程为基础、以客户满意和服务品质为核心的项目管理体系。

【案例 2-1 的分析】

经过数年的实践,海尔完成了海内外终端市场紧密相连的,贯通采购、设计、生产、销售、财务等企业所有方面的计算机信息化运行系统工程,将传统的制造企业转变成了一个现代信息化企业。海尔采用信息化管理系统后,信息处理大大加快,集团各部门对客户的反应速度从 36 天降低到 10 天;国内采购周期从 10 天缩短为 3 天;对订单的处理时间从 7 天降低到 1 天。100%的供应商从网上接受采购订单,80%的货款从网上支付。物流整合使呆滞物资降低了 73.8%,仓库面积减少 50%,库存资金减少 67%,资金回笼周转一年达 15 次。整个系统的好处归结为一个字就是:快。对市场的掌握快了,对客户的反应快了,物流快了,资金周转快了。

所以,对海尔而言,信息化不是用来撑门面的一个金字招牌,它不仅只是信息技术的延伸,更重要的是企业组织结构和运转方式的彻底改变。信息化是对企业管理理念的创新,对管理流程的再造,对管理团队的重组,和对管理手段的革新。凭借信息化之翼,海尔期待自己能将工业时代的辉煌延续到信息时代。

资料来源:胡泳.张瑞敏如是说.杭州:浙江人民出版社,2006.

【感想和体会】

了解环境、熟悉环境、利用环境是项目成功的基础;理解过程、确定过程、控制过程是项目成功的保障!

优秀的项目经理必须具有充分利用好的环境,及时适应不利环境,不断调整严劣环境的勇气和能力。

2.7 习题与思考

1. 理解决定组织存在发展的各种因素和条件,理解形成组织环境的两大部分,分析组织环境具有的特征。

2. 为什么 IT 项目计划首先应从组织整体环境和战略计划角度来考虑?为什么 IT 项目人员应该将对战略计划的理解放在首要位置?

3. 什么叫系统思维所体现的系统方法?在 IT 项目管理中如何运用系统方法?

4. 项目生命周期分为哪几个阶段?每一个阶段的主要任务有哪些?

5. 理解软件产品生命周期与项目生命周期的区别。

6. 理解与项目有关的组织结构,分析它们的关键特征。项目经理在哪种组织结构形式能发挥得最好?为什么?

7. 分析组织文化对项目组织的影响,理解组织文化的 3 个层次、5 个表现形态和 8 个要素。

8. 与一般组织比较,IT 项目组织的特点体现在哪几个方面?

9. 简述 5 个过程组中每个过程组的主要任务,以及每个过程组的主要成果。

10. 谈一谈你对"IT 项目管理最佳实践模型"的认识与体会。

第 3 章

整合项目资源

【本章知识要点】

项目整合管理是项目管理中一项综合性和全局性的管理工作,在项目管理的 10 大知识领域中处于核心位置。许多 IT 项目经理在做项目时总感觉需要协调各种各样的资源,却又无从下手,对许多事情好像身不由己,无法控制。

本章将以一个案例入手,讨论项目整合管理的重要性,分析项目资源的特点与作用,介绍项目管理计划的内容与编制方法,以及控制变更的工具与技术。最后再一起来解决案例中碰到的问题。学习完本章后,应当掌握如下知识:

(1) 整合项目资源的重要性。

(2) 项目资源的组成与特点。

(3) IT 项目经理的责任与权利。

(4) 编制 IT 项目章程的方法。

(5) IT 项目启动方法和技术。

(6) 项目管理计划的组成要素与主要内容。

(7) 项目管理计划的制定方法与过程。

(8) 整体变更控制的过程、工具与技术。

【案例 3-1】

一筹莫展的谢经理

谢经理是海联信息技术公司(以下简称"海联公司")软件开发部的项目经理,6 个月前他被公司派往新动力贸易集团有限公司(以下简称"新动力")现场组织开发财务管理信息系统,并担任项目经理。谢经理已经领导开发过好几家公司的财务系统,并已形成较为成熟的财务管理软件产品,所以他认为此次去后应当只要适当地做一些二次开发,并根据用户需求做少量的新功能开发即可大功告成。

谢经理满怀信心地带着他的项目团队进驻新动力,谢经理和项目团队在技术上已经历过多次考验,他们在 3 个月的时间就将系统开发完毕,项目很快进入了验收阶段。可是新动力分管财务的陈总认为,一个这么复杂的财务系统在短短的 3 个月的时间里就完成了,这在新动力的 IT 项目中还是首次,似乎不太可能。他拒绝在验收书上签字,并要求财务部的刘经理和业务人员认真审核集团公司及和各个子公司的财务管理上的业务需求,并严格测试相关系统的功能。

财务部的刘经理和相关人员经过认真审核和测试,发现系统开发基本准确,但实施起来比较困难,因为业务流程变更较大。这样一来,又过去了 1 个月,新动力的陈总认为系统还没有考虑集团公司领导对财务的需求,并针对实施较困难的现状要求项目组从集团公司总部开始,一家一家子公司地逐步推动系统的使用。

谢经理答应了新动力陈总的要求,开始先在集团公司总部实施财务系统。可是 2 个月过去了,连系统都没有安装成功。集团公司信息中心的人员无法顺利购买服务器,因为这个项目没有列入信息部门的规划。财务部门的人员说项目在集团中都推不动,何必再上。谢经理一筹莫展:"我该如何让项目继续走向成功?"眼看半年过去了,项目似乎没有了终结之日,更不用说为海联公司带来效益了。

3.1 整合项目资源概述

系统管理理论大师卡斯特曾说过:"管理是一个过程,通过它,大量互无关系的资源得以结合成为一个实现既定目标的总体。"可见,项目管理必须着眼于整体以及系统各部分之间的相互作用。根据 PMBOK 的定义,项目整合管理包括那些确保项目各要素相互协调所需要的过程,它牵涉到在竞争目标和方案选择中做出平衡,以满足或超出项目干系人的需求和期望。

项目整合管理主要包括 6 个过程,如图 3-1 所示。这些过程的主要工作如表 1-2 所示。

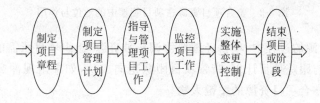

图 3-1 项目整合管理主要过程

项目整合管理的核心工作是项目资源整合,项目资源整合工作主要包括明确项目有哪些资源,并通过整合这些资源以达成项目干系人的愿景。整合资源的过程主要围绕项目计划进行。这些过程是:

- 项目计划制定,它包括收集其他计划编制过程的结果,并将它们整合为一个协调一致的项目计划。
- 项目计划执行,它包括通过执行项目计划所包含的有关活动,实施项目计划。
- 整体变更控制,它包括调整与控制整个项目的变更。

项目整合管理是在整个组织的环境中进行的,而不是只在一个具体项目的内部进行。项目工作必须与实施组织的日常持续运作紧密结合,必须有人负责协调完成一个项目所需要的所有人员、计划以及其他与项目有关的工作。可以把项目的各要素都看成是各种资源,整合项目资源就是项目整合管理的过程,但尚需明确以下几点:

(1)"整合项目资源"在项目管理中的地位和作用。

(2)项目的资源有哪些?

(3)项目干系人指的是哪些人?

3.1.1　整合项目资源的意义与作用

"整合项目资源"用于整合项目的各个要素,引导项目走过定义、开发、实施、收尾4个基本阶段。如图3-2所示,图中的横向轴表示生命周期,竖向轴表示9个项目管理的知识领域,随着时间的推移,各种资源变得越来越集中,通过整合最终引导项目走向成功。可见,整合项目资源在项目管理中起到着导向性作用,它就像架在各种项目资源的交通交叉路口的信号灯,没有它,各种资源将无法顺畅地交流、汇聚。

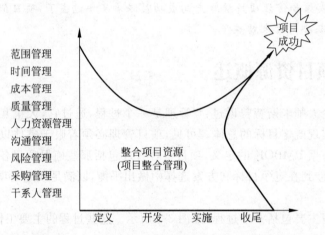

图 3-2　整合项目资源在项目管理中的地位与作用

在整合项目资源的过程中,项目经理要协调各种资源,组织项目所需的人员一起为项目的目标工作,安排与跟踪项目计划,带领项目团队走向成功,如果出现冲突,还要及时处理。因此,项目经理是整合项目资源的关键人物。

通过项目资源的整合,将9大领域的相关要素有机地结合在一起,随着项目沿着其生命周期演化,这些要素将围绕着项目的目标不断地结合起来。这些要素完美糅合之际,就是项目成功之时。

3.1.2　项目资源

项目资源的组成比较复杂,从图3-2中也可以看出,9个知识领域及4个阶段结合起来的内容都可以说是项目资源。从静态的观点来看,项目的资源主要包括:

(1)人力资源。人力资源主要是指的项目干系人,即与项目有关的人。

(2)财务资源。包括可以投入项目的资金,项目产生的成本等与财务相关的各种资源。

(3)项目实物资源。项目实物资源主要是指项目有关的各种设备,如开发服务器、PC,用于网络连接的交换机、调制解调器,纸、笔等办公用品,封闭式开发时项目组成员所需的生活用品等。

从动态的观点来看项目的资源主要包括:

（1）非实物形式的生产资料，如办公软件、项目管理软件、项目文档模板、数据等。

（2）各种无形的管理约束，如项目组会议制度、日常工作制度、作息时间规定、岗位职责定义、整体计划（包括项目管理计划）等。

（3）项目的运作过程。项目的进展是动态的，从开始定义到项目成功结束需要有效的运作过程来支撑。

项目资源包括的内容十分广泛，在项目开始时就应考虑需要什么样的静态资源，以早做计划，并适时供应。动态资源则没有什么固定不变的形态，需要不断地摸索改进，逐步规范。

3.1.3　项目干系人

项目干系人是指与项目相关的人，项目干系人的范围较大，项目组内部与外部的人员都会涉及，但需要重点关注以下角色：

（1）客户。客户是提出项目需求的个人或组织，一般是指项目的采购方。从商品交易的角度来看，"客户就是上帝"；同时，客户也是承包方的"衣食父母"，即项目标的的给予者。因此，客户成为承包方需要关注的第一对象。

（2）用户。用户是使用项目产品的人或组织，需要分析用户的使用感受、改进意向等。

（3）项目投资人。为项目提供现金或实物等财力资源的组织或个人。

（4）项目经理。项目经理是项目的关键人物，对项目组内部来说他是领导者，承担着项目成败的主要责任；对项目组外部来说他是外交官，起着重要的协调作用。

（5）项目组成员。项目组成员是让项目落到实处，分担项目任务的人员。项目的成功很大程度上取决于项目团队的战斗力。

（6）高层管理人员。项目经理能否成功地领导项目的一个非常重要的因素，就是他们从高层管理层获得支持的程度。

（7）反对项目的人。反对项目的人对项目的成功构成威胁，这种人员往往会让项目走向成功的另一面——失败。如采购方单位有高层管理人员反对项目的实施，项目内部成员有反对现有技术路线的，因此需要特别关注。

（8）施加影响者。能够对项目施加影响的人可能对项目产品的取得和使用没有直接的关系，但是因其在客户或用户组织中的地位而能够对项目的进程产生积极或消极的影响。

在IT项目中，要特别注意区分"客户"与"用户"这两种的角色。对待不同的角色需要使用不同的方法，但在实际项目中往往容易混淆。一般地，采购方就是使用者，而且多数情况下采购方的人员参与了项目并提出需求，给人的直接感觉他就是使用项目产品的人。"客户"与"用户"这两种角色对于人或组织，有时可以是相同的对象，有时是不同的，他们的主要区别在于客户是具体阐明项目高层次概念和主要内容，并决定支付款项的数额和方式的决策者；用户是提出系统功能和非功能需求，并最终使用系统的人，但他们往往对应该支付的费用没有决定权。

高层管理人员的作用往往被项目经理和项目团队所忽视，特别是用户方的高层管理人员，有的项目经理直到项目结束还不曾谋面，更不要说主动获得他们的支持了。因为有的项目经理天天只想着如何做好项目中的工作，有问题自己如何去解决。然而，没有高层管理人员的参与支持，许多项目都不会成功。项目只是更大范围的组织环境中的一部分，许多对项目的影响因素是不为项目经理所控制的。

因为项目管理的最终目的就是要使项目满足或超过个项目干系人的需求和期望,因此在项目计划中纳入项目干系人分析是非常重要的。在项目开始和进行过程中,需要认真考虑到底哪些人是项目干系人中的重要角色,项目进行中有些什么变化,把握住这些重要的角色,那么项目的人脉就通了。

3.1.4　IT项目经理

项目经理是项目中的关键人物。一般地,项目经理是指承包方项目组的项目经理。有时,采购方也会指派项目经理,或称为项目负责人,或称为甲方项目经理,主要负责协调项目采购方与承包方的各种事务、采集需求、监控项目的进展等。

随着我国IT行业的日益发展和不断进步,IT企业已经开始陆续引进并开始实施"项目经理制"的管理模式,即按照其所负责行业或业务系统的不同,成立多个事业部,各个事业部负责其所属行业内的项目和工程。每个事业部内部按照不同的项目成立项目组,确定相应的项目经理,对项目的全过程负责。

1. 项目经理的地位与作用

项目管理的组织特征是严格意义的个人负责制,个人负责制的核心人物必然是项目经理。所以项目经理是决定一个项目成败的关键人物。项目经理是项目实施的最高领导者、组织者、责任者,在项目管理中起着决定性的作用。

项目经理是项目有关各方协调配合的桥梁和纽带,处在上下各方的核心地位。项目管理说到底是人的管理与协调。负责沟通、协商、解决各种矛盾、冲突、纠纷的关键人物是项目经理,他对项目行使管理权,也对项目目标的实现承担主要责任,他所扮演的角色是任何其他人不可替代的。项目经理受企业委派作为项目管理代表,按合同履约是他一切行动的最高准则,拒绝承担合同以外的其他各方强加的干预、指令、责任是他的基本权力。项目经理是项目信息沟通的发源地和控制者。在项目实施过程中,来自项目外的重要信息、指令要通过项目经理来汇总、沟通、交涉,对项目内部,项目经理是项目中的各种重要指标、计划、方案、措施、制度的决策人和制定者。

2. 项目经理的责任与权力

目前,在国内许多IT企业中,因项目经理的权限较小、责任较大,对项目经理的工作绩效评测不到位,其工作积极性很难发挥,应该说项目经理的最终利益是项目经理行使权力和承担责任的结果,也是市场经济条件下责、权、利相互统一的具体表现。项目经理除按规定标准享受企业制定的工资和奖金外,如果其负责项目的各项指标和整个项目都达到既定的要求,应该在项目终审赢余时按利润比例提成予以奖励。明确项目经理的责任与权力,是项目成功的基本条件。

项目经理的职责主要包括以下几点。

(1) 确保项目目标实现,保证使客户和用户满意。这项基本职责是检查和衡量项目经理管理成败、水平高低的基本标志。

(2) 制定项目阶段性目标和项目总体控制计划。项目总体目标一经确定,项目经理的职责之一就是将总体目标分解,划分出主要工作内容和工作量,确定项目阶段性目标的实现标志,确定进度控制点等。

（3）组织精干的项目管理班子。这是项目经理管好项目的基本条件，也是项目成功的组织保证。

（4）及时决策。项目经理需亲自决策的问题包括实施方案、人事任免奖惩、重大技术措施、设备采购方案、资源调配、进度计划安排、合同及设计变更等。

（5）履行合同义务，监督合同执行，处理合同变更。项目经理以合同当事人的身份，运用合同的法律约束手段，把项目各方统一到项目目标和合同条款上来。

应该特别强调，学会承担责任是项目经理职业发展的关键环节；培养项目团队成员从项目全局出发，面向用户来发现问题、解决问题是项目经理最重要的职责。

项目经理的主要权力有以下几点。

（1）指挥权。项目经理有权按项目相关合同的规定，根据项目随时出现的人、财、物等资源变化情况进行指挥调度，对于项目工程组织设计和网络计划，也有权在保证总目标不变的前提下进行优化和调整，以保证能对项目实施过程中出现的各种变化进行有效的控制。

（2）人事权。项目经理应有权对项目组的组成人员进行选择、考核、聘任和解聘，有权根据项目需要对项目组成员进行调配、指挥，并且有权根据项目组成员在项目过程中的表现进行奖励或惩罚。

（3）财权。项目经理必须拥有项目范围内的财务决策权，在财务制度允许的范围内，项目经理有权安排项目费用的开支，有权对项目预算内的款项进行安排和支配。在项目实施期间，项目经理应有权在工资规定范围内决定项目组内部的计酬方式、分配方法、分配原则。对风险应变费用、赶工措施费用等有使用支配权。

（4）技术决策权。主要是审查和批准重大技术措施和技术方案，以防止决策失误造成重大损失。必要时召集技术方案论证会或外请咨询专家，以防止决策失误。

（5）设备、工具、材料的采购与控制权。在企业有关规定的范围内，项目经理应有权决定项目相关设备、材料的采购时间及数量，对项目相关的设备、工具、材料等有权按质量标准检验后决定是否用于本项目。

3. 项目经理的素质要求

复制或借鉴项目管理的方法并不困难，但项目最终能否成功仍然要取决于使用这些方法的管理者的素质。项目经理的主要任务是做好项目的整合管理，特别应该主动控制项目的人员、计划、工作；及时协调项目目标之间或人员之间的冲突；适时认真地向高层汇报重要的项目信息。要完成这些任务，需要良好的素质，主要体现在如下几个方面。

（1）良好的道德品质。项目经理在团队管理中，要公平公正，要廉洁自律，项目经理在项目中需要有正确的利益观，要充当整个团队成员间的利益协调者，否则很可能因为利益分配问题导致整个团队的崩溃。

（2）健康的身体和心理素质。项目实施过程中充满风险，特别是 IT 项目，工作艰苦，需要整个项目组成员的全身心投入。项目经理，作为第一责任人，在全过程承担着巨大的身心压力，必须要有健康的体魄和心理调整能力，正确影响并带动整个团队不断前进。

（3）强烈的客户意识，以客户为中心，这也是当代项目管理的核心。IT 项目中的信息不对称性，使得以客户为中心摆在了尤为重要的位置。

（4）专业的素质和素养。在对 IT 技术、业务知识的把握上不能有重大的缺陷，与客户、团队成员在沟通上要有共同语言,这样才有助于把握系统的全局。

(5) 牢固的大局观。要从客户的大局、公司的大局、项目和团队的大局考虑问题,不能把自己理解为一个纯粹的当前项目的实施经理。

(6) 优秀的项目管理能力。需要具有很强的计划、组织、协调、控制的能力,特别是与人的沟通能力。

(7) 强大的信心与坚强的意志。项目运作需要整体计划、组织、协调、控制多个涉众的工作关系,同时还要面临工期、成本、质量、资源、环境等各个方面的约束。整个执行过程中,一般不可能一帆风顺,不可避免地会出现各种各样的始料不及的问题。这都对项目的直接负责人是个巨大的挑战。问题出现时,项目经理自己的信心、意志力就显得尤其重要,否则对客户、对团队的信心的影响都是致命的。

(8) 胆大、心细。胆大,是表示要有强烈的责任心,要敢于担当,关键时刻要敢于决策,敢做敢为;心细,表现在工作严谨,不放过任何细节。

IT 项目经理,特别是软件项目经理的基本素质还体现在,对项目以及项目形成的产品的市场和销售热点非常熟悉,对项目和产品的成本构成非常了解。

3.1.5　高层管理人员

应该明确,高层管理人员既包括采购方的高层管理人员,也包括供应方的高层管理人员。采购方相关的高层管理人员一般包括 IT 部经理、财务部经理、首席信息官(Chief Information Officer,CIO)、主管信息化的副总经理、总经理、董事长等。供应方相关的高层管理人员主要有项目部经理、研发部经理、公司总经理、董事长等。

IT 项目常常需要跨 IT 部门来协调,比如一个软件项目可能有多个业务部门提出需求,一个企业财务系统的业务需求既来自财务部,还可能来自多个经办的业务部门,比如市场营销部、物流事业部,作为项目经理没有采购方高层经理的支持,项目工作的开展会比较困难。

在企业中,IT 部门往往是与其他业务部门平行的部门,也就是说行政级别相同,协调起来会出现一些困难,比如说人力资源调配不动、工作指令执行不畅通等。因此,有许多企业开始设立 CIO 这个职位,行政级别相当于副总经理,可以分管多个部门,并可以在协调各种资源时起到关键性的作用。

供应方的高层管理人员也会在项目的进行过程中起到关键性的作用,比如重大问题上与采购方的协商、谈判,公司内部资源的调配,项目组后勤工作的保障等,作为供应方的项目经理要进行公司内部的跨部门协调是很难办的,必要时可以寻求高层经理的支持。

项目经理主要需要从高层管理人员处获得以下方面的支持:

(1) 获取足够的资源。比如软件开发过程中项目组需要的服务器、交换机等硬件,得力的项目组人员,项目启动经费等,这些设备、费用、人力资源要及时到位,没有高层的支持难以实现,因为项目经理在资源的获取上凭自身的力量是不够的,他对项目组成员、其他相关的项目干系人的约束都是临时的,且调配能力有限。

(2) 项目经理需要一些特殊的审批。一些人事调配权、绩效考核权,都需要高层管理人员授权后项目经理才会拥有。项目本身又是一项临时性的工作,进行过程中可能会碰到许多的不可预料的事情,在重大事情上需要高层管理人员给予特殊的批准。

(3) 跨部门甚至是跨企业的协调。一个 IT 项目可能有一家 IT 企业总包,然后多家分包,那么作为总包的 IT 企业的项目经理就需要跨企业协调,比如从事信息系统集成的软件公司承接的项目,要开发一个企业应用集成(Enterprise Application Integration,EAI)平台就需要和多家开发商开发的软件产品进行接口通信集成,需要多方参与,必要的时候需要高层管理人员出面。

(4) 项目经理需要得到高层管理人员的适当指导和帮助。IT 项目特别是软件项目,多数的项目经理是做技术出身的,从程序员做起,经历过不断的磨炼后开始做项目经理,因此许多项目经理对技术的研究更感兴趣,经验也丰富一些,但对项目管理就显得历练不够。作为项目经理上级的高层管理人员,需要"传、帮、带",给予项目经理进修培训的机会,项目经理也需要成长的环境和高层管理人员的支持。

3.2 项目启动

项目整合管理的一项重要活动是成功地启动项目。在项目启动的过程中,项目经理应该熟悉项目背景,了解利益相关者,研究项目的商业需求和项目功能,确定项目范围,给出项目预算和制定项目章程。"目标驱动、结果引导"是成功启动项目的最好方法。

3.2.1 了解 IT 项目背景

启动 IT 项目时需要了解如下项目环境、项目背景信息:

(1) 项目是否具有明确的结果定义。作为项目经理,必须保证项目有一个明确的能够实现的最终结果。在创建项目时,项目发起人、项目经理以及每一个团队成员都应该明确项目的最终结果是什么。不仅需要指出项目的具体要求,还应该清楚对项目潜在的要求。

(2) 项目是否有行业相关国家标准或国际规范。相关国家标准或国际标准,都涉及项目的技术规范和用户使用的要求,在启动项目时必须考虑这些规范。对于强制性的规范,项目必须完全执行,对于建议性的规范,项目应该借鉴,因为这些标准或规范都体现了在这个行业的成熟经验。

(3) 项目是否有合理的截止日期。大规模的系统升级、软件发布、应用推广以及各系统转换都需要投入大量的人力、物力及财力,并耗费大量的时间。如果项目没有明确要求,则规定一个合理的截止日期是非常重要的事情。

(4) 项目发起人是否有权开展项目。项目发起人应有足够的资源且得到强有力的支持来完成并实施工作。项目发起人是组织内有权力分配资源、调配项目成员、控制资金、对项目进行审批的人。

(5) 项目是否有财务支持。财务支持是项目能否开展的关键因素之一,企业财务状况和企业过去项目投资状况是必须了解的背景信息。因为项目中断或失败往往是由于中断了对项目的财务支持。

(6) 项目是否有人做过。这个项目在企业是不是有人做过,如果是,就必须了解是什么原因使项目没能继续做下去,这种原因现在是否仍然存在。如果存在,应确定需要采取什么措施确保项目继续做下去。

除了要了解以上的项目背景信息外,IT项目还需要了解以下与技术相关的信息。

(1)项目采用的新技术将会怎样影响使用者。信息技术的发展迅速,项目经理需要及时了解需求方对新技术的要求,从用户那里获取信息。

(2)项目采用的新技术会对其他系统造成的影响。IT项目既涉及软件,也涉及硬件,项目采用的新技术可能影响与它共用的硬件或其他软件,并且需要预先考虑这种影响程度。

(3)项目采用的新技术和正在使用的操作系统的兼容性。在开发时需要考虑项目采用新技术和企业正在使用的操作系统的兼容性,了解项目成果对操作系统的要求。

(4)项目采用的新技术的风险大小。如果项目采用的新技术是第一次应用,虽有一定的优势,但也可能存在风险;而如果技术相对成熟,特别是一些比较有实力的大公司也在使用,项目采用该新技术带来的风险将很小。

(5)提供新技术的供应商在行业中的记录是否良好。技术从哪里购买,供应商是不是已经有了一定影响,存在了一定时间并且已有一些成功案例,如果有问题,该供应商是否有很好解决问题的信誉。

(6)网络建设情况如何。现在的IT项目开发大多借助网络,网络能否支持项目的开发,项目开发会不会影响现在网络的正常运行。

3.2.2 IT项目启动依据

IT项目的启动一般都会与企业的中长期目标联系在一起,所以启动项目首先要从组织整体环境和战略计划上考虑。项目启动的依据可以从以下几个方面来考虑:

(1)企业战略目标。所有项目都要服从企业整体战略目标,项目选择要以公司的战略目标作为决策标准。项目从事的一切活动都要以实现其战略目标为中心。

(2)项目选择的标准。项目的备选方案可能不止一个,这就需要建立一套评价体系作为选择方案的标准。项目选择的标准一般根据项目最终结果的性质和客户的要求来决定,同时还要考虑经济效益、社会效益以及项目环境等。

(3)项目目的。项目目的是指项目结束时所能够实现的项目结果,明确项目的目的是项目成功的基本保证。项目团队应该根据自身条件以及资源的获取能力,对能否实现项目目的、满足客户需求做出客观、合理的判断。

(4)成果说明书。成果说明书是对项目所要完成的成果的特征和功能进行说明的文件。成果说明书的主要内容包括产品的特点、产品同项目目的之间的关系以及为什么要实施该项目、获得该产品等。成果说明书并非一成不变,随着项目的进行,项目成果的轮廓以及各项功能的定位日趋明确,成果说明书需要逐步细化,甚至会随项目环境和实施情况的变化而相应变更,但是这种变更要经过客户和项目团队的一致认可。启动阶段的成果说明书对支持项目规划起重要作用,也是下一步工作的基础性文件。

(5)历史资料。项目团队在启动一个项目时,应该充分借鉴以前项目选择和决策的历史资料,以及项目以前执行情况的资料,为其项目的选择和决策做参考。

3.2.3 IT项目启动会议

项目启动会议是启动项目的一种常用方式,项目经理应该给予高度重视。召开项目启动会议的主要目的在于使项目的主要利益相关者明确项目的目标、范围、需求、背景及各自的职责与权限。

（1）会议目标。项目启动会议的具体目标包括建立初始沟通、相互了解、获得支持，对项目方案达成共识等。

（2）会议前的准备工作。包括审阅项目文件、召开预备会议、明确关键问题、编制初步工作计划、编制人员和组织计划、开发团队工作环境、准备会议材料等。

（3）参加会议的人员。典型的项目启动会议都是由项目经理作为项目主持人，参加人员有项目的委托人、组织的高层领导、客户的项目经理、客户部门的负责人、职能部门经理及项目团队全体人员。

（4）会议的主要议题。包括不仅限于采用的项目开发过程、项目产品、项目资源和进度、项目管理系统及下一步的工作。

3.2.4 制定项目章程

制定项目章程是项目整合管理的第一个过程，也是项目管理 47 个过程中的第一个，可见其特殊性与重要性。项目章程是正式承认某项目存在的重要文件，它可以是一个特别的文件形式，也可以是项目立项书、企业需求说明书、产品说明书、项目任务书、开工令或项目描述表，项目章程授权项目工作的正式开展。项目的主要干系人需要在项目章程上签字，以表示承认在项目需求和目的上已经达成一致，并承诺提供相关的支持。项目章程对其他文件既有直接作用，也有参考作用。IT 项目的项目章程示例如表 3-1 所示。

表 3-1 项目章程示例

项目名称：ERP 系统升级	
项目经理：唐谈	
联系电话：	E-mail：
启动时间： 年 月 日	计划完工时间： 年 月 日

项目目标与预算：

　　以新颁布的公司生产与经营白皮书和公司信息化标准为依据，计划半年内完成公司 ERP 系统升级，包括硬件的更新和系统的升级。硬件升级主要包括网络改造、存储设备、小型计算机和个人办公设备；系统升级涉及 ERP 系统和数据库。

　　项目总预算人民币 2200 万元，其中硬件投资 900 万元，软件投资 1100 万元，计划在 1 年内分 3 批到位

实施策略与方法：

- 各部门对目前 ERP 系统存在的问题进一步进行分析整理，提出部门分析报告
- 各部门负责对本部门的业务需求进一步进行分析整理，提出部门需求分析报告
- 公司信息部汇总各部门的分析报告，编制公司系统需求分析报告和系统升级报告
- 公司组织专家对系统升级报告进行评估，形成评估报告并向公司董事会报告
- 选择一家监理公司负责项目的实施
- 发布软、硬件的询价信息，选择硬件设备和系统供应商
- 信息部负责审批个人办公设备的更新需求

角色与职责：

姓 名	角 色	职 责	签 名	时 间
毛任平	公司副总经理、信息主管、项目发起人	监督项目与协调	毛任平	年 月 日
唐谈	公司信息部主任、项目经理	项目管理	唐谈	年 月 日

续表

姓名	角　色	职　责	签名	时　间
李志强	信息部应用开发组组长、软件项目经理	负责系统的软件升级	李志强	年 月 日
王金明	信息部网络组组长、硬件项目经理	负责系统的硬件升级	王金明	年 月 日
陈拥军	公司采购部主任、设备采购经理	负责系统设备的采购	陈拥军	年 月 日
刘达生	人力资源主任	负责项目人员的配备	刘达生	年 月 日
许招第	财务部主任	负责项目资金的配备	许招第	年 月 日

备注：ERP 系统的升级关系到公司今年整体目标的实现，要求项目在 6 个月内完成并正式投入运行，请各部门引起高度重视，项目完成情况纳入部门绩效考核。

毛任平　年 月 日

我们保证足够的人员安排，承诺对项目的支持。

刘达生　年 月 日

项目章程应该通过管理者对项目及项目所需的条件进行客观的分析后颁发，它明确项目经理具有获得项目所需资源、进行项目协调的权力。主要项目干系人应该对该章程达成共识，并亲笔签名认可。项目章程是项目经理的护身符，应该予以高度重视。

3.3　项目管理计划

整合项目资源的活动是围绕项目管理计划进行的，但是 IT 项目总让人感觉到"计划没有变化快"。这说明要做出一个符合实际情况且可行的项目计划是非常困难的。如果计划是纸上谈兵，是为了应付上级部门的统计和检查，那是劳民伤财，毫无意义。要明确项目计划是一个用来协调所有其他计划，以指导项目执行和控制的可操作的文件，它直接关系到项目能不能按正确航线驶向成功的彼岸，没有好的计划就不可能有好的结果。

制定一个好的计划，需要做好充分的准备。项目计划前的行动比项目计划后的行动更重要，因为它对形成一个什么样的项目管理计划产生不可估量的影响。提供计划编制和考核的标准、规范和模板，是计划制定的基础和保障。

3.3.1　项目管理计划的内容

项目管理计划要记录计划的假设以及方案选择，要便于各干系人间的沟通，同时还要确定关键的管理审查的内容、范围和时间，并为进度评测和项目控制提供一个基准。计划应该具有一定的动态性和灵活性，随着环境和项目本身的变更而进行适当的调整。计划应该能够有利于项目经理管理项目团队和评估项目的进展状况。

对于大多数的项目，项目计划的内容存在一般性。项目计划一般包括项目的整体介绍，项目的组织描述，项目所需的管理程序和技术程序，以及所需完成的任务，时间进度和预算等。表 3-2 给出了一个软件项目管理计划模板。

表 3-2 软件项目管理计划模板

1. 介绍	2. 项目组织	3. 管理过程	4. 技术过程	5. 工作包、进度和预算
1.1 项目概述 1.2 项目可交付成果 1.3 软件项目计划的制定过程 1.4 参考资料 1.5 有关定义和缩写说明	2.1 过程模型 2.2 组织结构 2.3 组织界限和界面 2.4 项目责任	3.1 管理目标和优先级 3.2 设定条件、依赖关系和约束条件 3.3 风险管理 3.4 监督与控制机制 3.5 人员计划	4.1 方法、工具和技巧 4.2 软件文件 4.3 项目各项辅助职能	5.1 工作包 5.2 依赖关系 5.3 资源要求 5.4 预算与资源分配以及进度计划

项目整体介绍或概述至少要包括以下内容。

(1) 项目名称:每一个项目都需要一个专用的名称。专用名称可以区分不同的项目,避免与相关项目的混淆。

(2) 项目以及项目所需满足需求的简单描述:该描述要明确表述项目的目标和组织项目的原因;这部分内容应该应用通俗的语言,应避免出现过于专业的行话,并给出一个大致的时间和成本估算。

(3) 发起人的名称:任何一个项目都需要相应的发起人。要在介绍当中给出其姓名、头衔和联系方式等。

(4) 项目经理与主要项目组成员的姓名:项目经理应该始终是项目信息的联络人。项目组主要成员主要根据项目的大小和性质来定。

(5) 项目可交付成果:这一部分用来简要列举和表述作为项目产出的产品。软件包、硬件设备、技术报告、培训材料都可作为可交付成果。

(6) 重要资料清单:许多项目都有一个前期形成的过程。将一些与项目有关的文件和会议等列在这里有利于项目各干系人了解项目的历史。这一部分要把项目其他几个方面所做的计划都列举出来。例如,项目整体计划里应该列举并总结各种计划的重要内容,这些计划如范围管理计划、进度管理计划、成本管理计划、质量管理计划、人员管理计划、沟通管理计划、风险管理计划和采购管理计划等。

(7) 合适的话,列举有关定义和缩写词的说明。许多项目,特别是 IT 项目,会涉及一些专门行业或技术专用的术语。把定义和缩写词列出会有利于理解。

对项目组织情况的描述应该包括以下内容。

(1) 组织结构图:除了项目发起人公司和客户方公司(如果客户方是在组织外的话)的组织结构图外,还应括一个项目的组织结构图,以说明项目的权力、义务和沟通的关系。

(2) 项目责任:项目计划的这一部分应该说明项目的主要职能和任务并明确各自都由哪些具体的人负责。

(3) 其他与组织或过程相关的信息:根据项目的性质,有时候还需要在这里记录项目之后的一些主要过程信息。例如,如果项目是要发布一个软件的升级版,让项目相关人员看看该过程的主要几个步骤的计划图标和时间限制对他们来说一定很有好处。

项目计划中用来描述项目的管理和方法的部分,主要包括以下内容。

(1) 管理目标:如何理解上级管理层对项目的想法?项目都有哪些要优先考虑的因

素？都有哪些假设条件和限制条件？搞清楚这些都是很重要的。

（2）项目控制：这部分主要描述如何对项目运行进行监控，并处理变更。是一个月评估一次呢？还是一个季度评估一次？是不是要在项目进度监控过程中使用某些图和表？是不是要运用挣值分析来跟踪评估项目的执行状况？变更控制的过程是什么？不同类型的变更要得到哪个管理层的批准？

（3）风险管理：这部分用来简要地讲述如何进行风险的识别、管理和控制。如果项目需要，就应该参考该计划进行描述。

（4）项目人员：该部分描述项目所需人员的数量和类型等信息。如果项目需要，就应该参考该人员分配计划进行描述。

技术过程用来叙述项目可能用的一些具体方法以及信息的归档方法。

例如，许多 IT 项目要采用一些具体的软件开发方法和计算机辅助软件工程（Computer Aided Software Engineering，CASE）工具。许多公司和顾客都要求技术归档的特定格式。在项目计划中明确这些技术过程是很重要的。

项目计划中用来描述项目任务的部分应当参考范围管理计划的内容，并概括叙述以下内容。

（1）主要工作包：一般都要通过运用 WBS 将项目分解成一些工作包，并且还需要制定一个工作说明（Statement of Work，SOW）来描述工作的细节内容。这部分应简要总结项目的主要工作包并参考范围管理计划的适当内容。

（2）主要可交付成果：这部分要把项目产出的主要产品列举出来。同样还要说明对每一个可交付成果的质量要求。

（3）与工作有关的其他信息：这一部分要重点突出项目要做工作的一些重要信息。例如，列出一些项目过程中要用到的某些软硬件，或者一些必须遵循的规范等，并记录项目工作确定的前提条件。

项目进度信息部分应包括以下几个方面的内容。

（1）进度概要：能够在一页纸上浏览整个项目进度安排这样肯定会有帮助。根据项目大小和复杂程度的不同，进度概要可能只列出一些关键的可交付成果和计划完成日期。对于那些小项目，可能会用一个甘特图包括整个项目的所有工作和有关日期。

（2）进度细要：这一部分用来详细描述项目进度计划。这里应该提及进度管理计划并讨论项目活动的相互依赖关系，这些关系对项目进度影响很大。例如，在某个外部单位资金没有到位的情况下，某个重要的项目工作就没法开工。我们可以用项目网络图和 PERT（Project Evaluation and Review Technique）图表显示这些依赖关系。

（3）与进度有关的其他信息：在做项目进度计划时会有一些假设条件。这部分要记录一些主要假设并重点说明一些与项目进度有关的其他信息。

整体项目的预算部分应该包含以下内容。

（1）预算概要：预算概要要对整个项目有一个整体的估算。还可以包括按特定的预算种类给出每个月的或每年的预算估算，对这些数字给出一定的解释是非常重要的。例如，总的预估数字是固定不能变动的，还是只是根据未来 3 年预测的成本所做的一个大致估算？

（2）预算细要：这部分需要总结成本管理计划的有关内容，给出较为详细的预算资料。例如，每年预估的项目固定成本和重置成本各有多少，预计的项目经济收益是什么，项目工作都需要哪些类型的人员,劳动成本又是怎么计算的等。

（3）与项目预算有关的其他信息：这部分内容记录并强调与项目资金有关的其他一些信息。

项目管理计划就是来指导项目的实施工作的,一个好的计划应当有助于产出好的产品和工作成果。在项目计划中应该反映出好的工作成果应包括什么,在项目前期积累的工作经验也应该反映在更新的项目计划中去。

在项目管理10个知识领域中,几乎每一个知识领域都涉及项目管理计划或其子计划的规划过程。一个项目管理计划到底包括哪些子计划,这些子计划需要包括哪些方面的内容,它们的作用分别是什么,在制定这些子计划时有哪些需要注意的事项,这些问题都需要项目管理计划来回答。

项目管理计划是项目的主计划或称为总体计划,它确定了执行、监控和结束项目的方式和方法,包括项目需要执行的过程、项目生命周期、里程碑和阶段划分等全局性内容。项目管理计划是其他各子计划制定的依据和基础,它从整体上指导项目工作的有序进行。

3.3.2 项目计划的制定方法

制定项目计划的目的在于建立并维护项目各项活动的计划,它其实就是一个用来协调软件项目中其他所有计划,指导项目组对项目进行执行和监控的文件。一个好的项目计划可为项目的成功实施打下坚实的基础。

IT项目,特别是软件项目有其特殊性,不确定因素多,工作量估计困难,项目初期难于制定一个科学、合理的项目计划。在IT项目管理中,计划编制是最复杂的阶段,然而却最不受重视。许多人对计划编制工作抱有消极的态度,因为编制的计划常常没有促进实际行动,这对项目经理是一个严峻的挑战。以下这些方法能有效地帮助项目经理制定项目计划。

1. 注意项目计划的层次性

项目计划的层次及其关系如图3-3所示。

高级计划,是项目的早期计划。高级计划应当是粗粒度的,主要是进行项目的阶段划分,确定重大的里程碑,所需相关的资源,包括人力资源、设备资源、资金资源,即所谓的人、财、物三个要素。

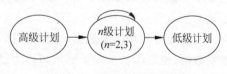

图3-3 项目计划的层次

大的阶段交替之前,应做好下一阶段的详细计划,我们称之为二级计划。详细计划要确定各项任务的负责人,开始时间,结束时间,任务之间的依赖关系,设备资源,项目里程碑。

如果项目规模相对较大,可以有多级的计划,比如说,一个项目组可能分为几个开发组,二级计划是各开发组制定的适合自己开发组的计划。如果开发组还分了小组,可以有小组的三级计划。

开发人员的个人计划是低级计划,由开发人员根据自己的任务自行制定,个人计划要尽量细化到工作单元和时间单元。

一般地,软件项目计划至多有四级就够了,过多的等级将会引发效率的瓶颈。合理的划分小组,减少组织的层次,有利于项目计划的制定和实施。较小的软件项目由于工期不长,人员较少,只有两级计划(高级计划与低级计划)也是可行的。

2. 注意编制计划的繁简程度

编制的项目计划该详细的要详细,该简略的就要简略。如同软件项目本身一样有它特殊性,一个三五个人花两三个月就可以完工的小项目,可能项目计划就四五页纸,包括一个 WBS 和一个 Gantee 图(甘特图)。一个需要五六十个人甚至上百人,要花上半年或更长时间的大型 IT 项目则会有更多的项目计划内容。项目经理要按照项目的特定情况量体裁衣,要强调项目计划的指导性。项目中的工作安排一定要责任到人。如果是多个人共同完成的任务也要指定一位主要负责人,否则工作人员会操作不便,甚至互相推卸责任。

3. 制定的项目计划要现实

制定项目计划仅靠"个人经验"是不够的,不可能面面俱到,不要寄希望于"个人经验"。解决的办法有两个方面。

一是充分鼓励、积极接纳项目干系人(包括客户、公司高层领导、项目组成员)来参与项目计划的制定。应主动邀请客户和公司高层领导来共同讨论高级计划的制定。客户对项目在现场的实施和系统应用将起到很好的促进作用。公司高层领导的参与将有利于项目获得精神上和物质上的支持。制定二级、三级项目计划要与项目组成员互动,要强调项目计划的现实性,不现实的项目计划不但不能指导项目的实施,还会成为项目成功的障碍。当计划由一个人做出而由另一个人实施时,如果项目没有按时完成,会使计划执行者怀疑项目计划的可行性,也会影响他们的士气。因此,项目组内部人员的沟通亦很重要。项目经理应当关注计划的制定工作中的气氛,在轻松的氛围中去融合开发人员的意见。可以让开发人员对自己职责范围内的事提出建议的时间和资源,再作讨论约定。这样开发人员在主观上会更加投入工作。从客观上说,开发人员的能力很难用时间及工作量来衡量,一名熟练的 Java 程序员比一名初学 Java 的程序员开发效率可能快上四五倍,因而安排的时间周期、任务量当然要不一样。可以考虑召开一次专题讨论会,事先写出一个初稿,再各抒己见,最后得出结论。

二是充分利用历史数据。历史数据是宝贵的财富,是可复用的资源。不仅要注意积累这些数据,也要学会从中提炼出可以为己所用的信息,如项目计划的模板、计划的资源数据等。成熟的项目开发组织会将历史的数据保留并做一些分析,形成一些经验计算公式、实用的文档模板等。需要特别提到的是,有的软件项目在失败之后,项目组人员一般很不情愿再度问津此事,一谈到做过的失败的项目就避之不及,其实,失败的项目对项目研发具有重要的参考价值。

有必要在每完成一个项目或项目阶段后认真地进行总结,这是项目可持续发展的基础,也是对项目和项目组成员的尊重。当前项目的经验对其他项目是有很好的借鉴意义的,特别是对类似的软件项目,在管理上、技术上、开发过程上都是一笔财富。不仅要对项目的程序代码归档,所有相关文档资料(包括合同、开发文档、总结文档等)也要归档。

4. 重视与客户的沟通

与客户的沟通对计划的制定是很重要的。不必害怕客户知道我们的开发计划,特别是项目进度情况,应当和客户共享这些信息。

首先,客户会提出一些对项目时间、进度、效果上的要求,这些指标往往经不起推敲,有的还带有较强的政策性。例如,在某单位的人事管理信息系统的开发中,客户方对时间上的要求是单位领导开会集体决定并形成了文件的。但是,经过认真的需求调研,做出项目进度的粗计划和部分的二级计划后,发现按客户方要求的三个月时间内完成项目是难以实现的。这时就需要"说服",可以把做出的调研文档和项目计划摆出来与客户讨论,并最终使项目的开发时间适当延长。实际上,项目组和客户的目的是一致的,所以对于合理的项目进度客户是会理解与支持的。

其次,项目组有义务要让客户知道项目的计划。这样才能让客户主动、积极参与项目,达到项目的最终目标。项目计划取得双方签字认可是非常重要的,通过双方签字形成约定,既让用户感觉心里踏实,也让项目组有了责任感,有一种督促和促进的作用。

3.3.3　项目管理计划的制定过程

项目计划制定可以分为计划准备阶段、计划编制阶段、计划控制阶段和计划调整阶段。项目经理负责初始需求的调研,对范围、时间和成本进行初步估计。项目计划的编制过程如图 3-4 所示。

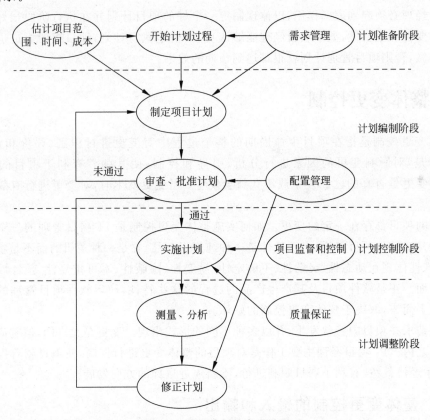

图 3-4　项目计划的实现过程

审查高级计划最好是让客户方代表来参与,因为客户是项目风险的承担者之一。有问题能及时解决,未通过需及时调整和修改。计划通过批准后存入基线库。

实施计划的过程中,要执行质量保证,进行项目监督和控制,以确保计划的顺利实施。

项目进行过程中根据适当的需要可以修正项目计划。在里程碑处还应就项目的执行情况与计划进行比较分析,适时调整计划。基线库中的项目计划是可以更改的,但更改要征得配置管理组的同意。

好的计划是成功的基础,计划编制反映了编制者的经验和能力,必须予以充分的重视和重点的培养。积极进取的组织会制定一套项目的运作流程,逐步形成一套项目管理的文档模板体系,以提高项目研发的效率,并将以往的项目运作经验部分继承下来。

3.3.4　实施项目管理计划

好的计划是项目成功的一半,而另一半在于强有力地实施与监控计划。项目计划与项目执行应该是相互渗透的,改进项目计划制定和实施之间协调工作的一个简单而又适用的基本原则是:"谁计划,谁实施,所有人都要按计划办事"。

在软件项目的开发过程中,程序员首先写出详细的程序说明,然后按照他们自己写的说明进行编码,这样,他们写说明的能力就会有很大的改进。同样,大多数系统分析员和项目经理是从程序员开始做起的,因此,他们就更能够懂得要写出好程序,哪些分析和文件是真正需要的。

项目经理必须起到表率作用,以体现制定一个好的项目计划并在执行阶段很好地遵循计划的必要性和重要性,如果项目经理能够认真、严格地执行计划,项目组的成员也就会照着计划来做,否则项目管理计划就很难达到预期的效果。

3.4　整体变更控制

整体变更控制是指在项目生命周期的整个过程中对变更进行识别、评价和管理,其主要目标是,对影响变更的因素进行分析、引导和控制,使其朝着有利于项目的方向发展;确定变更是否真的已经发生或不久就会发生;当变更发生时,对变更进行有效的控制和管理。

所有的项目都存在一定的变更。如何实施整体变更控制是 IT 项目管理的一个关键问题。特别是对软件项目来说,由于软件是一种纯知识产品,它是一种逻辑的而不是物理的产品,其特殊性体现在动态性、灵活性、不确定性、易变性、隐蔽性、不可重复性、预计性和度量性差等方面。正是软件项目及其产生产品的过程的这些特性,使得软件项目管理的成败在某种意义上而言,取决于整体变更控制的好坏。

变更请求在项目中经常发生,并以多种不同的形式出现。变更是允许的,但它应该在可控的范围之内。IT 项目经理主要工作是对项目的整体变更进行控制,使项目朝着提高工作效率、产生经济效益、有利于项目顺利进行、不断逼近目标的方向发展。

3.4.1　整体变更控制的输入和输出

整体变更控制是指在项目生命周期的整个过程中对变更的识别、评价和管理等工作。整体变更控制的几个重要输入包括项目计划、执行绩效报告和变更请求。几个重要的输出有更新的项目计划、纠正行动和教训记录文档。图 3-5 给出了一个整体变更控制过程的简要示意图。

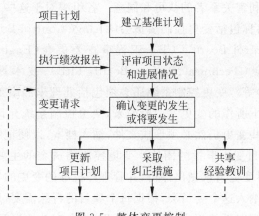

图 3-5 整体变更控制

整体变更的 3 个主要输入如下：

（1）项目管理计划为项目变更的识别和控制提供了基准。例如，项目计划包括一部分用来描述项目任务的内容。计划的这一部分提出了项目主要的可交付成果、项目产品以及质量要求。项目计划的进度安排部分列出了主要成果完成的期限要求，而项目计划的预算部分则为提供这些成果制定了成本计划。项目组必须按照计划要求来完成这些工作。如果在项目执行期间发生了某些变更，项目计划就必须加以修订。

（2）执行绩效报告提供了项目执行情况的有关信息。这些报告的主要目的就是要提醒项目经理和项目组在将来可能引起的问题。他们必须做出决断，决定是否需要更正措施，什么样的措施方案才是最好的选择，并决定什么时候采取行动。

（3）变更请求可以用多种形式提出，包括口头或者书面、直接或者间接、外部或者内部、有法律强制性的或者有选择余地的请求。

整体变更的 3 个主要输出如下：

（1）更新项目计划。更新项目计划指对项目计划或者详细辅助资料的内容所做的任何修改。必要时必须将这些修改通知有关的利害关系者。

（2）采取纠正措施。为确保变更的有效而进行的有目的的活动。

（3）共享经验教训。偏差产生的原因、已采取的纠正行动的理由，以及所汲取的其他教训都应形成文件，记载在案，使其成为本项目和实施组织内其他项目历史数据库的组成部分。此外，数据库也是知识管理的基础。

3.4.2 整体变更控制的工具与技术

1. 变更控制系统

变更控制系统指规定项目绩效如何监测与评估的一组正式的、有文件记载的程序，包括正式项目文件变更需要经过的步骤。

在许多情况下，项目实施组织往往有一个现成的变更控制系统，可以"原封不动"地拿来使用于项目。然而，如果没有合适的现成变更控制系统的话，项目管理班子就需要建立一个小组负责批准或否决所提出的变更。这些小组的角色与责任都已在变更控制系统中明确定义并且经过所有关键的利害关系者的认可和同意。各组织对于这些小组的定义和叫法各不相同,但是一些常见的名称包括变更控制委员会(Change Control Board,CCB)、配置控制委员会(Configuration Control Board,CCB)、工程审查委员会(Engineering Review Board,ERB)、技术审查委员会(Technical Review Board,TRB)、技术评估委员会(Technical Evaluation Board,TAB)等。变更控制系统还必须包括处理未经事前审查就已实施的变更程序,例如,在紧急情况下所作的变更。一般说来,变更控制系统允许"自动"批准一些事先规定的变更类型。但这些变更仍然必须形成文件,纳入档案,以便记载基准的演变过程。

CCB是一个负责项目变更审批的团体。变更控制委员会的主要职能就是为准备提交的变更请求提供指导,对变更请求做出评价,并管理经批准的变更的实施过程。组织可以把主要的几个项目干系人纳入这个委员会,根据每个项目的特殊需要,还可以由几个项目组员轮流参与。通过建立管理变更的正式委员会和过程,将会有效地提高整体变更控制的水平。

然而,变更控制委员会也会存在一些缺点。其一是对提交的变更请求的决策可能会花费更多的时间。变更控制委员会可能是每周一次或是每月一次开会,开一次会可能还不一定做得出决定。一些组织对该过程做了一些简化,以便对一些小的项目变更快速做出决策。

2. 配置管理

配置管理是另一个用于整体变更管理的重要方法。配置管理用于确保项目产品描述的正确性和完整性。配置管理主要是进行技术上的管理,对产品的功能和设计特征以及辅助文档进行确认和控制。配置管理的主要工作内容如下:

- 识别并记载对象或系统的功能和物理特性。
- 控制上述特性的所有变更。
- 记录并报告此种变更及其实施状况。
- 审核上述对象与系统,核实是否符合要求。

优秀的项目经理应该主动地掌握并使用整体变更控制的工具与技术,对项目的整体变更进行控制,使项目朝着有利于项目顺利进行,不断逼近目标的方向发展。

【案例3-1的分析】

谢经理和他的团队认真分析了他们在项目的整合管理中所做的工作,发现了项目中存在的主要问题:

(1) 没有仔细分析项目的干系人。新动力分管财务的陈总是项目的中坚力量,他一方面考虑到财务管理的方便性,另一方面总是想到自己作为集团领导在财务方面的特权;此外,他还有财务管理信息系统项目的否决权,有可能从项目的中坚力量演变为项目的反对者。

(2) 项目缺乏新动力信息技术部门的支持。这种情况在项目合同中的甲方比较常见,信息技术部门往往地位不高,财务部门是管理部门,在公开招投标时不一定知会了信息部门。但IT项目在开发过程中,特别是技术方案把关、项目验收、上线及后期的运行、维护管理工作都需要甲方信息技术部门的大力支持。

(3) 项目计划沟通不够。谢经理的团队技术力量雄厚,但在与项目干系人的沟通上做得不够。特别是新动力分管财务的陈总认为,这样一个复杂系统在这么短的时间内就做完是不可能的,这说明谢经理没有及时地与陈总在项目大的方向和约束上认真沟通,也没有将项目计划告知于陈总。

（4）承担的责任过重。在项目的甲方实施项目主要还是得靠甲方的工作人员。在开发完工后的系统实施阶段,推广工作应当以财务部门与信息技术部门为主导,谢经理的团队作为辅助,因为谢经理的团队对新动力的工作人员不具备号召力,更不用说变更财务管理的业务流程了。

通过以上 4 点分析,谢经理采取了如下的措施:

（1）与公司销售部门负责此项目的营销人员作了细致的沟通,全面识别并分析了项目主要干系人。确定新动力分管财务的陈总、财务部的刘经理和信息中心的负责人作为目前项目干系人的重点沟通人物,尽可能与他们进行协商,争取他们对项目的认同与支持。

（2）申请公司领导的支持。通过公司领导与新动力的陈总的深入交流,陈总表示将大力支持和推动项目的实施,并为此项目召开了各个部门、子公司负责人协调会,谢经理在协调会上作了项目进度报告,并就项目的实施提出了自己的看法和意见,在协调会后,决定由新动力成立项目协调领导小组,陈总任组长;成立项目实施小组,财务部刘经理任组长,信息中心的负责人与谢经理均任副组长,各部门相关责任人为组员;成立技术支持组,由信息中心相关技术人员和谢经理的团队成员作为组员。

（3）经过谈判,鉴于项目实施的复杂性,双方同意将项目按实施的难度划分为 2 个子项目,当第 1 个子项目验收后支付 80％的费用;后续子项目由新动力主导,谢经理的团队全力配合,主要是完成系统的培训和完善工作。

经过采取以上 3 点措施,项目实施很快步入了正轨,1 个月后第 1 个子项目开发成功,并相继在新动力总公司及其子公司上线运行,海联公司收到了项目的 80％的开发费。项目组一鼓作气,积极配合新动力推动后续子项目的执行,经过 2 个月的努力,圆满完成了整个项目的开发和应用。

【感想和体会】

分析资源、利用资源、优化资源是整合项目资源之根本。对项目资源的整合和项目整体的管理,体现了项目团队对其他 9 大知识领域的理解和体会能力,体现了项目经理的协调与综合能力。

3.5　习题与思考

1. 项目的资源有哪些? 为什么说项目整合管理的功效是对资源的整合?

2. 整合项目资源目的是什么? 你认为应该怎么做才能达到这个目的?

3. 项目的干系人是指哪些人? 在软件项目中,你认为对项目起到关键作用的人有哪些?

4. 项目经理是项目中的关键人物,他应该具备什么样的素质才能胜任自己的工作?

5. 为什么获得高层管理者的支持那么重要? 项目经理需要高层管理者从哪些方面来支持项目?

6. 为什么说项目章程是项目经理的护身符? 项目章程主要起什么作用?

7. 项目管理计划的主要内容有哪些? 请根据自己的实践经历或学习体会,选择一个软件项目,按照表 3-2 的格式,编制一个软件项目管理计划。

8. 在本章的案例 3-1 中,假设你是项目合同甲方的信息中心的负责人,当项目无法推进时你会怎么做?

第 4 章

控制项目范围

【本章知识要点】

如果你不知道要去哪里,那你也不知道什么时候能到达目的地。项目的失败往往是由于没有明确项目必须做什么、可以做什么和不能做什么,也不清楚如何来做这些工作,即控制项目的范围。我们不应该少做必须做的或者应该做的工作,但也不应该多做不必要做的或者不能做的工作。

本章将主要介绍 IT 项目范围与 IT 项目范围管理的概念、内容,详细介绍项目范围管理方法,分析项目范围变更控制方法。学习完本章后,应当掌握如下知识:

(1) 项目范围与项目范围管理的基本概念。

(2) 项目范围管理的主要过程及其内容。

(3) IT 项目范围与质量、时间和成本的关系。

(4) 控制 IT 项目范围变更过程。

(5) 软件项目范围变更控制方法。

【案例 4-1】

杨工错在哪里?

海正公司是一家致力于为电子政务市场提供应用系统的软件公司,最近接到开发一套向公众开放的政务信息发布与查询系统的项目。由于电子政务项目有一定的保密性要求,该系统涉及两个相互独立的子网,即内网和外网。内网中存储着全部信息,包括部分机密信息;外网可以对公众开放,开放的信息必须得到授权。系统要求在这两个子网中的合法用户都可以访问到被授权的信息,访问的信息必须是一致、可靠,政务内网的信息可以发布到政务外网,政务外网的信息经过审批后可以进入内网。

杨工是该项目的项目经理,在了解到系统要求后认为保密性是系统的难点,需要进行技术攻关。为了顺利完成该项目,杨工找到了熟悉网络互通互联的技术人员设计了解决方案,在经过严格评审后实施。在系统完成开发,进入试运行前,项目发包方认为虽然系统完全满足了保密性的要求,但系统使用界面操作复杂,应该简化操作,因此必须在系统交付前增加操作向导的功能。除此以外,试运行需要的服务器等设备已经完成采购,但没有经过调试,发包方要求杨工委派人员在部署试运行环境时,同时对采购的设备进行调试并安装相应的系统软件。在合同条款中仅有一条"乙方负责将系统部署到试运行及正式运行环境",并没有指出环境的状态,杨工只好向公司求助,找到了可以完成服务器系统软件安装和调试的资源,完成了这部分工作。

对于增加"操作向导"的问题,杨工安排程序员小李向项目发包方口头了解"操作向导"的需求后,直接进行开发。但在操作向导功能交付后,项目发包方根据公众用户反馈的结果认为操作向导仍没有满足需求。最终又重写了大部分代码才通过验收。由于系统的反复变更,项目组成员产生了强烈的挫折感,士气低落,成本和工期都超出了原计划 30% 以上。

4.1　项目范围管理概述

布鲁克斯说:"软件开发上的困难是决定说什么,而不是如何说。"缺少正确的项目需求、定义和范围核实是导致 IT 项目失败的主要原因。项目组织要想成功地完成 IT 项目,必须先明确项目的预定目标,然后开展一系列的工作或活动,这些必须开展的工作或活动构成了项目的工作范围。控制范围是指掌握住对象不使其任意活动而超出范围,或使其按控制者的意愿活动。IT 项目中一个突出问题是项目需求的不确定性和易变性,因此项目管理的首要工作就是如何控制项目范围。

知道哪些事情应该做、能够做,说明你在成长;知道哪些事情不应该做、不能够做,说明你在成熟;能够在项目的定义、开发阶段准确界定范围,在项目的实施与收尾阶段有效控制范围,你就能获得成功。

4.1.1　项目范围与项目范围管理

项目范围是指产生项目产品阶段包括的所有工作及产生这些产品经过的所有过程。它涉及项目的产品或服务以及实现该产品或服务所需要开展的各项具体工作。项目的范围要求能确保该项目所覆盖的单项工作和整体工作的全部要求,从而促使项目工作成功完成。在项目环境中,"范围"这一术语包括两个方面的含义:

(1) 项目产品范围,是指某项产品、服务或服务所具有的特性和功能。

(2) 项目工作范围,是指为具有规定特性与功能的产品、服务或成果而必须完成的工作。项目范围有时也包括产品范围。

对项目产品范围完成的衡量标准是根据客户的要求来进行的,而对项目工作范围完成的衡量标准则是参照项目范围管理计划来检验的。项目的产品范围是制定项目工作范围的基础,而项目工作范围是为了实现项目的产品范围所需要做的工作。产品范围的完成以需求的实现来衡量,而项目工作范围的完成则是以计划的执行情况来衡量。

项目范围管理是指对项目包括什么与不包括什么的定义与控制过程。这个过程用于确保项目干系人对作为项目结果的项目产品或服务以及生产这些产品或服务所确定的过程有一个共同的理解。项目范围管理主要就是保证项目利益相关者在项目要产生什么样的可交付成果方面达成共识,也要在如何生产这些可交付成果方面达成一定的共识。项目产品范围与项目工作范围的范围管理必须很好地结合,确保项目工作可以得到项目的最终可交付成果。

IT项目范围管理主要是通过如下步骤实现的：

- 把客户的需求转变为对项目产品的定义。
- 根据项目目标与产品分解结构,把项目产品的定义转化为对项目工作范围的说明。
- 通过工作分解结构,定义项目工作范围。
- 项目干系人认可并接受项目范围。
- 授权与执行项目工作,并对项目范围实现进行控制。

4.1.2　项目范围管理的重要性

通常来说,确定了项目范围的同时也就定义了项目的工作边界,明确了项目的目标和项目主要的可交付成果。对于无论是新技术还是新产品的研发项目,或者是服务性的项目,如果不能有效地定义并控制项目的范围,将会带来许多严重的问题,因为做对的事情比把事情做好更重要。

首先,项目实际要求的、但没有明确定义的工作将不能得到有效执行,进而危害项目最终目标的满足;其次,如果工作内容不在项目工作范围之内而被执行,或者项目的范围盲目扩大,就会影响项目的预算。确定项目的范围对项目管理来说非常重要,它至少能起到如下作用:

(1) 提高费用、时间和资源估算的准确性。项目的工作边界如果被定义,就具体明确了项目的实际工作内容,同时也就为项目实施过程中所需要花费的费用、时间、资源的估计奠定了良好的基础。

(2) 确定进度测量和控制的基准。项目范围是项目管理计划的基础,如果项目范围确定了,就为项目进度计划的控制确定了基准。

(3) 有助于项目分工。在项目范围确定的同时,也就确定了项目的具体工作内容,所以为进一步进行项目分工奠定了基础。

定义项目范围的目的是把项目的逻辑范围清楚描述出来,并获得认可。范围陈述被用来定义哪些工作是包括在该项目的范围之内,而哪些工作又是在该项目范围之外。把项目范围定义得越清楚,项目就会越明确、越具体。

优秀的项目经理应该做到,在 IT 项目的定义、开发阶段准确界定范围,在项目的实施与收尾阶段有效地控制范围。

4.1.3　项目范围管理过程

项目范围对项目的影响是决定性的,只有完成项目范围中的全部工作项目才能真正结束。因此,一个范围不明确或干系人对范围理解不一致的项目不可能获得成功。范围不明确最可能的后果是项目的范围蔓延,项目永远也做不到头;对范围的理解不一致的结果往往是项目组的工作无法得到其他干系人的认可。对于软件项目来说,这两种现象非常普遍,它严重阻碍了项目的成功。

实践证明,需求不明确的系统总会不断产生新的需求,开发团队只知道每天工作,但不知道哪一天才能完成工作;需求理解的偏差则会造成严重的系统缺陷,由于用户不能接受一个没有满足他们要求的系统,开发团队只好花费大量的时间对自认为已经完成的系统进行修改甚至返工。

项目需求管理是项目范围管理的基础,项目范围管理是项目需求管理的保障,项目范围管理主要包括 6 个过程,如图 4-1 所示。这些过程的主要工作如表 1-2 所示。

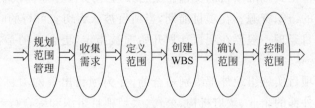

图 4-1　项目范围管理主要过程

4.2　项目范围规划

项目的范围是对项目的界限进行的定义。从利益相关者的角度来看,范围是指项目中的交付成果的总和。范围的确定是逐渐进行的,从最初对于项目最终交付成果的概念,到在项目发展中对于交付成果越来越细节描述的文件,逐步深入。项目应该交付所有在项目范围内所描述的内容,而范围内不包括的任何工作都不应该在项目中开展。范围规划就是确定项目范围,明确项目的主要可交付成果,制定项目范围管理计划,记载如何确定、核实与控制项目范围,以及如何制定与定义 WBS。项目范围的确定与管理直接关系到项目的整体成功。

4.2.1　项目范围规划的依据

1. 环境因素

环境因素有组织文化、基础设施、工具、人力资源、人事方针以及市场状况,所以这些都会影响项目范围规划。

2. 组织过程资产

所有用于影响项目成功的资产都可以作为组织过程资产,具体来说包括两类,一类是组织的方针、程序、计划和原则,包括项目生命期模型、质量方针、变更控制程序、风险应对机制、沟通协作规范、批准与汇报程序、项目文档模板等;另一类是组织的历史数据和经验教训,包括以往项目中收集的过程测量数据、财务测量数据、风险列表、问题与缺陷数据、历史经验和教训等。

项目管理非常强调组织过程资产的积累,组织过程资产反映了组织从以前项目中吸取的教训和学习到的知识。组织过程资产是项目执行的每个过程计划阶段的必备依据,有效地利用组织过程资产可以规避以往执行类似项目中遇见的风险以及解决风险的途径,高效地执行项目。

组织过程资产是能够影响项目范围管理方式的正式和非正式的方针、程序和指导原则。对项目范围规划有具体关系的组织过程资产包括:

- 与项目范围规划与管理有关的组织方针。
- 与项目范围规划与管理有关的组织程序。
- 可能存放于吸取的教训知识库中的历史信息。

3. 项目章程

项目章程是一份正式批准项目的文档。项目章程给项目经理提供了授权,使他能获得进行项目活动所需的组织资源。在项目前期,当项目被认为切实可行的时候,就需要确定和指派项目经理。项目经理一般要在项目计划开始前被指定,更合适的是在制定项目章程时明确并委任。

项目章程是由项目实施组织外部级别适合的,并为项目出资的项目发起人或赞助人发出。通常项目组织外部的企业、政府机构、公司、大型项目组织和综合行动组织等机构,会基于如下的一个或多个理由对项目进行认可和授权:市场需求、商业需求、客户要求、法律规定、社会需要。

这些因素也可以被称作问题、机会或者商业需求。所有这些因素的中心主题是:管理者需要对如何响应、批准哪种项目和颁发项目章程做出决策。项目选择方法包括了衡量项目对其所有者或者发起人所具有的价值或吸引力,以及其他组织的判断标准。项目选择同样也适用于选择项目的执行方式。

项目制定了项目章程以后,就跟组织的日常工作产生了联系。在某些组织里面,只有当那些独立启动的,对于需求、可行性研究、初步计划或其他类似部分的分析完成以后,才会制定项目章程并启动项目。项目章程的建立基于把商业需求、项目理由、对客户需求的正确理解,以及能满足这些需求的新产品、服务和成果等内容形成文件。

4. 项目管理计划

依据项目管理计划中已批准的相关计划来创建项目范围管理计划,它们会对用于规划和管理项目范围的方法产生需要和约束。

4.2.2　项目范围管理计划与需求管理计划

项目范围管理计划描述了对项目范围如何进行管理,项目范围怎样变更才能与项目要求相一致等问题,是项目管理团队确定、记载、核实、管理和控制项目范围的指南。项目范围管理计划的主要内容有:根据详细的项目范围说明书制作的 WBS,如何正式核实与验收项目已完成可交付成果的一个过程;控制详细项目范围说明书变更请求处理的方式等。项目范围管理计划包含在项目管理计划之内,也可作为其中一项分计划。项目范围管理计划可以是正式或非正式的,极为详细的或相当概括的,具体视项目的需要而定。

需求管理计划是项目管理计划的组成部分,描述将如何分析、记录和管理需求。需求管理计划的主要内容有:如何规划、跟踪和报告各种需求活动;配置管理活动,例如如何启动产品变更,如何分析其影响,如何进行需求追溯、跟踪和报告,以及如何变更审批权限;需求优先级排序过程;产品测量指标及使用这些指标的依据;用来反映哪些需求属性将被列入跟踪矩阵的跟踪结构。

4.2.3　软件项目范围规划

软件项目范围规划,是管理和控制软件项目范围的基础,其要点包括 4 个方面。

1. 确定详细的项目范围

在软件项目中,工作产品是抽象的软件系统,确定精确的项目范围并不是一件容易的事情,尤其对于软件产品的范围而言,必须要有科学的方法,有计划地确定。事实上,需求工程拥有一整套理论体系,在需求开发方法中有很多成熟的获取、分析需求的方法论,用例分析方法就是其中一种。项目经理需要结合项目的特点和环境来进行裁减和取舍,制定出最适合当前项目的定义范围的方法。

项目经理在制定范围计划的时候,要根据项目的具体情况来确定范围定义(包括需求捕获的方法)。不过在定义范围计划的阶段,项目还比较模糊,往往仅有一个概念,此时需要结合项目的目标、项目章程等已知因素作为判断的依据。如果组织比较成熟(如通过 CMM3 以上的软件组织),可以参考组织过程资产库中已有的项目经验和结果来确定范围定义的过程。

范围定义的最终结果是项目范围说明书,项目范围说明书的形式也需要在项目范围管理计划中规定。在很多软件项目中,可能不会有独立的范围说明文档,而是把用户需求或系统规格说明书作为项目范围说明的主要文档,配合其他的文档来共同说明项目范围。在制定范围管理计划时,需要考虑清楚如何综合需求说明书等文档以清晰且详细地表述项目需求。

很多软件项目都会遇到难以确认需求、用户不愿意在需求报告上签字等问题。如何让所有的项目干系人对项目的范围达成一致的认识也应该在项目范围管理计划中予以明确。如果在范围规划阶段没有做好这项工作,那么让所有的项目干系人确认系统范围并在需求上签字是非常困难的。但若是结合项目情况和各类项目干系人的特点,制定出相应的计划,做好准备工作,是可以在有限的时间内得到用户对范围的认可的。

2. 根据详细项目范围得到 WBS

在范围管理计划中关注的问题是将采用什么样的过程和方法得到 WBS。根据 PMI 的定义,WBS 是整个项目团队为了完成项目目标、创造出项目交付物而进行的工作的有层次的分解。WBS 也表达了完整的项目范围,且 WBS 中的层次结构让项目范围变得更清晰、更容易管理。

通过制定 WBS 的方法有类比法、自顶向下分解、自底向上归纳等方法。在范围规划阶段,项目经理需要根据项目的情况选择一种或综合多种方法来制作项目的 WBS。

3. 验收已经交付的项目成果

随着项目的开展,一些已经在范围定义中规定的项目交付物逐渐完成,这时需要对这些交付物进行验收。不同类型的交付物有不同的验收方法。例如,对需求分析、设计的文档,通常采用评审的方法进行验收;对于交付的系统,则经常采用测试的方法时进行验收。除方法外,验收的时间、验收中发生的投入、验收的标准等都需要在项目范围计划中考虑。

4. 控制并管理范围变更

范围变更控制是范围管理中非常重要的一部分。软件项目的抽象性决定了其范围变更的程度较大,很多软件项目因为失控的范围变更造成项目成本和时间远远超出计划而导致失败。项目中的范围变更控制是通过对范围变更请求的评估和决策来管理和控制范围的变化,以保证项目不会因为范围的变更而失控。在范围规划阶段,项目经理需要建立变更控制系统,同项目干系人确定变更控制的方法与准则,指导后续的范围控制工作。软件项目范围管理规划需要明确以下几点。

(1)范围规划是范围管理的第一步,是对整个范围管理工作的计划,是指导范围管理工作的指南。因此,范围规划的工作就是定义过程,即定义后续范围管理工作的方法、时间、资源和准则等内容。

(2) 范围规划是一个渐进的过程,不可能一蹴而就。在项目的最初阶段,需要进行范围规划工作,得到范围管理计划。在完成项目定义和 WBS 分解工作后,以及范围发生变更时,范围管理计划都应根据最新的情况进行调整和更新,使其适应项目管理的需要。

(3) 通过范围规划过程得到的范围管理计划不是独立的,它应该融入到项目管理计划或其他的文档中。例如,根据 CMM2 的要求,范围管理计划可能同时涵盖在软件项目计划、需求管理、软件配置管理等几个关键过程域中,范围管理计划中的内容也可能在多份文档中被分别表述。

4.3　需求收集与范围定义

很多 IT 项目特别是软件项目在开始时都会粗略地确定项目的范围、时间和成本,然而在项目进行到一定阶段之后往往就感觉到不知道项目什么时候才能真正结束;要使项目结束到底还需要投入多少资源,整个项目就像一个无底洞,对项目的结局谁的心里也没有底。这种情况的出现无论是对于组织的高层还是项目团队来说,都是最不希望看到的。然而类似情况的出现并不罕见,造成项目出现"无底洞"现象的主要原因是项目需求获取不到位和项目范围定义不准确。

4.3.1　需求与收集需求

实践表明,缺少正确的项目需求、定义和范围核实是导致项目失败的最主要原因;IT 项目最大的问题是项目需求的开发与管理问题,项目的首要工作是有效地开发需求和管理需求。人们已经认识到,没有项目需求就没有项目的一切,不能管理项目需求就不能管理项目的一切。

让项目干系人积极参与需求发掘和分解需求的工作,并认真进行确定、记录和管理对产品、服务或成果的需求,能直接促进项目的成功。

项目需求包括发起人、客户和其他干系人以量化且书面记录的项目的需要和期望。Rational 把需求定义为"(正在构建的)系统必须符合的条件或具备的功能"。著名的需求工程设计师 Merlin Dorfman 和 Richard H. Thayer 提出了一个包容且更为精练的定义,即"软件需求可定义为:用户解决某一问题或达到某一目标所需的软件功能。系统或系统构件为了满足合同、规约、标准或其他正式实行的文档而必须满足或具备的软件功能。"这一定义特指软件方面,但不仅仅限于软件。

许多组织将需求分成不同的种类,如业务解决方案和技术解决方案。前者是干系人的需要,后者是指如何实现这些需要。把需求分成不同的类别,有利于对需求进行进一步完善和细化。这些分类包括:

- 业务需求。整个组织的高层级需要,例如解决业务问题或抓住业务机会,以及实施项目的原因。
- 干系人需求。干系人或干系人群体的需要。
- 解决方案需求。为满足业务需求和干系人需求,产品、服务或成果必须具备的特性、功能和特征。解决方案又进一步分为功能需求和非功能需求。功能需求是关于产品开展的行为，如流程、数据及与产品的互动；非功能需求是对功能需求的补充，是产品正常运行所需要的环境条件或质量，如可靠性、安全性、性能等。

- 过渡需求。从"当前状态"过渡到"将来状态"所需的临时能力，如数据转换和培训需求。
- 项目需求。项目需要满足的行动、过程或其他条件。
- 质量需求。用于确认项目可交付成果的成功完成，或其他项目需求的实现的条件或标准。

经验表明，"用户不能确切知道他们需要什么，但他们能够确切知道什么是他所需要的。"这种状况充分说明了收集需求、分析需求和实现真正需求的重要性、复杂性和困难性。

详细地收集、分析和记录需求，将它们包含在范围基准中，并在项目执行中对其进行严格测量，是确保需求实现和项目成功的有力措施。收集需求是为实现项目目标而确定、记录并管理干系人的需要和需求的过程。需求是项目的根源，收集需求工作的优劣，对项目的成功具有不可估量的作用。

4.3.2　收集需求的依据与成果

根据范围管理计划和需求管理计划，确定所收集的需求的类型，按照需求管理计划所规定的收集需求过程的工作流程，对干系人的需求进行定义和记录。从干系人管理计划中了解干系人的沟通需求和采用程度，评估并适应干系人对需求活动的参与程度。从项目章程中了解项目产品、服务或成果的高层次描述，并据此收集详细的需求。从干系人登记册中了解干系人所提供需求的信息，对干系人对项目的主要需求和期望进行收集和记录。

收集需求以形成需求文件为完成标志。需求文件描述各种单一需求将如何满足与项目相关的业务需求。在项目的前期阶段，可能只有高层次的需求，然后随着有关需求信息的增加而逐步细化。需要强调的是，只有明确的、可跟踪的、完整的、相互协调的，且主要干系人愿意认可的需求，才能作为项目范围的基准。这些基准应该是可测量和可测试的。

需求文件的格式可以是多种多样的，它既可以是一份按干系人和优先级分类列出全部需求的简单文件，也可以是一份包括内容提要、细节描述和附件的详细文件。

需求文件的主要内容包括业务需求（包括可跟踪的业务目标和项目目标、执行组织的业务规则、组织的指导原则等）、干系人需求（包括对组织其他领域的影响，对执行组织内部或外部团体的影响，干系人对沟通和报告的需求等）、解决方案需求（包括功能与非功能需求、技术和标准合规性需求、支持和培训的需求、质量需求、报告形式的需求等）、项目需求（包括服务水平、项目绩效、安全和合规性、项目验收标准等）、过渡需求（包括数据转换、系统培训等）以及与需求相关的假设条件、依赖关系和制约因素等。

4.3.3　项目范围定义

项目范围定义的过程，就是根据范围管理计划，采取一定的方法，逐步得到精确的项目范围。通过项目范围定义，将项目主要的可交付成果细分为较小的便于管理的部分。项目范围说明书是范围定义工作最主要的成果，除此之外，随着项目范围变得更加清晰，范围管理计划也需要随之更新。

因为项目范围本身涉及不同利益方之间的关系,而且还涉及复杂的业务逻辑关系,在项目开始描述需求范围时,对项目范围边界的定义上就存在着一定的模糊性和不确定性。"应该怎么样做?""做到什么程度?"这些都是定义项目范围的过程中不可回避的难题。

任何一个项目都有 3 个主要约束条件,即质量、时间、成本。这三个条件是相互影响、相互制约的,而且往往是由于范围影响了时间和成本。如果项目一开始确定的范围小,那么它需要完成的时间以及耗费的成本必然也小,反之亦然,所以,在三个约束条件的相互作用中项目范围的影响最明确。

一般来说,在启动项目初期就应该提出一个比较稳定的项目范围,为项目的实施提供一个牢固的前提和框架,同时也是为后期的项目管理划出一个明晰的边界,所有项目活动的开展,包括项目成本、质量和时间的控制也应该在此范围内进行。但是在实际的操作过程中,范围边界有可能会出现模糊、扩大的现象,在这种情况下,对成本的控制就失去了基本的限制,项目范围、时间、成本、质量之间就存在着难以计算的复杂关系,对项目的管理和控制难度就会扩大,甚至失控。项目范围、时间、成本、质量之间的关系模型如图 4-2 所示。

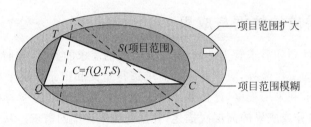

图 4-2   项目范围和时间、成本、质量之间的关系模型

如果项目范围不变,即确定的面积(Scope),成本(Cost)、质量(Quality)、时间(Time)就可以在一个固定的 S 的边界限制下给出一个约束的关系模型 $C=f(Q,T,S)$。但是,如果 S 的值并不固定,如图 4-2 所示出现边界模糊或者向外扩展时,C、Q、T 就失去可依赖的边界限制,其之间的约束关系就会变得复杂。因此,在对项目范围进行控制时,一是要保证项目初期的 S 是准确可靠的,尽量减少边界的模糊性;二是要保证项目实施过程中 S 的稳定,尽量避免扩大化,或是说让扩大化得到合理的控制。

4.3.4 范围定义的依据

在分析和界定项目产品范围和项目工作范围时,人们必须依据项目已有的各种文件和在项目范围定义工作中所搜集到的信息,这方面的工作主要依据如下两个方面。

1. 项目已有的各种文件

主要包括:
- 项目章程。项目章程是项目范围定义的基础文件,即使那些不编制项目章程的项目也要使用类似项目规定或要求之类的文件作为依据。
- 需求文件。使用需求文件来选择哪些需求应该包含在项目中。
- 项目范围管理计划。项目范围管理计划是项目团队确定、记载、核实、管理和控制项目范围的指南,它当然成为范围定义的主要依据。

- 批准的变更请求。批准的变更请求,可能会改变项目的范围、质量、费用和时间,变更通常是在项目工作进程中产生的,这一动态的过程对项目范围的定义将产生很大的影响。

以上文件是项目范围界定的根本依据,项目组在项目范围定义中必须以它们为出发点。如果在项目范围界定中发现这些文件存在错误、问题或缺陷,还需要根据实际情况对这些文件做出更新或修订。

2. 项目范围定义中搜集的信息

这方面的依据主要包括:及时更新的环境因素和组织过程资产方面的信息;IT项目专业领域对项目交付成果和项目工作的客观要求方面的信息;项目各相关利益主体提出的项目范围变更请求方面的信息;项目限制条件与假设条件方面发展变化的信息等。

其中,有关项目各相关利益主体提出的项目范围变更请求方面的信息,必须包括这些变更请求的批准信息、所增减的项目以及可交成果与工作的信息等,甚至应该说清楚这些变更请求的具体实施方案和做法。不管这种项目变更的请求是书面的还是口头的,也不管这种项目变更请求是合同规定必需的还是项目实施者可以自己决定的,凡是项目范围定义提出的项目变更请求都应该是项目范围定义的依据,并且是主要依据之一。

需要特别说明的是,当一个IT项目是依据合同由承包商实施时,承包合同中确定的各种约束条款都是在项目范围定义过程中着重考虑的项目限制条件和项目假设前提条件。另外,在项目范围定义时还应该核查项目组织的日常运营和其他项目是否会对本项目范围定义产生影响或制约,并且在项目范围定义时还应该充分考虑利用相关项目的历史资料和信息,因为这些历史项目中的错误、疏忽和经验教训对新项目的范围定义是很有借鉴作用的。

4.3.5 项目范围说明书

项目范围说明书是对项目范围、主要可交付成果、假设条件和制约因素的描述。项目范围说明书记录了整个范围,包括项目和产品范围。项目范围说明书详细地说明了项目产品或可交付成果及生成这些项目交付成果所要求的工作。这种详细的项目范围说明书也是项目相关利益主体对有关项目目标和要求的共同意愿表述,人们可以由此制定后续的详细计划和业绩评估基线,并开展各项项目工作。详细的项目范围说明书包括如下具体内容:

(1)项目目标和项目范围指标。包括度量项目是否成功的项目目标及度量项目工作是否成功的指标,具体涉及项目的各种要求和指标、项目成本、质量和时间等方面的要求和指标、项目产品的技术和质量要求等。所有这些指标都应该有具体的指标值,无法赋值的指标会带来风险。

(2)项目产品范围说明书。主要说明项目产品的特性和项目产出物的构成,以便人们能够据此生成项目产品。这方面的内容也是逐步细化和不断修订的,其详尽程度要能为后续项目的各种计划工作提供依据,最低限度是要清楚地给出项目的边界,明确项目包括什么和不包括什么。

(3)项目可交付成果的规定。项目可交付成果既包括所有构成项目产品的最终成果,也包括生成项目产品过程中的阶段成果,如项目进度报告和系统需求分析报告、软件设计文档等。在制定的详细项目范围说明书中,可以详细地介绍和说明项目可交付成果的构成和要求,也可以简单地说明,具体视项目范围说明书的情况而定。

(4)项目条件和项目假定条件。详细项目范围说明书中还应该给出与项目范围有关的各种既定限制条件和项目的各种假定条件。这些条件也是确定项目合同或承包书的依据,需要按照定量化的原则详细给出。

(5) 项目配置关系及其管理要求。这是有关项目目标、产品、可交付成果、工作、成本、时间、质量等以及项目组织和项目团队等各方面配置关系和配置管理的说明以及项目要素的具体限定说明。

(6) 项目批准的规定。包括批准项目计划和变更请求的规定,这里必须说明批准的项目计划和项目变更请求程序、做法与要求。主要包括对项目目标、项目产品、项目可交付成果、项目工作四个方面的批准程序、做法和要求的规定。表 4-1 为 IT 项目范围说明书编制模板。

表 4-1　IT 项目范围说明书

项目基本信息:(项目名称、项目经理以及项目发起人等与项目相关的一般信息)			
项目名称:		起草人:	
项目经理:		日期:	
项目发起人:		更新日期:	
项目的交付成果:(陈述项目的交付成果(产品的技术参数)以及完成项目的衡量指标)			
实施项目的方法:(详细陈述项目是依靠内部自己完成,还是需要外部力量的帮助和介入,以及项目范围变更管理的方法)			
项目的工作范围:(确定项目需要完成的工作,包括相关的业务要求)			
例外工作:(确定不属于项目范围的工作,包括相关的业务要求)			

4.3.6　软件项目范围定义

软件项目的目标是开发或实施某软件系统或产品,软件系统本身就是软件项目最终的交付成果之一,软件系统(产品)范围也是软件项目范围中最重要的一部分。在软件项目中,软件系统的范围经常表现为软件需求规格说明书(Software Requirements Specifications,SRS),一般至少包括下面三个主要的内容。

1. 功能特征描述

功能特征描述指的是对系统功能的详细描述,即软件系统将具有什么样的功能,这些功能是如何向用户提供服务的。在描述软件系统功能特征时,需要注意以下几个问题:

- 功能分层。通过对功能分层地处理,可以让功能特征变得更清晰,更易于理解和管理。
- 文字描述尽量简洁,对难以说清楚的问题通过图表的方式描述。人们常说百闻不如一见,这也说明文字的描述远不如图形直观。一般地,人们对两三行的文字较容易理解,而对大篇幅的文字描述必须认真阅读才能完全理解,图文并茂是最好的描述方式。
- 考虑系统状态的变化。软件系统的状态变化较为复杂,同样的功能在不同系统状态下会呈现不同的特征。这就要求在进行系统描述时必须考虑到系统状态的特点,理清系统状态变迁的规律。

- 考虑不同的用户。系统功能不但同系统状态相关,往往还同系统用户相关,即不同的用户在使用相同的功能时,会根据功能不同而得到不同的结果。在描述系统功能特征时,要注意到这方面的问题。

2. 系统接口描述

随着软件技术的发展,软件系统之间呈现越来越复杂的关系,软件系统的接口数量在快速地增长。在描述系统范围时,接口是其中非常重要的一部分。在描述系统接口时,需要着重描述接口的特征、类型、作用、连接标准等内容,这样才能清晰地划分系统的范围。

3. 质量特征描述

系统的质量特征也需要在软件项目范围中进行定义并描述,主要的质量特征包括性能、可靠性、可移植性、机密性及完整性等。不同程度的质量要求对项目的工作范围会有很大的影响,例如一般性能要求的系统不需要额外的设计,而如果对性能要求非常高则需要在设计阶段就针对系统性能进行特殊的设计,在开发后期对系统性能作专门的优化,在测试阶段对性能作相应的测试。而且,此处定义的系统质量特征也是项目开展质量控制工作的依据。

除了这三部分内容外,在 SRS 中还可能包括更多的内容。在一些成熟的软件组织里会有固定的需求规格说明书的模板,项目组可以参考这些模板完成需求的获取、分析以及编制需求规格说明书的工作。

4.4 工作分解结构技术

工作分解结构(WBS)是一种为了便于管理和控制而将项目工作任务分解的技术,是以可交付成果为分解对象、以结果为导向的分析方法。通过它对项目所涉及的工作进行分解,而所有这些工作构成了项目的整体范围。

4.4.1 WBS 的用途

工作分解结构确定了项目整个范围,并将其有条理地组织在一起。通过创建工作分解结构,把项目工作分成较小和更加容易管理的多项工作,而每下降一个层次意味着对项目工作更详尽地说明。属于工作分解结构底层组成部分的计划工作叫做"工作细目",可以安排在进度表中,估算费用,进行监视和控制。工作分解结构是当前批准的项目范围说明书规定的工作。

项目工作分解实际上是一项对项目范围定义后给出的项目工作范围的进一步细化和分解的项目范围管理工作,这一工作最主要的内容是对定义出的项目工作范围进行全面的分解,最终给出项目工作分解结构和项目工作分解结构字典等项目范围分解的文件。构成工作分解结构的各个组成部分,有助于利害关系者理解项目的可交付成果。

通过项目工作分解而给出的工作分解结构实际上是一种以项目产品为导向的层次化的项目范围管理文件,该项目范围管理文件给出了生成各个项目可交付成果的项目工作包以及它们之间的关系描述。项目工作分解结构所需的主要依据有如下 4 个方面:组织过程资产、项目范围说明书、项目范围管理计划、批准的变更请求。

4.4.2　制作 WBS 的方法

创建工作分解结构有多种不同的方法,主要包括模板法、分解法、自上而下方法和自下而上方法。

1. 模板法

模板法是指项目的工作分解可以借用项目所属专业技术领域中的标准化或通用化的项目工作分解结构模板,然后根据项目的具体情况和要求进行必要的增加或删减而得到项目工作分解结构的方法。虽然每个项目都是独特的,但是以前项目的工作分解结构往往可以当作新项目的样板,因为某些项目与以前的某一项目总有某种程度的相似之处。例如,给定组织中大部分项目的生命周期往往是同样的或者相似的,因此,每个阶段的可交付成果往往相同或相似。

PMI 工作分解结构实用标准是制作、深化和应用工作分解结构的指南。该文件包括有针对行业的工作分解结构样板的例子,可以在针对行业特点进行修改之后用于具体应用领域的具体项目。

许多应用领域或组织都有标准的工作分解结构样板,可用作新项目工作分解结构模板使用,图 4-3 是一个软件开发项目的工作分解结构模板。

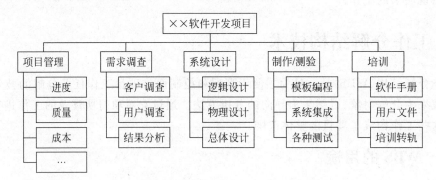

图 4-3　软件开发项目工作分解结构模板

2. 分解法

分解是把项目可交付成果分成较小的、便于管理的组成部分,直到工作和可交付成果定义到工作细目既工作包。工作包是工作分解结构中的最低层,它的详细程度因项目大小与复杂程度而异。如果工作包的工作费用和持续时间能够估算出来,则认为这种分解是可行的。要在很远的将来完成的可交付成果或子项目,可能就无法分解。分解整个项目工作一般需要有如下活动:

- 识别可交付成果与有关工作;
- 确定工作分解的结构与编排;
- 将工作分解结构的上层分解到下层的组成部分;
- 为工作分解结构组成部分提出并分配标识编码;
- 核实工作的分解程度是否必要或足够。

要识别项目主要可交付成果和为此而必须进行的工作,就必须全面而详细地分析项目范围说明书。这项分析需要采用专家判断的方法,才能识别所有的工作,包括项目管理可交付成果,以及合同要求的可交付成果。

必须将每一个可交付成果或子项目分解为基本的组成部分,组成部分代表可核实的产品、服务或成果。每一组成部分的确定都应该清楚而完整,并分配给实施组织内的具体单位。工作分解结构组成部分根据项目工作实际地执行与控制状况来确定。例如,项目管理的状态报告这一组成部分可以包括每周一次的状态报告,而应提交的软件系统可能包括几个单独的模块加上最后系统的组装。

不同的可交付成果会有不同的分解水平,某些可交付成果的工作可能只需分解到下一层次,就可形成易于管理的工作包,而另外一些可交付成果的则可能需分解理更多层次。当工作分解到下一层次时,就提高了规划、管理和控制该工作的能力。然而,过细的分解可能造成管理精力的无效耗费,资源利用效率不高,甚至降低实施该工作的效率。项目管理团队需要权衡工作分解结构的规划详细程度的高低,既不能太粗,也不能太细。

3. 自上而下与自下而上方法

在创建 WBS 的方法中,大多数项目经理将自上而下法视为一种常规的方法。自上而下方法从项目的最大单位开始,逐步将项目工作分解为下一级的多各子项目。在完成整个过程以后,所有的项目工作都将分配到工作包一级的各项工作之中。

自下而上的方法则要求项目团队成员从项目一开始就尽可能地确定项目相关的各项具体任务,然后再将各项任务进行整合,并归并到对应的一个上一级的任务之中,形成 WBS 的一个部分。一般来说,自下而上法比较费时,但使用这种方法形成的 WBS 比较有效,它能够反映项目的实际需求。在软件项目开发中,对于一个全新的项目或系统,项目经理往往采用这种方法,以防止遗漏用户对系统的功能与性能需求,使用这种方法还能够有效地促进项目团队的参与和协作。

4.4.3 WBS 的应用

项目 WBS 描述了项目的工作范围,它可以使人们能够清楚地知道整个项目要做些什么工作,以及项目的可交付成果是通过开展哪些工作而生成的。项目工作分解的核心内容是给出项目工作分解结构,尤其是项目工作分解结构中最下层的项目工作包。这种项目工作包不但是项目工作的客观描述,而且也是后续项目估算、进度计划和跟踪考核的基本单位。应当明确,没有包含在 WBS 中的工作是不应该做的。

创建 WBS 过程生成的关键文件是 WBS,工作分解结构不应与其他用来表示项目信息的"分解"结构混为一谈。WBS 每一组成部分包括工作细目和一个唯一的账户编码标识符,这些标识符形成了费用、进度与资源信息汇总的层次结构。

工作分解结构词汇表是对项目工作分解结构中各个部分的详细说明,它是将项目工作分解结构中的各个要素与各个工作包按照逐个单列词条的方式进行说明的文件。工作分解结构各组成部分的详细内容,包括工作细目与控制账户可以在工作分解结构词汇表中说明。对于每个工作分解结构组成部分,工作分解结构词汇表都应相应地列入一个账户编码号码、一份工作说明书、负责的组织以及一份进度里程碑清单。工作分解结构组成部分的信息可能有合同的信息、质量要求,以及有助于实施工作的技术参考文献。控制账户的其他信息可能是一个收费编号。工作细目的其他信息是一份有关的计划活动、所需资源与费用估算的清单。必要时,每个工作分解结构组成部分都可以与工作分解结构词汇表中其他工作分解结构组成部分相互查阅。工作分解结构词汇表制作模板如表 4-2 所示。

表 4-2   工作分解结构词汇表

项目信息:(提供项目名称、客户名称、项目经理以及项目发起人等方面的一般信息)					
项目名称:		客户名称:			
项目经理:		计划起草人:			
项目发起人:		日期:			
工作分解结构词汇表:(描述工作分解结构的活动名称,每个活动的历时估计、成本估计,每个活动的前导活动以及责任人等方面的信息)					
WBS 编码	活动名称	历时估计	成本估计	前导活动	责任人

WBS 是很多项目管理工作的基础,项目的范围管理、时间管理、成本管理都建立在 WBS 的基础之上。所以说,WBS 结构是否清晰完整对项目管理工作的影响非常大。根据不同的分解策略,整个 WBS 可以根据交付成果导出或按照阶段、子项目及项目生命周期分解甚至可以根据组织机构来划分。

创建一个好的 WBS 是非常困难的,除了需要应用正确的方法,还需要丰富经验。即使这样,软件项目 WBS 的创建过程需要多次反复。一般而言,综合使用多种方法创建项目的 WBS 是最好的方法。然而,制定好的工作分解结构还需要遵循下述一些基本原则:

- 一个单位工作任务只能在 WBS 中出现一次。
- 一个 WBS 项的工作内容是下一级各项工作之和。
- WBS 中的每一项工作无论多少人来完成,都必须明确只有一个人对这个工作负责。
- WBS 必须与工作任务的实际执行过程一致。
- 谁来完成 WBS 中的任务,谁就应该参与 WBS 的制定。
- 每项 WBS 都必须归档,以确保准确理解项目包括和不包括的工作范围。
- WBS 必须具有一定的灵活性,以适应无法避免的变更需要。
- WBS 必须能够回溯,以确保项目范围的一致性与完整性。

4.5 项目范围核实与控制

范围核实是指利益相关者对项目范围的正式接受。范围核实与质量控制的区别在于,范围核实关心验收可交付成果,而质量控制主要关心满足为交付成果规定的质量要求。

范围控制是指对项目范围变更的控制。项目范围控制关心的是对项目范围变更的因素施加影响,并控制这些变更,使它朝着有利于项目成功的方向发展。

4.5.1 项目范围核实

项目范围核实指的是根据已经定义的项目范围说明书和项目交付的成果来核实项目成果是否可以让项目干系人满意,在项目实施之前和之后都应该做好项目项目范围核实。在项目范围核实工作中,要对范围定义的工作结果进行审查,确保项目范围包含了所有的工作任务。项目范围核实既可以针对一个项目的整体范围进行确认,也可以针对某个项目阶段的范围进行确认。项目范围核实要审核项目范围界定工作的结果,确保所有的、必需的工作都包括在项目工作分解结构中,而一切与实现目标无关的工作均不包括在项目范围中,以保证项目范围的准确。

核实项目范围包括审查可交付成果,确保每一项结果都令人满意。如果项目提前终止,则项目范围核实过程应当查明并记载完成的水平与程度。项目范围核实的主要依据有需求文件、项目范围说明书、工作分解结构词汇表、项目范围管理计划和可交付成果。

为了能使 IT 项目的范围得到用户的正式认可,项目团队必须形成明确的正式文件,通过这个文件来说明项目产品及其评估程序,以评估是否正确和圆满地完成了项目产品。对 IT 项目范围进行核实的工作应当由项目团队、客户和关键的项目利益相关者来进行。项目团队应该制定并能明确地说明项目结束或项目阶段成果的文件,并且对项目范围接受的准确度和满意程度做出评估。

如果是在项目的各个阶段对项目的范围进行核实工作,则还要考虑如何通过项目协调来降低项目范围改变的频率,以保证项目范围的改变是有效率和适时的。IT 项目范围核实的一般步骤如下:

- 确定需要进行范围核实的时间。
- 识别范围核实需要哪些投入。
- 确定范围正式被接受的标准和要素。
- 确定范围核实会议的组织步骤。
- 组织范围核实会议。

通常情况下,在进行范围核实前,项目组需要先进行质量控制工作,例如在进行软件项目范围核实前,需要进行系统测试等工作,以确保范围核实工作的顺利完成。

4.5.2　项目范围控制

项目的变更不可避免,整个项目过程充满了各种各样的变化,这已成为不争的事实。范围变更的表现形式多种多样,如客户临时改变对功能需求的想法,项目预算发生改变甚至项目环境发生了变化等。在 IT 项目中,范围变更可能来自服务商、供应商或者客户,也可能来自项目组织内部。产生变更可能有如下一些原因:

(1) 需求不明确。当客户向需求分析人员提出需求的时候,往往是将自己的想法用自然语言来表达的,这样的表示结果对于真实的需求来说只是某个角度的描述,不能保证需求描述的正确和准确;当用户需求不明确甚至提不出需求,或者由于需求分析员对业务不熟悉,不能很好理解用户需求时,都可能使系统需求范围不确定,引起项目范围变更。

(2) 系统实施时间过长。大中型 IT 项目的建设需要延续一段时间,在项目的实施过程中,客户由于自身业务发生变化或产生新的想法,会不时地对项目提出新的需求;当客户提出需求范围时,并不能立刻看到系统的运行情况,而当客户拿到试用的系统时,会对系统的功能、性能等从一些亲身的感受出发,提出需求变更请求。

(3) 用户业务需求改变。由于客户运行环境的不确定,或业务环境的变化,用户会经常提出需求变更的请求。这种情况在软件项目中特别常见,由于软件技术更新很快,用户的业务也在不断发展,业务一变,技术和程序结构可能就要随之变化,而且客户往往是想到什么就提出什么,这就导致开发人员往往处于被动的状态下来面对需求的改变。

(4) 系统正常升级。由于版本升级、性能改进、设计调整等产生需求变更。

项目范围控制是指当项目范围变化时对其采取纠正措施的过程,以及为使项目朝着目标方向发展而对项目范围进行调整的过程。进行项目范围控制时,需要重点考虑以下几个方面:

(1) 范围控制是必需的,不存在无变化的项目。为避免在发生变化的时候手忙脚乱,一定要首先建立起变更控制系统来处理未来可能发生的变更。

(2) 项目范围变化,并不仅仅意味着工作量的增加。项目范围的变化,除了使项目的工作量变化外,还意味着项目更贴近客户的要求、更适应项目的环境。

(3) 项目范围控制的目的不是阻止变更的发生。范围控制的主要任务是在提出范围变更请求后,管理相关的计划、资源安排以及项目成果,使得项目各部分可以很好地配合在一起,消除变更带来的不利影响。

(4) 只有积极地、主动地进行项目范围管理,才能控制变更、减少变更,使变更朝着有利于项目顺利完成的方向发展。

范围变更的控制不应该只是项目实施过程考虑的事情,而应该分布在整个项目生命周期。项目中不可避免地会发生范围的变更,不论是在项目的开始阶段或是将要结束阶段,都有可能会发生项目范围的变更,而项目范围的变更会自然而然地对项目产生影响。所以,怎么样控制项目的范围变更是项目管理的一个重要内容。

项目所处阶段越早,项目的不确定性就越大,项目范围调整或变更的可能性就越大,此时带来的代价比较低。随着项目的进行,不确定性逐渐减小,变更的代价不断增加,就会增加决策的难度。为了将项目范围变更的影响降到最小,需要采用综合变更控制方法。综合变更控制主要内容有找出影响项目变更的因素、判断项目变更范围是否已经发生等。进行综合变更控制的主要依据是项目计划、变更请求和提供了项目执行状况信息的绩效报告。为保证项目变更的规范和有效实施,通常项目实施组织会采取以下措施。

(1) 项目启动阶段的需求范围变更预防。

任何IT项目的范围变更都是不可避免的,需要从项目启动的需求分析阶段就开始积极应对。对一个需求分析做得好的项目来说,基准文件定义的范围越详细清晰,客户不断提出需求范围变更的机会就越小。如果需求没有做好,基准文件中的范围含糊不清,往往要付出许多无谓的代价。

(2) 项目实施阶段的需求范围变更。

成功项目和失败项目的区别在于项目的整个过程是否可控。项目经理应该树立一个理念——"范围变更是必然的、可控的、有益的"。项目实施阶段的变更控制需要分析变更请求,评估变更可能带来的风险和修改基准文件,特别需要注意以下几点:

- 范围变更要与费用变更相联系。如果范围变更的成本由开发方来承担,则项目范围的变更就会频繁发生。所以,在项目的开始,无论是开发方还是出资方都要明确,需求变化了,项目的费用也要变化。

- 范围的变更要经过出资者的认可,保证关键利益相关者对范围的变更有成本的概念,能够慎重地对待范围的变更。

- 小的范围变更也要经过正规的范围变更流程。人们往往不愿意为小的范围变更去执行正规的变更流程,认为降低了开发效率,浪费了时间。这种观念经常使得范围逐渐变得不可控,最终导致项目的失败。

- 精确的需求与范围定义并不会阻止需求的变更。并非对需求定义得越细,就越能避免需求的变更,这是两个层面的问题。太细的需求定义对需求渐变没有任何效果,因为需求的变化是永恒的,并非需求写详细了,它就不会变化了。

- 注意沟通的技巧。实际情况是用户、开发者都认识到了上面的几点问题,但是由于需求的变更可能来自客户方,也可能来自开发方,因此,作为需求管理者,项目经理需要采用各种沟通技巧来使项目的各方各得其所。

- 在开发上尽量根据情况采用多次迭代的方式,在每次迭代的同时让客户参与和使用系统,对下一步的开发提出建议,争取在项目前期有效地减少后期可能出现的变更情况。

(3) 项目收尾阶段的总结。

能力的提高往往不是从成功的经验中来,而是从失败的教训中来。范围变更过程的结果之一就是教训的总结。许多项目经理不注重经验教训的总结和积累,即使在项目运作过程中碰得头破血流,也只是抱怨运气、环境和团队配合不好,很少系统地分析和总结,或者不知道如何分析总结,以至于同样的问题反复出现。

事实上,项目总结工作应作为现有项目或将来项目持续改进工作的一项重要内容,同时也可以作为对项目合同、设计方案的确认和验证。项目总结工作包括对项目中事先识别的风险和没有预料到而发生的变更等风险的应对措施的分析和总结,也包括对项目中发生变更和项目中发生问题的分析统计的总结。

4.5.3 软件项目范围变更控制

"软件项目唯一不变的就是总是在变",而很多变化都会造成项目范围的变化。项目范围的变化意味着项目中需要做的工作发生了变化,对范围控制处理不当则会造成时间、成本、质量等方面的问题,增加项目风险,甚至使项目陷入混乱的状态。许多软件项目都存在范围蔓延的趋势,项目范围的变更必须对项目产生影响,除了需要对项目范围加以核实以外,关键的问题是如何对变更进行有效的控制。范围控制就是为了消除范围变更造成的不利影响。对软件项目范围进行变更控制,就是要明确项目"必须做的"、"可以做的"和"不应该做的"区间范围,如图 4-4 所示。

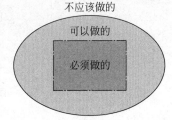

图 4-4 软件项目范围的控制区间

在项目管理中形成的合同、规约、标准或其他正式实行的文档,甚至口头承诺都是项目范围所包括的和"必须做的"工作,项目团队,特别是项目经理必须理解"一字千金"和"承诺是金"的道理。

由于客户通常不能一开始就确定所有需求,还由于信息的不对称,使得客户和开发人员对项目范围的理解和实现存在差异,这些都会导致范围的不确定和不稳定。遇到这种情况,就应该明确哪些需求是可以进一步完善的,哪些范围的变更是允许的。项目团队必须意识到软件项目范围变更本身并没有什么不对,事实上这些变更可能会使系统更健壮、更实用。如果不能包容变更,那么最终解决方案和软件系统可能就达不到应有的价值。所以需要设定"可以做的"范围区间,以利于项目的沟通和发展,实现项目的双赢或多赢。

在项目中,必须做的、能够做的是有限的,不应该做的、不能够做的是无限。如果范围变更失控,后果会非常严重,甚至于导致整个项目的失败。因此,应该通过范围变更控制,明确哪些是不应该做的。项目经理和项目团队要敢于说"不"字,这对项目团队来说是一个很大的挑战,因为项目的失败,往往是做了那些不应该做的事情。当然,也要给客户讲清楚,现在"不应该做"的事情,并不是永远不应该做。这些工作可以放到项目的第二期来做,当时机成熟时可能会做得更好。

变更控制的目的不是控制变更的发生,而是对变更进行管理,确保变更有序进行。为执行变更控制,必须建立有效的范围变更流程,它对项目范围的控制至关重要。软件项目范围变更控制流程如图4-5所示。

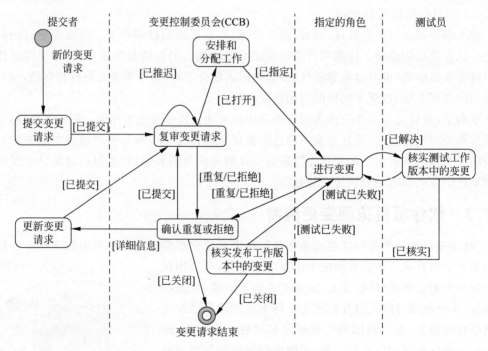

图 4-5　软件项目范围变更控制流程

1. 提交变更请求

项目的任何涉众均可提交变更请求。通过将变更请求状态设置为已提交,变更请求被记录到变更请求追踪系统中,并放置到变更控制委员会(Change Control Board,CCB)复审队列中。

2. 复审变更请求

此活动的作用是复审已提交的变更请求。在CCB复审会议中对变更请求的内容进行初始复审,以确定它是否为有效请求。如果是,则基于小组所确定的优先级、时间表、资源、努力程度、风险、严重性以及其他任何相关的标准,判定该变更是在当前发布版的范围之内还是范围之外。

3. 确认重复或拒绝

如果怀疑某个变更请求为重复的请求或已拒绝的无效请求,将指定一个 CCB 代表来确认重复或已拒绝的变更请求。如果需要的话,该代表还应从提交者处收集更多信息。

4. 更新变更请求

如果评估变更请求时需要更多的信息,或者如果变更请求在流程中的某个时刻遭到拒绝,那么将通知提交者,并用新信息更新变更请求。然后将已更新的变更请求重新提交给 CCB 复审队列,以考虑新的数据。

5. 安排和分配工作

一旦变更请求被置为已打开,项目经理就将根据请求的类型把工作分配给合适的角色,并对项目时间表做必要的更新。

6. 进行变更

指定的角色执行在流程的有关部分中指定的活动集,以进行所请求的变更。这些活动将包括常规开发流程中所述的所有常规复审活动和单元测试活动。然后,变更请求将标记为已解决。

7. 核实测试工作版本中的变更

指定的角色完成变更后,变更将放置在要分配给测试员的测试队列中,并在产品工作版本中加以核实。

8. 核实发布工作版本中的变更

已确定的变更一旦在产品的测试工作版本中得到了核实,就将变更请求放置在发布队列中,以便在产品的发布工作版本予以核实、生成发布说明等,然后关闭该变更请求。

变更控制流程中有四个关键控制点,它们分别是授权、审核、评估和确认。在变更过程中要进行跟踪和验证,确保变更被正确执行。在变更过程中要进行跟踪和验证,确保变更被正确执行。范围变更控制流程中的每个活动由指定的角色或组织来完成。

有效地控制软件项目范围变更的一种方法是采用范围变更管理表来管理项目的变更,通过它可以对范围变更的理由、变更引起的修订活动和对各方面地影响有一个基本的了解,对相关人员的处理意见和态度也能明确知晓。软件项目范围变更管理模板如表 4-3 所示。

表 4-3　软件项目范围变更管理模板

项目信息:(提供关于项目名称、客户名称、项目经理以及项目发起人等方面的一般信息)			
项目名称:		客户名称:	
项目经理:		计划起草人:	
项目发起人:		日期:	
变更的概述:(描述变更的方面、申请人,以及变更的理由等方面的信息)			
基准计划要求:			
变更描述:			
变更理由:			
变更申请人(单位/职务):		签名:	

续表

变更引起的修订活动:(描述由于变更而引起的项目工作分解结构及其进度、成本、质量等方面的信息)				
WBS	进度	成本	质量	其他
工作包1				
工作包2				
……				
其他				

变更影响评价:(提供由于变更而对项目的进度、预算、质量、技术、范围、合同等方面影响的书面信息)
对进度产生的影响:
对预算产生的影响:
对产品质量产生的影响:
对应用技术产生的影响:
对项目范围产生的影响:
对合同产生的影响:
对客户关系产生的影响:
对其他方面产生的影响:

CCB意见:(提供项目变更委员会关于项目变更的决策意见)	
批准	CCB主席签署意见并签字:
否决	

客户意见:(提供客户关于项目变更的决策意见)	
批准	客户代表签署意见并签字:
搁置	
否决	

4.5.4　处理用户说不清楚的需求

乔布斯指出,顾客从来不知道自己要什么,但顾客很明白自己要什么。用户说不清楚需求是开发人员最头痛的问题。需求分析人员绝不能以用户说不清楚为借口而草率地对待需求开发工作。应该知道,软件项目开发人员为客户所承担的最重要的职能是,不断重复地抽取和细化用户需求。事实上,用户通常不知道哪些问题是必须回答的。无论是什么原因导致用户说不清楚需求,需求分析人员必须设法了解用户的真正需求,这是需求分析人员的职责,也是职业的挑战。

获取需求通常有两种方法:一是需求分析人员根据用户的表述,把模糊不清的用户需求写出来,再让用户判断哪些内容是真正需要的,哪些是他随意说的;二是如果文字不能够阐述清楚需求,那么开发方构造软件的原型,请用户一边体验软件原型,一边阐述他的真正需求。

当一个系统原型进入客户的视线,顾客反映这就是他们所需要的,这就是成功。

4.5.5　处理不合理的变更要求

变更管理的流程很简单,最难办的事情莫过于"拒绝客户提出的不合理变更"。客户会想当然地以为变更是他的权利,通常情况下开发方是不敢得罪客户的,但是无原则的退让将使开发团队陷入困境。这里建议3种应对方法:

（1）依据合同处理变更。如果客户是很有信誉、严格按照合同办事的企业,那么双方应当依据合同中的条款处理变更纠纷。这就要求双方在签定合同的时候,要在合同中写明"变更处理协议"。

（2）待开发下个版本来满足变更。如果双方的合同中没有"变更处理协议",或者有变更协议但是客户找出很多理由来搪塞,开发方的负责人需要一些社交技巧来减缓矛盾。尽量争取用户的理解,使变更不影响项目的发展,让变更成为下一个版本的内容。

（3）获取回报。如果客户提出重要的变更请求,既不愿意支付变更费用,也不愿意延缓到下个版本中实现,而现实环境迫使开发方必须那样做。在这种情况下,开发方只能接受现实,但是还有办法减少损失。开发方应该真诚地和客户沟通,让客户明白"开发方为了客户的利益付出了额外的代价",那么客户会感激开发方的帮助,觉得自己欠下了"人情",可以约定在后面恰当的时候回报开发方。

【案例 4-1 的分析】

杨工在项目管理中既有闪光点,也有失误。项目管理中的任何差错都会影响项目的结果,而范围管理的失误对项目的影响更为明显。模糊的项目范围定义、错误的工作分解、缺失的范围确认和无力的范围控制都将严重影响项目的结果。

杨工对项目范围有一定的把握。在范围定义中,杨工了解到电子政务行业对系统运行环境有着特殊的要求。根据国家对电子政务的要求,政务内网与政务外网是该行业一致的标准,这同企业信息化是完全不同的。杨工捕获了该需求,并对这个需求进行了清晰的定义,对设计和实现都进行了严格的控制,因此在系统交付时完全满足了用户对保密性的要求。在这一点上,杨工是成功的。如果在范围定义时忽略了行业标准,肯定会招致更大的失败。

但用户界面的风格和操作的便捷性也属于系统范围的一部分。同系统运行环境一样,通常称这类需求为隐性需求。这类需求不一定是由用户直接提出,即使提出也是相当模糊的。对于该系统来说,系统是面向公众开放的,系统的用户来自各行各业,大多不是专业的IT人员,这些人计算机操作能力较低且没有经过正式的系统使用培训。因此,一个界面的友好,操作简单的系统是非常必要的。很明显,对于这些系统的隐性需求杨工没有充分考虑,从而导致一而再、再而三的变更。

对于面向公众开放的系统,范围定义更加困难。这些系统的最终用户几乎不会参与到项目中来,帮助项目组定义系统范围,他们的需求都是间接的、通过发包方传递到项目组。项目组最终得到的信息往往是混合了用户需求和传递者个人意愿的结果。这时,不但要注意仔细分析得到的信息,去伪存真,更重要的是要把分析的结果在各项目利害关系人中达成一致,让各方面对系统范围有着同样的理解和认识。否则,会出现仅能满足部分人需求的情况。例如,案例中,虽然开始阶段公众用户没有机会提出要求,但最终用户的意见对项目的结果还是会有影响的,这就对范围管理造成了更大的难度。

在本案例中,还有一处范围模糊的地方,就是项目组是否需要负责服务器系统软件的安装和调试。服务器软件的安装和调试不是一件简单的事情,很多服务器需要专门的人员才可以进行维护。这部分内容在合同中并没有明确地指出,在定义项目范围时,应当明确指出这部分工作是否属于项目范围,究竟应该谁来完成。在没有明确之前,将这项工作作为项目范围和排除在范围之外都是不正确的做法。类似于服务器安装与调试的工作经常会模糊不清,发包方一般会认为项目组应该会完成全部部署系统的事情;而开发者往往倾向于认为会有一个完好的环境供部署使用。很多软件项目在后期都会出现这样的纠纷,解决的办法也很简单,只要在项目前期把这个问题谈清楚就可以了。

在本案例中,当项目发包方提出异议,要求增加操作向导的功能时,杨工直接委派了一名程序员去了解需求并进行开发。在这个过程中,没有进行变更控制的工作,没有对范围变更请求进行评估与控制,这种做法也是不可取的。缺少正式的变更控制将造成项目时间和成本的超出、变更后的范围模糊等问题。在本案例中,程序员直接了解到的需求很难得到正式的确认,这也就是再次变更的原因之一。

到这里,可以把上面的分析进行简单的总结,项目经理杨工在这个项目中,在范围定义和范围变更上都犯了一些错误,这些错误最终造成了项目时间和成本的超出。这些错误表现在以下3个方面:

(1) 没有清晰地了解到产品的范围,导致项目后期需求的蔓延。

(2) 没有澄清模糊的项目范围,在安装服务器的问题上产生异议,最终增加了未计划到的工作。

(3) 没有进行变更控制,以至于变更的结果不理想,导致反复的变更。

【感想和体会】

不理解项目需求,就无法真正拥有项目;IT项目的困难是决定做什么,而不是如何做。

知道哪些事情应该做、能够做,说明你在成长;知道哪些事情不应该做、不能够做,说明你在成熟;能够在项目定义阶段和开发阶段准确地界定项目的范围,在项目实施阶段和收尾阶段有效地控制范围,你就能够获得成功!

4.6　习题与思考

1. 什么是项目范围? 什么是项目范围管理?

2. 说明项目需求的重要性、讨论需求的类型以及与项目范围的关系。

3. 说明项目范围管理与项目需求管理区别与联系。

4. 为下面所列的其中一个项目创建 WBS:建造梦想家园;计划一个婚礼;一个软件开发项目。

5. 范围说明书定义了项目内容的外围边界,它是防止"范围蔓延"的有效手段。一般会作为合同的附件进行正式的约定。请你为项目制定一个范围说明书模板。

6. 范围确认过程确保项目组所理解的范围目标和客户期望是一致的,但是如果仅仅在最后一个阶段通过验收测试来实现,那么一旦出现偏差将造成巨大的损失。请说明应该如何在项目前期就开展范围确认工作?

7. 确定项目范围后为什么必须取得客户的认可?

8. 如果你是一名软件项目主管,你认为应该如何控制软件项目的范围变更?

9. 根据图 4-4 谈一谈你对软件项目范围控制区间中"必须做的"、"可以做的"和"不应该做的"的含义和认识。

第 5 章

保障项目进度

【本章知识要点】

项目进度的控制与管理对于 IT 项目经理和开发人员来说都是一个严峻的挑战，没有有效地控制项目的进度是项目管理失败的直接表现。项目的实施与项目的计划是互动的，进度与计划需要不断协调、调整。充分利用项目时间、有效地保障项目的进度，是项目团队走向成功的基本保证。

本章主要介绍 IT 项目进度及进度管理的概念和特点，IT 项目进度管理的过程；讨论 IT 项目进度管理过程的方法与工具；分析 IT 项目进度计划编制中的问题与对策。学习完本章后，应当掌握如下知识：

(1) IT 项目进度管理的重要性。

(2) IT 项目进度管理的主要过程与内容。

(3) IT 项目进度管理工具与技术。

(4) 建立项目网络图的方法。

(5) 项目进度控制的原则、过程与方法。

【案例 5-1】

纳闷的钱经理

钱经理负责一个办公公文流转系统的开发项目。他认真地分析了项目的技术特点，并很快地组建了自己的项目团队。钱经理对自己的团队很满意，因为该项目所采用的技术这些成员都很熟悉，而且他们都有一定的开发经验。

在项目开始的第一个月，项目团队给出了一个粗略的进度计划，估计项目的开发周期为 10～15 个月。三个星期后，产品需求已经确定并得到了批准，钱经理制定了一个 10 个月期限的初步进度表，项目团队成员对这 10 个月的进度安排是相当乐观的，因为项目的目标已经确定，并且开始书写需求规格说明书，概要设计也已经开始。

钱经理认为，项目的详细进度表在半个月之内就可以提交，因为他以前就做过一个类似的项目，不用花费太多的时间去制定这个进度表。在接下来的 10 天里，他努力地制定详细的进度计划。为了让他的项目成员去做一些他们"应该做的"设计、开发等工作,钱经理在做计划时没有让技术人员参与详细进度表的制定。

钱经理依据每个人员的最高生产效率和最佳的开发状态来编制计划。经过几天的努力,钱经理给出了详细进度表的草稿,并交付审核。相关评审人员经过评审,给出了如下的意见:

(1) 该计划进度安排很紧张,没有任何多余时间,应引起高度重视。

(2) 这对于用户来说是一个"最合适的"进度计划。

该进度计划还是被通过并形成了该项目的正式进度计划。当项目团队成员认真分析完这份进度计划后,认为进度太紧张,任务可能无法完成。他们认为目前的项目团队人员太少;没有充分考虑休假、节日和其他机动时间;计划安排是按照项目团队成员具有最高的生产效率确定的。

除了以上的主要问题外,项目团队成员还提出了一些其他的问题,但基本上没有得到相应的重视。只是为了缓解项目团队成员的抱怨,在报请上级主管批准后,钱经理将进度表中的计划工期延长了 4 个星期。

为了满足项目的进度要求,项目的规格说明书被匆匆赶写出来。但在对规格说明书进行评审时,大家的意见很多。虽然进度表中没有留下任何时间允许对规格说明书进行修改,但为了项目的质量,最后还是针对规格说明书的修改意见进行了多次修改。这样,系统的概要设计就远远地落后于进度表中的计划要求。开发人员试图通过加班来弥补概要设计中推迟的时间,但进展也十分缓慢。概要设计最终完成了,在对概要设计进行评审后,对发现的问题进行了相应的修改。此时实际工作比进度计划时间延迟了 3 个星期。在以后的详细设计、编码、测试等过程中,项目成员发现,项目的规格说明书还在不断地进行修改。

由于概要设计完成时没有认真评审,规格说明书中也存在大量的错误,所以,每个开发人员不得不自己来修改个人的规格说明书,以继续他们的详细设计和编码。由于计划中没有预留将修改后的规格说明书重新分发给项目内部的其他小组和人员的时间,该项目的规格说明书已经有了很多不同的版本。

到此时,编码和测试工作已经落后于进度计划。若想真正地解决目前的混乱局面,最好的办法是尽快修改和重新发布规格说明书。

几个星期后,经过修改后的规格说明书在项目内部被重新发布。然而,详细设计已经完成。编码、单元测试这些工作已远远落后于进度计划,而且编码和测试人员觉得所有的延迟跟自己关系不大,是设计人员没有按时完成工作任务。

此时单元测试还没有开始。为了赶进度,钱经理决定不再进行统一的单元测试,直接进行集成测试,单元测试则由编程人员自己进行。这样一来,问题接连不断出现,开发小组与测试小组人员同时对相同的代码进行测试,两组人员都会发现错误,而且多数是不同的错误,但开发人员对测试人员发现的错误响应很慢或者根本不响应。虽然钱经理使用了如优先级等办法,但整个项目组的问题不断。集成测试完成时,实际工作比计划进度延长了 12 个星期。

钱经理一筹莫展,错误究竟在哪里? 如何才能避免这类事情的发生?

5.1 项目进度管理概述

著名的管理学家彼得·杜拉克说："人人都是时间的消费者，但绝大多数人却是时间的浪费者。你若不能管理时间，便什么也不能管理。"如果把这句话用在项目管理上，就是不能管理时间，就不能够管理项目的一切，没有时间表的计划都是空谈。当今的 IT 领域，不是大鱼吃小鱼，而是快鱼吃慢鱼。

5.1.1 项目进度管理的重要性

进度问题是项目生命周期内造成项目冲突的主要原因，从达到项目范围、时间和成本等项目管理目标来看，许多项目是失败的。人们习惯于比较计划和实际项目完成时间，而不愿意考虑项目被批准变更后所占用的时间，项目的按时交付成为了项目经理们的最大挑战。进度问题在项目生命周期中是造成项目冲突的主要原因，正如前面的钱经理所负责的项目一样，不管你的工作效果如何，也不管你在项目开发过程中被批准过多少变更，所有的项目干系人只要将你的实际工作状况与进度计划进行对比，进度问题就一目了然。因此对没按时完成任务的指责可以不要任何依据、随时随地发生。进度问题如此普遍地发生，部分原因是时间太易于测量了。

项目进度管理具有很重要的现实意义，对于新产品开发项目来说，在日益激烈的竞争市场中，每一个产品都有自己的生命周期，当它处于成熟期后，它必将被更新的产品所淘汰。良好的进度管理有利于按时获利以补偿已经发生的费用支出；协调资源使资源在需要时可以利用。而对于合同类项目，项目进度的延迟，不但失去应有的开发费用，而且失去甲方的信任，最终失去自己的市场。可以说，项目进度管理在 IT 项目管理中处于非常关键的位置。

5.1.2 项目进度管理过程

项目进度是执行项目各项活动和到达里程碑的计划日期。项目进度管理就是采用科学的方法确定进度目标，编制进度计划和资源供应计划，进行进度控制，在与质量、费用目标协调的基础上，实现工期目标。

工期、费用、质量构成了项目的三大目标，其中，费用发生在项目的各项活动中，质量取决于每个活动过程，工期则依赖于进度系列上时间的保证。这些目标均能通过进度控制加以掌握，进度控制是项目控制工作的首要内容。

项目进度围管理主要包括 7 个过程，如图 5-1 所示。这些过程的主要工作如表 1-2 所示。

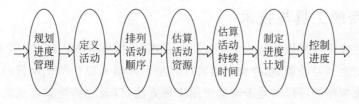

图 5-1 项目进度管理主要过程

5.2   规划进度管理

规划进度管理是为规划、编制、管理、执行和控制进度而制定政策、程序和文档的过程。研究表明,在众多的IT项目中,缺乏合理的进度安排和管理是造成项目滞后的最主要的原因,它比其他所有因素加起来的影响还要大。没有好的规划来指导项目进度的管理和控制是进度管理不到位的关键原因。

应该很好地执行规划进度管理过程,为如何在整个项目过程中管理项目进度提供指南和方向。规划进度管理过程的输入、工具与技术和输出如图5-2所示。

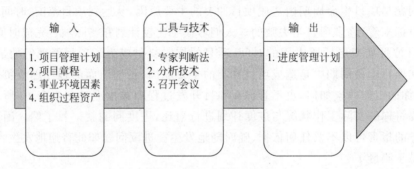

输　入	工具与技术	输　出
1. 项目管理计划	1. 专家判断法	1. 进度管理计划
2. 项目章程	2. 分析技术	
3. 事业环境因素	3. 召开会议	
4. 组织过程资产		

图 5-2   规划进度管理过程

5.2.1   规划进度管理的依据

规划进度管理的依据主要包括项目管理计划、项目章程、事业环境因素和组织过程资产。

项目管理计划中用于制定进度管理计划的信息主要有,范围基准(项目范围说明书和WBS详细信息,可用于定义活动、持续时间估算和进度管理)和其他信息(例如与进度相关的成本、风险和沟通决策等)。

项目章程中用于制定进度管理计划的信息主要包括规定的总体里程碑进度计划和项目审批要求等,它们都会对项目的进度管理产生约束和影响。

事业环境因素中用于制定进度管理计划的信息主要包括组织文化和组织结构、资源的可用性、项目管理工具、商业数据库和组织中的各种授权系统等。

组织过程资产中用于制定进度管理计划的信息包括监督和报告工具、历史信息、进度控制工具、与进度控制有关的文件和模板、项目收尾指南、变更控制程序和风险控制程序等。

5.2.2   采用的工具与技术

规划项目进度管理采用的技术主要包括专家判断法、分析方法和召开有效的会议。

基于历史信息和经验教训,专家判断可以对项目环境及以往类似项目的信息提供有价值的见解。专家判断还可以对是否需要使用多种方法,以及如何协调方法之间的差异来进行项目进度管理提出建议。

在规划进度管理过程中,可能需要选择项目进度估算和规划的战略方法,例如,进度规划方法论、进度规划工具与技术、估算方法、项目管理软件等。进度管理计划中可能还需要详细描述对项目进度进行快速跟进或赶工的方法和策略，如并行开展工作等。显然这些决策可能对项目风险产生影响，因此采用分析方法规划进度管理更显重要。

项目团队可以通过召开规划会议来制定进度管理计划，达到集思广益和统一认识的目的。参加会议的成员可能包括项目经理、项目发起人、选定的项目团队成员、相关项目干系人、进度规划或执行负责人，以及其他必要的人员。

5.2.3　进度管理计划的编制

进度管理计划是项目管理计划的重要组成部分，它为编制、监督和控制项目进度建立准则和明确活动。编制的进度管理计划一般需要明确如下规定。

- 项目进度模型制定。需要规定用于制定项目进度模型的进度规划方法论和工具。
- 准确度。需要规定活动持续时间估算的可接受区间，以及允许的应急储备数量。
- 计量单位。需要规定每种资源的计量单位，例如，用于测量时间的人时数、人天数或周数；用于计量数量的米、升、吨等。
- 工作分解结构。WBS为进度管理计划提供了框架，保证了与估算及相应进度计划的协调性。
- 项目进度模型维护。需要规定在项目执行期间，将如何在进度模型中更新项目状态，记录项目进展。
- 控制临界值。需要规定偏差临界值，用于监督进度绩效。它规定了在需要采取某些措施前，允许出现的项目进度偏差。通常用偏离基准计划中参数的某个百分数来表示。
- 绩效测量规则。需要规定用于绩效测量的挣值管理（EVM）规则或其他测量绩效的规则。例如，进度管理计划可能规定确定完成百分比的规则；用于考核项目进展和进度管理的项目管理系统或工具；拟采用的挣值测量技术，如基准法、固定公式法、完成百分比法等；进度绩效测量指标，如进度偏差（Schedule Variance，SV）和进度执行指数（Schedule Performed Index，SPI）等。
- 报告格式。需要规定各种进度报告的格式和编制频率，例如项目周报、项目月度报告等。
- 过程描述。对每个进度管理过程进行描述，例如过程进入条件、处理流程与方法、退出条件和考核指标与方法等。

5.3　定义活动

定义活动是识别和记录为完成项目可交付成果而需要采取的具体行动的过程。一项活动或任务是一个工作元素，通常可以在WBS中找到，它有一个预期历时、成本和资源要求。

项目活动定义是为了保障项目目标实现而开展的对已确认的项目工作包的进一步分解和界定，并从中识别出为生成项目产出物而必需的各种项目活动。在项目活动定义中所使用的方法，与在项目工作包的识别和定义中所使用的方法基本一样，所得出的项目活动需要有具体的可检验的工作成果相对应。这种工作成果既可以是一种有形的产品，也可以是一项有具体质量要求的服务或作业,或者是一项具体的管理工作。对项目的活动进行定义的主要依据主要有 WBS、项目范围说明书、事业环境因素、组织的过程资产和项目进度管理计划等。

5.3.1 进一步分解项目工作

可以将项目工作分解为更小、更易管理的活动或任务,这些小的活动应该是能够保障完成交付产品项目的可实施的详细任务,而不是指可交付物。每一项活动都有特定的期望持续时间、资源、成本、绩效和产出。

如图 5-3 所示的形式,将某软件项目 WBS 进行了进一步分解,以得到相应的活动。

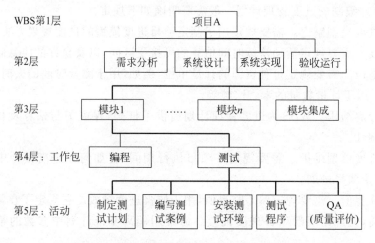

图 5-3　某软件项目的 WBS、工作包以及活动

在项目实施中,要将所有活动列成一个明确的活动清单,并且让项目团队的每一个成员清楚有多少工作需要处理。

活动清单应该采取文档形式,以便于项目其他过程的使用和管理。当然,随着项目活动分解的深入和细化,WBS 可能会需要修改,这也会影响项目的其他部分。

5.3.2 项目活动的特征

项目活动的定义极其重要,它是项目进度计划和控制的基础。很多情况下活动没有被充分定义,这就导致了不好的进度计划和沟通问题。

要想能在 WBS 中很好地识别出项目的活动,需要清楚项目活动的下列特征:

(1)对于需要执行的活动,它应以动词或形容词加名词方式描述。如制定测试计划、编写测试案例。

(2)如果一个资源分配给一项活动,应该由一个人管理交付输出。如果不能这样定义,就需要将活动进一步分解或阐明共同的职责。

(3)每一项活动要定义好一个开始点。即对于一项活动存在一个可以定义的特别活动,标记一项活动或一项必须完成的紧前活动。

(4)通常一项活动存在一个有形的输出或完成的产品。活动在哪一点上完成由其后续活动所要求的输入来决定。

（5）活动在逻辑上应与 WBS 元素相符。如果不符或者活动不属于项目的一部分，WBS 就需要修正，或者重新定义活动。

（6）对于每一项活动要有充足的控制量和时间。活动不能太长，以至于产生问题时没有充分的时间用于纠正行动，而如果多数活动都特别短，则活动项的数量太大，控制成本要大于产生问题的成本。

（7）开始和结束点必须充分定义，并能明确规定活动的开始和完成时间。

（8）从活动或包含活动的工作包中能够计算出实际成本（人-小时）数。

（9）活动反映了除细微的或偶发的活动外的项目目标的重要工作。

（10）零持续时间活动是里程碑或事件，代表了另一项活动或一组活动的开始或完成。

5.3.3　项目活动定义的结果

1. 项目活动清单

项目活动清单是项目活动定义的主要输出，它列出了一个项目所需开展和完成的全部项目活动。项目活动清单是根据 WBS 通过进一步细化和分解得到的，所以项目活动清单中列出的项目活动远远比项目的 WBS 所给出的项目工作要详细、具体和具有可操作性，以确保项目团队成员能够明确自己的工作和责任（工作内容、目标、结果、负责人及开始和结束日期）。对于活动清单的要求有两条：一是它应该包括一个项目的全部内容；二是不能包含任何不属于本项目的内容。

2. 相关支持信息

相关支持信息是指支持和说明项目活动清单的各种具体细节的文件与信息，这些文件与信息既包括已经给定的项目假设前提条件和各种对项目限制因素的说明与描述，也包括对于项目活动清单的各种解释与说明的信息和文件等。这些信息应该整理成文件或文档材料，并作为项目活动清单的附件形式存在。

3. 活动属性

每一项活动的属性包括活动标志、活动编号、活动名称、紧前活动、紧后活动、逻辑关系、提前与滞后时间量、资源要求、强制性日期、制约因素和假设。有的还包括工作执行负责人、实施工作的位置以及计划活动的类型。

4. 更新的 WBS

在利用 WBS 进一步细分项目活动时，项目管理人员及项目组成员可能会发现原有的项目 WBS 中存在一些遗漏、错误、重复或不需要的活动或工作，因此对原有的项目 WBS 进行必要的增加、修改或删除，从而得到一份已经更改的项目 WBS。如果出现这种情况，那么管理人员要同时更新其他相关的项目范围等方面的文件，以确保所有项目文件的一致性。

5. 里程碑清单

里程碑是由相关人负责的、按计划预定的事件，用于测量工作进度。它是项目中的重大事件，通常指一个主要可交付成果的完成。一个好的里程碑最突出的特征是，相关干系人对达到此里程碑的标准无歧义，不需要太多的说明。里程碑应该是具体的、特定的、可度量的和能够清晰定义的。

在活动定义的同时,交付出里程碑清单,使得项目经理及相关人员对项目进行控制和监督时有明确的考核标准和依据。某软件项目的部分里程碑清单如表 5-1 所示。

表 5-1　项目 A 里程碑

序　号	里程碑事件	交付成果
1	需求分析完成	需求分析说明书
2	系统设计完成	系统设计方案
3	程序编码完成	系统软件及编码文档
4	软件测试完成	测试报告

审核意见:

签名:　　　　　　　　　　日期:

5.4　活动排序

活动排序是继项目定义活动后的又一步骤。项目活动排序涉及通过识别项目活动清单中各项活动的相互关联和依赖关系,来安排并确定项目各项活动的先后顺序,并形成文档。

要想制定出切实可行的进度计划,必须准确、合理地安排并确定项目各项活动的先后顺序,并依据这些顺序排列所生成的各条活动路径构成项目活动网络。项目活动排序有多种不同的方法和工具,可以直接用手工来排序,也可以借助于计算机来执行。一般而言,对于小型项目可以直接利用手工来排序,而对于大型项目的活动排序则需要手工与计算机排序相结合进行。

5.4.1　活动排序的依据

1. 项目活动清单及相关支持信息

活动清单所列出的活动是活动排序的全部内容,而支持信息则是活动清单的说明和描述,二者的有机结合是活动排序能准确进行的基础。

2. 项目范围说明书

不同的产品特征会影响活动的排序,如软件项目中的子系统的接口,虽然所有的活动均可在项目活动清单中查出,但审查项目范围说明书可以防止在排序时只注重局部路径而忽略项目的全局。

3. 里程碑清单

项目里程碑是测量工作进度的重要依据,也是活动排序中必须关注的重点。

4. 排序应确定的各种关系、限制和假设

项目活动之间客观存在的逻辑关系(强制性逻辑关系)的确定。这是活动排序的基础,通常不可调整。客观存在的逻辑关系的确定,主要根据项目的工艺特点、技术特殊性、空间关系等客观存在的因素加以确定,因此比较明确,也比较容易确定,通常由管理人员与技术

人员共同完成该项工作。例如,执行一项测试所需要的特殊的设备。

项目活动之间可变的逻辑关系(组织关系)的确定。这种关系是由项目管理人员依据自己的知识和经验通过对项目方案分析、研究、比较、优化等过程来确定的,存在较大的随意性,其结果将直接影响活动的排序,该类活动关系的确定的难度通常较大。可变的逻辑关系的确定对于项目的成功实施是至关重要的。这种关系的确定在 IT 项目特别是软件项目中难度更大,这是由于 IT 项目特别是软件项目,它的开发过程几乎就是一个研究过程,这种关系的确定与项目的知识领域、项目成员的组成、项目成员的知识结构和项目背景有直接的联系。

项目活动的外部制约关系的确定。在项目活动和非项目活动之间通常会存在一定的影响,因此在项目活动排序的安排过程中应考虑到外部活动对项目活动的一些制约和影响,这样才能把握项目的发展。如项目的某些活动需要行业或政府的政策支持或相关听证审批等。

实施过程中的限制和假设。在对项目活动进行排序时应考虑项目实施过程中可能受到的各种限制,如 IT 项目特别是软件项目,一个关键技术工程师的获得或一个关键技术的突破;同时,还应考虑项目计划制定所依赖的假设条件,这些假设条件是对项目活动的开展所涉及的一些不确定因素的假设认定,这些因素都会直接影响和限制项目活动的排序。

5.4.2 前导图法与箭线图法

编排和描述活动顺序关系的方法和工具主要有前导图法和箭线图法。

1. 前导图法(Precedence Diagramming Method,PDM)

前导图法(PDM)是一种用节点表示活动,箭线表示活动关系的项目网络图,是大多数项目管理软件包所使用的方法。这种方法也叫做单代号网络图(Activity on the Node,AON)。

在这种方法中,每项活动有唯一的活动号,每项活动都注明了预计的工期。通常,每个节点的活动会有如下几个时间:最早开始时间(ES)、最迟开始时间(LS)、最早结束时间(EF)和最迟结束时间(LF)。

在前导图中,箭尾节点表示的活动是箭头节点的紧前活动;箭头节点所表示的活动是箭尾节点的紧后活动。前导图法中活动之间存在如表 5-2 所示的四种依赖关系。在绘制前导图时,需要遵守下列规则:

- 前导图必须正确表达项目中活动之间的逻辑关系。
- 在图中不能够出现循环回路。
- 在图中不能出现双向箭头或无箭头的连线。
- 图中不能出现无箭尾节点的箭线或无箭头节点的箭线。
- 图中只能有一个起始节点和一个终止节点。当图中出现多项无内向箭线的活动或多项无外向箭线的活动时,应在前导图的开始或者结束处设置一项虚活动,作为该前导图的起始节点或终止节点。

表 5-2　前导图法中活动之间的四种依赖关系

依 赖 类 型	图　　　示	描　　　述
完成-开始关系(FS 型)	A / B	A 活动必须在 B 活动开始前完成
开始-开始关系(SS 型)	A / B	A 活动只有在 B 开始前开始
完成-完成关系(FF 型)	A / B	A 活动只有在 B 完成前完成
开始-完成关系(SF 型)	A / B	A 活动只有在 B 完成前开始

前导图绘图示例:

【例 5-1】　某项目的活动列表如表 5-3 所示,要求绘制前导图。

表 5-3　某项目活动列表

序　　号	活动代号	紧前活动
1	A	—
2	B	—
3	C	A
4	D	A
5	E	B
6	F	B,E
7	G	D,C,F
8	H	D

根据表 5-2 列出的活动项,可以绘制该项目的前导图如图 5-4 所示。

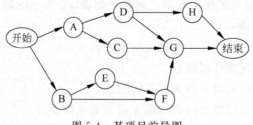

图 5-4　某项目前导图

2. 箭线图法(Arrow Diagramming Method,ADM)

箭线图法(ADM)与前导图相反,是用箭线表示活动、节点表示活动排序的一种网络图方法,这种方法又叫做双代号网络图法(Activity On the Arrow,AOA)。在 ADM 中每一项活动都用一条箭线和两个节点来表示,每个节点都编以号码,箭线的箭尾节点和箭头节点是该项活动的起点和终点。

箭线表示项目中独立存在、需要一定时间或资源完成的活动。在箭线图中,依据是否需消耗时间或资源,可将活动分为实活动或虚活动。

实活动是需要消耗时间和资源的活动。在箭线图中用实箭线表示,如图 5-5 所示,在箭线上方标出活动的名称,如果明确了活动时间,则在箭线下方标出活动的持续时间,箭尾表示活动的开始,箭头表示活动的结束,相应节点的号码表示该活动的代号。

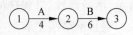

图 5-5 实活动

虚活动是既不消耗时间,也不消耗资源的活动,它只表示相邻活动之间的逻辑关系,在箭线图中用虚线表示。当出现下列情况时,需要定义虚活动:

(1) 平行作业如图 5-6(a)所示,活动 A 和活动 B 完成后才能够转入活动 C,为了说明活动 B、C 之间的关系,需要在节点 2、3 之间定义虚活动。

(2) 交叉作业如图 5-6(c)所示,要求 a_1 完成后,才开始 b_1,a_2 完成后,才开始 b_2,a_3 完成后,才开始 b_3,因此需要在节点 2 和节点 3、节点 4 和节点 5、节点 6 和节点 7 之间建立虚活动。

(3) 在复杂的箭线图中,为避免多个起点或终点引起的混淆,也可以用虚活动来解决,即用虚活动与所有能立即开始的节点连接,如图 5-6(b)所示。

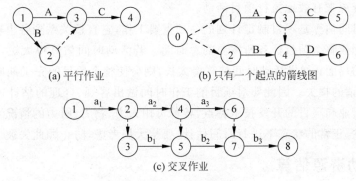

(a) 平行作业   (b) 只有一个起点的箭线图

(c) 交叉作业

图 5-6 几种虚活动的表示

在箭线图表示法中,有三个基本原则:

- 箭线图中每一事件必须有唯一的一个代号,即箭线图中不会有相同的代号;
- 任两项活动的紧前事件和紧后事件至少有一个不相同,节点序号沿箭线方向越来越大;
- 流入(流出)同一节点的活动,均有共同的后继活动(或先行活动)。

【例 5-2】 根据如表 5-4 所示的某项目活动结构分解,绘出该项目的箭线图。

表 5-4 某项目活动结构分解

活　　动	紧前活动	持续时间(天)
A	—	5
B	A	10
C	A	9
D	B、C	5
E	C	7
F	D、E	8

根据表 5-4 中的活动分解结果,其箭线图如图 5-7所示。

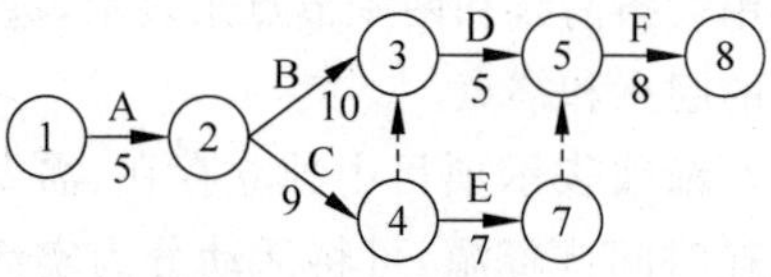

图 5-7   箭线图示例

项目活动排序的结果是得到一张描述项目各项活动之间相互关系的项目网络图和可能需要更新的活动清单、活动属性、里程碑清单、风险登记册等项目文件。

项目网络图是表示项目各项活动以及活动之间的逻辑关系和依赖关系的示意图,它可以包括整个项目的全部细节,也可以只包括项目的主要活动及其状况。项目网络图通常附有简要的文字说明,并且对于特别的排序都应该有更详细的说明。

在项目活动定义和项目活动排序的过程中,可能会发现原来的项目 WBS 中存在的各种问题,因此需要对一些活动进行再分解或重新定义,这就要求及时对项目活动清单进行更新,也就可能会对项目管理计划及项目范围说明进行调整,形成新的版本。

5.5   活动资源估算与活动持续时间估算

活动资源估算包括决定需要什么资源(人力、设备、原料)和每一种资源应该需要多少,以及何时使用资源来有效地执行项目活动。

活动持续时间估算是项目制定计划的一项重要工作,它直接关系到各事项、各工作网络时间的计算和完成整个项目任务所需要的总时间。若活动时间估算得太短,则在工作中会出现被动紧张的局面;如果活动时间估算得太长,则会使整个项目的完工期限延长,项目成本增加,造成无谓的损失。因此要对项目的工作时间做出客观、合理的估计,要在综合考虑项目所涉及的行业和项目的开发技术特点,各种可用人力、物力、财力的情况下,把项目各工作分别放在独立、正常的状态下进行时间估计,要从大局考虑,防止顾此失彼。

5.5.1   活动资源估算

活动资源估算的方法有专家判断法、多方案分析法、自下而上的估算方法、使用估算软件等。

如果某项活动存在替代的方案,或提供的资源有替代支持的可能,则可制定相应的替换决策。项目管理软件可以帮助计划、组织和管理备用资源,并对资源进行估算。依靠软件的强大功能,可以定义资源可用性、费率以及不同的资源日历。

复杂的活动需要被分解得更细,以便于资源估算。将每个工作所需要的资源估算出来,然后汇总起来即是整个活动所需要的资源数量。活动之间可能有关联或没有关联,都将影响这些资源的使用。如果是关联的,这种资源的估算活动和使用需要被记录,这就是资源估算中的自下而上的估算。

活动资源估算过程的输出是识别和说明工作包中的每一个计划活动所需要的资源类型和数量,这些资源汇总即决定每个工作包所需要的资源。WBS 中高层工作的资源需求可以由底层工作的资源估算汇总得出。资源要求的说明细节的数量与具体和详细程度因项目的类型及项目所涉及的知识领域而异,每一计划工作的资源要求的文件可能包括资源估算的依据,所需资源的类型、资源可用情况及使用时所做的假设。

5.5.2 时间估算的依据

项目活动持续时间的估算主要依据项目活动清单、项目的约束条件和假设前提、项目资源的要求、组织的过程资产、项目成本估算及风险记录等。

活动的估算资源要求对计划活动的持续时间有较大的影响,因为分配给计划活动的资源以及这些资源能否可用,将大大影响大多数项目的持续时间。对于 IT 项目来说,其项目活动的时间还会受到资源的数量多少和质量高低的影响。比如一个网络布线项目,当人力资源减少一半时,项目活动的时间一般来说将会增加一倍;而一个软件开发项目,高级的软件工程师花费的时间肯定比普通的编程人员花费的时间少。而特殊的软硬件资源也会对 IT 项目的活动历时产生极其重要的影响。

已识别的项目风险对于项目的活动持续时间估算有着重要的影响。对于每一个计划活动,项目团队都要考虑在基准的持续时间估算中加入风险的后果,特别是发生概率或后果评定分数高的那些风险。

5.5.3 时间估算的方法

估算活动持续时间的方法有专家评估法、类比估算法、历时的三点估算法等。

类比估算法是以过去类似项目活动的实际时间为基础,通过类比来推测估算当前项目活动所需的时间。当项目相关性的资料和信息有限,而先前活动与当前活动又有本质上的类似性时,用这种方法来估算项目活动历时是一种较为常用的方法。

历时的三点估算法是一种模拟估算,以一定的假设条件为前提,估算多种活动时间的方法。最常用的方法是三点估算法。其步骤是:首先估计出项目各个活动的三种可能时间,即最乐观时间 T_a、最悲观时间 T_b 和正常时间 T_m,然后运用下列公式求得各项活动历时的平均值。其计算公式为:

$$T = \frac{T_a + 4T_m + T_b}{6} \tag{5-1}$$

有多种估算方法,但不管用什么方法估计出的项目历时都不是工作的实际完成时间,而且各种估算方法都有其自身的不足。在实际项目活动持续时间估算时,一般是两种或两种以上的方法一起来共同进行估算,以便与实际活动历时更接近。而且,出于一种谨慎的考虑,可以按照估计出的时间的一定百分比预留一些时间(具体的比率视项目经理的经验、项目团队情况和历史数据而定),作为对应急情况发生时的一种补充。

专家评估法和类比估算法对于一般的工程类项目,由于活动识别、资源估算特别是人力资源估算、技术要求等内容容易确定,而且同类型项目的重复率较高,所以评估的结果与实际值差别较小。对于 IT 项目特别是软件项目,由于项目所涉及领域的差异、开发技术的改变、开发环境的不同,同类型项目的重复率较低,而且即使前面的因素变化不大,单独人的因素也会使项目的估算存在很大的差异。

活动持续时间估算结果是对完成某一工作可能需要的工作时间数据的定时估算。注意,这个估算时间一定要处理间歇时间,因此活动持续时间估算的计算如公式(5-2)所示。并且还要用一定的指标表示出项目活动历时的变动范围。如某项活动需要工作时间为 6 周±3 天(每周 5 个工作日)表示该活动的工作时间至少需要 27 天,至多需要 33 天,而计算历时还要加上具体的非工作时间,才是该项活动的具体历时。

$$历时(实耗时间)=实际时间(工作时间)+间歇时间(非工作时间) \tag{5-2}$$

5.6 项目进度计划的编制

英国哲学家和科学家弗兰西斯·培根(Francis Bacon)说过:"合理安排时间,就等于节约时间。"切合实际的进度计划是项目按时完成的基础。

项目进度计划的编制是依据前面所涉及的5个项目进度管理过程的结果来决定项目活动的开始和结束日期。若开始和结束日期是不现实的,项目就不可能按计划完成,所以项目进度计划要经过多次反复调整才能最后完成。而且,随着项目的进展,会获得更多的项目数据,原来的进度也将不断地进行调整,以适应项目的具体情况。也就是说,在项目进度编制开始时就必须要有一个理念,项目进度计划不变是相对的,而变化是绝对的。

项目计划与项目执行应该是相互渗透的,为改进项目计划制定和实施之间协调工作的一个常用方法就是遵循这样一个简单而有效的规则:谁负责的工作,就由谁来做这个计划。因此项目进度计划必须由项目团队成员共同来进行编制。

5.6.1 进度计划的内容

一个项目能否在预定的工期内实施并交付使用,这是客户最关心的核心问题之一,也是项目进度管理的重要内容。当然,对于开发人员来说,控制项目的进度并不意味着一味追求进度,还必须要满足与质量和成本的平衡。项目需要有一个总体的协调工作的进度计划,否则,不可能对整个项目的实施进度进行控制。对于 IT 项目进度计划应包括以下几个基本内容。

1. 项目综合进度计划

按照项目的特点和实施规律,根据前面的活动排序计算各分项或阶段工程的工期,再计算出整个项目所需的总工期,直到达到计划目标确定的合理工期为止。

2. 项目实施进度计划

项目实施进度计划是根据估算各项活动所需的工时数以及计划投入的人力和需要的人工天数,求出各项活动的实施时间,然后按照项目具体实施顺序的要求,制定出整个项目的实施进度计划。

3. 项目采购的进度计划

对于一些系统集成类的 IT 项目或根据实际需要进行外包或定制的软件项目,还可能需要一些采购工作,因此需要编制采购计划。对于采购计划,应该按照项目总进度计划中对各项设备和材料到达现场的时间要求,确定出各项采购实施的具体日期。

4. 项目验收进度计划

项目验收进度计划是对项目实施中以及即将结束时进行的验收活动安排的计划。这将使客户、用户、承包商、转包商乃至项目团队成员等有关方面对于项目的各个交付结果做到心中有数,并据此安排好各自的工作,以便顺利验收。根据项目的不同阶段的交付成果及交付成果的性质,验收工作有长有短。一般来说,IT 项目需要通过实际的使用来进行验收,比如,软件项目的验收,一般通过系统的试运行、系统初验、系统运行、系统终验等几个阶段来完成。

5. 项目的维护计划

IT项目的维护工作量很大,持续时间也会很长,有必要对维护工作制定相应的进度计划。有些客户甚至要求承包商与其签订专门的维护合同,对项目验收后的运行制定详细的系统维护计划,此时,系统维护计划是验收计划的一部分。

5.6.2 进度计划编制的依据

1. 项目网络图

项目网络图确定了项目活动的顺序以及这些活动相互之间的逻辑关系和依赖关系,项目进度计划按照项目网络图来确定项目活动之间的关系。

2. 项目活动持续时间估算

项目活动持续时间估算是对已确定的项目活动可能历时所做的估算文件,是项目进度计划编制时对日期确定的核心依据。

3. 资源的可用性

什么资源在什么时候可用,以及在项目执行过程中每一时刻需要什么样的资源,是项目进度计划安排的基础。在制定进度计划时,知道在何时以何种方式取得何种资源是十分重要的,如果共享或关键资源的可用性不可靠,那么要想制定实用的进度计划是不可能的。

4. 约束条件

项目的开发,直接受各种条件的影响和制约,这些约束包括来自社会、环境、资源、技术等。例如,由于竞争的存在或者客户的要求,有些工作必须在规定的日期之前完成,这就存在所谓的强制日期约束。另外,在项目执行过程中会出现一些关键事件或里程碑事件,这些都是在项目执行过程所必须考虑的限制和约束条件。

5. 风险记录

风险对于时间的估计有着重要的影响,因此,在制定项目的进度计划时,需考虑相关已识别的风险的相关信息。

6. 项目团队的作息制度

虽然项目活动持续时间估算计算出了项目的工作时间和按常规计算的非工作时间,但项目团队的实际作息安排真正决定着项目进度计划的编制。如某一项目组的作息时间为每周工作6天,则在编制进度计划时,不能按每周5天工作时间来编制;而对于能够三班倒的项目,则其进度计划的编制则与只能实行一天8小时工作制的项目又有根本的区别,这一点在目前全球性IT研发项目中尤为突出。

5.6.3 进度计划编制的方法

项目进度计划在各个项目专项计划中是最为重要的。由于进度计划涉及的影响因素很多,且其计划安排可能会直接影响到项目的其他计划,因此编制进度计划时需要经过反复计算和综合平衡。常用的编制项目进度计划的工具和技术有以下几种。

1. 关键路线法

关键路线法(Critical Path Method,CPM)可以计算出项目各工作的最早、最迟开始和完成时间,通过最早时间和最迟时间的差额可以分析每一项工作相对时间紧迫程度及工作对于进度的重要程度,这种最早和最迟时间的差额称为时差,时差为零的工作通常称为关键工作。关键路线法的主要目的就是确定项目中的关键工作和关键路线,以保证项目实施过程中能抓住主要矛盾,确保项目按期完成。为了熟悉关键路线法,必须先掌握以下几个概念。

1) 最早开始时间和最早完成时间

最早开始时间:一项活动的最早开始时间 ES(Early Start Time)取决于它的所有紧前活动的完成时间。通过计算到该活动路径上所有活动的完成时间的和,可得到指定活动的 ES。如果有多条路径指向此活动,则计算需要时间最长的那条路径。其计算公式如下:

$$ES = \max\{\text{紧前活动的 EF}\} \tag{5-3}$$

最早完成时间:一项活动的最早完成时间 EF(Early Finish Time)取决于该工作的最早开始时间和它的持续时间 D,其计算公式如下:

$$EF = ES + D \tag{5-4}$$

2) 最迟完成时间和最迟开始时间

最迟完成时间:在不影响项目完成时间的条件下,一项活动可能完成的最迟时间,简称为 LF(Late Finish Time)。其计算公式如下:

$$LF = \min\{\text{紧后活动的 LS}\} \tag{5-5}$$

最迟开始时间:在不影响项目完成时间的条件下,一项活动可能开始的最晚时间,简称为 LS(Late Start Time)。其计算公式如下:

$$LS = LF - D \tag{5-6}$$

3) 时差

总时差:当一项活动的最早开始时间和最迟开始时间不相同时,它们之间的差值是该工作的总时差,简称为 TF(Total Float Time),计算公式如下:

$$TF = LS - ES \tag{5-7}$$

自由时差:在不影响紧后活动完成时间的条件下,一项活动可能被延迟的时间是该项活动的自由时差,简称为 FF(Free Float Time),它由该项活动的最早完成时间 EF 和它的紧后活动的最早开始时间决定的。其计算公式如下:

$$FF = \min\{\text{紧后活动的 ES}\} - EF \tag{5-8}$$

4) 关键路径的确定

项目的关键路径是指能够决定项目最早完成时间的一系列活动。它是网络图中的最长路径,具有最少的浮动时间或时间差。尽管关键路径是最长的路径,但它代表了完成项目所需的最短时间。

如果关键路径上有一项或多项活动花费的时间超过了计划时间,那么整个项目进度就会拖延,除非项目经理采取了改进措施。下面以一个例题介绍在箭线图中关键路径的确定及活动的最早开始时间、最早完成时间、最迟开始时间、最迟完成时间、时差的计算。

【例 5-3】 某项目的箭线图如图 5-8 所示,计算活动 B、G、H 的最早开始时间、最早完成时间、最迟开始时间、最迟完成时间、总时差、自由时差,并确定关键路径和关键活动。假设活动 A 的最早开始时间为 0,活动 M 的最迟完成时间为 47。

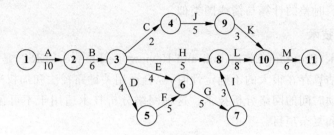

图 5-8 某项目箭线图

第一步,计算最早开始时间 ES 和最早完成时间 EF。

对于活动 B: $ESB=10$ $EFB=ESB+6=16$

对于活动 H: $ESH=16$ $EFH=ESH+5=21$

对于活动 G:

其紧前活动有 E 和 F,而从图 5-8 可以看出,$ESE=16$,$EFE=ESE+4=20$,$ESF=20$,$EFF=ESF+5=25$,所以:

$$ESG=max(EFE,EFF)=25 \qquad EFG=ESG+5=30$$

第二步,计算最迟开始时间 LS 和最迟完成时间 LF。

在第二步计算时,应先计算最后一项活动的最迟完成时间,再计算最后一项活动的最迟开始时间,然后分别求出其紧前活动的最迟完成时间 LF 和最迟开始时间 LS,以此类推,直到求出全部活动的相关值。

活动 M:$LFM=47$,$LSM=LFM-D=41$。

活动 L:$LFL=LSM=41$,$LSL=LFL-D=33$。

因为 $LFI=LSL=33$,$LSI=LFI-D=30$,则活动 G:$LFG=LSI=30$,$LSG=LFG-D=25$。

活动 H:$LFH=LSL=33$,$LSH=LFH-D=28$。

按前面的计算方式可计算出:$LSC=31$,$LSE=21$,$LSD=16$,则活动 B:$LFB=min\{LSC,LSH,LSE,LSD\}=16$,$LSB=LFB-D=10$。

第三步,计算各项活动的总时差 TF 和自由时差 FF。

先按照第一步分别求出:$ESC=16$,$ESE=16$,$ESD=16$,$ESI=30$,$ESL=33$。

活动 B:$TFB=LSB-ESB=0$,$FFB=min\{ESC,ESH,ESE,ESD\}-EFB=0$。

活动 G:$TFG=LSG-ESG=0$,$FFG=ESI-EFG=0$。

活动 H:$TFH=LSH-ESH=28-16=12$,$FFH=ESL-EFH=33-21=12$。

第四步,确定网络图关键路径和关键活动。

从网络图中可以找出四条从开始到完成的路径:A—B—C—J—K—M、A—B—H—L—M、A—B—E—G—I—L—M、A—B—D—F—G—I—L—M,这四条路径的长度分别为 32、35、42 和 47。则该项目的关键路径为 A—B—D—F—G—I—L—M。因此,关键活动为 A、B、D、F、G、I、L 和 M。

如果将该项目的所有活动的相关数据全部求出,可以得出下列的结论:关键活动的总时差和自由时差均为零,但是总时差和自由时差为零的活动不一定是关键活动。

对于前导图中的关键路径的确定及活动的最早开始时间、最早完成时间、最迟开始时间、最迟完成时间、时差的计算与箭线图类似。

2. 计划评审技术

计划评审技术(Program Evaluation and Review Technique,PERT)是当项目的某些或者全部活动时间估算存在很大的不确定性时,综合运用关键路径法和加权平均时间估算法,从而估计项目活动时间的网络分析技术。这种网络分析技术适用于不可预知因素较多、从未做过的新项目和复杂项目。

计划评审技术(PERT)与关键线路(CPM)法在网络图的画法上基本相同,主要区别在时间的估算与分析上,CPM法仅需要一个确定的工作时间,而PERT需要估计工作的三个时间,即最乐观时间、最可能时间、最悲观时间,然后计算工作的期望时间。

最乐观时间:在顺利情况下完成活动所需的最少时间,用符号 a 表示;

最可能时间:在正常情况下完成活动所需的时间,用符号 b 表示;

最悲观时间:在不利情况下完成活动所需的最多时间,用符号 c 表示;

活动时间的期望值:

$$t = \frac{a + 4b + c}{6} \tag{5-9}$$

活动时间的标准差:

$$\sigma = \frac{c - a}{6} \tag{5-10}$$

活动时间的期望值表示项目活动消耗时间的多少,活动时间的标准差表示该活动在期望的时间内完成的概率。标准差越小,表明项目活动在期望时间内完成的概率越大;标准差越大,则表明项目活动在期望的时间内完成的概率越小。

3. 持续时间的压缩

持续时间的压缩是缩短项目工期的一种特殊情况,项目干系人通常都希望缩短项目进度估算,项目经理及其团队可以使用多种历时压缩技术来缩短项目进度。其中一种技术就是缩短关键路径上的活动历时。如前面案例5-1中的钱经理,他可以通过为关键路径上的活动分配更多的资源或变更其范围来缩短关键路径上的活动的历时,也可以使用赶工或快速跟进等项目进度管理技术来缩短项目进度。

赶工也叫费用交换,在进度和费用之间通常存在一定的转换关系,而赶工就是一种平衡成本与进度的技术,希望增加一定的费用,从而获得以最低的成本代价进行最大限度的进度压缩。对于案例5-1中的项目,钱经理负责的是软件项目,赶工的技术用处不是很大。而像网络布线及设备安装等项目,利用赶工来压缩进度有较大的可能性。

快速跟进也叫并行处理,对于一个正常进行的工作可考虑按照并行方式进行。快速跟进的结果往往是以增加费用为代价换取时间,并因缩短项目进度时间而增加项目风险。就像钱经理的项目一样,规格说明书还没有最后确定,而开发成员就进行着详细设计和编码,这样把本来应该按顺序进行的活动并行处理了,最终导致返工,这样反而使项目进度拖延。

4. 资源平衡

资源平衡是一种进度网络分析技术,用于已利用关键路线法分析过的进度模型中。资源平衡技术用在处理那些需要满足规定交工日期的计划活动,而且运用该技术时只能动用数量有限且非常必要的或关键的资源。如果运用该技术,有可能会改变原来的关键路线。

该技术一般使用在项目的预计持续时间比初步项目进度表长。常用的方法是:将稀缺资源分配给关键路线上的活动;将资源从非关键活动重新分配到关键活动上;根据不同的资源日历,利用延长工作时间、周末或选定资源多班次工作的办法。

5. 项目管理软件

项目管理软件法是广泛应用于项目进度计划编制的一种辅助方法。项目管理软件使得数学分析和资源平衡得以自动进行,因此可以快速地编制出多个可供选择的项目进度计划方案,对于优化项目进度计划是非常有用的。

目前在行业中使用的项目管理软件很多,常用的项目管理软件,如 Project Scheduler、SureTrak Project Manager、Primavera Project Planner、MS Project 等。

5.6.4 进度计划编制的结果

项目进度计划至少包括每一项详细活动的计划开始日期和预期完成日期。项目进度计划可用简要的文字形式描述,也可用图表的形式给出,图表的常用表示形式为带日期信息的项目网络图、甘特图、里程碑图和项目进度计划表。

1. 带有日历的项目网络图

这种图形最为常用,因为除了表示各工作的开始和结束时间外,在网络图中还可充分反映项目中各工作的逻辑关系及项目的关键工作,如图 5-9 所示。

在图 5-9 中,方框 D 上方的 6-16 和 7-15 分别表示工作 D 的计划开始时间为 6 月 16 日,结束时间为 7 月 15 日。

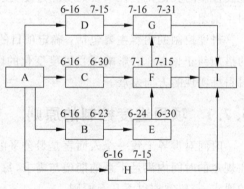

图 5-9 带有日历的项目网络图

2. 甘特图

甘特图(Gantt Chart,GC)又称横道图、条形图,它把计划和进度安排两种职能结合在一起,纵向列出项目活动,横向列出时间跨度。每项活动计划或实际的完成情况用横道线表示,横道通过日历形式列出项目活动工期及其相应的开始和完成日期。

甘特图的优点是简单、明了、直观,能较清楚地反映活动的开始和完成时间,能表达活动的时间和彼此间的逻辑关系。甘特图可用于 WBS 的任何层次,其时间单位可以从年月日到小时。甘特图只能表明已有的静态关系,对于错综复杂、相互制约的各项活动间的关系无法表示出来,同时也没有指出影响项目生命周期的关键所在。因此,甘特图一般适用于比较简单的小型项目。

3. 里程碑事件图

与甘特图类似,里程碑图仅表示主要可交付物的计划开始和完成时间以及关键的外部接口。表 5-5 为里程碑进度表的一个示例。

表 5-5 项目 A 里程碑进度表

序　号	里程碑事件	交付成果	完成时间
1	需求分析完成	需求分析说明书	××××年××月××日
2	系统设计完成	系统设计方案	××××年××月××日
3	程序编码写成	系统软件及编码文档	××××年××月××日
4	软件测试完成	测试报告	××××年××月××日

项目经理审核意见：

5.7 项目进度控制

项目进度计划实施过程中，由于外部环境、内部环境、人为因素或其他技术等原因，项目的实际进度经常会与计划进度发生偏差，若不及时纠正这些偏差，就可能导致项目延期，影响项目目标的实现。

对于进度控制工作，应该明确一个基本原则，计划的不变是相对的，变是绝对的。项目进度控制的关键是监控项目的实际进度，及时地将它与计划进度进行比较，采取必要的措施纠正偏差。

进度控制的内容主要包括：确定项目的进度是否发生变化，找出变化的原因，采取有效的措施纠正偏差；对影响项目进度变化的因素进行控制，从而确保这些变化朝着有利于项目目标实现的方向发展。

5.7.1 项目进度控制的原则

时间对世界上每一个人而言是最公平的资源，如何利用时间、控制项目的进度，使项目在规定的时间内满足干系的期望与需求，每个人的方法与结果不尽相同。要达到控制进度的要求，需要掌握以下几个原则。

1. 动态原则

进度按计划进行时，实际与计划相符，就能保证原有计划的实现，否则就会产生偏差。产生偏差时应积极采取措施，及时调整原项目计划，并使项目按调整后的计划继续进行。应当明确，计划的调整并不是一次就能完成，在新的因素干扰下，又有可能产生新的偏差，需要动态调整和控制，进度控制需要采用动态循环的控制方法。

2. 系统原则

为达到进度控制的目标，项目管理人员应编制项目的各种计划，计划的对象由大到小，计划的内容从粗到细，形成一个项目的计划系统。项目涉及到各个主体、各类不同人员，为了使所有的计划成为一个统一的整体，要建立一个组织体系，形成一个完整的项目实施组织系统。为了保证项目进度，应设有专门的职能部门或人员负责项目进度的统计、分析及调整等工作。而不同的人员则应负有不同的进度控制责任，各人员分工协作，形成一个纵横相连的项目进度控制系统。所以,无论是控制对象,还是控制主体,无论是进度计划,还是控制活动,都应该是一个完整的系统。进度控制实际上就是用系统的理论和方法解决系统问题。

3. 循环原则

项目进度控制的全过程是一种循环性的例行活动,一个完整的循环包括编制计划、实施计划、进度检查、比较与分析、确定调整措施和修改计划,随着项目的进展,这种循环也在不断地深入进行。

4. 弹性原则

一般来说,IT 项目开发时间长,所需项目资源种类和数量多,因此在编制计划时要求能根据相关统计及经验估计各种因素的影响程度和出现的可能性,在确定进度目标时分析各目标的风险,并在制定进度计划时留有余地。在控制项目进度时利用这些特点,缩短工作的持续时间或改变活动间的并行关系,以使项目最终能实现工期目标。

5.7.2 影响项目进度的因素

要有效地控制项目的进度,必须分析影响进度的因素,以便能事先采取措施,缩小计划进度与实际进度的偏差,实现对项目的主动控制。影响项目进度的因素很多,如人为因素、技术因素、资金因素、环境因素等,常见的影响因素有以下几种情况。

1. 低估了项目实现的条件

低估项目实现的条件,第一是低估 IT 项目开发过程中的技术难度。IT 项目涉及很多高新技术,除了需要各种技术方面的高水平人员来实施外,还要考虑为解决某些性能问题而进行科研攻关和项目实验。

第二是低估了协调复杂程度。由于我国的特殊人文背景和企业间业务关系处理的特殊性,IT 项目在实施过程中要对多方面的关系进行协调和处理。而 IT 项目团队内部,特别是软件项目团队内部,由于各成员均为某一领域或技术方向上的专家,比较强调个人的智慧和个性,这给项目工作协调带来很多的复杂度。当一个大项目由很多子项目组成时,协调和控制进度的困难就更大。

第三是项目主管和项目经理也经常低估项目的环境因素,对项目的了解程度不够,没有做好充分的准备,使项目的应用与推广困难重重。

2. 项目参与者的问题

这方面主要表现在,第一是项目进度编制的问题。如果所制定的项目计划本身有问题,执行错误的计划肯定会产生问题。如对于软件项目,在需求分析、系统设计、系统实现等过程的进度计划上有问题,那么按照此计划执行肯定会问题不断。

第二是项目执行上的错误。如项目的主管领导或客户方对于项目中的问题不关心,对于项目中的一些问题的决策迟迟不贯彻落实,或敷衍了事做出一个不切实际的决策或指导,那么肯定会严重影响项目的进度。

第三是管理上的缺失。如对于一个软件项目,某一些模块通过外包形式进行,如果没有认真对外包方进行相应的考查,也没有对外包模块进行相应的质量、进度等管理,也会造成进度上的延误。

第四是人员中途离职。IT项目执行中无论是甲方还是乙方的项目干系人,特别是关键人员的离职又将会对项目进度产生很大的影响。

3. 不可预见事件的发生

项目还会因为项目资金短缺、天灾人祸等不可预见的风险对项目的进度造成影响。

5.7.3　项目进度控制的过程

项目的进度控制是一个动态的过程,在项目开发过程中由于需求的变更、开发环境的变化、关键资源的流失或不可抗拒的非人为因素,使得项目实际的进度与计划不相符,原有的进度计划已经不能再继续执行,项目经理要及时、准确地分析各种干扰因素,确定排除干扰的对策并及时修改项目的进度计划,按新的进度计划继续对项目进行控制。只要项目没有结束,项目的干扰因素就会存在,进度的调整就会发生,因此,进度的控制是一个循环的过程。

项目进度中实施控制是项目管理的关键,如果各分项目或各阶段在实施过程中没有把握好进度,则整个项目的进度会受到影响。为了减少或排除干扰因素对进度的影响,确保项目实施阶段的进度,对项目实施期间的进度控制,应该注意以下几点:

(1) 实行项目经理负责制,并强调每个人对自己承担工作的进度负责;

(2) 强化资源的储备及特殊资源的获取方式或途径;

(3) 识别风险并制定相应的技术措施;

(4) 制定管理制度,确定投标方法,规范评标及合同的签定等过程;

(5) 加强项目人员的招聘和培训。

5.7.4　进度控制的方法

适当的方法可以帮助项目经理有效地对进度进行控制。在项目的管理过程中,进度报告、进度变更控制系统、进度控制软件及对项目进度进行比较是对项目进度进行控制的有效方法。

1. 项目进度报告

项目进度报告是记录观测检查的结果、项目进度现状和发展趋势等有关内容的最简单的书面形式报告。项目进度观测、检查的结果通过项目进度报告的形式报告给有关部门和人员。项目进度报告主要从以下几个方面进行:

(1) 进度计划执行情况报告。该报告包括报告期各项工作的计划执行状况,如表5-6所示。

表 5-6　项目进度计划执行情况报告

项目名称	项目所有者	项目执行者	信息号	报告日期
XXDX-PM	××电信公司	张列雷	XXDX-J-001	

工作编号	工作名称	工作情况	计划			实际			估计		总时差	
			持续时间/天	最早开始月、日	最早完成月、日	工时/天	开始月、日	结束月、日	工时/天	结束月、日	原有/天	剩余/天
1	数据库设计	设计完成										

（2）项目关键点检查报告。对项目关键点的检查、测评是项目进度动态监测的重点之一。将关键点的检查结果进行分析、归纳所得出的报告就是项目关键点检查报告，如表 5-7 所示。

表 5-7　项目详细设计检查报告

关键点名称	××项目详细设计说明书	检查组名称	SQA 组
检查组负责人	李小亭	报告人	张大华
报告日期	××××年××月××日	报告份数	1
关键点的目标描述	对××系统进行详细设计，并进行设计说明		
关键点实际时间与计划时间相比	与计划时间基本一致		
交付物是否能满足项目要求	满足项目要求		
预计项目发展趋势	在时间和性能上能够达到要求		
检查组负责人审核意见	检查合格		
签名：	日期：　××××年××月××日		

（3）项目执行状态报告。该报告反映一个项目或一项活动的现行状态，如表 5-8 所示。

表 5-8　项目执行状态报告

活动名称	合同管理模块编程	活动编码	XXDX-009
报告日期	××××年××月××日	状态报告份数	1
实际进度与计划进度比较	基本一致		
已用时间、尚需时间与计划总时间比较	已用 8 天，尚需 7 天，与计划相比落后一天		
提交物能否满足项目要求	已完成的招标管理子模块能够满足项目要求		
活动能否按时完成	能够按时完成		
目前人员配备情况	由韩××一人负责编程		
目前技术状况	编程技术难度不大，韩××完全能够胜任		
活动完成预测	后两个子模块与第一个子模块相似，能按时完成		
潜在风险分析及建议	潜在风险：用户对合同状态与催办管理模块的需求变更；建议：用时与用户沟通		
活动负责人审核意见	该模块编程能按时完成		

（4）重大突发事件报告。该报告就某一重大突发事件的基本情况及其对项目的影响等有关问题所形成的特别分析报告。报告的基本形式如表 5-9 所示。

表 5-9　重大突发事件报告

事件发生时间	××××年××月××日
事例描述	工作流集成的软件工程师因故离开项目组
事件对项目影响程度说明	直接影响工作流的集成及与其他系统的集成
事件发生原因分析	个人事业的选择问题
建议采取的措施	由共同参与工作流集成的另一名后备软件工程师承担他的工作
活动负责人审核意见	对整个项目开发影响不大
签名：　　　　　　　　日期：××××年××月××日	

2. 使用进度变更控制系统

进度变更控制系统定义了改变项目进度计划应遵循的过程。该系统包括书面工作、跟踪系统以及批准变更所必要的授权级别。

项目进度的变化除了项目开发的技术和环境等客观原因外,一般来说,进度变化的主要原因则是项目的范围、质量、资源以及人员等的变化,进度变更是这些变更引起的必然结果。与其他的变更一样,变更的产生、批准与执行一定要在受控的情况下发生,否则进度管理将无法进行。进度变更控制系统是整体变更控制过程的一部分。

3. 应用项目进度管理软件

对项目进度控制而言,项目管理软件是一种有效的工具。项目管理软件可以绘制网络图、确定项目关键路径、绘制甘特图、PERT 图等,并可用来报告、浏览和筛选具体的项目进度管理信息。

4. 进行比较分析

将项目的实际进度与计划进度进行比较分析,以确定实际进度与计划不相符合的原因,进而找出相应的对策,这是进度控制的重要环节之一。进行比较分析的方法主要有以下几种。

1) 甘特图比较法

甘特图比较法是将在项目进展中通过观测、检查、收集到的信息,经整理后直接用横道线并列标于原计划的横道线一起,进行直观比较的方法。

2) 列表比较法

采用无时间坐标网络计划时,在计划执行过程中,记录检查时刻正在进行的活动名称、已使用的时间以及仍需要的时间,然后列表计算有关参数,根据计划时间参数判断实际进度与计划进度之间的偏差。

【案例 5-1 的分析】

通过这一章的学习,我们对钱经理的工作进行进一步的分析后,发现钱经理在进度管理方面主要存在的问题有:

(1) 没有按照项目开发流程进行。在项目目标确定后,需求规格说明书还没有经过评审、批准,而概要设计就开始了;项目规格说明书、概要设计等变更没有按变更控制流程进行,规格说明书出现多种不同的版本。钱经理这样做是希望利用并行处理来缩短项目时间,但最终适得其反。

(2) 进度计划的编制由钱经理一个人依据原来类似的项目来完成,他没有对实际的项目进行活动的定义、排序,也没有有效地进行活动资源估算和历时估算。

(3) 没有对项目可用资源进行科学的评估。他依据每个人员的最高生产效率和最佳的开发状态来编制计划,而且没有充分考虑节假日和其他影响时间的因素。也没有注意项目成员工作的绩效,并实时对项目进行动态监控。

(4) 当出现进度延迟后,应请求进度变更,并对项目进度进行更新,以便能顺利完成项目。而钱经理则是盲目赶工,最终导致项目进度延迟。

实践证明,建立现实的项目进度计划是计划可行的基础;关键的干系人一致认可的项目进度计划是计划可用基础;项目经理清楚而如实地汇报项目的进度状态是计划可控的基础。

【感想和体会】

项目工作一定要有时间表,没有时间表的计划都是空谈。

能够充分利用自己的时间,说明你在成长;能够有效地控制项目的时间,说明你在成熟;争取时间就能获得先机,控制进度就能把握成功!

5.8 习题与思考

1. 项目进度管理计划包括哪些内容?

2. 结合你所参与的具体项目,编制一个项目进度报告。并说明在项目进度计划编制时应该注意哪几个方面的问题。

3. 不合理的项目截止期限是软件行业存在的非常现实的问题。当你遇到这种情况时应该如何处理?

4. 解释关键路径的含义,分析项目经理为什么应该高度关注关键路径。

5. 根据下图所示的网络图,回答下列问题(设活动 A、B、C 的最早开工时间 ES＝0,活动 L 的最迟完工时间 LF＝27)。

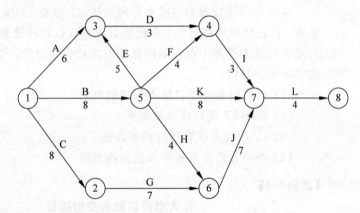

(1) 指出关键路径,并确定项目的工期。

(2) 计算活动 I 的最早开工时间和最早完工时间。

(3) 计算活动 B 的最迟开工时间和最迟完工时间。

(4) 计算活动 D 的自由时差。

6. 谈一谈你参与的项目中,曾遇到过哪些影响项目进度的因素,你是如何解决的。

第 6 章

驾驭项目成本

【本章知识要点】

作为一个企业,没有了利润,就没有了血液,而利润的提高,根本的出路在于降低成本;作为一个项目,没有了效益,就没有了市场,而效益的产生,关键在于有效的项目成本管理,成本的失控必将导致项目的失败。驾驭成本就是要掌握、控制和管理成本。

本章介绍项目成本与成本管理的概念;分析 IT 项目成本的影响因素;讨论成本管理过程;介绍项目成本效益和绩效衡量方法;最后讨论项目成本管理中存在的问题并提出相应的对策。学习完本章后,应掌握如下知识:

(1) 项目成本与项目成本管理的概念。

(2) 影响 IT 项目成本的因素。

(3) IT 项目成本管理过程与方法。

(4) 挣值分析法与成本效益分析方法。

【案例 6-1】

孙大海何以顺利交付项目

海马软件公司承接了为某档案局开发档案管理系统和门户网站建设的信息化项目。由于市场竞争非常激烈,海马公司为了拿到这个项目,在价格上做了很大的让步。在没有对项目的范围进行详细确定,也没有对项目的成本进行仔细估算的情况下,公司就与档案局签定了合同。

在讨论项目经理人选时,公司管理层已经意识到该项目由于价格太低,将严重影响项目开发质量、进度,更谈不上获得多少利润。但考虑到该项目产品的发展前景和相关的客户群体,项目必须在规定的时间内保质保量地完成。为此公司将任务交给了孙大海,大海是一位出色的项目经理,不仅技术过硬,在项目管理上也具有丰富的经验。

孙大海经理接手这个项目后,立即对项目合同书和任务书进行分析,他发现档案局的客户对项目的需求并不明确,项目范围定义也非常模糊。通过进一步与用户交流,大海强烈地感觉到他们对项目的需求在不停地变化。

项目组在进行需求调研、需求变更等工作的过程中,与客户方经常产生分歧和争论,因为范围的不确定,项目的价格又太低,双方很难达成一致。大海很清楚,如果按照合同的报价和进度要求,项目根本就没法按时按质完成,特别是面对用户需求的不断变化,如果不采取措施是不可能在预算范围内完成项目的。大海已经感觉到这样下去,项目成本必将失控,最终可能导致项目的失败。

大海将项目成本与范围中的突出问题进行了深入的分析,实事求是地将项目组在合同规定的时间和价格内能够完成的任务进行了界定,并形成书面报告提交给了客户。在此基础上,大海利用一切可能的机会跟档案局主管信息化的领导汇报和沟通,说明这些问题的利害关系和项目团队的困难,希望得到他的理解和帮助。经过多次沟通,档案局领导终于同意了孙大海的观点,批准了报告中明确的项目需求与系统功能,并对报告进行了签字确认。

项目开发组界定的项目范围得到了用户的认可和领导的支持,大海对项目的成本控制有了信心,项目的进度也能够在控制的期限内,他感觉到项目有了奔头。为了控制成本,他还明确要求用户的需求变更必须通过用户方的直接领导签字才能生效,这一决定得到了档案局信息中心周主任的理解和支持,这在很大程度上控制了软件需求的扩散,对成本的驾驭也有了保障。另外,孙经理在项目组的人员安排、资源利用、成本控制等方面都采取了有力的措施。

在孙经理的带领下,通过项目团队的共同努力,项目不但圆满完成,还取得了较好的收益,实现了"双赢"的目标。海马软件公司管理层高度评价孙大海对项目管理的能力和水平,不久就将他提升为部门经理,以管理更多、更复杂的项目。大海感慨地说:"是驾驭项目成本的思想和方法,帮助我取得了成功!"

6.1 项目成本管理概述

随着信息技术应用的迅猛发展,软件主导特征越来越明显,软件成本已经成为IT项目中的主要开销,从而使人们愈来愈重视软件项目成本的管理。人们已经认识到项目效益和个人收益的获取,与项目成本管理密切相关,项目经理必须确保项目有恰当的定义、精确的时间和成本估算以及切合实际的预算。积极、主动地控制项目成本是项目经理和项目团队的责任,不计成本的活动是没有发展前途的,不计成本的项目也是没有生命力的。你对成本管理的能力和水平将预示着项目和你的未来。

6.1.1 项目成本与成本管理

在管理学教科书中,成本是指为取得为组织带来当前或未来利益的某种产品和服务而付出的现金或现金等价物。在会计学教科书中,成本是指是为达到一个特定的目标而牺牲或放弃的资源。在韦伯斯特(Webster)字典中,将成本定义为为交换所放弃的东西。

项目成本是指为完成项目目标而付出的费用和耗费的资源。项目的成本特征有如下表现形式:

- 项目成本是完成项目所需要的全部费用的总和。一般项目成本包括项目决策和定义成本、项目获取成本、项目设计成本、项目实施成本等。其中项目实施成本是项目总成本的主要组成部分。

- IT项目成本是指完成IT项目所发生的全部资源耗费的货币表现,主要包括硬件成本、软件成本、项目集成成本、人力资源成本、场所成本、外包服务成本等。
- 软件项目成本划分为开发生产成本和运行维护成本两大类,主要包括分析设计成本、系统实施成本、专业培训成本、系统运行成本、维护改进成本和行政管理成本等。

项目成本管理包含为使项目在批准的预算内完成,而对成本进行规划、估算、预算、融资、筹资管理与控制的各个过程,其主要目标是确保项目在批准的预算范围内完成。项目成本管理主要包括4个过程,如图6-1所示。这些过程的主要工作如表1-2所示。

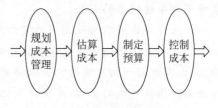

图 6-1　项目成本管理主要过程

6.1.2　影响项目成本的因素

由于项目的复杂性特点,影响项目成本的因素非常多,而且变化大。在这些因素中质量、进度和范围对项目成本的影响不但非常突出,而且关联性强。

(1)质量对成本的影响。质量水平越低,项目成本就越低;质量要求越高,则完成项目需要采用更好的资源、耗费更长的时间,成本也就越高。但是,质量不能超过底线,质量很低使得项目无法投入正常使用,或经常发生故障,则成本反而会上升,甚至使项目失败。

(2)进度对成本的影响。进度对于成本的影响和质量对于成本的影响相似。进度越紧,成本会越高。当项目赶工时,通常会采取一些赶进度的措施,如加班、高价进料、提高工资等,这些势必会加大项目成本。在整个项目过程中有一个最佳进度,这时的项目成本能达到最低。理论上这个最佳进度是存在的,但在实际中最佳进度非常难以把握。当进度安排时间过长,超过最佳进度安排时,项目成本势必也会增加。

(3)范围对成本的影响。项目范围界定了完成项目所包括的工作内容。项目工作需要消耗一定的资源,因此,项目范围界定了成本发生的范围和数额。范围与成本是递增的关系,项目成本随着项目范围的扩大而增加,随着项目范围的缩小而减少。范围不大而成本很高,必然造成资源的浪费;而范围过大成本太低,势必会影响项目的进度和质量,甚至导致项目的失败。

图 6-2　质量、进度、范围和成本综合关系图

质量、进度、范围对于成本的影响关系可以用图6-2表示。三角形三条边分别表示质量、进度和范围,三角形的面积表示成本。质量、进度、范围对于项目成本的影响的准确关系都是未知的,四个变量的值都需要估算,但是它们是相互联系、相互影响的。

价格和管理水平对于项目成本也具有重要的影响。在项目范围确定的情况下,资源价格提高,成本就相应上升。对于软件项目而言,由于是人力密集型项目,人员工资的涨跌对成本的影响特别大。在通货膨胀的情况下,各种资源的价格都随之上涨,项目成本往往会急剧升高。管理水平的高低直接或间接的影响项目成本,较高的管理水平可以减少失误降低成本。

项目成本管理需要注意以下几点:

（1）成本管理过程不仅彼此交互作用，而且还与项目管理其他知识领域的过程之间交互作用。尽管它们在理论上彼此独立，相互之间有明显的界限，但在项目管理实践中，它们却可能交迭并相互影响。

（2）成本管理主要关心的是完成项目活动所需资源的成本，但也必须考虑到项目决策对项目产品、服务和成果的使用费用、维护费用和支持费用的影响。例如，软件项目减少开发过程中的测试，则可能增加运行维护费用。

（3）项目成本管理有时也包括对项目产品未来的预测与分析，这种预测与分析就会增加一些过程和许多通用管理技术，如投资回报率、折现现金流、投资回收分析等。这样，势必对成本会产生一定的影响。

（4）项目成本管理应当考虑项目干系人的信息需求，不同的项目干系人可能在不同的时间、以不同的方式测算项目的成本。例如，IT项目中对于硬件设备的采购成本可能会在承诺、订购、发货、收货或会计记账的不同时期发生。

6.1.3　成本管理基本原理

对于IT项目管理人员来说，进行项目成本管理就必须懂得成本管理在财务、会计方面的基本知识。由于IT人员没有足够重视基于会计和财务知识对项目立项和管理的重要性，导致很多IT项目根本就没有被批准或启动。必须明白，办企业的根本目的是为了赢利，管理者最关心的是财务指标。因此，IT项目人员不仅要能够用技术术语，而且还要能够用财务术语介绍和讨论项目的情况，特别是项目成本情况。从财务管理和会计学的角度来讨论成本管理的基本原理，了解基本概念和术语很有必要。

（1）利润与利润率。利润为收入减去成本，为了增加利润，可以增加收入，也可以减少成本，更可以在增加收入的同时降低消耗。利润率是利润和收入的比值，是反映项目赢利能力的一个重要指标。在论证新的IT项目时，强调利润率是非常重要的，也是必不可少的工作。

（2）资金的时间价值。利息是资金时间价值的一种重要表现形式。通常用利息额的多少作为衡量资金时间价值的绝对尺度，用利率作为衡量资金时间价值的相对尺度。现值是指未来资金的现在价值。终值是指一笔或多笔资金按一定的利息复利计息，若干时间后所得的本利和。资金等值是指在考虑时间因素的情况下，不同时点发生的绝对值不等的资金可能具有相等的价值。

（3）净现值（Net Present Value，NPV）是一项投资所产生的未来现金流的折现值与项目投资成本之间的差值。净现值法是评价投资方案的一种有效方法。

（4）投资收益率（Return On Investment，ROI）指项目达到设计能力后的一个正常生产年份的收益与项目投资总额的比率。

（5）投资回收率是项目选择过程中的重要财务分析工具。投资回收期是指以净现金流入补偿净投资所用的时间。也就是说，要经过多长时间累计收益就可以超过累计成本以及后续成本。当累计折现收益大于成本时，回收就完成了。

（6）现金流量是企业一定时期的现金流入和流出的数量。经济越发展，现金流量在企业生存、发展和经营管理中的影响就越大。现金流分析是用于确定项目每年估计的成本和收益的一种方法，对于确定净现值是必需的。企业管理者在决定投资项目时必须仔细考虑现金流。如果管理者选择的项目太多，而这些项目在相同年份都发生高额现金流，那么企业将不能资助所有的项目,也不能维持它们的赢利能力。

(7) 内部收益率(Internal Rate of Return,IRR)是资金流入现值总额与资金流出现值总额相等、净现值等于零时的折现率。是在考虑了时间价值的情况下,使一项投资在未来产生的现金流量现值,刚好等于投资成本时的收益率。通俗地讲,内部收益率越高,说明投入的成本相对地少,但获得的收益却相对地多。内部收益率法的优点是能够把项目生命期内的收益与其投资总额联系起来,便于将它同行业基准投资收益率对比,确定这个项目是否值得投资建设。当内部收益率大于或等于筹资的成本,项目可接受;若内部收益率小于筹资的资本成本,则项目不可接受。

(8) 有形成本或收益是指容易用货币来衡量的那些价值。无形成本或收益是指那种很难用货币来衡量的成本或收益。例如,在项目开发过程中花费的时间就是无形成本,项目给公司带来的潜在的好处就是无形收益。因为无形收益难以量化,所用通常很难加以证明,这在信息化项目中尤为突出。

(9) 直接成本(Direct Cost)是指在一个项目中能够以一种经济的方式加以追踪的相关成本。

(10) 间接成本(Indirect Cost)是指在一个项目中不能够以一种经济的方式加以追踪的相关成本。

(11) 沉没成本(Sunk cost)是指永远不可能再产生收益的成本。沉没成本常用来和可变成本作比较,可变成本可以被改变,而沉没成本则不能被改变。在微观经济学理论中,做决策时仅需要考虑可变成本。如果同时考虑到沉没成本,那结论就不是纯粹基于事物的价值做出的。

(12) 学习曲线理论(Learning Curves)指出,当重复生产许多产品时,那些产品的单位成本随着数量的增多成规律性递减。这种产品的单位成本与产品数量的关系可以用学习曲线来表示,如图 6-3 所示。学习曲线理论用来估计生产大量产品的项目的成本。

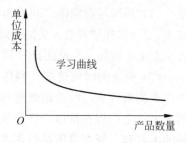

图 6-3　学习曲线

(13) 储备金是包含于成本估算中的、为减轻未来难以预测情形带来的成本风险而准备的那部分资金。储备金包括应急储备金和管理储备金。应急储备金是为一些未来情形做准备,它包含于项目成本管理基线中。例如,如果一个组织知道信息技术人员有20%的更新率,他应该准备应急储备金用以支付新员工招聘和培训成本。管理储备金是为未来不能预测的情形做准备。例如,如果一个项目经理突然生病或者一个重要的供应商停业,管理储备金就应该被划拨出来支付由此带来的成本。

(14) 全生命期成本(Life Cycle Costing,LCC)有助于对贯穿于项目生命期的成本状况有一个整体的认识,帮助项目管理者更精确地制定项目成本计划。对于一个项目而言,全生命期成本指的是权益总成本,即开发成本和维护成本的总和。全生命期成本可以用下面的公式表述:

$$C = C_1 + C_2 \tag{6-1}$$

式(6-1)中,C_1 表示开发成本;C_2 表示维护成本。

在项目决策阶段进行项目可行性研究应该进行全生命期成本的考虑,注重项目成本计划的作用和立足点。对于软件项目,特别要考虑全生命期成本的计算,合理地分配项目各个阶段的成本。例如,花资金定义用户需求和进行早期测试,比等到项目完成后出现问题再解决在资金利用上更有效。表 6-1 总结了软件项目生命周期不同阶段纠正软件缺陷的典型成本。

表 6-1　软件缺陷成本

缺陷发现时间	纠正的典型成本(美元)
用户需求	100～1000
编码测试、单元测试	＞1000
系统测试	7000～8000
验收测试	1000～100 000
完成后	达到几百万

注:来自 Collard,Ross.《软件测试与质量保证》,工作文件(1997)

6.2　规划成本管理

规划成本管理是为规划、管理、花费和控制项目成本而制定政策、程序和文档的过程。在建筑行业有一条非常成功的经验,最差的建筑往往是那些预算远远超过起始目标的项目。这一经验,在 IT 项目中同样得到了很好的验证。实践证明,在众多的 IT 项目中,最不好、最不成功的项目往往是那些大大超出预算的项目。没有好的规划来指导项目成本的管理和控制是成本管理不到位的关键原因。

应该很好地执行规划成本管理过程,为如何在整个项目过程中管理项目的成本提供指南和方向。规划成本管理过程的输入、工具与技术和输出如图 6-4 所示。

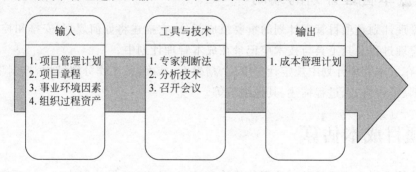

图 6-4　规划成本管理过程

6.2.1　规划成本管理的依据

规划成本管理的依据主要包括项目管理计划、项目章程、事业环境因素和组织过程资产。

项目管理计划中用于制定成本管理计划的信息主要有范围基准(项目范围说明书和 WBS 详细信息,可用于成本估算和管理)、进度基准(进度基准定义了项目成本发生的时间点)和其他信息(如与成本相关的进度、风险和沟通决策等)。

项目章程中用于制定成本管理计划的信息主要有,规定的项目总体预算,可据此确定详细的项目成本。项目章程规定的项目审批要求,也会对项目的成本管理产生约束和影响。

事业环境因素中影响制定成本管理计划的信息主要包括组织文化和组织结构、市场条件、货币汇率、项目管理系统、发布的商业信息等。

组织过程资产中影响制定成本管理计划的信息主要包括财务控制程序(如定期报告、费用与支付审查、会计编码及标准合同条款等)、历史信息和经验教训知识库、财务数据库、与成本估算和预算相关的政策等。

6.2.2 采用的工具与技术

规划项目成本管理采用的技术主要包括专家判断法、分析方法和召开有效的会议。

基于历史信息,专家判断可以对项目环境及以往类似项目的信息提供有价值的见解。专家判断还可以对是否需要联合使用多种方法,以及如何协调方法之间的差异来进行项目成本管理提出建议。针对正在开展的项目活动,基于某个应用领域、知识领域、学科、行业等专业知识而做出的判断,应用于制定成本管理计划。

在制定成本管理计划时,可能需要选择项目筹资划的战略方法,如自筹资金、股权投资、借贷投资等。成本管理计划可能需要详细说明筹集项目资源的方法,如自制、采购、租用或租赁等。显然这些决策可能会影响项目的其他财务决策,也可能对项目的进度和风险产生影响。

项目团队可以通过召开规划会议来制定进度管理计划,参加会议的成员可能包括项目经理、项目发起人、选定的项目团队成员、相关干系人、项目成本负责人,以及其他必要的人员。

6.2.3 成本管理计划的编制

成本管理计划是项目管理计划的重要组成部分,它描述将如何规划、安排和控制项目成本。成本管理过程及其工具与技术应记录在成本管理计划中。

例如,在成本管理计划中规定计量单位、精确度、准确度、工作分解结构、控制临界值、绩效测量规则、报告格式、过程描述、其他细节等。

6.3 项目成本估算

成本估算是对完成项目所需费用的估计和计划,是 IT 项目计划中的一个重要的、关键的、敏感的部分,是项目成本管理的一项核心工作。它是项目决策、资金筹集和评标定标的依据,是承包商报价的基础,是项目进度计划编制、项目资源安排和绩效考评的依据。总之,项目成本估算是项目成本管理的起点。

6.3.1 成本估算的类型

IT 项目在其形成过程中要经历决策阶段、规划设计阶段、招投标及实施阶段、结束阶段。每个阶段都有特定的成本管理任务,对于不同阶段,成本估算的作用和估算的精度都不同。针对不同阶段成本估算的条件和要求,有 3 种类型的成本估算,即量级估算、预算估算和最终估算。这些估算的不同主要表现在估算什么时间进行、如何应用以及精度如何。

1. 量级估算

量级估算提供了项目成本的一个粗略概念,它在项目早期甚至在项目正式启动之前应用。项目经理和高层管理人员使用该估算法帮助项目选择决策。进行这种类型的估算通常是在项目完成之前 3 年或更长时间。量级估算的精度一般为 $-25\%\sim+75\%$。对于 IT 项目而言,该精确范围经常更广,许多 IT 项目专业人员为软件开发项目成本估算自动增加一倍,因为 IT 项目有成本超支的历史。

2. 预算估算

预算估算被用来将资金划入一个组织的预算。许多组织建立至少 2 年的预算。预算估算在项目完成前一到两年做出,其精度一般在 $-10\%\sim+25\%$。

3. 最终估算

最终估算提供一个精确的项目成本估算,常用于许多采购决策的制定,因为这些决策需要精确的预算,也常用于估算最终项目成本。例如,如果一个项目在 3 个月内需要从外部供应商那里购买 1000 台个人计算机,那么就需要进行最终估算,以便帮助评估供应商的投标建议书并划拨资金给选中的供应商。最终估算一般在项目完成前 1 年或 1 年以内进行。最终估算是 3 种估算类型中最精确的,通常其精度为 $-5\%\sim+10\%$。

6.3.2 成本估算的依据

IT 项目成本估算的依据主要包括项目资源需求计划、项目范围说明书、工作分解结构、项目进度计划、风险管理计划以及相关历史资料和经验教训。

1. 项目资源需求计划

项目资源需求计划是通过对项目所需资源的分析和识别,确定项目所需资源投入的种类、数量和投入时间而制定的科学、合理、可行的项目资源供应计划,是在项目范围计划、项目进度计划和项目质量计划的基础上完成的,是成本估算的一个重要依据。

2. 项目范围说明书

项目范围说明书描述项目的商业需求、依据、要求和当前的边界。项目范围说明书提供了在成本估算中需考虑的关于项目要求的重要信息,制约因素是限制费用估算的特定因素。所有这些因素都须在编制费用估算时考虑。在多数项目中,最常见的制约因素之一是有限的项目预算。项目范围说明书也提供了可交付成果清单和项目及其产品、服务和结果的验收标准。在制定项目成本估算时,将考虑所有要素。项目范围说明书中的产品范围说明提供了产品和服务的描述,以及在费用估算中考虑的技术问题或其他方面的重要信息。

3. 项目进度计划

在项目的实现过程中,各项活动所消耗或占用的资源都是在一定的时期内发生的。所以项目的成本与项目的进度计划密切相关,而且随着时间的变化而变化。这种相关与变化的根本原因在于项目所消耗的资金、设备、人力等资源都具有自己的时间价值。这里的时间价值是指同一资源在不同的时间消耗或占用的价值之间的差别。而且,项目消耗或占用的各种资源都可以看成是对货币资金的占用。因此,项目的全部成本实际上都可以看成是项目实现过程中所占用的货币资金。这些项目所占用的货币资金不论是自有资金还是银行贷款,都有其时间价值。这种资金的时间价值的根本表现就是资金占用应付的利息。这种资金的时间价值是项目成本中的一个主要部分,同时也是造成项目成本变动的原因之一。

由于资金具有时间价值,因此项目本身及各项活动所需时间会对项目成本估算产生影响。在项目成本估算之前,应有一个基本的项目进度计划,估计完成每一项活动可能需要的时间。项目进度计划对资金的筹措提出要求,并对估算利息费用提供依据。

4. 工作分解结构

WBS说明了项目所有组成部分与项目交付成果之间的关系。

5. 风险管理计划

在编制成本估算时,项目管理人员应该考虑风险应对方面的信息。风险可能是威胁,也可能是机遇,一般对项目活动和项目成本都会产生影响。作为一般规律,当发生不利风险时,项目费用几乎总是增加的,项目进度也将被延误。

6. 相关历史资料和经验教训

同类项目的历史资料和经验教训始终是项目执行过程中可以参考的最有价值的资料,包括项目文件,共用的项目成本估计数据库及项目工作组的知识和经验。

6.3.3 成本估算方法

通过大量项目管理实践,人们提出了许多有效的估算成本方法,并在实际应用中收到了很好的效果。主要的成本估算方法有类比估算法、自上而下估算法、自下而上估计法和参数模型估算法。

1. 类比估算法

类比估算法也叫专家判断法,是一种在成本估算精确程度要求不高的情况下使用的方法。它比照以前的、相似项目的实际成本作为目前项目成本估算的根据,来估算出当前项目的成本。该方法较其他方法简便易行、费用更低,但不是很精确。在两种情况下可以使用这种方法:一种情况是以前完成的项目与当前项目非常相似,另一种情况是项目成本估算专家或小组具有必需的专业技能。类比估算法是最简单的成本估算方法,它将被估算项目的各个成本科目与已完成同类项目的各个成本科目进行比较,从而估算出新项目的各项成本。这种方法的局限性在于很多时候没有真正类似项目的成本数据,因为项目的独特性和一次性使得多数项目之间不具备可比性。类比估算项目的优点是这种估算是基于实际经验和实际数据的,具有较好的可信度。

2. 自上而下估算法

自上而下估算法是基于中高层管理人员的经验和判断以及可以获得的关于以往类似项目的历史数据来进行项目成本估算的方法。由中高层管理人员估算项目的整体成本和子项目成本,然后将这些估计结果给予低层的管理人员,在此基础上,低层人员对组成项目和子项目的任务的成本进行估算,然后继续向下一层传递他们的估算结果,直到最底层。事实上,这种对项目的层层分解估算就是按照 WBS 从最上层向下面的各个层次进行层层分解,逐一进行估算。对于软件项目来讲,自上而下的方法是从系统级开始,根据将要开发的软件项目的总体特性,结合以前完成项目的经验,推算出项目的总体成本或工作量,然后按照比例分配到各个组成部分中去。

这种方法的优点在于项目总体成本估算相对比较容易。中高层管理人员经验比较丰富,他们能够比较准确地把握项目的整体资源需要,从而使项目成本控制在有效的水平上。另外,由于在估算过程中总是将一定的费用在一系列的任务之间匹配,这就避免了有些任务被过分重视而获得过多费用,也不会出现重要的任务被忽视的情况。对于软件项目来讲,自上而下方法的优点在于对系统级的重视,不会遗漏诸如系统集成、用户手册、配置管理之类的系统级事务的成本。

这种方法的缺点是,高层管理人员根据他们对经验做出的成本估算分解到下层时,低层人员可能认为不足以完成相应的任务,而低层人员并不一定会表达出这种想法,并与上层管理者讨论得出更为合理的成本分配方案。因而只能等待高层管理者自行发现问题并进行纠正,这样会使得项目的进行出现困难,甚至失败。而在软件项目中,这种方法可能难以识别较低级别上的技术困难,而这些困难往往会使成本上升;并且由于考虑不细致,它有时会遗漏所开发软件的某些细节部分。

3. 自下而上估算法

自下而上估算法是估算单个工作项成本,然后从下往上汇总成整体项目成本。具体可根据 WBS 体系、基本的任务、工作项的日程和工作项成本构造出来。为了保证精度,项目经理可以参与到项目的讨论中来,在讨论得到的项目成本估算的基础上增加适当的间接费用,以估算出项目的总成本。对于软件项目来讲,自下而上的方法是从组件级软件开始的。系统被分解成组件,开发每个组件的工作量要计算出来,最后将这些成本相加得到系统总体的开发成本。

自下而上估算法的优点在于,项目涉及活动所需要的成本是由直接参与项目建设的人员估算出来的,他们比高层管理人员更清楚项目活动所需要的资源,因而能更精确地估算出项目所涉及活动的成本。另外,成本出自要参与项目实际工作的人员之手,因而可以避免争执和不满。

自下而上估算法的缺点是估算要保证涉及的所有任务都要被考虑到,这一点比自上而下估算更为困难。因此,它通常花费的时间长,应用代价高。另外,自下而上估算法存在着一个独特的管理博弈过程。下层的人员可能会夸大自己负责活动的成本,因为他们害怕以后的实际成本高于估算成本将受到惩罚,同时,希望以后的实际成本低于估算成本而受到奖励。但是,高层管理人员会按照一定的比例削减低层人员所做的成本估算,从而使得所有参与者陷入一个博弈的怪圈。

4. 参数模型估算法

参数模型估算法是在数学模型中应用项目特征参数来估算项目成本的方法。参数模型估算法重点集中在成本影响因子(即影响成本最重要的因素)的确定上,这种方法并不考虑众多的项目成本细节,因为项目的成本影响因子决定了项目的成本变量,并且对项目成本有举足轻重的影响。其优点是快速并容易使用,它只需要小部分信息,即可据此得出整个项目的成本费用。缺点在于参数模型如果不经过标准的验证,则参数模型估算可能不准确,估算出来的项目成本精度不高。

6.4　项目成本预算

项目成本预算是进行项目成本控制的基础,它负责为项目活动分配预算,确定成本定额和项目总预算,规定项目不可预见费用的划分与使用规则等。项目成本预算的内容主要包括直接人工费用预算、咨询服务费用预算、资源采购费用预算和不可预见费用预算。项目成本预算的主要依据包括项目成本估算、工作分解结构和项目进度计划。

6.4.1　成本预算的特征

成本预算的特征主要表现为计划性、约束性和控制性。

1. 计划性

项目计划中,项目分解为任务,而后进一步分解,按照 WBS 工作过程而不断展开,形成一种系统结构。对 WBS 的每一种组成部分估算相应的成本就可以形成预算,这和对项目计划估算成本得到的结果是一样的,所蕴含的系统结构也相同。所以说,预算是另一种形式的项目计划。

2. 约束性

为了完成一个项目计划,首要的是获取完成计划所需要的资源,高层管理人员对项目的批准保证了这一点。预算则是一种分配资源的计划,预算分配的结果可能并不能满足所有管理人员的利益要求,而表现为一种约束,所涉及人员只能在这种约束的范围内行动。而且,也正是预算约束的模式体现了企业的政策和倾向,对项目所包含活动的支持力度反映了对该活动重要性的认识。高级管理人员在制定预算的时候都希望能够尽可能"正确"地为相关活动确定预算,既不过分慷慨,以防止浪费和管理松散,也不过于吝啬,以避免无法完成任务或者项目质量低下的情况发生。

3. 控制性

项目预算是一种控制机制。预算可以作为一种比较标准而使用,它是一种度量资源实际使用量和计划量之间差异的基线标准。由于管理者的任务不仅是完成任务目标,而且也必须使得目标的完成具有效率,即尽可能地在完成目标的前提下节省资源,这样才能获得最大的经济效益。所以,管理者必须小心谨慎地控制资源的使用。由于进行预算时不可能预计到实际工作中所遇到的问题和所处的环境,所以对预算计划的偏离总是有可能出现的,这就需要在项目进行中不断根据项目进度来检查所使用的资源数量,如果出现了对预算的偏离,就需要对偏离的原因进行分析,以判断是否会突破预算的约束并提出相应对策,这样管理者就可以更为清楚地掌握项目进度和资源使用情况,避免出现措手不及的情况,造成项目失败或者效益低下的后果。

此外,预算在整个计划和实施过程中起到重要作用。预算和项目进展中资源的使用相联系,根据预算,管理者可以实时掌握项目的进度。如果预算和项目进度没有联系,那么管理者可能会忽视一些危险情况,例如,费用已经超过了项目进度所对应的预算但没有突破总预算约束的情形。在项目的实施中,应该不断收集和报告有关进度和费用的数据,以及对未来问题和相应成本的预计,管理者从而可以对比预算进行控制,在必要时对预算进行修改。

6.4.2　成本预算的编制

项目成本预算的编制工作包括确定项目的总预算、项目各项活动的预算、项目各项活动预算投入的时间。

(1)项目总预算的确定是在项目成本估算的基础上,根据更详细、更深入的设计方案和预算定额对整个项目成本做再次估算工作。总预算确定的目的是为了将资金拨入预算计划,其精度提高到$-10\%\sim25\%$。

(2)采用"自上而下"的方法确定项目各项活动的预算。按照项目的划分所得到的工作分解结构,将项目总成本逐级分摊到项目的各个工作包,然后,再根据各个工作包的活动构成,将每一个的成本分摊到各项活动。在分摊过程中,既可以采用"自上而下"分解的方法,也可以采用"自下而上"汇总的方法。也就是说,可以先根据每项活动的规模,套用相应的预算定额计算出活动的工作量,并进一步计算出所需要的资源种类和数量,每种资源的数量和单价相乘就可得到活动成本。然后,再将活动成本逐级向上汇总为工作包的成本,各工作包的成本再向上汇总为整个项目的总成本。

(3)根据项目的进度安排和项目的资源供应计划,确定各项活动预算投入的时间。

6.4.3　成本基准计划

通过项目成本预算计划的编制,最终产生项目成本基准计划。项目成本基准计划是一个按时间分布的、用于测量和监控成本实施情况的项目预算,是项目成本控制的基础,它为成本控制过程提供有效的依据。通常,成本基准计划随时间的关系是一个S形曲线,如图6-5所示。图中资金需求是根据成本基准定的,可设定包含一定的容差,以应对提前完工或成本超支问题。出资一般不是连续的而是渐增性出资,因此,在图中呈现阶梯结构。图中不确定费用是由最大资金需求和成本基准的差异确定的,在6.4.4节中将会详细分析。

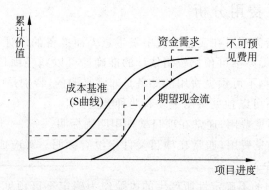

图 6-5　现金流、成本基准和出资金额的 S 曲线图

成本基准计划可以用表格形式表现,如表 6-2 所示。

表 6-2　某项目成本预算表　　　　　　　　　　（单位：万元）

工作名称	预算值	进度日程预算表(项目日历:月)										
		1	2	3	4	5	6	7	8	9	10	11
A	400	100	200	100								
B	400		50	100	150	100						
C	550		50	100	250	150						
D	450			100	100	150	100					
E	1100					100	300	300	200	200		
F	600								100	100	200	200
月计	3500	100	300	400	500	500	400	300	300	300	200	200
累计		100	400	800	1300	1800	2200	2500	2800	3100	3300	3500

表 6-2 给出了项目的各项工作,并给出了相应的预算值,然后将这些预算按照进度安排在各个阶段,十分清楚明了。如工作 B,其预算值是 400 万元,依据进度日程预算,其在预算分布在 2 月、3 月、4 月和 5 月,其预算值分别为 50 万元、100 万元、150 万元和 100 万元。

成本基准计划还可以用图形的形式表现,如图 6-6 所示。图 6-6 是根据月份来安排项目所需的工时,横坐标表示月份,纵坐标表示工时。

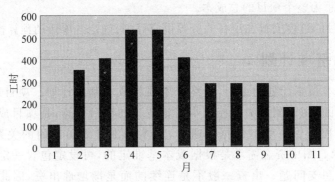

图 6-6　某项目月度负荷图

6.4.4　不可预见费用分析

不可预见费用是指为项目在实施过程中发生意外而准备的保证金,也就是在成本管理原理中提到的储备金,提高不可预见费用估计的准确性可以减轻项目中意外事件的影响程度。在项目实际过程中,不可预见费用的储备是非常必要的,特别是中大型项目必须准备充足的不可预见费用。不可以预见费用主要有两种类型:

（1）显在的不可预见费用,通常在项目文件中明确标明。

（2）潜在的不可预见费用,通常在项目文件中没有标明。对应成本管理原理中提到的应急储备金和管理储备金。

由于把成本预算中的不确定性所产生的风险作为确定不可预见费用水平的基础,所以不可预见费用也经常充当成本预算的底线,如果在每个项目条款中都能清楚地确定不可预见费用的水平,那么确定项目实际的不可预见费用的水平将会变得容易些,其最终的结果是将所有条款中不可预见费用的数量加以汇总,从而确定其占整个项目成本预算的比重。不可预见费用不是项目成本基准的一部分,但是,包含在项目的预算之内。因为它们不作为预算分配,所以,也不是实现价值计算的一部分。

对于软件项目来讲,不可预见费用对于一个项目的成功至关重要。如果没有它,当项目固有的风险周期性发生时,就会影响项目基线。考虑的风险主要包括开发团队经验不足、应用技术不熟练、计划时间不足、标准组件的数量、项目依赖的数据或者第三方软件等。

6.5　项目成本控制

项目成本控制是按照事先确定的项目成本基准计划,通过运用多种恰当的方法,对项目实施过程中所消耗的成本费用的使用情况进行管理控制,以确保项目的实际成本限制在项目成本预算范围内的过程。

项目成本控制实现的是对项目成本的管理,其主要目的是对造成实际成本与成本基准计划发生偏差的因素施加影响,确保其向有利的方向发展;同时对与成本基准计划已经发生偏差和正在发生偏差的各项成本进行管理,以保证项目的顺利进行。

有效的成本控制的关键在于及时分析成本的绩效,尽早发现成本无效和出现偏差的原因,以便在项目成本失控之前能够及时采取纠正措施。并且项目成本控制必须与项目的其他控制过程紧密结合,防止单纯的控制项目成本而出现项目范围、进度、质量等方面的问题。项目成本控制的主要内容包括:

- 监控实际成本与计划成本的偏差;
- 确认费用偏差都被记录;
- 避免不正确、不合适的或者无效的费用变更的发生;
- 获取项目变更的各种信息,特别关注影响成本变更的信息。

6.5.1　成本控制的依据

成本控制的依据主要是成本基准、绩效报告、变更请求和成本管理计划。

1. 成本基准

成本基准是按时间分段的预算,用做度量和监控项目整体成本的基准。它按时段汇总估算的成本编制而成,通常以 S 曲线的形式表示。把成本基准与实际费用相比较,以判断是否需要进行变更或采取怎样的纠正或预防措施。

2. 绩效报告

绩效报告是提供实际工作中项目成本和资源绩效的信息。它反映了项目预算的实际执行情况,其中包括哪个阶段或哪些工作的成本超出了预算,哪些没有超出预算,问题出在什么地方等。这些都给项目成本控制提供了依据。绩效报告通常要给出项目成本的预算数额、实际执行数额和差异数额。差异数额是评价、考核项目成本管理绩效好坏的重要标志。

3. 变更请求

通过对项目执行情况的分析,常常会对项目的某些方面提出一些修改的要求。这些变更申请对费用的使用方向以及对成本的预算产生影响,可能增加成本,也可能减少成本。变更申请的表达方式可以是口头的也可以是书面的。为了能使变更获得有效的财政支持,必须获得业主/客户权威人士的认可,方可同意变更。

4.成本管理计划

成本管理计划描述当项目实际成本和计划成本发生差异时如何进行管理,对整个成本控制过程进行有序的安排,可以实现对成本合理安排与使用。

6.5.2　成本控制的方法

项目成本控制的主要方法有成本变更控制系统、成本绩效测量法、附加计划法和计算机辅助法。

1.成本变更控制系统

成本计划是一个动态的计划,它会随着项目的进展而不断地更新、不断地变化,因此需要不断跟踪。项目成本变更控制系统就是通过建立项目变动控制体系,对项目成本进行控制的方法。这包括从请求变更,到批准请求变更,一直到最终变更项目成本预算的整个变更控制过程。成本变更控制过程是项目变更控制系统的一个部分,与整个项目的变更控制系统是一致的。

2.成本绩效测量法

成本绩效测量法主要是帮助项目管理者及时分析项目成本状况,尽早发现项目成本差异,争取在情况变坏之前采取措施予以纠正。挣值分析法就是一种有效的分析方法,可用于进行项目成本偏差分析和控制。

3.附加计划法

项目的费用计划往往难以实现,不可预见的各种情况要求在项目实施过程中不断对项目的成本做出新的估计和修改。附加计划法就是通过新增或修订原有计划来对项目成本进行有效的控制。这样就能成功地避免当突然遭遇意外情况时,项目管理者不知所措、无力应付而使项目成本失控的情况。所以,附加计划法有着未雨绸缪、防患于未然的功效。

4.计算机辅助法

借助相关的项目管理软件,如 Project 和电子制表软件跟踪项目的计划成本、实际成本和预测成本改变的影响。

6.5.3　挣值分析法

挣值分析法是一种项目绩效衡量方法,它综合了范围、时间和成本数据,主要用于实际成本的绩效测量。其基本思想是通过测量和计算已完成工作的预算费用与已完成工作的实际费用,将其与计划工作的预算费用相比较得到项目的费用偏差,从而达到判断项目成本和进度计划执行情况的目的,来帮助项目管理者分析正在进行的项目的完工程度,衡量正在进行的项目的成本效率,为成本控制措施的选取提供依据。同时还能对项目成本的发展趋势做出科学的预测与判断,提出相应对策。

挣值分析法主要涉及 3 个参数、4 个指标。挣值分析法的 3 个参数是计划工作量的预算成本、已完工作量的实际成本和已完工作量的预算成本。

（1）计划工作量的预算成本（Budgeted Cost for Work Scheduled，BCWS）。BCWS 是指计划要求完成的工作量所需的预算工时/费用。计算公式为：

$$BCWS = 计划工作量 \times 预算定额 \qquad (6\text{-}2)$$

（2）已完工作量的实际成本（Actual Cost for Work Performed，ACWP）。ACWP 是指实际完成的工作量所消耗的工时/费用。ACWP 主要反映项目执行的实际消耗指标。

（3）已完工作量的预算成本（Budgeted Cost for Work Performed，BCWP）。BCWP 是指实际完成的工作量按预算定额计算的工时/费用，即挣值（Earned Value）。BCWP 的计算公式为：

$$BCWP = 实际工作量 \times 预算定额 \qquad (6\text{-}3)$$

4 个指标是成本偏差、进度偏差、成本执行指数、进度执行指数。通过这 4 个指标，可以分析项目执行过程中成本的使用情况和进度的进展情况。

（1）成本偏差（Cost Variance，CV）。CV 是指检查期间 BCWP 与 ACWP 之间的差异。计算公式为：

$$CV = BCWP - ACWP \qquad (6\text{-}4)$$

当 CV<0 时，表示已完成工作量的实际成本超过了预算成本，即出现了超支的现象，说明执行效果不佳。如图 6-7(a)所示。

当 CV>0 时，表示已完成工作量的实际成本低于预算成本，即有所结余，说明工作效率高，执行效果好。如图 6-7(b)所示。

当 CV=0 时，表示已完成工作量的实际成本等于预算成本。

（2）进度偏差（Schedule Variance，SV）。SV 是指检查期间 BCWP 与 BCWS 之间的差异。计算公式为：

$$SV = BCWP - BCWS \qquad (6\text{-}5)$$

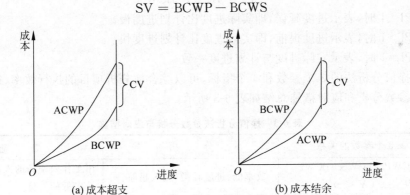

(a) 成本超支   (b) 成本结余

图 6-7　成本偏差示意图

当 SV>0 时，表示进度提前，实际执行工作比计划花费的时间更少。如图 6-8(a)所示。在图中，当进度到达 T_1 时，已完成工作的预算成本为 C_1，计划完成工作的预算成本为 C_2，此时 SV>0。但是，当预算成本达到 C_1 时，根据计划完成工作预算成本曲线，对应的进度应该在 T_2，很明显，完成同样的工作量进度提前了 $\Delta H = T_2 - T_1$。

当 SV<0 时，表示进度延误，实际执行工作比计划花费更多的时间。如图 6-8(b)所示。在图中，当进度到达 T_4 时，已完成工作的预算成本为 C_4，而计划完成工作的预算成本为 C_3，此时 SV<0。但是，当预算成本达到 C_4 的时候，按照计划完成工作预算成本曲线，对应

的进度应该在 T_3，明显看出，完成同样的工作量进度延误了 $\Delta H = T_4 - T_3$。

当 SV＝0 时，表示实际进度与计划进度一致。

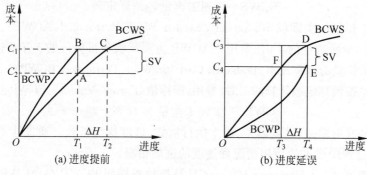

图 6-8   进度偏差示意图

（3）成本执行指数（Cost Performed Index，CPI）。CPI 是指预算成本与实际成本之比（或工时值之比）。计算公式为：

$$CPI = BCWP/ACWP \tag{6-6}$$

当 CPI＜1 时，表示已完成工作的实际成本高于预算成本。

当 CPI＞1 时，表示已完成工作的实际成本低于预算成本。

当 CPI＝1 时，表示已完成工作的实际成本等于预算成本。

（4）进度执行指数（Schedule Performed Index，SPI）。SPI 是指项目挣值与计划值之比。计算公式为：

$$SPI = BCWP/BCWS \tag{6-7}$$

当 SPI＜1 时，表示进度延误，即实际进度比计划进度慢。

当 SPI＞1 时，表示进度提前，即实际进度比计划进度快。

当 SPI＝1 时，表示实际进度与计划进度一致。

利用挣值分析法的 3 个参数和 4 个指标，可以综合地分析项目的执行效率、进度。挣值分析法的参数分析和应对措施总结如表 6-3 所示。

表 6-3   挣值分析法参数分析与应对措施

序号	3 个参数的关系	分析	措施
1	ACWP＞BCWS＞BCWP SV＜0 CV＜0	效率低、进度较慢、投入超前	用工作效率高的人员更换工作效率低的人员
2	BCWP＞BCWS＞ACWP SV＞0 CV＞0	效率高、进度较快、投入延后	若偏离不大，维持现状
3	BCWP＞ACWP＞BCWS SV＞0 CV＞0	效率较高、进度快、投入超前	抽出部分人员，放慢进度
4	ACWP＞BCWP＞BCWS SV＞0 CV＜0	效率较低、进度较快、投入超前	抽出部分人员，增加少量骨干人员
5	BCWS＞ACWP＞BCWP SV＜0 CV＜0	效率较低、进度慢、投入延后	增加高效人员和投入
6	BCWS＞BCWP＞ACWP SV＜0 CV＞0	效率较高、进度较慢、投入延后	迅速增加人员和投入

6.5.4 成本控制的结果

项目成本控制的结果是实施成本控制后的项目所发生的变化,主要包括修正的成本估算、预算更新、纠正措施、按照完成情况估算、项目计划的变更、经验教训等。成本控制的结果往往反映项目实施的状态。

1. 修正的成本估算

修正的成本估算是为了项目的需要而修正项目的成本信息。必要的时候,须通知项目相关的干系人。修正的成本估算可能要求对项目管理计划的其他方面进行调整,但可以不必调整整个项目的计划方向。

2. 预算更新

预算更新是对批准的成本基准所做的更新。这些数值一般仅在审定进行项目范围变更的情况下才进行修改。但在某些情况下,成本偏差可能极其严重,以至于需要修改成本基准,才能对绩效提供一个现实的衡量基础。

一般来说,预算更新是一个激进的项目控制反馈活动,它的前提是发现了项目前期工作的重大失误,从而对既定的成本基准进行更改。发生此类活动,项目组要在不影响项目进展的情况下,按照正规的报告、审批和执行程序进行预算更新,并且要求给出严格的书面报告,并及时按程序通知有关部门。

3. 纠正措施

纠正措施是指为使项目将来的预期绩效与项目管理计划一致所采取的行动。在实施项目成本控制的时候,由于项目实施不可避免地要遇到各种问题,这些问题都将影响到项目成本控制计划的正常实施。对于这些问题,需要采取大量的措施予以纠正,并在需要的时候重新制定成本计划。

4. 按照完成情况估算

按照完成情况估算(Estimate at Completion, EAC)是根据项目执行情况对项目总成本的预测。按照项目完成情况估计在目前状态下完成项目所需要的费用,主要有三种情况:

- EAC =实际支出+按照实施情况对剩余预算所作的修改。

这种方法通常用于当前变化可以反映未来的变化时。

- EAC =实际支出+对未来所有剩余工作的重新估算。

当目前的项目执行情况表明以往的费用估算假设基本失效,或者由于目前条件的改变使原有的假设不再成立时,可以使用该方法。

- EAC =实际支出+剩余的预算。

适应于当前的变化仅是一种特殊情况,项目管理者认为未来的实施不会发生类似的变化。

5. 项目计划的变更

虽然成本基准计划是控制成本的标准依据,但在实际执行时,还是有一些出入,这就造成项目成本模型的变化。当变化幅度很大时,就需要产生更合适的实际成本管理计划。新计划产生必须与原计划的产生程序一致,只不过是更加适合于变化了的环境。新计划的出台,必须及时、准确。为了保持项目的持续性,原计划、新计划乃至于实际成本要在结构上、内容上和范围上保持高度的一致性。

6. 经验教训

当成本导致偏差时,应记录下产生偏差的原因、采取纠正措施的理由和其他的成本控制方面类似的经验教训,这样记录下来的教训可以成为项目组织其他项目历史数据库的一部分。

6.6　项目成本效益分析

成本效益分析是通过比较项目的全部成本和效益来评估项目价值的一种方法。对于IT项目来说,如何以低成本换得高效益,如何评价项目投资的必要性和有效性,这既是一个技术问题,也是一个经济问题。所以,对于IT项目的成本效益分析,不仅要关注对技术的评价和实施,而且要重视对其经济评价的探讨。

软件系统的经济效益等于因使用新软件而增加的收益加上使用新软件可以节省的运行费用。针对成本效益的分析是先将软件项目投资中可能发生的所有成本与效益归纳起来,再利用数量分析方法来计算成本和效益的比值,从而以经济角度去评价开发一个新的软件项目是否可行、是否盈利。

6.6.1　成本效益分析的必要性

组织进行IT项目建设是一种投资行为,要发生一定的费用,包括购置计算机及外部设备的硬件投入、开发软件项目的软件投入、人员培训成本等;也可以带来很大的收益,例如提高工作效率、加速存货周转率、优化现金管理方式等。投资IT项目必须进行可行性研究,而成本效益分析是可行性研究的重点内容,尤其是效益分析将直接决定项目是否可行。

对IT项目进行成本效益分析,相当于在项目建设前进行投资预算和收益估算,这样使组织的投资有准备、有目标、有信心,使组织的决策更及时、更准确,内部合作更协调,不仅有利于项目的顺利建设,也有利于组织的稳步发展。

对组织已建立的IT项目进行成本效益分析,相当于做一个事后评价,也可以帮助组织理清开支,弄清收益,从而发现问题,及时解决问题,使IT项目的运作更加有效。

总之,进行IT项目成本效益分析,有利于组织选择IT项目的投资决策,有利于组织制定IT项目的投资预算计划,有利于获得组织内部的支持。

6.6.2　成本效益分析的方法

1. 净现值法

净现值(Net Present Value,NPV)是一项投资所产生的未来现金流的折现值与项目投资成本之间的差值。净现值法是评价投资方案的一种方法。该方法利用净现金效益量的总现值与净现金投资量算出净现值,然后根据净现值的大小来评价投资方案。净现值为正值,投资方案是可以接受的;净现值是负值,投资方案就是不可接受的。净现值越大,投资方案越好。净现值法是一种比较科学也比较简便的投资方案评价方法。净现值的计算公式如下：

$$\text{NPV} = \sum I_t/(1+R) - \sum O_t/(1+R) \qquad (6\text{-}8)$$

式(6-9)中，NPV 表示净现值；I_t 表示第 t 年的现金流入量；O_t 表示第 t 年的现金流出量；R 表示折现率；n 表示投资项目的寿命周期。

净现值法所具有的优点包括：

- 使用现金流量。企业可以直接使用项目所获得的现金流量，相比之下，利润包含了许多人为的因素。在资本预算中利润不等于现金。
- 净现值包括了项目的全部现金流量，其他资本预算方法往往会忽略某特定时期之后的现金流量，如回收期法。
- 净现值对现金流量进行了合理折现，有些方法在处理现金流量时往往忽略货币的时间价值，如回收期法、会计收益率法。

使用净现值法应注意以下问题：

- 折现率的确定。净现值法虽考虑了资金的时间价值，可以说明投资方案高于或低于某一特定的投资的报酬率，但没有揭示方案本身可以达到的具体报酬率是多少。折现率的确定直接影响项目的选择。
- 用净现值法评价一个项目多个投资机会，虽反映了投资效果，但只适用于年限相等的互斥方案的评价。
- 净现值法是假定前后各期净现金流量均按最低报酬率（基准报酬率）取得的。
- 若投资项目存在不同阶段则有不同风险，这时最好分阶段采用不同折现率进行折现。

2. 现值指数法

现值指数也称获利指数（Profitability Index），是指投资方案未来现金净流量现值与原始投资额现值的比值。现值指数法就是使用现值指数作为评价方案优劣的一种方法。其计算公式为：

$$\text{现值指数} = \sum_{k=1}^{n} \frac{I_k}{(1+i)^k} \bigg/ \sum_{k=1}^{n} \frac{O_k}{(1+i)^k} \qquad (6\text{-}9)$$

式(6-9)中，n 表示投资项目的寿命期；I_k 表示第 k 年的现金流入量；O_k 表示第 k 年的现金流出量；i 表示预定的贴现率。

当现值指数大于 1 时，表示方案可行，且现值指数越大方案越优。现值指数指标也是一个反映获利能力的指标以及决策的标准：

- 现值指数≥1，说明方案可行；
- 现值指数＜1，说明方案不可行；
- 现值指数均＞1，那么就选择现值指数最大的方案为最优方案。

现值指数法的优点：

- 考虑了资金时间价值，增强了投资经济性评价；
- 考虑了全过程的净现金流量，体现了流动性与收益性的统一；
- 考虑了风险，风险大则采用高折现率，风险小则采用低折现率；

- 便于不同项目投资额方案的比较。

现值指数法的缺点:

- 现值指数计算较麻烦,难掌握;
- 净现金流量难预测,折现率高低难掌握;
- 无法从动态角度直接反映投资项目的实际收益水平。

3. 内含报酬率法

内含报酬率法即内部收益率法(RInternal Rate of Return,IR),就是资金流入现值总额与资金流出现值总额相等、净现值等于零时的折现率,是一项投资可望达到的报酬率,是在考虑了时间价值的情况下,使一项投资在未来产生的现金流量现值,刚好等于投资成本时的收益率。

$$\sum_{t=1}^{n} \mathrm{NCF}_t (1+i)^{-t} - \mathrm{NCF}_0 = 0 \tag{6-10}$$

式(6-10)中,i 为折现率;NCF_t 为 t 期的现金流量;NCF_0 为原投资额。

当 $\sum_{t=1}^{n} \mathrm{NCF}_i - \mathrm{NCF}_0$ 时,折现率 i 即内含报酬率。

内部收益率法的优点是能够把项目寿命期内的收益与其投资总额联系起来,指出这个项目的收益率,便于将它同行业基准投资收益率对比,确定这个项目是否值得建设。使用借款进行建设,在借款条件(主要是利率)还不很明确时,内部收益率法可以避开借款条件,先求得内部收益率,作为可以接受借款利率的高限。但内部收益率表现的是比率,不是绝对值,一个内部收益率较低的方案,可能由于其规模较大而有较大的净现值,因而更值得建设。所以在各个方案对比时,必须将内部收益率与净现值结合起来考虑。

通过以上对三种方法的分析介绍,了解到这三种方法都考虑货币时间价值,对投资项目所引起的现金流量进行贴现,但它们又各有特点。

- 净现值法使用净现值作为评价方案的指标。它是绝对指标,可以用于评价项目投资的效益。
- 现值指数法使用现值指数作为评价方案的指标。它的优点是可以进行独立投资机会获利能力的比较,相对于净现值法,它可以评价投资的效率。
- 内含报酬率法是根据方案本身内含报酬率来评价方案优劣的一种方法。它揭示了方案本身可以达到的具体报酬率。
- 内含报酬率是相对数,净现值是绝对数。在评价方案时要注意到,比率高的方案绝对数不一定大,反之也一样。如果两个方案是互相排斥的,要使用净现值指标,选择净现值大的方案。如果两个指标是相互独立的,应使用内含报酬率指标,优先安排内含报酬率较高的方案。

【案例 6-1 的分析】

此类案例在 IT 行业来说是非常普遍的现象,尤其是一些中小型软件企业面临着巨大的市场竞争压力,为了能够争取到一些项目定单,不得不压价签约。如果企业内部在项目管理方面缺乏相应有效的管理手段,必然为项目成本管理带来风险和麻烦。站在成本管理的角度考虑,此项目可以从以下几个方面来分析:

（1）从这个项目中可以看出成本管理的重要性。项目在没有做出成本估算的情况下，就在价格上做出了很大让步，这本身就是一个很大的风险。

（2）范围是影响成本的重要因素之一。如果范围都没有确定，成本的估算就根本无法进行。在这个项目中，公司在没有确定项目范围、成本估算无法进行的情况就签定了合同，对于项目成本管理的预算和控制造成了极为不利的影响。

（3）为了能在现有的条件下控制好、执行好此类项目，必须加强成本的管理和控制。首先，不要忙于组织实施，应该和相关人员密切配合来与客户沟通项目范围，进行需求调研和范围分析工作，评估项目成本和风险，提交分析报告给企业的主管领导进行决策；与用户加强沟通，确定范围，减少需求的变动，对于某些需求变更要求客户追加资金。认真分析变更所带来的技术和功能影响、成本和进度影响以及对系统资源需求的影响等。其次，项目组自身要加强成本的控制，比如合理安排人员，要尽量在提高工作效率的同时降低开发成本。

（4）在这个项目中应该吸取经验教训，避免以后发生类似的事情。首先，销售人员在提出立项意向或投标的时候，应认真分析招标说明书中有关技术需求的描述或对用户需求进行必要的调研，评估项目的范围，必要时可申请售前工程师或其他技术人员给予配合。其次，建立健全合同评审流程，要求有经验的技术人员参与合同评审，以保证从技术和实施成本方面进行严格评估。另外，在对部门及员工进行业绩考核时，要综合考虑相关项目实施成本的因素，以强化项目组的成本意识。

（5）项目经理项目成本意识和项目成本管理能力非常重要，孙大海驾驭成本的方法值得我们学习。

【感想和体会】

项目经理必须确保项目有恰当的定义、准确的时间和成本估算，以及他们参与并同意的切合实际的项目预算。

积极、主动的控制项目成本是项目经理的责任，成本的计划和控制是最好的效益来源。不计成本的项目是没有发展前途的，你对成本的计划与控制能力将预示着你的未来！

6.7 习题与思考

1. 什么是成本与成本管理？影响 IT 项目成本的因素有哪些？规划成本管理过程的主要作用是什么？

2. 列举 IT 项目的量级估算、预算估算和最终估算的例子。

3. 什么是挣值分析法？它对于 IT 项目的成本控制有什么意义？请举一个具体的实例说明。

4. 什么是不可预见费用？它包括哪两种类型？

5. IT 项目成本效益的分析方法有主要哪几种？请将这些方法运用到一个具体 IT 项目的方案中，通过比较分析，来判断项目方案的可行性。

6. 假设某项目有 A、B、C、D、E、F、G 7 个工作包组成，项目目前执行到了第 6 周末，各项工作在其工期内每周计划费用、实际费用及计划工作量完成百分比如图 6-9 所示。计算 ACWP、BCWP、CPI、SPI 及 EAC。

工作(计划费用/每周万元)	实际费用(万元)	完成情况(%)	1	2	3	4	5	6	7	8	9	10
A(10)	20	100	■	■								
B(20)	25	100	■									
C(20)	60	100			■							
D(15)	50	75				■	■					
E(25)	50	40						■	■	■		
F(20)	10	10								■	■	■
G(25)	0	0								■	■	■

图 6-9　计划费用、实际费用及计划工作量完成情况表

7. 你是否遇到过类似案例 6-1 所描述的问题？孙大海的成功对你有何启发？

第 7 章

保证项目质量

【本章知识要点】

随着社会信息化水平的不断提高和 IT 项目应用的不断深入,IT市场竞争日益激烈,对 IT 产品和服务的要求也越来越高。IT 企业和部门的首要任务是为客户提供高质量的产品和服务。质量是企业的生命线已成为人们的共识。

本章讨论质量管理、IT 项目质量管理、软件项目质量管理的概念与特点;分析软件项目质量管理的重要性;介绍质量专家的质量管理观念、质量管理体系、质量管理过程以及质量控制的工具和技术。学习完本章后,应当掌握如下知识:

(1) 质量管理的重要性与质量管理的基本概念。

(2) 质量管理的发展历程与现代质量管理的特点。

(3) 质量管理的方法与体系。

(4) 项目质量管理的过程。

(5) 质量管理的方法、技术和工具。

【案例 7-1】

软件质量问题

许多关于 IT 项目质量低劣的新闻标题表明,在 IT 项目中质量是个非常严重的问题。许多 IT 项目开发的系统应用在生死攸关的场合,有一些关键的 IT 系统甚至导致了人员伤亡,许多商务系统中的质量问题导致了重大财政损失。

1963 年,由于把 DO 5 I＝1,3 写成 DO 5 I＝1.3,美国飞往火星的探测火箭爆炸。

1981 年,由于计算机程序改变而导致的 1/67 的时间偏差,使航天飞机上的 5 台计算机不能同步运行,这个错误导致了航天飞机发射失败。

1986 年,1 台机器泄露致命剂量的辐射,致使两名医院病人死亡。造成惨剧的原因是一个软件出现了问题,导致这台机器忽略了数据校验。

1993 年,伦敦附近核电站的反应堆内,由于温度控制失灵,致使欧洲人口最为密集的地区面临巨大灾难。后查明在反应堆的"主要保护系统"中一个 10 万行代码的控制程序几乎有一半未能通过测试。

1996 年，欧洲航天局阿丽亚娜 5 型(Ariane5)火箭发射后 40 秒钟发生爆炸，发射基地 2 名法国士兵当场死亡，耗资产 10 亿美元，历时 9 年的航天计划严重受挫，震惊了国际宇航界。事后专家调查分析报告指出，爆炸原因在于惯性导航系统软件技术要求和设计的错误。

1997 年，香港新建机场投入运营时，由于软件的问题使新机场投入使用的第一天出现严重混乱，不能正常按计划接送客货，造成相当大的损失。

1997 年，信息界开始拉起了"千年虫"警钟，并很快引起了全球关注，各国政府和企业都曾投入大量人力物力以阻止它造成破坏，其主要根源在于软件设计考虑不周全。

2005 年，日本东京证券交易所股票交易系统发生大规模系统故障，导致所有股票交易全面告停，短短 2 个小时就造成了上千亿的损失。经查明，故障的"元凶"是为增强系统处理能力而更新的交易程序存在缺陷。

2011 年 7 月 23 日的温州市双屿路，将永远写在中国高速铁路的历史上。当天 20 时 38 分，北京至福州的 D301 次列车行驶至此，与杭州开往福州、当时遭雷击停车的 D3115 次列车追尾，造成 D301 次列车 4 节车厢从高架桥上掉落。这次事故造成 40 人死亡，约 200 人受伤。D301 次列车司机当场死亡，胸口被车闸刺穿，可以推论司机通过肉眼看到前面的列车时，做过刹车的处理，但是已经来不及了。经调查认定，"7·23"甬温线特别重大铁路交通事故是一起因列控中心设备存在严重设计缺陷、上道使用审查把关不严、雷击导致设备故障后应急处置不力等因素造成的责任事故。而本应接收到闭塞信号并立即自动启动制动装置的列车运行控制系统(CTCS)失效是悲剧发生的直接原因。

这些惨痛的教训说明，在 IT 项目中认真抓好质量管理，并加强有关软件项目质量管理的研究是摆在人们面前重要和迫切的课题。

7.1　质量管理概述

著名质量管理专家威廉·爱德华·戴明(W. Edwards Deming)指出："质量是一种以最经济的手段，制造出市场上最有用的产品的方法。一旦改进了产品质量，生产率就会自动提高。"

不断提高产品质量是企业一项永久性的工作，随着信息技术的迅速发展和应用范围日益广泛，人们对软件的依赖越来越大，软件质量问题带来的危害也越来越严重。人们对软件质量的要求越来越高，对软件的质量控制和质量管理也越来越重视。

7.1.1　质量和质量管理

1. 质量的定义

国际标准化组织(International Organization for Standardization, ISO)将质量定义为："质量是反映实体满足明确和隐含需要的能力的特性总和。"

美国质量管理协会(American Society of Quality Control, ASQC)将质量定义为："质量是过程、产品或服务满足明确或隐含的需求能力的特征。"

我国国家标准 GB/T 1900—2000 将质量定义为："质量是一组固有特性满足要求的

程度。"

这些定义表明质量是通过实体来体现的,质量的实体可以是产品,也可以是某项活动或过程的工作质量,还可以是质量管理体系运行的质量。

质量的内涵包括:

- 内在质量特性。产品或服务的性能、特性、强度、精度等方面的质量特性。
- 外在质量特性。产品或项目在外形、包装、装潢、色泽、味道等方面的特性。
- 经济质量特性。产品或项目的寿命、成本、价格、运营维护费用等方面的特性。
- 商业质量特性。产品的保持期、保修期、售后服务水平等方面的特性。
- 环保质量特性。指产品对于环境保护的贡献或对于环境的污染等方面的特性。

软件质量除了具有一般产品的质量特征以外,还具有 6 个方面的质量特性,每个方面包含若干个子特性:

- 功能性——适合性、准确性、互操作性、依从性、安全性;
- 可靠性——成熟性、容错性、易恢复性;
- 易用性——易理解性、易学性、易操作性;
- 效率——时间特性、资源特性;
- 可维护性——易分析性、易改变性、稳定性、易测试性;
- 可移植性——适应性、易安装性、遵循性、易替换性。

2. 质量管理的定义

ISO 将质量管理定义为:"在质量方面指挥和控制组织的协调活动。"

质量管理是确定质量方针、目标和职责,并在质量体系中通过诸如质量策划、质量控制、质量保障和质量改进使质量得以实现的全部管理活动。其中:

- 质量方针是由组织的最高管理者正式发布的一个组织总的质量宗旨和质量方向。
- 质量体系是实施质量管理所需要的组织结构、程序、过程和资源。
- 质量策划是确定质量的目标和要求,以及确定采用质量体系要素的目标和要求的活动。
- 质量控制是为达到质量要求所采取的作业技术与活动。
- 质量保障是为了保证实体能够满足质量要求,并提供足够的证明以表明实体保证能够满足质量要求而在质量体系中实施的,并根据需要进行验证的,全部有计划和有系统的活动。
- 质量改进是为向本组织及其顾客提供更多的收益,在整个组织内所采取的旨在提高活动和过程的效益和效率的各种措施。

质量管理作为企业管理活动,贯穿企业从质量方针制定到用户对项目产品质量的最终检验的全过程;质量管理需要所有项目干系人的共同努力;质量管理不仅仅是项目产品的质量管理,而且还包括制造产品过程中工作质量的管理。

3. 项目质量管理

项目质量的主体是项目,项目的结果可能是有形产品,也可能是无形产品,更多的则是两者的结合。

项目的质量管理是指围绕项目质量所进行的指挥、协调和控制等活动。项目质量管理是为了保障项目的产出物满足客户以及项目各方面相关利益者的需要所开展的,对于项目产出物的质量和项目工作质量的全面管理工作。

　　IT项目质量管理是指为了使其产品和服务质量能满足不断更新的市场与客户的质量要求而开展的策划、组织、计划、实施、控制、改进活动的总和。IT项目质量管理者认为下述5点认识至关重要:

- 必须让参加项目的每个人从进入项目这一刻就牢记,质量是企业的生命线,质量管理是全体员工的责任;
- 使顾客满意是质量管理的最终目的;
- 质量不是检测出来的,而是策划和制造出来的;
- 建立项目管理规范、标准和模板是项目质量的基本保障;
- 质量管理的关键是不断地改进和提高项目管理能力。

　　现代的质量管理与项目管理是相辅相成的。例如,质量管理和项目管理这两门学科都认识到以下几方面的重要性:

- 顾客的满意程度。强调对顾客的需求深刻理解、认真评估、准确定义和严格管理,以便与顾客的期望相符。这就要求既符合要求(项目交付的产品要与它宣布将交付的产品相符)又适于使用(交付的产品或服务要满足实际需求)。
- 预防胜于检查。强调预防比检查更重要。防患于未然的代价总是小于检查所发现错误的纠正代价。
- 管理层的责任。成功需要项目团队全体成员的参与,然而提供取得成功所需的资源却仍然是管理层的职责。
- 持续改进。计划、执行、检查、改进循环是质量改进的基础。执行组织采取的质量改进措施,不仅会改善项目管理的质量,而且也会改进项目产品的质量。

7.1.2　质量管理的过程

　　项目质量管理主要包括3个过程,如图7-1所示。这些过程的主要工作如表1-2所示。

　　规划质量管理主要结合企业的质量方针、产品描述以及质量标准和规则,通过收益、成本分析和流程设计等工具制定实施方略,其内容全面反映用户的要求,为质量小组成员的有效工作提供指南,为项目小组成员以及项目相关人员了

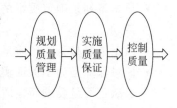

图7-1　项目质量管理主要过程

解在项目进行中如何实施质量保证和控制提供依据,为确保项目质量得到保障提供坚实的基础。质量规划重点考虑三个方面的问题:明确质量标准,即确定每个独特项目的相关质量标准,把质量规划到项目的产品和管理项目所涉及的过程之中;确定关键因素,即理解哪个变量影响结果是质量规划的重要部分;建立控制流程,即以一种能理解的、完整的形式传达为确保质量而采取的纠正措施。

　　实施质量保证是贯穿整个项目全生命周期的、有计划的、系统的活动。它经常性地针对整个项目质量计划的执行情况进行评估、检查与改进工作。质量保证以保证质量为基础,通过这一过程达到为用户提供"信任"的目的。质量保证包括与满足一个项目相关的质量标准有关的所有活动,它的另一个目标是不断地改进质量。

控制质量是对阶段性的成果进行检测、验证,为质量保证提供参考依据。控制质量是一个计划、执行、检查、改进的循环过程,它通过一系列的工具与技术来实现。

7.1.3 现代质量管理

质量管理是管理科学中一个重要的分支,质量管理的产生和发展过程走过了漫长的道路,可以说是源远流长。人类历史上自有商品生产以来,就产生了以商品的成品检验为主的质量管理方法。经济社会发展的过程中,质量管理也经过了从无到有、从粗到细、从结果到全面的过程。

质量管理的发展,按照所依据的手段和方式来划分,大致经过三个阶段,如图 7-2 所示。第一阶段为质量检验阶段。在这一阶段,人们通过严格检验来控制和保证转入下道工序和出厂的产品质量,对质量管理的理解还只限于质量的检验;第二阶段为统计质量控制阶段,这一阶段的特点是利用数理统计原理在生产工序间进行质量控制,预防产生不合格品并检验产品的质量;第三阶段为全面质量管理阶段,其特点是从过去的事后检验和把关为主转变为以预防和改进为主;从管结果变为管因素,把影响质量的诸因素查出来,抓住主要矛盾,发动全员、全部门参加,依靠科学管理的理论、程序和方法,使生产的全过程都处于受控状态。

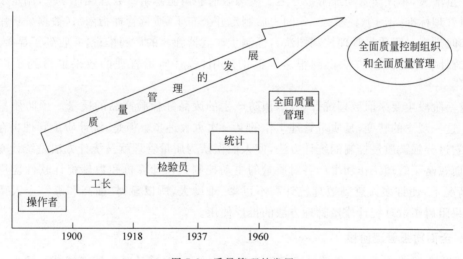

图 7-2 质量管理的发展

1. 质量检验阶段

20 世纪初,人们对质量管理的理解还只限于质量的检验。质量检验所使用的手段是各种的检测设备和仪表,方式是严格把关,进行百分之百的检验。期间,美国出现了以泰罗为代表的"科学管理运动"。"科学管理"提出了在人员中进行科学分工的要求,并将计划职能与执行职能分开,中间再加一个检验环节,以便监督、检查对计划、设计、产品标准等项目的贯彻执行。这就是说,计划设计、生产操作、检查监督各有专人负责,从而产生了一支专职检查队伍,构成了一个专职的检查部门,这样,质量检验机构就被独立出来了。起初,人们非常强调工长在保证质量方面的作用,将质量管理的责任由操作者转移到工长,故被人称为"工长的质量管理"。后来,这一职能又由工长转移到专职检验人员,由专职检验部门实施质量检验,称为"检验员的质量管理"。

这一阶段对工业发展本身来说是一个不小的进步,但是从质量管理角度来说,质量检验的效能较差。质量检验是在成品中挑出废品,以保证出厂产品质量。但这种事后检验把关,无法在生产过程中起到预防、控制的作用。因为这种方法虽然可以防止不合格品出厂或流入下一工序,但是不能预防废品的产生,由废品造成的损失也无法消除。且百分之百的检验会增加检验费用,在大批量生产的情况下,其弊端就突显出来。

2. 统计质量控制阶段

这一阶段的特征是数理统计方法与质量管理的结合,通过对过程中影响因素的控制达到控制质量的目的。第一次世界大战后期,休哈特将数理统计的原理运用到质量管理中来,并发明了控制图。他认为质量管理不仅要采取事后检验,而且在发现有废品生产的先兆时就进行分析改进,从而预防废品的产生。控制图就是运用数理统计原理进行这种预防的工具,因此控制图的出现,是质量管理从单纯事后检验进入检验加预防阶段的标志,也是形成一门独立学科的开始。在休哈特创造控制图以后,他的同事在1929年发表了《抽样检查方法》。他们最早将数理统计方法引入质量管理,为质量管理科学做出了贡献。第二次世界大战开始以后,统计质量管理得到了广泛应用。由于第二次世界大战对大量生产的需要,质检的工作量增大,军火交货期经常被延迟。美国政府和国防部组织数理统计学家,制定了最早的质量管理标准,于1941—1942年间先后制定并公布了《质量管理指南》、《数据分析用控制图法》和《生产过程质量管理控制图法》,强制生产武器弹药的厂商推行,并收到了显著效果。从此,统计质量管理的方法得到很多厂商的应用,统计质量管理的效果也得到了广泛的承认。

这一阶段主要采取数理统计原理,预防产生的废品并检验产品的质量。预防质量事故的发生这一观念的转变,是质量管理工作的又一次重大进步。但是,统计质量管理也存在着缺陷,它过分强调质量控制的统计方法,使人们误认为质量管理就是统计方法是统计专家的事,从而忽略了管理工作和生产者对质量的主动控制。在计算机和数理统计软件应用不广泛的情况下,使许多人感到数理统计高不可攀、难度大,所以显得"曲高和寡",令人望而生畏,结果阻碍了数理统计质量管理方法的推广使用。

3. 全面质量管理阶段

20世纪50年代以来,科学技术和工业生产的发展,对质量要求越来越高。要求人们运用"系统工程"的原理,把质量问题作为一个有机整体加以综合分析研究,实施全员、全过程、全企业的管理。20世纪60年代在管理理论上出现了"行为科学"学派,主张调动人的积极性,注意人在管理中的作用。随着国际市场竞争的加剧,各国企业都很重视"产品责任"和"质量保证"问题,加强内部质量管理,从而确保生产的产品使用安全、可靠。

在上述背景条件下,显然仅仅依赖质量检验和运用统计方法已难以保证和提高产品质量,也不能满足社会进步的要求。1961年,菲根堡姆提出了全面质量管理的概念。全面质量管理以往通常用英文缩写TQC(Total Quality Control)来表示,后来改用TQM(Total Quality Management)来表示。其中的"Management",更加突出了"管理"。在一定意义上讲,它已经不再局限于质量职能领域,而演变为一套以质量为中心,综合的、全面的管理方式和管理理念。首先,它是一种由顾客的需要和期望驱动的管理哲学。其次,它是以质量为中心,建立在全员参与基础上的一种管理方法,其目的在于长期获得顾客满意以及组织成员和社会的利益。从 TQC 到 TQM,质量管理目标已从追求企业最大化利益向体现企业的社会责任转移。它强调"好的质量是设计、制造出来的,而不是检验出来的"。

ISO 8402 对 TQM 的定义是:"一个组织以质量为中心,以全员参与为基础,目的在于通过让顾客满意和本组织所有成员及社会受益而达到长期成功的管理途径。"菲根堡姆对 TQM 的定义是:"为了能够在最经济的水平上,并考虑到充分满足顾客要求的条件下进行市场研究、设计、制造和售后服务,把企业内各部门的研制质量,维持质量和提高质量的活动构成为一体的一种有效的体系。"

全面质量管理,就是企业组织全体职工和有关部门参加,综合运用现代科学和管理技术成果,控制影响产品质量的全过程和各因素,经济地研制生产和提供用户满意的产品的系统管理活动。全面质量管理体现在全面质量的管理、全过程质量的管理、全员参加的质量管理。主要有以下几个方面的含义:

- 全面质量管理坚持以客户为关注焦点的指导思想,这里的客户一是指"内部客户",企业内部的下道工序(轮班)是上道工序(轮班)的客户;二是"外部客户",即企业产品的消费者或使用单位。现代生产都是一环扣一环,上道工序(轮班)质量会影响到下道工序(轮班)质量,一道工序(轮班)出了问题会影响整个过程,甚至产品质量。同时,企业在设计、生产、销售等过程中深入开展质量管理工作,为客户提供优质的产品和服务。
- 全面质量管理的特点是把过去的事后检验和把关为主变为以预防和改进为主,把过去的就事论事、分散管理变为用系统的观点进行全面管理,从管理结果变为管理因素。对影响产品质量的关键问题,发动全体员工应用现代管理方法,对生产全过程的质量进行有效的控制。
- 全面质量管理的核心是提高人的素质,调动人的积极因素,人人做好本职工作,通过提高工作质量来保证和提高产品质量和服务质量。
- 全面质量管理追求顾客满意,注重预防而不是检查,并承认管理层对质量的责任。以顾客满意为中心,重视与企业职工、社会、交易伙伴、股东等顾客以外的利益相关者的关系。重视中长期预测与规划和经营管理层的领导能力,重视人及信息等经营资源,使组织充满自律、学习、速度、柔韧性和创造性。

7.2　质量管理方法与体系

质量管理体系是指在质量方面指挥和控制组织的管理体系,它由建立质量方针和目标并实现这些目标的相互关联或相互作用的一组要素组成。质量管理体系将影响质量的技术、管理、人员和资源等因素都综合在一起,在质量方针的指引下,为达到质量目标相互配合、努力工作。

戴明改进循环 PDCA、ISO 9000 质量认证体系、CMM/CMMI 等在 IT 项目管理中的应用,对质量管理的提高起到了很好的推进作用。

7.2.1　戴明改进循环

世界著名的统计管理学专家和质量管理专家威廉·爱德华·戴明（W. Edwards Deming)把质量管理工作过程总结为 PDCA 四个阶段。PDCA 是英文 Plan（计划）、Do（执行）、Check（检查）和 Action（改进）四个词的缩写，它反映了质量工作过程的四个阶段，通过 4 个阶段的循环不断地改善质量。这种工作方法称为 PDCA 循环工作法，如图 7-3 所示。

戴明改进循环是一个持续改进的过程，具有自适应、自加固和自修正的特征。PDCA 循环具体可分为下述 8 个步骤：

第 1 步，分析现状，找出所有存在的质量问题和主要质量问题。尽可能用数据说明所存在的质量问题，要注意克服"没有问题"、"质量尚可"等自满情绪。

图 7-3　戴明改进循环(PDCA 循环)

第 2 步，诊断分析产生质量缺陷的各种影响因素。逐个问题、逐个因素加以分析，把所有"差错"都摆出来，切忌主观、笼统，粗枝大叶。

第 3 步，找出影响质量的主要因素。影响质量的因素是多方面的，要解决质量问题，就必须要找出影响质量的主要因素，以便从主要矛盾入手，迎刃而解之。

第 4 步，针对影响质量的主要因素，制定措施，提出改善计划，并预计其效果。所制定的措施和改善计划要具体、明确，采用"5W＋1H"的方法，5W 即 What（什么事）、When（在何时）、Where（在哪里）、Why（为什么）、Who（谁），1H 即 How（如何做）。

以上 4 步是 P（计划）阶段的具体化。

第 5 步，执行既定的计划和措施是 D（执行）阶段要完成的工作。

第 6 步，根据改善计划的要求，检查、验证执行效果。计划安排的措施是否落实，是否达到了预期的效果是 C（检查）阶段要完成的工作。

第 7 步，根据检查结果进行总结，把成功的经验和失败的教训都纳入到有关的标准、制度和规定之中，巩固已经取得的成绩，防止"差错"重现，旧病复发。

第 8 步，找出这一循环尚未解决的问题，把它们转入下一个 PDCA 循环中去。

第 7、8 步是 A（改进）阶段的具体化。

戴明不仅仅是从科学的层面来改进生产程序。他特别指出："质量管理 98％的挑战在于发掘企业上下的知识诀窍。"他推崇团队精神、跨部门合作、严格的培训以及同供应商的紧密合作。

7.2.2　ISO 9000 质量认证体系

1. 质量认证

质量认证也叫合格评定，是国际上通行的管理产品质量的有效方法。质量认证按认证的对象分为产品质量认证和质量体系认证两类；按认证的作用可分为安全认证和合格认证。

产品质量认证是指依据产品标准和相应技术要求，经认证机构确认并通过颁发认证证书和认证标志来证明某一产品符合相应标准和相应技术要求的活动。

质量体系认证的对象是企业的质量体系,或者说是企业的质量保证能力。质量体系认证是由美国军工企业的质量保证活动发展起来的。1959 年,美国国防部向国防部供应局下属的军工企业提出了质量保证要求,要求承包商应在实现合同要求的所有领域和过程(例如,设计、研制、制造、加工、装配、检验、试验、维护、装箱、存储和安装)中充分保证质量,并对质量保证体系规定了两种统一的模式:军标 MIL-Q-9858A《质量大纲要求》和军标 MIL-I-45208《检验系统要求》。承包商要根据这两个模式编制"质量保证手册",并有效实施。政府要对照文件逐步检查、评定实施情况。这实际上就是现代的第二方质量体系审核的雏形。后来,美国军工企业的这个经验很快被其他工业发达国家军工部门所采用,并逐步推广到民用工业,在西方各国蓬勃发展起来。

2. ISO 与 ISO 9000

总部设在瑞士日内瓦的国际标准化组织(ISO)是一个由 100 多个国家标准化机构参加的世界性组织。1946 年,中国、美国、法国、前苏联、印度、英国等 25 个国家的 64 名代表在伦敦召开国际标准化组织(ISO)筹备会议,1947 年 2 月 ISO 宣告成立。

ISO 通过它的 2856 个技术机构开展技术活动。其中技术委员会(简称 TC)共 185 个,分技术委员会(简称 SC)共 611 个,工作组(WG)2022 个,特别工作组 38 个。ISO 制定出来的国际标准有规范的名称和编号,编号的格式是:ISO＋标准号＋[杠＋分标准号]＋冒号＋发布年号(方括号中的内容为可选项),例如,ISO 8402:1987、ISO 9000-1:1994、ISO 9001:2000 等,分别是某一个标准的编号。ISO 现已制定出国际标准 300 多个,主要涉及各行各业各种产品(包括服务产品、知识产品等)的技术规范。

1980 年 ISO 成立 TC176 着手制定关于质量保证和质量管理的国际通用标准。TC 176 即 ISO 中第 176 个技术委员会,全称是"质量保证技术委员会",1987 年更名为"质量管理和质量保证技术委员会"。TC 176 专门负责制定质量管理和质量保证技术的标准,从而促使了 ISO 9000 簇标准的诞生。

根据 ISO 9000-1:1994 的定义:"ISO 9000 簇是由 ISO/TC 176 制定的所有国际标准。"ISO 9000 是涉及质量保证与质量管理活动的一簇标准的统称。它提供了一个组织满足其质量认证标准的最低要求,健全了质量保证体系认证的制度,它包括如下内容。

- ISO 9000:质量管理与质量保证标准。
- ISO 9001:质量体系——设计、开发、生产、安装与服务的质量保证模式。
- ISO 9002:质量体系——生产与安装的质量保证模式。
- ISO 9003:最终检验与实验的质量保证模式。
- ISO 9004:质量管理与质量体系要素。

作为质量管理和质量保证标准的 ISO 9000 簇标准,适用于所有希望改进质量管理绩效和质量保证能力的组织。它组成了一个完整的质量管理与质量保证标准体系,其中,ISO 9000 是一个指导性的总体概念标准;ISO 9001、ISO 9002、ISO 9003 是证明企业能力所使用的 3 个外部质量保证模式标准;ISO 9004 是为企业或组织机构建立有效质量体系提供全面、具体指导的标准。ISO 9000 标准已被各国软件企业广泛采用,并将其作为建立企业质量体系的依据。

ISO 9000 标准发布以来,已经通过 87 版、94 版和 2000 版 3 次改版。2000 版标准已于

2000 年 3 月被我国转化为国家标准,总体结构如表 7-1 所示。

表 7-1　2000 版 ISO 9000 簇标准的总体结构

核 心 标 准	名　　　称	说　　　明
ISO 9000	质量管理体系—基本原则和术语	ISO 8402＋ISO 9000-1
ISO 9001	质量管理体系—要求	替代了 ISO 9002 和 ISO 9003
ISO 9004	质量管理体系—业绩改进指南	质量管理的八项管理原则
ISO 19011	质量和环境审核指南	指导内审和外审管理工作
其他标准		
ISO 10012	测量控制系统	ISO 10012-1～ISO 10012-2
技术报告		
ISO/TR 10006	项目管理指南	ISO 10006
ISO/TR 10007	技术状态管理指南	ISO 10007
ISO/TR 10013	质量管理体系文件指南	ISO 10013
ISO/TR 10014	质量经济性管理指南	ISO 10014
ISO/TR 10015	教育和培训指南	ISO 10015
ISO/TR 10017	统计技术指南	ISO 10017
小册子		
1	质量管理原理选择和使用指南	
2	小型企业的应用	

3. ISO 9000 的 8 项质量管理原则

原则 1:以顾客为中心。组织依存于其顾客,因此,组织应理解顾客当前和未来的需求,满足顾客的要求并争取超越顾客的期望。组织贯彻实施以顾客为关注焦点的质量管理原则,有助于掌握市场动向,提高市场占有率,提高经济效益。

原则 2:领导作用。强调领导作用是因为质量管理体系是由最高管理者推动的,质量方针和质量目标是领导组织策划的,组织机构和职能分配是领导确定的,资源配置和管理是领导决定和安排的,顾客和相关方的要求是领导确认的,质量管理体系改进和提高是领导决策的。所以,领导者应将本组织的宗旨、方向和内部环境统一起来,并创造使员工能够充分参与实现组织目标的环境。

原则 3:全员参与。只有员工的充分参与,才能使他们的才华为组织带来收益。质量管理是一个系统工程,关系到过程中的每一个岗位和个人。实施全员参与这一质量管理原则,将会调动全体员工的积极性和创造性,努力工作、勇于负责、持续改进、做出贡献,这对提高质量管理体系的有效性和效率具有极其重要的作用。

原则 4:过程方法。过程方法是将活动和相关的资源作为过程进行管理,可以更高效地得到期望的结果。因为过程管理强调活动与资源的结合,具有投入产出的概念。过程概念体现了 PDCA 循环改进质量活动的思想。过程管理有利于适时进行测量,保证上下工序的质量。通过过程管理可以降低成本、缩短周期,从而更高效地获得预期效果。

原则 5:管理的系统方法。管理的系统方法是将相互关联的过程作为系统加以识别、理解和管理,有助于组织提高实现目标的有效性和效率。系统方法包括系统分析、系统工程和系统管理三大环节。质量管理中采用系统方法,就是要把质量管理体系作为一个大系统,对组成质量管理体系的各个过程加以认识、理解和管理，以实现质量方针和质量目标。

原则 6：持续改进。持续改进是组织永恒的追求、永恒的目标、永恒的活动。为了满足顾客和其他相关方对质量更高期望，为了赢得竞争的优势，必须不断地改进和提高项目质量。

原则 7：基于事实的决策方法。有效决策建立在数据和信息分析的基础上。基于事实的决策方法，首先应明确规定收集信息的种类、渠道和职责，保证资料能够为使用者得到。通过对得到的资料和信息分析，保证其准确、可靠。通过对事实分析、判断，结合过去的经验做出决策并采取行动。

原则 8：互利的供方关系。供方是项目供应链上的第一个环节，供方的过程是质量形成过程的组成部分。供方的质量影响项目质量，在组织的质量效益中包含有供方的贡献。供方也应按组织的要求建立质量管理体系。通过互利关系，可以增强组织及供方创造价值的能力，也有利于降低成本和优化资源配置，并增强对付风险的能力。

7.2.3 软件能力成熟度模型

改进软件项目管理质量的方法有很多，具有代表性的是用于帮助组织改进过程和系统的框架模型，即成熟度模型。目前在软件行业应用最为广泛的软件生产工程标准是软件能力成熟度模型(Software Capability Maturity Model，SW-CMM)，简称为 CMM。

美国卡内基·梅隆大学的软件工程研究(Software Engineering Institution，SEI)应美国政府的要求，于 1987 年开发了一套软件能力成熟度框架和软件能力成熟度问卷，用来评估软件供应商的能力。这就是最早用于探索软件过程成熟度的一个工具。1991 年 SEI 总结了成熟度框架和成熟度问卷的实践经验，并以此为基础推出了 CMM 1.0 版。1992 年 SEI 组织了有 200 多位富有经验的软件专家参加的研讨会，在广泛听取他们的意见后，于 1993 年推出了 CMM 1.1 版。

开发 CMM 初始的主要目的是为了评价美国国防部的软件合同承包组织的能力，后因为在软件企业应用 CMM 模型实施过程改进取得较大的成功，所以在全世界范围内被广泛使用。CMM 是软件企业追求高质量发展的指南，它以几十年产品质量概念和软件工作的经验及教训为基础，为企业软件能力不断走向成熟提供了有效步骤和框架，CMM 致力于软件开发过程的管理和工程能力的提高与评估。

CMM 分为 5 个等级，每一较低级别是达到较高级别的基础。其中一级为初始级，表明软件项目开发过程无序，进度、预算、功能和质量等方面不可预测；二级为可重复级，达到该级的软件企业过程已制度化，有纪律，可重复；三级为已定义级，过程已实现标准化；四级称为已管理级，达到该级的软件企业已实现过程的定量化；五级是最高级，即优化级，达到该级的软件企业过程可自发地不断改进，能够防止同类问题二次出现。除初始级外，每个成熟度等级都指明为了改进其软件过程的机构应关注的关键过程域，如图 7-4 所示。

关键过程域确定了为达到某个成熟度等级所必须解决的问题，每个关键过程域都确定了一套相应的活动，完成了这些活动，就达到了被认为是对改进过程能力非常重要的一组目标。

CMM 指出，软件质量保证是多数软件工程过程和管理过程的不可缺少的部分。软件质量保证作为 CMM 二级的一个关键过程域，其目的是给管理者提供对于软件项目正在采用的过程和正在构造的产品的恰当的可视性。

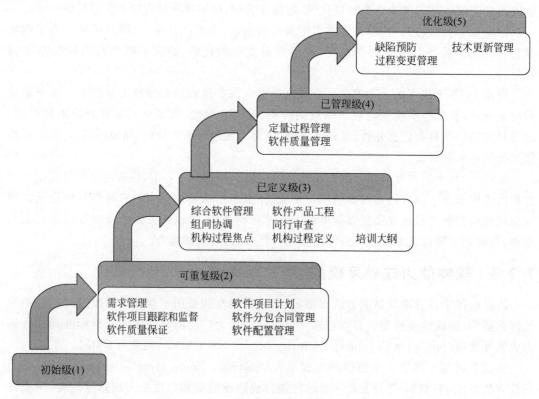

图 7-4　成熟度等级关键过程域

CMM 明确了软件质量保证应该达到的 4 个目标,它们是:

- 对软件质量保证活动做到有计划;
- 客观地验证软件产品及其活动是否遵守应用的标准、规程和需求;
- 将软件质量保证活动及其结果及时通知相关小组和个人;
- 由上级管理部门及时处理软件项目内部解决不了的不一致性问题。

为了达到以上目标,CMM 定义了软件质量保证应该进行的 8 项活动,它们是:

- 依据书面规程,为软件项目制定软件质量保证(Software Quality Assurance,SQA)计划;
- SQA 组按 SQA 计划进行活动;
- SQA 组参与制定和评审项目的软件开发计划、标准和规程;
- SQA 组评审软件工程活动,验证其一致性;
- SQA 组审核指定的软件产品,验证其一致性;
- SQA 组定期向软件工程组报告活动的结果;
- 依据书面规程,归档和处理软件活动和软件工作产品中的偏差;
- 合适时,SQA 组与客户的 SQA 人员定期对 SQA 组的活动和结果行评审。

CMM 有助于大家都了解机构进行软件过程改进的方法,因为它为讨论软件过程建立了一种公用语言,并定义了为解决问题应做工作的步骤和顺序。CMM 通过提供一个框架来执行可靠、一致的估价来支持软件过程测量,它提供了客观公正的基础。CMM 建立了一组有关软件过程和实践的结合。也就是说,它代表了优秀的软件工程和管理工程的广泛、一致的意见。CMM 在许多国家及地区得到了广泛应用,已成为事实上的软件过程改进的工业标准。

2000 年,SEI 发布能力成熟度集成模型(Capability Maturity Model Integration, CMMI)。CMMI 不但包括了软件开发过程改进,还包含系统集成、软硬件采购等方面的过程改进内容。CMMI 纠正了 CMM 存在的一些缺点,使其更加适用企业的过程改进实施。

然而,并不是实施了 CMM,软件项目的质量就能有所保障。CMM 提供的是一个概念性结构。它不能保证一定能成功地生成软件产品,也不能保证一定能很好地解决软件工程的所有问题。它的成功与否,与一个组织内部有关人员的积极参与和创造性活动是密不可分的,而且 CMM 并未提供实现有关子过程域所需要的具体知识和技能。它也没有涉及其他非过程因素,比如人力资源、软件技术。尽管 CMM 还不完善,但软件界一致认为,它对指导软件过程改进是一个有用的工具;同时,它能协助人们评价、评估、选择、监督、管理软件承制方。

7.3 规划质量管理

规划质量管理是识别哪些质量要求和标准适应本项目,并确定如何满足这些标准和要求的过程。规划质量管理是实施规划过程组和制定项目计划期间的若干关键过程之一,因此应与其他项目规划过程结合进行。应该强调现代质量管理中的一项基本原则,即"质量在计划中确定,而非在检验中确定"。

7.3.1 规划质量管理的依据

1. 事业环境因素

事业环境因素是所有与项目质量相关领域的国家、行业标准、各种规范以及政府规定等等,还包括由组织的最高管理者正式发布的质量方针。例如,IT 企业通过的 CMM 认证或 ISO 9000 认证。

2. 组织过程资产

影响项目成功的资产都可以作为组织过程资产,包括组织的方针、程序、计划、原则、历史数据和经验教训等。

3. 项目范围说明书

项目范围说明书是质量规划的重要依据,它包括项目目标的说明和项目任务范围的说明,它明确地说明了为提交既定特性和功能的项目交付物而必须开展的项目工作和对于这些项目工作的具体要求,用来帮助定义重要项目干系人的需求。

4. 项目产品说明书

项目产品说明书指对于项目产品的全面与详细的说明,它详细地记录了项目交付物的功能、特点、需要达到的性能指标以及相关的技术细节,了解产品说明书能够帮助识别项目相关的质量标准,并且根据其产品特性和技术细节得出满足该项目的质量标准。

5. 项目管理计划

项目管理计划中用于制定质量管理计划的信息主要有,范围基准(项目范围说明书和

WBS,可用于分析质量规划管理应该明确的技术细节和验收标准,以及它们对质量和质量成本的影响)、进度基准(进度基准记录经认可的进度绩效指标,包括项目开始和完成日期)、其他管理计划(这些计划有利于整个项目质量,其中可能突出与项目质量有关的行动计划)。

7.3.2　质量规划工具与技术

1. 成本效益分析法

成本效益分析法也叫经济质量法,这种方法要求在项目质量规划时必须同时考虑项目质量的经济性。其中,成本是指实施项目质量管理活动所需指出的有关费用;效益是指满足质量要求而减少返工所获得的好处。

质量成本是指为了达到产品或服务质量而进行的全部工作所发生的所有成本,包括内部故障成本(交货前)、外部故障成本(交货后)、预防成本和鉴定成本。其中内部故障成本和外部故障成本又统称为质量纠正成本,预防成本和鉴定成本统称为质量保证成本。

进行质量成本分析的目的是寻求最佳质量成本。任何项目的质量管理都需要开展质量保障工作和质量检验与恢复工作。前者产生项目质量保证成本,后者产生项目质量纠正成本。项目质量规划的成本效益法就是合理安排这两种项目质量成本,以使项目质量总成本相对最低。符合质量要求所带来的主要效益是生产率的提高和成本的降低。

2. 质量标杆法

质量标杆法又称为基准比较法,这是指利用其他项目实际或计划的项目质量管理结果或计划,作为新项目的质量比照目标,通过对照比较制定出新的项目质量规划。

3. 流程图法

流程图是一个由箭线联系的若干因素关系图,通过流程图,对流程中质量的关键环节和薄弱环节进行分析。流程图法是用于表达一个项目的工作过程和项目不同部分之间相互联系,通常它也被用于分析和确定项目实施的过程,同时它也是一种项目质量规划的有效方法。在质量管理中常用的流程图有因果分析图和系统流程图。

4. 实验设计法

实验设计法是一种计划安排的分析技术,它有助于识别在多种变量中,何种变量对项目成果的影响最大,从而找出项目质量的关键因素,以指导项目质量规划。

5. 其他质量规划工具

帮助分析项目状况并有效地规划质量活动的工具还有头脑风暴、关系图、力场分析、名义小组技术、模块图和优先排序矩阵等。

7.3.3　规划质量的成果

1. 质量管理计划

质量管理计划是描述项目组织实现质量方针,对项目质量管理工作的计划与安排。这一文件的内容包括实现项目质量目标所需的资源、质量保障的组织结构、质量管理的责任、质量管理的措施和方法等。

在整个项目实现过程中,项目质量管理计划是整个项目质量管理的指导性文件,项目需要通过质量体系去执行项目质量计划来保证项目的质量。质量管理计划为整体项目计划提供依据,并且必须考虑项目质量控制、质量保证和过程持续改进问题。

2. 质量测试指标

质量测试指标是指一项工作的定义,它具体描述需要测试的内容和指标,以及如何通过质量控制过程来对其进行度量。质量测试指标在质量保证和质量控制过程中都需要,例如缺陷密度、故障率和可靠性等。

3. 质量核对表

质量核对表是一种结构化的项目质量管理的计划工具,它可用于检查项目流程的步骤或环节的质量计划安排与项目质量实施和控制的实际结果,它也是项目质量计划文件的组成部分之一。许多组织都有标准的质量核对表,以保证经常性任务格式保持一致。

4. 可用于其他管理的信息

项目质量规划的另外一个结果是给出了一系列可用于项目其他方面管理的信息,这主要是指在制定项目质量计划的过程中,通过分析与识别而获得有关项目其他方面管理所需的信息,这些信息对于项目的集成管理和项目其他专项管理都是非常有用的。例如,过程改进计划、更新的质量基准和更新的项目管理计划。

7.4 实施质量保证

实施质量保证是审计质量要求和质量控制测试结果,确保采用合理的质量标准和操作性定义的过程。质量保证也为过程持续改进活动提供支持。质量保证往往由质量保证部或组织中与此名称的单位提供,项目管理团队、项目经理、客户和项目利益相关人员都可以通过项目质量保证获得支持。质量保证的作用是从外部向质量控制系统施加影响与压力,促使质量管理活动更有效地进行。

7.4.1 质量保证的意义

"质量保证"与"保证质量"有较大区别,它具有特殊的含义。质量保证的内涵已不是单纯地为了保证质量,而是以保证质量为基础,达到为用户提供"信任"的基本目的。保证满足质量要求是质量控制的任务,就项目而言,即使用户不提出质量保证的要求,项目实施者仍应进行质量控制,以保证项目的质量满足用户的要求。

用户是否提出"质量保证"的要求,反映了用户要不要知道项目实施者在项目进行过程中怎样进行质量控制。如果项目较简单,其性能完成可由最终检验反映,则用户只需把住"检验"关,就能得到满意的项目成果。但是,随着技术的发展,IT项目越来复杂,质量要求也越来越高,项目的有些性能已不能通过检验来鉴定。这时,用户为了确信项目实施者所完成的项目达到了所规定的质量要求,就需要项目实施者证明项目设计、实施等各个环节的主要质量活动确实做得很好,且能提供合格项目的证据,这就是用户提出的"质量保证"要求。针对用户提出的质量保证要求,项目实施者就应开展外部质量保证活动,就应向用户提供项目设计、实施等全过程中某些环节活动的必要证据,以获得用户的理解与信任。

"质量保证"不是单纯地为了"保证质量","保证质量"是质量控制的任务,而"质量保证"则是以保证质量为目标,进一步引申到提供"信任"这一基本目的。为此,项目实施者应有计划、有步骤地采取各种活动和措施,使用户能了解其实力、业绩、管理水平、技术水平以及对项目在设计、实施各阶段主要质量控制活动和内部质量保证活动的有效性,使对方建立信心,相信完成的项目能达到所规定的质量要求。因此,如果说项目质量控制强调的是项目交付成果的质量,则项目质量保证强调的是项目实施过程的质量。要使用户能"信任",项目实施者应加强质量管理,完善质量体系,确保项目质量计划的执行与实现,防止缺陷的发生。质量保证的另一个目标是不断地进行质量改进。质量保证包括与满足一个项目相关的质量标准有关的所有活动。

项目质量保证是为了提供信用,证明项目将会达到有关质量标准,而在质量体系中开展的有计划、有组织的工作活动。这种保证可以向项目管理小组和执行组织提供(内部质量保证),或者向客户和其他没有介入项目工作的人员提供(外部质量保证)。项目经理和相关质量部门做好质量保证工作,将对项目质量产生很重要的影响。

7.4.2　质量保证过程

质量保证是在质量系统内实施的所有计划的系统性活动,是保证质量管理计划得以实施的一组过程及步骤,旨在证明项目满足相关的质量标准。项目质量保证的依据来源于质量规划过程获得的项目质量管理计划、质量测试指标、过程改进计划,以及在其他过程中获得的批准的变更请求、质量控制测量、实施的变更请求、实施的纠正措施、实施的预防措施、实施的缺陷补救和工作绩效信息等。

规划质量过程中采用的工具和技术在质量保证过程中同样适用。质量保证采用的主要工具和技术还有质量审计、过程分析以及质量控制技术与工具。

质量审计是对特定的质量管理活动的结构化审查,以便确定项目活动是否符合组织与项目政策、过程和程序。质量审计的目的是确定所得到的经验教训,从而提高执行组织对这个项目或其他项目的执行水平。质量审计可以是有进度计划的或随机的,可以由训练有素的内部审计师进行,或者由第三方如质量体系注册代理人进行。

根据过程改进计划,采用过程分析技术从组织和技术角度识别所需的改进。其中,也包括对遇到的问题、约束条件和无价值活动进行检查。过程分析包括分析问题,确定产生问题的根本原因,并为类似问题制定纠正措施。

质量保证的成果是请求的变更,以提高组织的质量政策、过程和程序的效率和效益;在进行质量保证活动(如质量审计和过程分析)后采取地纠正措施;以及更新的组织过程资产和更新的项目管理计划。在大多数情况下,完成提高质量的工作需要做好改变需求或采取纠正措施的准备,并按照整体变更控制的程序执行。

7.4.3　软件质量保证

软件质量保证(Software Quality Assurance,SQA)是为了使软件开发的流程按照事先定义的规范进行,以保证软件质量活动。通常 SQA 要保证在质量体系中实施全部的计划和活动,以确保软件质量的提高。

SQA 人员在软件开发过程中往往起到监督和管理的作用,他们一般需要具有丰富的技术和管理经验与水平。不同能力的 SQA 人员可以在质量管理过程中扮演不同角色。有的可以扮演"警察",负责按照规范进行检查,及时发现问题;有的可以扮演"医生",发现问题解决问题;有的还可以扮演"教练",发现问题解决问题,并且指导他人如何避免问题的再次发生。软件质量经理作为软件质量保证部门的代表,监督和保证项目的进展始终遵循质量管理体系规定的各项流程和模板,并且收集项目中发现的一些问题和解决方法以优化流程。

一般的 SQA 流程需要如下步骤:第 1 步,建立 SQA 小组;第 2 步,选择和确定 SQA 小组所要进行的质量保证活动,这些活动将作为 SQA 计划的重要输入;第 3 步,制定 SQA 计划,明确 SQA 活动与整个软件开发生命周期中各个阶段的关系;第 4 步,执行 SQA 计划、对相关人员进行培训、选择与整个软件工程环境相适应的质量保证工具;第 5 步,不断完善质量保证过程活动中存在的不足,改进项目的质量保证过程。

独立的 SQA 小组是衡量软件开发活动优劣与否的尺度之一。SQA 组的这一独立性,使其享有"越级上报"的权利。当 SQA 小组发现产品质量出现危机时,它有权向项目组的上级机构直接报告这一危机。这无疑会对项目组起到相当的"威慑"作用,也可以看成是促使项目组重视软件开发质量的一种激励。这一形式使许多问题在组内得以解决,提高了软件开发的质量和效率。

选择和确定 SQA 活动的目的是策划在整个项目开发过程中所需要进行的质量保证活动。软件质量保证活动应与整个项目的开发计划和配置管理计划相一致。一般把 SQA 活动分为以下 5 类。

1. 评审软件产品、工具与设施

软件产品常被称为"无形"的产品,评审时难度很大,需要强调工作成果的可回溯性。因此,在评审时不能只对最终的软件代码进行评审,还要对软件开发计划、开发标准与过程、需求分析文档、软件设计文档、数据库设计文档、系统使用手册以及测试报告等进行评审,特别要关注软件开发过程的管理文档。

对采用的评审技术和方法进行评估,以保证项目组采用合适的技术和工具;对项目组使用的硬件、软件和相关设施进行评估,以保证项目组有充足设备和资源进行软件开发工作,这些工作也为规划软件项目的设备购置、资源扩充、资源共享等提供依据。

2. 审查软件开发过程

SQA 活动审查的软件开发过程主要有软件产品的评审过程、项目的计划和跟踪过程、软件需求分析过程、软件设计过程、软件实现和单元测试过程、集成和系统测试过程、项目交付过程、子承包商控制过程、配置管理过程。特别要强调的是,为保证软件质量,应赋予 SQA 阻止交付某些不符合项目需求和标准产品的权力。

3. 参与技术和管理评审

参与技术和管理评审是 SQA 的一项重要活动,通过参与技术和管理评审活动,使此类评审能真正地和更好地满足项目管理的要求,有利于监督问题的解决。

4. 形成 SQA 报告

SQA 活动的一个重要内容是报告对软件产品或软件过程评估的结果,并提出改进建议。SQA 应将其评估的结果文档化。

5. 处理相互关系

SQA 是软件工程学科的一部分,是一个复杂的系统,它根据一系列的标准,采用一定的方法、技术和工具,处理和调整软件产品各个特性之间的相互关系,以确保软件产品达到其应该达到的质量水平。

7.5　控制项目质量

控制质量是监督并记录质量活动执行结果,以便评估绩效,并推荐必要的变更的过程。通过质量的控制识别低效或产品低劣的原因,并采取措施来消除这些原因;确认项目可交付成果和相关工作能够满足主要干系人的既定需求,足以进行项目最终的验收。

7.5.1　实施质量控制

质量控制应贯穿于项目的整个过程,它分为监测和控制两个阶段,质量监测的目的是收集、记录和汇报有关项目质量的信息;质量控制通过质量监测提供的数据,进行控制,确保项目质量与计划保持一致。

项目的质量控制工作是一个系统过程,应从项目的全过程入手,全面、综合地进行控制。项目的质量控制主要从以下两个方面进行。

1. 项目产品或服务的质量控制

项目产品或服务的质量控制是一个诊断和治疗的过程。当产品生产出来以后,要检查产品的规格是否符合需要的标准,并消除产生的偏差。产品的质量控制活动包括计划、测试、记录和分析。

2. 项目管理过程的质量控制

项目管理过程的质量控制是通过项目审计来进行的。项目审计是将管理过程的作业与成功实践的标准进行比较所做的详细检查。

质量控制主要考虑如下 5 个方面:

- 度量项目质量的实际情况;
- 与质量标准进行比较;
- 识别存在的质量问题和偏差;
- 分析质量问题产生的原因;
- 如有必要,进行纠偏。

项目质量控制的依据包括项目质量管理计划、质量测试指标、质量核对表、组织过程资产、工作绩效信息、批准的变更请求和可交付成果。

工作绩效信息包括但不限于表明进度绩效的状态信息、已经完成与尚未完成的可交付成果、已经开始与已经完成的计划活动、质量标准满足程度、批准与已经开销的费用、对完成已经开始的计划活动的估算、执行过程中的计划活动实际完成百分比、资源利用信息和获得并已存储的经验教训。

批准的变更请求是为了扩大或缩小项目范围而批准并形成文件的变更。它还可能修改质量方针、项目管理计划、过程、费用、费用预算或项目进度表。

可交付成果是任何在项目管理规划文件中记录,并为了完成项目而必须生成和提交且可以核实的产品、成果或提供服务的能力。

7.5.2 质量控制工具与技术

1. 质量七工具

项目质量管理中的因果图、控制图、流程图、帕累托图、核查表、直方图、散点图共7种基本质量工具和技术,被业界誉为质量七工具而广泛应用。

1) 因果图

日本著名质量方法专家石川馨(Kaoru Ishikawa)发明的因果图又称为石川图或鱼刺图,它直观地显示出各项因素如何与各种潜在问题或结果联系起来。利用因果图可以将在产品后端发现的有关质量问题,一直追溯到负有责任的生产行为,从生产的源头找出质量原因,真正获得质量的改进和提高。因果图如图 7-5 所示。

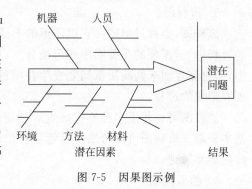

图 7-5 因果图示例

2) 控制图和七点运行法则

控制图又称为管理图,是数据的图形表示,表明一个过程随时间的结果。它是画有控制界限的一种图表,用来分析质量波动究竟由于正常原因引起还是由于异常原因引起,从而判明生产过程是否处于控制状态。控制图的主要用途是为了预防缺陷,而不是检测或拒绝缺陷。质量控制图可以帮助人们来判断一个过程是在控制之中还是失去了控制。

控制图可用于项目生命周期过程,也适用于产品生命周期过程。在项目中使用控制图的例子是,确定成本偏差或进度偏差是否在规定的范围之外。在产品中使用控制图的例子是,评定测试阶段发现的产品缺陷量是否符合规定的质量标准。

控制图可以用来监控各种类型的变量的输出。虽然控制图常被用于跟踪重复性的活动,如批量加工件,但它还可以用于监控成本和进度的变动、容量和范围变化的频率、项目文档中的错误以及其他管理结果,以判断项目的质量是否处于控制中。质量控制图格式如图 7-6 所示。

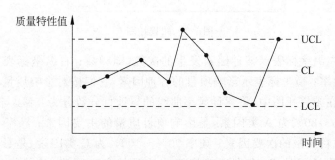

图 7-6 质量控制图

质量控制图一般有三条线,上面一条虚线叫上控制界限(UCL),下面一条虚线叫下控制界限(LCL),中间一条实线叫中心线(CL)。将所控制的质量特性用圆点标记,若圆点全部在控制界限内,且排列无缺陷(如趋势、周期、接近),则可判断项目质量处于受控状态;否则就认为项目的实施存在异常,必须认真检查并予以消除。

人们在长期的工作实践中,总结出七点运行法则。如果有连续的七个或七个以上的圆点分布在中心线的同一侧,或者出现同向变化的趋势,即使它们都处于控制界限内,但也意味着其出现了一定的问题或者受到了外界因素的干扰,应将视其为失控状态。一般来说,若一个过程处于受控状态下,则这个过程不应该被调整,但可以继续改进。

3) 流程图

流程图,也称过程图。它以图形的形式显示在一个或多个输入转化成一个或多个输出的过程中,所需要的步骤顺序和可能分支,用于帮助分析问题发生的缘由。在项目质量控制中,通过流程图来判断质量问题发生在项目流程的哪个环节,造成这些质量问题的原因、发展和形成的过程。

流程图可以使用多种格式来表示,但所有过程流程图都具有活动、决策点和过程顺序等基本要素。流程图可以帮助项目管理者预计将在何时、何地发生质量问题,有助于项目质量的控制和管理。

4) 帕累托图

意大利著名经济学家帕累托(Pareto)提出了"关键的少数和无关紧要的多数的关系",有时称为二八原理,即80%的问题经常是由于20%的原因引起的。朱兰把这一规则引进产品质量管理,以确认造成系统质量问题的诸多因素中最为重要的几个因素。帕累托图又称排列图或土次因素分析图,是用于帮助确认问题和对问题进行排序的一种常用的统计分析工具。帕累托图的基本格式如图 7-7 所示。

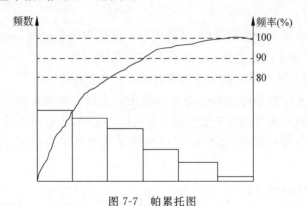

图 7-7　帕累托图

帕累托图的左纵坐标表示某种因素发生的次数,即频数;右纵坐标表示某种因素发生的累计频率,即频率;横坐标表示影响项目的各种因素,它们按对影响质量程度的大小从左到右依次排列。在帕累托图中,将累计频率曲线的累计百分数分为三级,与此对应的因素分为 3 类:频率 0%～80% 为 A 类因素,是影响项目质量的主要因素;频率 80%～90% 为 B 类因素,是影响项目质量的次要因素;频率 90%～100% 为 C 类因素,是影响项目质量的一般因素。运用帕累托图技术,有利于确定影响质量的主次因素,使错综复杂的问题一目了然。

绘制帕累托图的步骤：

- 选择和确定用于分析影响质量问题的因素、度量单位和数据的时间周期；
- 根据选择的因素个数，确定横坐标总长度和各因素长度；
- 在横坐标两端画两个纵坐标分别表示频数和频率；
- 按影响质量程度的大小将影响质量的各种因素从左至右在横坐标上排列，以直方柱的高度表示各因素出现的频数；
- 将各因素所占的百分比依次累加，计算各因素的累计频率；
- 将所得的各因素的累计频率逐一标注在图中相应位置，并将其以折线连接，形成累计频率曲线；
- 从频率纵坐标累计频率为 80%、90% 和 100% 处向左平行于横轴引三条虚线，横坐标及三条虚线由下向上将累计频率分为 A、B、C 三个类区。

绘制帕累托图的要点：

- 按不同的因素进行分类，分类的因素要具体明确，要尽量使各个影响质量的因素之间的数据有明显差别，以便突出主要因素。
- 获取的数据要尽量多，并具有较强的代表性，以确保分析判断的可靠性和有效性。
- 适当合并一般因素。通常情况下，不太重要的因素可以列出很多。为简化作图，常将这些因素合并为"其他项"，放在横坐标的末端。
- 对于项目来说，不同的层面，有不同的影响因素。应该在合理分层的基础上，分别确定各层的主要因素及其相互关系。通过分层绘制帕累托图，一步一步深入分析，最终确定影响质量的根本原因。

5）核查表

核查表，又称计数表，是用于收集数据的核对清单。通过合理排列各种事项，以便有效地收集关于潜在质量问题的有用数据。它基于类比项目及其他相关信息编制质量问题识别核对表。在开展检查以识别缺陷时，用核查表收集属性数据就特别方便。用核查表收集的关于缺陷数量或后果的数据，又经常使用帕累托图来显示和分析。

6）直方图

直方图，是一种特殊显示的条形图，用于描述集中趋势、分散程度和统计分布形状。与控制图不同，直方图不考虑时间对分布内的变化影响。

7）散点图

散点图，又称相关图，在这种图中标有许多坐标点 (X,Y)，以解释因变量 Y 相对于自变量 X 的变化。相关性可能从正比例（正相关）、负比例（负相关）或不存在（零相关）。如果存在相关性，就可以画出一条回归线，来估算自变量的变化将如何影响因变量的值。

2. 统计抽样

统计抽样是指从目标总体中选取部分样本用于检查。抽样的频率和规模应在规划质量管理过程中确定，以便在质量成本中考虑测试数量和预期废品等。

统计抽样拥有丰富的知识体系。在某些应用领域，项目管理团队可能有必要熟悉各种抽样技术，以确保抽取的样本能代表目标总体。应该按照质量管理计划中的规定，抽取和测量样本。

3．检查

检查是指检验 IT 项目的工作产品或中间结果,以确定它们是否符合书面标准。检查的结果通常包括相关的测量数据。检查可以在任何层次上进行,例如可以检查单个活动的成果,或者项目的最终产品。检查也可以称为审查、同行审查、审计或巡检等。

4．审查已批准的变更请求

对所有已经批准的变更请求进行审查,以核实它们是否已按批准方式得到实施。

7.5.3　质量控制的成果

1．质量控制测量结果

质量控制测量结果是质量控制活动的成果,它需要反馈给质量保证,用于重新评价与分析执行组织的质量标准与过程。

2．确认的缺陷补救

对被补救项目进行重新检验,在做出决策通知之前,决定是否接受或拒绝。被拒绝的项目可能需要进一步的处理。

3．更新的质量基准

更新的质量基准记录了更新后的项目质量目标,这些目标是项目绩效衡量基准的组成部分,可据此来衡量和汇报质量绩效。

4．推荐的纠正措施

纠正措施指为纠正制造或开发过程超出既定参数(可通过质量控制量度结果反映)而采取的行动。

5．推荐的预防措施

预防措施指为预防制造或开发过程超出既定参数(可通过质量控制量度结果反映)而采取的行动。

6．请求的变更

如果根据推荐的纠正措施或预防措施,需要对项目进行变更,则应按照既定的整体变更控制过程启动变更请求。

7．推荐的缺陷补救

缺陷系指一个产品或服务不满足要求或规范,需对其进行补救或替换。识别缺陷并推荐补救措施的工作由质量控制部门或类似部门来完成。可通过缺陷记录单的形式,征集缺陷补救建议。

8．更新组织过程资产

质量控制过程中掌握的偏差成因、采取纠正措施的理由和依据及获得的其他经验,都应形成文档,使之成为项目和执行组织历史数据库的一部分内容。应在整个项目生命期内总结所得经验并形成文档,如果不可能,则至少应在项目收尾时进行汇总。

9．确认的可交付成果

质量控制的目的在于确定可交付成果的正确性。实施质量控制过程的结果是可交付成果得以验证。

10. 更新项目管理计划

对项目管理计划进行更新,以反映实施质量控制过程产生的质量管理计划变更。申请的项目管理计划及其从属计划的变更通过整体变更控制过程进行审查和处理。

【案例7-1的分析】

调查分析表明,在所有被取消的IT项目中,有80%是由于质量问题造成的。软件质量问题的原因主要表现在以下几个方面:

- 管理者缺乏质量观念,未从一开始就强调质量。
- 开发者未将保证质量作为自己重要而且是必须完成的任务。
- 没有真正执行决不把不合格的中间产品带到下一阶段的规定。
- 没有良好的激励机制。
- 开发人员看不到提高质量对企业的生存发展有多重要,缺乏责任感。
- 没有解决好质量管理者和开发者的关系。
- 对用户的质量要求不了解,缺乏使用户满意的思想。
- 用户对软件需求不清晰、存在二义性。
- 开发人员对用户的需求理解有偏差甚至错误。
- 质量保证与保证质量的关系不清晰。
- 开发文档与管理文档对质量控制作用不大。
- 软件开发工具引发质量控制困难。
- 不遵守软件开发标准和规范。
- 缺乏有效的质量控制和管理。
- 没有进行严格和认真的阶段测试和评审。

【感想和体会】

必须让参加项目的每个人从进入项目的这一刻起就牢记:"没有质量的生产是一种破坏!"在软件项目中,开发人员最应该把握的是系统开发的质量,如果这一点都做不到,那么项目就走到了尽头。

提高生活和工作的质量是人类最高的追求!

7.6 习题与思考

1. 什么是质量?质量的内涵有哪些?软件质量除具有一般产品的质量特征,还具哪些质量特性?

2. 什么是质量管理?什么是项目质量管理?什么是IT项目质量管理?

3. 质量管理主要包括哪些过程,每一个过程的主要作用是什么?

4. 质量管理的发展大致经历了哪几个阶段,每个阶段的特点是什么?

5. PDCA循环分为哪几个步骤,每个步骤完成什么工作?

6. ISO 9000是涉及质量保证与质量管理活动的一簇标准的统称,它是由哪些标准组成的?这些标准的主要作用是什么?

7. CMM 分为哪几个等级？每个等级的特征是什么？

8. 被业界誉为质量 7 工具而广泛应用的有哪些工具？

9. 结合 IT 项目质量管理的 5 点认识，ISO 9000 的 8 项质量管理原则，CMM 明确的软件质量保证应该达到的 4 个目标和 8 项活动，谈一谈应该如何实施项目质量管理以提高软件开发质量。

10. 结合本章案例和案例分析，谈一谈你对软件项目质量管理重要性的认识。你认为 IT 项目质量提高的关键在哪里？

第 8 章

协调项目人力资源

【本章知识要点】

"管理的本质是协调,协调的中心是人"。项目人力资源管理在IT项目管理中处于非常重要的位置,能否成功地实施IT项目管理很大程度上取决于能否协调好项目的人力资源。挖掘与协调IT项目人力资源的目的是为了高效地实现组织与项目的目标。

建立IT项目组织,获取需要的人员;明确项目团队的任务与职责,落实项目人员的权力和责任;提高项目团队的合作精神,鼓舞项目人员的士气是项目人力资源管理的主要内容。学习完本章后,应当掌握如下知识:

(1) 人力资源管理的重要性。

(2) IT项目人力资源管理的特点。

(3) IT项目人力资源管理的主要过程。

(4) 人力资源规划方法与工具。

(5) 项目团队人员选择的方法和手段。

(6) 人员培训和绩效考核的重要性。

(7) 动机理论和激励理论在人力资源管理中的应用。

【案例8-1】

升任项目经理的小谢

飞云科技有限公司是一家应用软件开发公司,最近公司与一家大型制造企业签定了一项企业信息化建设项目合同。飞云科技需要确定一名项目经理,组建项目团队。由于公司正在同步实施多个IT项目,一时难以找到适合该项目的项目经理,而客户和市场要求项目必须马上开始,于是公司领导决定任命具有较强编程能力,并参加过公司多个开发项目的程序员小谢为项目经理。

小谢欣然接受了公司的任命,并立即开始着手组建项目团队,热火朝天地开始了人员的招聘、面试等工作。团队组建以后,马上进入了项目开发阶段,工作进行一段时间后,擅长编程的小谢发现,他原来的工作经验和编程技巧在协调项目人力资源中很难发挥作用,软件项目管理远不如他原来的软件开发工作来得简单。从项目一开始,工作就不断暴露问题,例如,招聘的人员中有2个人与招聘时提交的材料和面试时的感觉差距很大,不适合于当前项目的需要;项目组大部分成员尽管技术水平都比较高,但彼此合作的能力和经验不足,相互间矛盾接连不断;项目的任务不明确、职责不清楚,导致项目进度计划不断修改,客户反应强烈;项目组的气氛紧张、项目成员士气低落,对项目的成功持怀疑态度,有的项目成员甚至提出退出项目组。小谢更是急得像热锅上的蚂蚁,每天加班加点、到处奔忙,就像一个"救火队长",出现在各个"起火"现场。公司的领导层意识到问题的严重性,决定从其他项目组抽调一位有丰富项目管理经验的工程师老李来协助小谢的工作。小谢在老李的帮助下对自己的工作重新进行了定位,经过一系列的调整,项目组成员的积极性逐步提高,开发工作渐渐走上正轨……

8.1 人力资源管理概述

美国著名的钢铁大王卡内基有句名言:"你可以剥夺我的资本、厂房和设备,但只要你留下我的人员,4年后我将又是一个钢铁大王。"著名管理学者托马斯·彼得斯说:"企业或事业唯一真正的资源是人,管理就是充分开发人力资源以做好工作。"随着社会的发展和科技的进步,越来越多的管理者已经深刻地认识到人已经成为决定一个企业或项目成败的关键因素,人力资源的管理已经成为他们工作中最艰巨的任务和挑战。特别是在IT项目当中,找到需要的人才、留住适合的人才,使他们在项目中充分发挥作用往往非常困难。

国力的竞争是人才的竞争,企业的竞争是人才的竞争,项目的竞争也是人才的竞争;有了人项目就有了希望,用好人项目才能获得希望。能用适当的方法,使自己处于最佳状态,说明你在成长;能用有效的方法,使他人处于最佳状态,说明你在成熟;能使团队尽其所能把项目做得更好,你就能获得成功。

8.1.1 项目人力资源

人力资源通常指能够推动整个经济和社会发展的劳动者的能力,既包括体力劳动又包括智力劳动。现代社会有五大可以利用的资源,即物力资源、财力资源、信息资源、文化资源和人力资源,而唯有人力资源是最具有生命力的,可以被反复利用并能不断增值的资源。因此,人力资源具备与其他四种资源不同的特征:

(1)生物性。人力资源存在于人体之中,与人的生命力有着密不可分的联系,是具有生命性的"活"的资源。

(2)社会性。人力资源总是处于一定的社会范围中,其形成依赖于社会,受到各种社会条件的制约。人力资源的利用要纳入社会的分工体系之中,所从事的劳动总是在一定的社会生产方式下进行的。

(3)时效性。人力资源的培养、储备和使用与人的年龄有直接关系。不同的年龄阶段,人力资源发挥的程度不尽相同。青少年阶段是进行培养教育的阶段;中青年阶段是资源运用与发挥的最佳时期;老年阶段是剩余资源价值的发掘阶段。人力资源应得到及时、有效地利用,否则将会随着时间的流逝而降低,甚至丧失其作用。

(4)能动性。在社会的发展过程中,人是最积极、最活跃的生产要素,因此人作为一种资源,在五大资源的运用中也是具有主导作用的能动性资源。

(5)个体独立性。人力资源以个体为单位,独立存在于每个不同的个体身上,而且受到各自的生理状况、思想与价值观的影响。

(6)可再生性。人力资源不是一次性的资源,可以通过教育、培养和维护得到进一步提高、发展和再生。

人力资源是人类可用于生产产品或提供各种服务的活力、技能、知识和可提供的商誉价值。项目人力资源,是指能推动整个项目发展的所有相关者的能力。项目人力最基本的是体力和智力,从现实的应用形态来看,则包括体质、智力、知识和技能。

8.1.2 项目人力资源管理

人力资源管理是指运用现代化的科学方法,对与一定物力相结合的人力进行合理的培训、组织和调配,使人力、物力经常保持最佳比例,同时对人的思想、心理和行为进行恰当的诱导、控制和协调,充分发挥人的主观能动性,使人尽其才,事得其人,人事相宜,以实现组织目标。

根据以上定义,可以从两个方面来理解人力资源管理:

(1)对人力资源外在要素——量的管理。即根据人力和物力及其变化,对人力进行恰当的培训、组织和协调,使二者经常保持最佳比例和有机的结合,使人和物都充分发挥出最佳效应。

(2)对人力资源内在要素——质的管理。即采用现代化的科学方法,对人的思想、心理和行为进行有效的管理(包括对个体和群体的思想、心理和行为的协调、控制和管理),充分发挥人的主观能动性,以达到组织目标。

人力资源管理的目标在于帮助组织吸引、保留和激励员工,同时还具有如下几方面的意义:

(1)改善员工的工作生活质量。工作生活质量强调的是员工在工作心理和生理方面的主观感受,并且直接与员工工作的满意度、组织承诺以及参与工作的积极性有关,同时还与员工的流动率、缺勤率有关。因此,人力资源管理要真正从提高员工的工作生活质量着手,了解员工的需求,保证信息沟通的通畅,提高员工工作的满意度。

(2)提高生产效率。研究表明,高生产率的组织与低生产率的组织之间区别在于两者对人力资源部门的作用认识不同。在高生产率的组织中,人力资源管理主要通过组织设计与工作设计来提高生产效率,即通过对组织的全面分析诊断,了解个体和群体的需要,提供相应的培训和支持,从而达到工作丰富化的效果。工作丰富化可以在一定程度上提高员工的工作效率,进而促进组织生产效率的提高。

(3)获得竞争优势。一个组织要与竞争者抗衡,必须拥有自己的某种优势,而有效的人力资源管理是为组织提供核心人才竞争优势的重要源泉。为优秀人才建立良好的工作条件与环境、完善的培训与开发计划等,都是提高组织竞争优势的举措。

毋庸置疑,人已经成为企业或组织最重要的资产,如何使每个员工最有效地发挥各自的作用,使其在实现企业或组织目标的同时实现个人的价值是十分重要的。企业要想在 IT 项目中取得成功,就必须正确认识到人力资源管理的重要性,并在实际的操作中有效地使用各种人才。

项目人力资源管理就是指通过不断地获得人力资源,把得到的人力整合到项目中并融为一体,保持和激励他们对项目的忠诚度和积极性,控制他们的工作绩效并做出相应的调整,尽量发挥他们的潜能,以支持项目目标的实现的活动、职能、责任和过程。

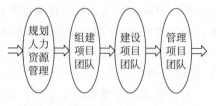

图 8-1　项目人力资源管理主要过程

项目人力资源管理主要包括 4 个过程,如图 8-1 所示。这些过程的主要工作如表 1-3 所示。

8.1.3　IT 项目人力资源管理的特点

项目人力资源管理是组织人力资源管理的具体应用,因此项目人力资源管理必然要遵循组织人力资源管理的原理并实现相同性质的功能。但是,由于项目自身的特点,项目人力资源管理在方法上也有其自身的特殊性。

1. 项目人力资源管理与组织人力资源管理的区别

- 在人力资源规划方面,组织人力资源规划需要考虑组织近期以及长远发展对人力资源的需求,因此要进行不同层次的规划,对人力资源需求的预测有较高的要求。而项目人力资源规划只需满足人力资源的近期需求,因此需求的预测相对比较简单。

- 在人才获取方面,组织人力资源管理一般按照既定的规范程序进行人员的招聘、考试和录用,而项目人力资源管理经常采用非常规的程序去挑选合适的人员,在项目结束时也会采取非常规的方法解聘人员。

- 在人员工作安排上,组织人力资源管理以平均工作强度为原则,而项目人力资源管理则有可能分配给成员高强度的工作。

- 在人员培训方面,组织人力资源管理要同时考虑到员工、工作和组织三个方面的需求,培训内容既有基础教育,又有专业技能;培训目标既可能是强调岗位职责,也可能是加强企业文化。而项目人力资源培训主要是针对项目任务需求进行特定的技术技能培训。

- 在绩效考核方面,组织人力资源管理一般采用短期、中期、长期分阶段考核的方式,考核指标较为复杂,内容多。而项目人力资源管理通常只进行短期考核,主要以业绩为指标。

- 在激励方面,组织人力资源管理可采用多种激励手段,如加薪、提升、福利保险制度、好的工作环境等。而项目人力资源管理,尤其对特殊急需临时招聘来的人员,通常只采用物质激励的方式。

2. IT 项目人力资源管理与一般人力资源管理的区别

- IT 项目人力资源管理属于对知识和知识工作者的管理。IT 项目的有效运行能实现吸引员工与客户的效果,并能使员工的能力、人气和客户相匹配。

- IT 项目对企业的贡献除了有形资产外,还包括无形资产。无形资产包括企业专业技术和企业形象。企业专业技术价值中包含企业研发价值和员工才干。企业研发价值包括由专家通过研发项目开发的或者与客户合作开发的概念、系统、规则、流程、手册，这属于企业的无形资产，同时也是企业的智力资本。IT 项目的成功，在很大程度上取决于与竞争对手聘用的同行相比，本项目运用这些企业专业技术的技能如何。

- 在 IT 项目人力资源管理中绩效管理的目的在于改善项目的运作系统。管理 IT 项目组成员面临的一个最大的挑战就在于如何科学合理地评价其价值。如运用传统的、侧重人事反馈的绩效评价方式，是不能支持 IT 项目取得良好绩效的。

- IT 项目人力资源管理必须注意建立 IT 项目成员之间的心理契约。心理契约，是指契约各方能够相互感知、自觉遵守，但不一定明确表达的、不被其他人所共享的心理协定。IT 项目是知识工作者实现其自身价值、满足其物质与精神需求的重要载体。对知识工作者而言，心理期望和价值观方面的满足感往往比采取金钱进行激励所得到的满足感要强。要管理好知识团队，使其产生让利益相关者满意的绩效，首先必须了解其价值观及其需要，从而形成内在激励。这种内在激励需要通过知识团队的心理契约来实现。缔结心理契约的本质目的是为了增强知识工作者对项目组的归属感、忠诚度，以及知识工作者彼此之间的相互依赖性。

8.2　规划人力资源管理

规划项目人力资源管理是识别和记录项目角色、职责、所需技能、报告关系，并制定人员配备管理计划的过程。本过程的主要作用是，建立项目角色与职责、项目组织图，以及包含人员招募和遣散时间表的人员配备管理计划。确定的项目角色、职责和报告关系可以分配到个人或团队，他们可能是组织的某一部分，也可能是项目组织外部的机构和人员，例如硬件提供商、客户代表等。

在大多数项目中，项目人力资源规划被作为项目最初阶段的一项主要工作来完成。这一工作的结果应当在项目全过程中经常性地复查，以保证它的持续适用性。如果最初的人力资源规划不适合于项目的发展，就应当立即修正。

8.2.1　IT 项目组织的确定

高层管理人员和项目经理针对项目的实际需求确认项目需要哪种类型的成员，是人力资源规划的关键活动之一。如果项目成功的关键在于需要配备一位具有某领域项目开发与管理经验的项目经理，那么在项目人员配置管理计划中就要明确强调这一需求；如果项目成功的关键在于需要具有数据库设计与开发的专家，那么在项目人员配置管理计划中就要特别给予说明。

高层管理人员和项目经理应该根据 IT 项目的特点和实际项目的需求，以及已识别的项目角色、职责、报告关系，构建项目的组织结构图。一个大型 IT 项目的组织结构和相关角色如图 8-2 所示。

项目成员包括项目副经理、小组负责人、子项目经理和项目组，这个结构在大型的项目中十分普遍。较小的项目不需要项目副经理或子项目经理，项目经理只需让项目小组的负责人来直接对其负责。

总体设计组由需求分析、总体设计师和系统评审专家组成。

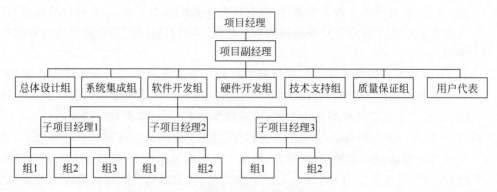

图 8-2　某大型 IT 项目的组织结构图

系统集成组由具有软件集成、硬件集成、网络集成等技术和大型项目设施经验的各类技术人员组成。

软件开发组可以根据客户的实际需求和项目开发与应用规模来进行分类,例如业务管理系统、办公自动化系统、企业门户等。

对于在硬件上有特殊要求的系统,需要设立专门的硬件开发组,例如数据的采集、温度的控制、设备的操纵可能需要硬件的支持才能完成。

对于一些大型的项目,从软件配置、开发工具、中间件的选择到硬件设备、网络设备,以及领域知识、行业标准等方面都需要技术支持组的指导和帮助,特别要明确厂商的支持。

质量保证组是具有很强独立工作能力的小组,主要负责软件测试、硬件测试、网络测试和系统集成测试以及项目质量控制,特别是项目文档的规范化审查与归档。

建立用户代表制度是 IT 项目,特别是软件项目的一项非常重要的工作。对于大型软件项目都必须有几位不同用户类的关键成员负责提供需求,这些用户成员代表或项目协调人是所属用户类成员与系统分析员之间的主要联系人。通过设立用户代表者这一途径,使客户和开发者之间的伙伴关系结构化和形式化,这是项目成功的基础和保障。

8.2.2　IT 项目角色与职责

由于 IT 角色的多样性和项目工作的复杂性,使得明确定义和分配项目工作成为项目人力资源协调的前提。其过程主要包括四个部分:最终确定项目的要求、定义工作完成的方法、将工作分解为可以管理的部分、指定工作的职责。

定义和分配工作的过程是在项目定义阶段完成的,其成果是形成项目建议书。项目建议书是项目的投资方向其主管部门上报的文件,主要是从宏观上论述项目设立的必要性和可能性,把项目投资的设想变成概略的投资建议。定义和分配工作的过程是重复进行,并且需要多次修改的。建议书邀请函(Request for Proposal,RFP)或合同书草稿为定义和最终确定工作要求提供了基础。

最终项目要求确定之后,高层管理人员和项目经理将决定采取何种技术与方法来开展工作。当技术方法确定以后,项目组将建立一个 WBS 来定义可管理的工作要素,并制定活动定义,进一步确定工作分解结构所包含的工作,最后给角色指派具体工作。

项目经理和项目组将工作分解为可管理的要素之后,项目经理就可以根据各部门的具体情况,将工作分配到适合的组织单位。项目经理经常使用组织分解结构(Organizational

Breakdown Structure,OBS)来构思这一具体过程。OBS 建立在一般组织结构图的基础上，根据组织各部门的具体单元将一般组织结构图进行更详细的分解。OBS 与 WBS 类似，区别在于，OBS 不是按照项目可交付成果的分解而组织的，而是按照组织所设置的部门、单位和团队而组织的。

在建立了 OBS 之后，项目经理还要建立一个责任分配矩阵(Responsibility Assignment Matrix,RAM)，RAM 就是将 WBS 中的每一项工作指派到 OBS 中的执行人员所形成的一个矩阵。图 8-3 给出了一个责任分配矩阵的例子。

OBS 单位	WBS 活动							
	1.1.1	1.1.2	1.1.3	1.1.4	1.1.5	1.1.6	1.1.7	1.1.8
系统工程	R	R&P					P	
软件开发			R&P					
硬件开发				R&P				
测试工程	P							
质量保证					R&P			
配置管理						R&P		
技术支持							P	
系统培训								R&P

R=责任组织单元　　　P=行动组织单元

图 8-3　责任分配矩阵示例

责任分配矩阵按期望的详细程度将工作分配给负责和具体工作的组织、团队或者个人。对大型的项目来说，将具体的工作指派给部门或团队会更有效；对于小型的项目而言，将 WBS 中的每一项工作指派给个人将会是更好的方式。

责任分配矩阵还可以用来定义项目的角色和职责，这种 RAM 包括了项目干系人，使得项目经理与项目干系人之间的沟通更加方便有效。RAM 的一个例子是 RACI(执行、负责、咨询和知情)矩阵，如图 8-4 所示。

活动	人员				
	RY1	RY2	RY3	RY4	RY5
制定章程	A	R	I	I	I
收集需求	I	A	R	C	C
提交变更请求	I	A	R	R	C
制定测试计划	A	C	I	I	R

R=执行　A=负责　C=咨询　I=知情

图 8-4　表示项目干系人的责任分配矩阵示例

8.2.3　IT 项目人员配备管理计划

项目人力资源规划成果除了明确角色与职责、构建项目组织结构图，还有一个重要成果是人员配备管理计划。人员配备管理计划描述何时、以何种方式满足项目人力资源需求。根据项目的需要，该计划可以是正式的或是非正式的，其详细程度取决于项目的类型。在项目期间，应该根据项目进展和需求，对人员配备管理计划进行及时调整，以指导团队成员招聘和团队建设等活动。

人员配备计划因 IT 项目的规模和应用领域的差异而包含有不同的内容,但如下内容是必须包括的。

- 项目团队组建。在规划项目团队成员招募过程中,应该明确组织的人力资源部门为项目管理团队提供支持的程度;人力资源来自于组织内部还是组织外部;团队成员需要集中办公还是分散办公;项目所需的各级技术人员的成本等问题。
- 时间安排。IT 项目组是一个临时的、专门的柔性组织,这一特点使得在人员配备计划中明确项目对各个或各组成员的时间安排显得尤为重要。明确一个人、一个部门或者整个项目团队在整个项目期间每周或每月需要工作的时间是非常重要,也是非常必要的。在日常工作中,资源直方图是制定人力资源图表的常用工具。
- 成员遣散安排。当成员不再为项目所需要时,安排好人员的遣散是一项应特别注意的工作。确定团队成员的遣散方法和时间是人员配备计划的一个重要内容。在最佳时间,将团队成员撤离项目,可以降低项目成本。通过为项目成员做好过渡到新项目中去的安排,可以降低或消除项目成员对未来工作机会的不确定心理,鼓舞士气。
- 培训需求。如果预期招募的员工不满足 IT 项目任务特定的技术技能,则应该制定相关的培训计划,对员工进行有针对性的技术培训,以确保任务的完成。
- 认可与奖励。需要用明确的奖励标准和事前确定的奖励制度来促进并加强团队成员的优良行为。应该针对团队成员可以控制的活动和绩效进行认可与奖励。
- 合规性。人员配备管理计划中应该考虑一些策略,以遵循适用的政府法规、劳动合同和其他的人力资源政策与规则。
- 安全。应该在人员配备管理计划和风险登记册中规定一些政策和程序,使团队成员远离安全隐患。

8.3 组建项目团队

项目团队组建的主要任务是根据项目资源规划的成果,获取完成项目工作所需的人力资源。能否组建一个满足 IT 项目开发的团队,是项目能否获得成功的基本条件和关键所在。

8.3.1 项目经理的选择

项目管理的组织特征表明,IT 项目成败的关键人物是项目经理,他在项目管理中起到决定性的作用。第 3 章中已经详细说明了项目经理的地位与作用、责任与权利以及对项目经理的素质要求,本小节主要说明项目经理的选拔方式。对项目经理的选择一般有三种方式:

(1)由企业高层领导委派。一般程序是由企业高层领导提出人选或由职能部门推荐人选,经人事部门综合考察,若合格,则由总经理委派。

(2)由企业和用户协商选择。即分别由企业和用户提出项目经理的人选,双方在协商的基础上确定最后的人选。

(3)竞争上岗。这种方式主要适用于企业内部项目,由上级部门提出项目的要求,广泛征集项目经理的候选人,由主管部门对项目候选人进行考核和选拔,最后确定适合的人选。

一个优秀的 IT 项目经理至少需要具备三种基本能力:解读项目信息的能力、发现和整合项目资源的能力、将项目构想变成项目成果的能力。对 IT 项目经理的选择一般应从有丰富项目经验的工程师开始,组织应该注意发掘和培养那些不但专业技能熟练,而且具有较强责任心和领导能力的人才。

应该强调,真正的人才,不是能够评判是非、指出对错的人,因为几乎每一个人都能做到这一点,真正的人才是能够让项目变得更好的人。成功的项目领导者,无一例外都在致力于使项目更具有竞争力,更加美好,而没有一个是置身于项目之外的批评家、评论员。

8.3.2 项目团队成员选择

项目团队成员的选择一般采用招聘的形式,在进行招聘之前应根据项目人力资源规划做好招聘计划,即确定项目对人员的需求以及如何来满足这些需求。招聘规划可以帮助项目确定所需人员的确切数量、具体招聘条件以及招聘政策、招聘负责人、招聘渠道、招聘方法、招聘预算等。

在招聘的过程中,主管人员一定要注意运用规范化的招聘方法。据某研究机构调查显示,如果采用不正确的招聘方法,将会导致 50% 左右的新成员在进入项目团队后的 6 个月内选择离开,而离开的主要原因就在于人职不匹配,也就是我们经常说的"好马没有配好鞍"或"好鞍配的不是好马"。如果能全面的获取应聘者信息,并将其与岗位的需求进行对比,坚持人职匹配、人事相宜的原则,那么成员的离职率将会降低至 10% 以下。

招聘一般可分为从组织内部提升的内部招聘和从组织外部雇佣的外部招聘,或者内部招聘与外部招聘结合等几种方式。

1. 内部招聘

内部招聘的主要方式有以下几种。

1) 查阅组织档案

在组织人力资源信息系统中,一般都储存了组织的每位员工基本信息,招聘负责人可以根据这些信息找到适合的人选。这种方法的优点是查找速度快。缺点是,查找到的信息一般都是硬性的指标,无法体现员工的个人品质、人际技能等综合素质。

2) 主管领导推荐

由主管领导向项目负责人直接推荐员工。其优点是提供的信息比较具体和详细。缺点是这些信息有可能带有较强的主观性。

3) 张榜公告

将空缺的职位张榜公示,具体描述工作的性质、所需资格等信息。这种方式有利于找到合适的员工,也利于员工职业生涯的发展,但是需要花费较长的时间。

一般认为内部招聘具有其自身的优势,由于是在组织内部选拔,所以项目负责人一般都比较熟悉候选人的资格,从而能更快地选择合适的员工来填补工作的空缺,而内部员工对组织的政策等情况较为熟悉,因此培训费用相对较少。对于整个项目来说,内部招聘的花费也相对较低。

内部招聘也会出现一些问题。当项目团队中某个职位需要招聘人员时,许多员工都会成为该职位的候选人,但这其中的大部分人都会被否决,一些被否决的候选人由此可能会产生不平衡的心理状态。而被选中的员工就必须在他们过去的同事面前扮演一个新的角色,并且如果成为了这些同事的上级时,扮演角色的难度会更大,而采取外部招聘的方式可以在一定程度上解决或缓解组织内部的这些矛盾。

2. 外部招聘

外部招聘的主要渠道有以下几种。

1) 员工推荐

由于组织内部员工对空缺的职位以及要推荐的候选人都比较了解,可以较准确地判断两者是否合适,因此,员工推荐的求职者一般比其他方式招聘到的人员表现更好,工作时间更长久。许多组织都发现这种方法很有效,所以被广泛采用。

2) 招聘广告

广告招聘是最常见的招聘方法,广告可以登载在电视、报纸、杂志和因特网等媒体上。其优点为使用较少的时间便能达到较好的宣传效果,可以保证求职者的数量,但是同时也存在其缺点,即求职者的质量无法得到保证。表 8-1 为某软件公司招聘广告。

表 8-1　软件工程师招聘广告

工作岗位:负责项目管理系统、资产管理系统、工作流管理系统的升级工作与接口集成工作,按项目任务书和项目经理制定的工作计划完成每一项工作

工作地点:长沙、深圳、上海、北京

需要人数:长沙 8 人、深圳 2 人、上海 2 人、北京 3 人

基本要求:大学本科以上学历,计算机软件及相关专业。二年以上软件项目开发与实施经验,具有良好的团队协作精神和积极的工作态度,能够自我挑战并能适应长期出差

特别要求:

- 具有扎实的 .NET 和 SQL 基础
- 精通数据库设计,熟悉 ORACLE、SQL Server 等数据库系统
- 对软件工程理解较深刻,具有丰富的 ROSE、VISIO 使用经验
- 具有较强的系统分析和设计能力,对产品化应用软件的研发有很强的兴趣和较强的能力

3) 校园招聘

据统计,低于 3 年工作经验的经理和专业人员,约有 50% 是在校园里招聘到的,表 8-2 列出了在校园招聘中,招聘方常提的一些问题。对这些问题的回答,体现了一个即将走入社会的青年学生对自己将要找到的第一份工作的准备程度,应该引起毕业生的高度重视。

表 8-2　校园招聘中需要回答的十大问题

1. 请简单介绍一下你自己和家庭。	6. 你为什么选读此专业?
2. 请谈谈你的社会工作经验。	7. 你有什么特长和爱好?
3. 你为什么要应聘这份工作?	8. 请你介绍一下自己的优点和不足。
4. 你最尊敬的老师是谁?	9. 你择业考虑的主要问题是什么?
5. 学校课程对工作有何帮助?	10. 你能为企业做些什么贡献?

对于项目团队来说,采用校园招聘的方式,需要承当一定风险。第一,在校大学生缺乏实际的项目经验,因此,在进入项目团队工作之前需要对其进行必要的培训,这便要求项目经理对项目的成本、进度、时间等各方面有良好的把握。第二,在校园内招聘的学生,必须要等到毕业才能正式雇佣,因此要求项目团队至少提前 9～10 个月确定招聘需求,并把握好项

目的时间。

4）就业代理机构

选择就业代理机构和经理搜寻公司是进行外部招聘的另一途径。这些代理机构可以为项目承担寻找和筛选求职者的任务，并向相关的负责人推荐优秀的求职者。

不论是采取什么样的方式，招聘最终的目的都只有一个，那就是找到合适的项目团队成员，项目团队可以根据自身的实际情况，采用一定的方式挑选需要的成员。在确定了候选人之后，就要对这些候选人进行面试，以确定最终的人选。

IT 行业是智力密集型产业，其生产方式的特殊性决定了人才在 IT 企业中的地位。在面试 IT 项目团队候选人时应注意候选人是否具备以下几方面的能力：扎实的专业基础；独立、创新的工作能力；良好的沟通和团队合作能力；认真严谨的工作态度；成就感强、有激情；具备锲而不舍的精神，能从错误中总结经验和教训。表 8-3 是对团队候选人进行面试的一些建议。

表 8-3　面试未来的项目团队成员的建议

1. 使候选人了解项目基本情况
- 项目的目的
- 项目组织内部与外部的结构
- 项目对于组织或工作单元的重要性，包括短期影响和长期影响
- 选择团队成员并分配其到项目中的理由
- 本人的角色与岗位
- 团队成员的具体责任和期望
- 项目成功完成后可能得到的奖励
- 在工作中可能遇到的困难和受到的限制
- 在项目管理中需要遵守的规范
- 项目可能遇到的挑战和产生的风险
- 团队的概念、重要性及其运行的方式

2. 了解候选人的技术和专业情况
- 调查相关的经验，从简历扩展和细化
- 调查候选人与项目环境相关的资质：相关的技术、工程工具和技术、市场和客户参与、产品应用
- 调查所需的项目管理技能：领导能力、技术专业知识、计划和控制、管理技能等

3. 判断候选人与团队的相容性
- 职业兴趣和目标
- 项目管理能力和同他人合作的能力
- 对权力与责任的态度
- 对于获得项目成功的建议

4. 争取候选人加入项目团队
告知加入团队的具体奖励，如财务、行业增长、升职等。

5. 协商事项和责任
- 审核候选人加入团队的意愿
- 协商加入的条件
- 明确候选人的岗位和责、权、利
- 确保候选人加盟项目团队

8.4　项目团队的建设与管理

福特汽车公司前总裁唐纳德指出:"我在福特汽车公司所获得的宝贵经验之一就是,我深信,团队合作能使美国所有公司和组织的业绩表现大大改善。"微软公司以特殊的团队精神著称,像 Windows XP 这样的产品的研发,有数千名开发工程师和测试人员参与,没有高度统一的团队精神,没有全部参与者的默契与分工合作,这项工程是根本不可能完成的。

8.4.1　团队的概念

管理大师杜拉克曾说过:"组织(团队)的目的,在于促使平凡的人,可以做出不平凡的事"。据统计,在所有诺贝尔获奖项目中,因协作而取得成功的占三分之二以上。在诺贝尔奖设立的头 25 年中,因合作而获奖的占 41%,而现在则上升到 80%。

团队不是一些人恰巧碰在一块就能构成的,一个人构不成团队,两个以上个人的集合体也未必就能构成团队。同在看一场电影的观众,在超市一起排队付款的顾客都不能称为团队。团队是指在工作中紧密协作并相互负责的,拥有共同目的、绩效目标以及工作方法,且以此自我约束的群体。换句话说,团队就是指为了达到某一确定目标,由分工与合作及不同层次的权力和责任构成的人群。

团队是层次合理、分工明确、任务清晰、责任到位,能将有限资源最有效地整合的机构。团队的概念包含以下几层含义:

(1) 必须有明确的目标。

任何团队都是为目标而建立和存在的,没有目标就构建不了团队,目标是团队存在的前提。

(2) 进行有效的分工与合作。

没有分工与合作不能称为团队,分工与合作的关系是由团队目标确定的。

(3) 需要不同层次的权力与责任。

在项目团队中的每一个人,都应该进行具体的分工,并赋予相应的权力与责任,以有效地实现团队目标。

项目团队是为了完成某个一次性的特定任务而临时组建起来的,项目团队整体的专业技能、经验、知识和素质程度的高低和协作能力的强弱,直接关系到项目结果的好坏。项目获得成功需要一个有效工作的项目团队,这个团队应该能够促进多领域人才能力的合成,能够激发成员的创造力和凝聚力。

一般来说,高效的团队和低效的团队表现出完全不同的特征,如表 8-4 所示。

表 8-4　高效团队与低效团队之比较

高效团队特征	低效团队特征
个人需要的满足	难以满足个人需要
共享的利益	成员间缺乏认同感
在团队活动中感到骄傲和愉悦	在团队活动中感到压抑
致力于团队目标	团队目标不明确
高信任、低冲突	缺乏信任、冲突不断
容易相互依赖	缺乏共同的意愿,合作困难
成员相互影响和有效的沟通	低效率沟通
鼓励团队成员发展的能力	问题不断,员工能力很难提高

项目团队能否有效地开展项目管理活动,主要体现在以下几个方面:

(1)拥有共同目标。

项目团队应该拥有明确的目标,这个目标能使项目团队成员凝聚在一起,并使大家能为之共同奋斗。

(2)合理分工与协作。

在目标明确之后,每个成员都应该明白自己的角色、权利、任务和职责,明确成员之间的关系,特别是信息传递和工作报告关系。

(3)具有高度的凝聚力。

凝聚力是指维持项目团队正常运转的,所有成员之间的相互吸引力。团队对成员的吸引力越强,成员遵守规范的可能性就越大。一个有成效的项目团队必定是一个有高度凝聚力的团队,在这样一个集体中,团队成员积极热情地为项目成功付出必要的时间和精力。

(4)团队成员相互信任。

成功团队的一个重要特征就是信任,一个团队能力的大小受到团队内部成员相互信任程度的影响。在一个高效的团队中,成员之间会相互关心,承认并接受彼此的差异,并乐于接受他人的意见。

(5)能够有效地沟通。

团队应拥有全方位的、各种各样的、正式或者非正式的信息沟通渠道,从而保证沟通的直接和高效。

表 8-5 是项目团队有效性检测表,团队成员在项目中可以应用这一评估方法计算分数,针对得分较低的方面加以改进。

表 8-5 项目团队有效性检测表

内　　容	根本不		有些		非常	得分
1. 你的团队对目标有明确的理解吗?	1	2	3	4	5	
2. 项目工作内容、质量标准、预算及进度计划明确吗?	1	2	3	4	5	
3. 每个成员都对其角色及职责有明确的期望吗?	1	2	3	4	5	
4. 每个成员对其他成员的角色和职责有明确的期望吗?	1	2	3	4	5	
5. 每个成员了解所有成员为团队带来的知识和技能吗?	1	2	3	4	5	
6. 你的团队是目标导向吗?	1	2	3	4	5	
7. 团队成员是否强烈希望为实现项目目标做出努力?	1	2	3	4	5	
8. 团队有高度的热情和力量吗?	1	2	3	4	5	
9. 团队是否能高度合作互助?	1	2	3	4	5	
10. 是否经常进行开放、坦诚、及时的沟通?	1	2	3	4	5	
11. 成员愿意相互交流信息、感想和感情吗?	1	2	3	4	5	
12. 成员是否能不受约束地寻求他人的帮助?	1	2	3	4	5	
13. 成员愿意互相帮助吗?	1	2	3	4	5	
14. 团队成员能否做出反馈和建设性的批评?	1	2	3	4	5	
15. 团队成员能否接受他人的反馈和建设性的批评?	1	2	3	4	5	
16. 项目团队成员中间是否高度信任?	1	2	3	4	5	
17. 成员是否能完成其要做或想做的事情?	1	2	3	4	5	
18. 不同的观点能否公开?	1	2	3	4	5	
19. 团队成员能否相互承认并接受差异?	1	2	3	4	5	
20. 团队能否建设性地解决冲突?	1	2	3	4	5	

一般来说,推动项目团队发展最强的因素有 6 个方面:令人感兴趣的专业和使人兴奋的工作;成就的认可;有经验的项目管理人员;正确的技术指导和领导;称职的项目团队成员;行业增长的可能性。

阻碍项目团队发展最大的障碍也有 6 方面:不明确的目标和方向;不充分的资源;权力斗争和冲突;不统一的上层管理;不好的工作保证;易变的目标和优先权。

8.4.2　项目团队的建设与发展

项目团队的发展过程,是一个不断成长和变化的过程。一个项目团队从产生到消失一般要经历 5 个阶段,即组建阶段、磨合阶段、正规阶段、成效阶段和解散阶段,如图 8-5 所示。

图 8-5　项目团队的发展过程

1. 组建阶段

在这个阶段,团队成员从不同的地方聚集到一起组成一个新的团队,每个成员开始相互认识、学习和研究适宜的行为举止,并且开始收集与项目相关的信息。

在这个阶段,使团队成员从心理上融入团队和树立正确的项目价值观十分重要,每位成员都必须找到自己的角色,并认识到自己是团队不可缺少的一分子。当团队成员产生归属感后,便会承担起团队的任务,相互合作,共同完成项目的目标。

2. 磨合阶段

当项目团队真正开始工作时,成员开始执行分配的任务,履行自己的角色,各种各样的问题与矛盾也逐渐凸显出来,这个阶段就是团队的磨合阶段。

团队的冲突与不和谐是这个阶段的显著特征。成员之间由于观念、风格、方法、立场等差异而引发各种冲突,人际关系和工作气氛都出现紧张局面。冲突可能出现在成员之间,也可能发生在成员与项目经理之间。冲突可能是情感上的也可能时工作上的,但不管怎样,团队中的每位成员都应该理性地、积极地解决问题,而作为项目经理,则可以采取多种方式加强成员之间的沟通,增进互相之间的了解,尽量避免和化解矛盾。

3. 正规阶段

项目安全地渡过了磨合阶段后,就进入了团队发展的正规阶段。在这个阶段,团队成员之间的矛盾得到化解,沟通和协作的必要性得到广泛的认可,成员在很多方面都能达成一致意见,团队开始逐步建立起公认的行为标准或价值观,团队绩效和士气开始增加,工作效率明显提高。

4. 成效阶段

经过前几阶段的发展,项目团队建立了自己的行为规范和工作方式,成员之间相互依赖程度增加,成为一个具有战斗力和凝聚力的团队,工作效率高,项目成果大量出现。团队精神和合作能力在这一阶段得到充分的体现,成员的个人能力在团队发展的基础上得到长足的进步。

5. 解散阶段

随着项目目标的实现,项目任务接近尾声,项目团队也进入解散阶段。这时,项目成员要考虑今后各自的发展,情绪出现不稳定,团队又开始出现效率低的情形。项目经理在该阶段要把握好项目的收尾工作,使项目顺利完成。

把一批人员组织起来实现项目目标的过程是一个持续不断的过程,它是项目经理和项目团队的共同职责。如下一些好的建议是 IT 项目经理在工作实践中的工作总结:

- 把项目团队中工作小组的人数限制在 3～7 人;
- 强调团队工作的协调性;
- 召开经常性的、有效的项目工作会议;
- 对事不对人,解决问题而不是责备他人;
- 促进成员和其他的项目干系人更好地相互了解;
- 关注项目成员间的交流与配合,鼓励他们互相帮助共同提高;
- 挖掘项目成员的潜能;
- 及时认可个人和团队的成绩;
- 衷心地认为团队成员都是最好的。

项目团队的建设与发展,需要每一位成员的参与。无论是项目经理还是团队成员,都应该了解团队建设的过程、团队成员的性格与特点,并寻求适合于项目、团队自身特点的管理方式,只有这样,才能将团队建设成一支高效、和谐的队伍。

8.4.3 项目人员培训

IT 项目的培训是指为提高项目开发人员的技能和知识,增强项目开发能力,使员工能在现有项目和将来的岗位上胜任其角色而进行的一切有计划、有组织的学习和训练活动。通过有效的项目培训,能够提高项目团队成员的能力和减少人员的流失,以保证 IT 项目的质量和进度。对员工进行培训,或者说建立良好的员工培训系统,对于整个组织和项目来说具有很多好处。

第一,确保获得组织和项目所需要的人才。组织内员工都具有各自的才能,有些员工精通技术,有的员工擅长管理,对这些员工进行有计划的培训就能确保组织在其发展阶段都能找到合适的员工。例如,对具备高素质专业技能的员工进行管理知识的培训,使其能胜任项目经理的工作。

第二,留住人才。不论是在组织之间,还是在组织内部各部门、各项目组之间,优秀人才已经成为各组织、部门和项目组争相招聘的对象,特别是在 IT 企业和 IT 部门这种知识密集型的组织,人才的快速流动已经成为企业发展过程中急需解决的问题。因此,为员工提供一些有吸引力培训的机会,为其职业的发展创造良好的条件,能够提升员工对组织的忠诚度和信赖度,在一定程度上缓解人员流动带给组织和项目组的压力。

第三,提高员工的成就感。给员工提供培训的机会不仅能提高其工作能力,而且在心理上会增强员工的自信心与成就感,从而激发其工作的热情。

人力资源部门一般提供 3 种类型的培训:技术培训、取向培训和文化培训。对员工的培训是一个复杂和长期的过程,需要采用科学的方法和步骤。员工培训一般分为 5 个阶段:培训需求分析阶段、培训设计阶段、培训计划阶段、培训实施阶段、培训效果评估阶段。具体步骤如表 8-6 所示。

表 8-6　员工培训一般步骤

阶　段	程序与步骤
培训需求分析	1. 组织的培训需求分析 (1) 分析组织战略发展目标,找出组织人力资源状况与战略发展间的差距 (2) 预测和分析组织未来人力资源需求与供给情况 (3) 对培训环境与资源进行预测分析 (4) 确定满足组织需求的人力资源培训总体目标和要求 2. 工作任务的培训需求分析 (1) 对工作规范中关于岗位应具备的技能、知识进行描述 (2) 评估现有员工技能与组织要求之间的差距 (3) 确定培训需求内容 3. 员工个人的培训需求分析 (1) 员工培训意向调查 (2) 对员工的工作行为和培训意向进行评估与分析 (3) 确定员工需要参加培训的目标与内容 4. 总体需求分析 　平衡组织、个人和任务的需求,形成总体培训需求
培训设计	1. 确定培训对象 (1) 确定培训对向选择的原则 (2) 根据培训需求分析成果,确定培训对象 2. 确定培训内容与方法 (1) 确定培训的种类与内容,如专业技能培训或是管理技能培训 (2) 确定培训的方法,如现场培训、非现场培训
培训计划	(1) 根据人力资源总体规划和上述分析制定培训计划 (2) 根据培训计划制定每个培训项目的实施细节 (3) 培训项目经费预算
培训实施	(1) 落实培训师资、教材 (2) 确定培训对象、时间、地点 (3) 实施培训并管控整个培训过程
培训效果评估	1. 确定评估标准 　根据人力资源培训计划制定评估标准 2. 培训效果评价 　对培训过程与培训效果进行评价 3. 评估反馈 　根据评估结果,总结前期培训成果,修正后期培训计划与实施细则

　　由于 IT 项目具备高新技术特点,IT 项目的培训比一般项目的培训要复杂得多、涉及面要广得多、其成本也高多。实践表明,在 IT 项目实施过程中,往往由于对培训工作缺乏正确的理解与认识,导致培训需求不明确、培训计划不合理、培训实施不到位,严重影响了项目培训的质量和效果。

　　对于项目来说,特别是 IT 项目进行的人员培训,总体的目标就是为了更好地完成项目的任务。由于项目具备临时性的特点,即项目有明确的开始时间与结束时间,因此,对人员的培训也有其自身的特点,即对于人员的培训一般都在项目正式开始之前或者是项目的初期阶段;对团队成员的培训也具有针对性,即对技术人员注重的是加强其在项目中所需的专业知识和技能的培训,对于项目经理则是管理技能的提高和项目总体情况的掌握。

8.4.4　绩效评估

进入 21 世纪,绩效问题已成为项目管理者关注的热点。一般来说,绩效是指员工完成工作或履行职务的结果,即员工所创造的价值。绩效具有以下特征:

- 绩效是一定的主体作用于一定的客体而表现出来的效用,即它是在工作过程中产生的。
- 绩效是人们行为的后果,是目标的完成程度,是客观存在的结果。
- 绩效必须具有实际的效果,无效劳动的结果不能称为绩效。
- 绩效应当体现投入与产出的关系,即考虑效率的问题。
- 绩效应当有一定的可度量性。

绩效评估是对员工的工作行为与工作结果全面地、系统地、科学地进行考察、分析、评估和反馈的过程。绩效评估的目的主要包括 3 个方面:

(1) 激励。通过正确评价员工的行为和绩效,给予员工恰当的激励。

(2) 培训。通过绩效评估可以发现员工所欠缺的技能和知识,从而设计具有针对性的培训,更好地提高员工的绩效。

(3) 沟通。绩效评估面谈,可以加强组织与员工之间的沟通和协调,为改进员工未来的绩效达成共识。

绩效评估一般要经过 4 个过程:

(1) 制定绩效评估指标和标准。

- 查阅工作分析文件。绩效评估的指标和标准必须以工作分析中的工作描述和工作规范为依据,因此首先要查阅被评估岗位的工作分析文件,明确岗位的工作职责和对员工的技能要求。
- 确定关键绩效评估指标。关键绩效指标是用于评估和管理评估对象绩效的定量化或行为的标准体系,是体现对组织目标有增值作用的绩效指标,是连接个体绩效与组织目标的一个桥梁。
- 确定绩效评估标准。绩效标准说明的是针对岗位的关键绩效指标分析要达到的程度。关键绩效指标主要解决“需要评估什么”的问题,而绩效标准是解决针对以上问题,评估对象做得怎样,完成程度如何的问题。表 8-7 为某公司信息部主管绩效评估指标和标准的范例。

表 8-7　××公司信息部主管绩效评估标准(部分)

工作职责	关键绩效指标	绩 效 标 准				
		远超目标 100~81分	超过目标 80~61分	达到目标 60~41分	低于目标 40~21分	远低于目标 20分以下
公司信息系统管理与维护	系统管理规范性	各项制度健全,全年无数据差错	能执行各种制度,数据基本准确	管理比较规范,数据差错在5%以内	管理不规范,差错达10%	没有完善的管理制度,差错在15%以上
	系统事故发生率	全年无任何事故	全年事故1~2次	全年事故3~4次	全年事故5~6次	全年事故7次以上
	故障反应速度	在1小时内处理完毕	在1~2小时内处理完毕	在3~4小时内处理完毕	在5~6小时内处理完毕	在7小时以上处理完毕

续表

工作职责	关键绩效指标	绩 效 标 准				
		远超目标 100～81 分	超过目标 80～61 分	达到目标 60～41 分	低于目标 40～21 分	远低于目标 20 分以下
公司信息技术开发与推广	开发计划完成率	计划达成率超过 120%	计划达成率超过 110%	计划达成率90%～110%	计划达成率80%～90%	计划达成率80%以下
	推广计划实施效果	积极协作效果显著	主动协作效果明显	能够协作效果一般	欠协作效果较差	不能协作无效果
	费用控制率	低于目标10%以上	低于目标5%～10%	介于目标±5%之间	超过目标5%	超过目标10%以上

(2) 绩效评估过程。

• 收集资料。收集与绩效标准有关的资料信息,使评估过程有据可依。主要包括评估对象工作表现记录和关键事件记录。

• 绩效综合评价。把收集的相关资料,通过指标体系加以综合比较分析,得到综合评价结果。与评估对象面谈,共同寻找实际绩效与标准之间的差距,寻求改进措施。在绩效评估过程中,对信息的收集和处理的操作方式主要包括以统计数据为基础的硬评价和以专家评价为基础的软评价。

(3) 绩效评估面谈。绩效评估面谈是绩效评估结果的反馈手段。项目经理将考评结果与项目团队成员进行讨论以得到某种共识,使得绩效评估工作起到良好的作用。

(4) 绩效评估审核。一个有效的评估系统应具备目标性、敏感性、可靠性、可接受性以及实用性的特点。因此,在绩效评估的最后阶段,人力资源部门要对组织的绩效评估系统进行审核,处理评估过程中的争议和异常情况,同时根据绩效评估的结果及时调整人力资源政策。

绩效评估审核主要包括评估对象的客观性、评估程序的合理性、评估方法选择的恰当性、评估文件的完整性、评估结果的有效性等。

进行绩效评估采用的方法一般有如下 7 种:

(1) 等级评定法。

等级评定法是指对不同的等级做出定义和描述,评价者将项目团队成员的工作行为与定义和描述进行比较,按照给定的等级进行评估,得出综合的评价等级。

(2) 比例控制法。

比例控制法又称强迫分布法,即在绩效评估开始之前,对不同等级的人数限制一定的比例,评估时按规定的比例强制性地进行等级划分。

(3) 排序法。

排序法是指按照某个评估因素或评估标准,对项目组成员的工作表现从绩效最好到绩效最差进行排序,得到每一个项目组成员工工作绩效相对优劣的评价结果。

(4) 成对比较法。

成对比较法又称对偶比较法,即根据某一标准将项目组成员两两比较,选出相对优秀的员工,最后根据每一位员工的比较结果综合得出绩效评估的结果。

(5) 关键事件法。

关键事件法是指对员工绩效过程中的关键事件进行评估。关键事件反映员工的主要绩效,并与员工关键绩效指标相关联。

(6) 行为锚定等级法。

行为锚定等级评价法是一种将同一职务工作可能发生的各种典型行为进行评分度量,建立一个锚定评分表,以此为依据,对员工工作中的实际行为进行测评级分的考评办法。

(7) 目标管理法。

目标管理法强调员工参与到绩效评估的全过程,使得评估者从一个法官的角色向顾问或促进者的角色转变,而员工则从一个被动的参与者向一个主动的参与者转变。

由于 IT 项目自身所具有的特点,其绩效评估的方式与组织人力资源管理一般所采用的短期、中期、长期分阶段考核的方式有所不同,IT 项目人力资源管理通常只进行短期考核,而且考核的标准相对组织人力资源的评估标准也较简单,主要以业绩为指标。

【案例 8-2】

让合适的人做合适的事

美国通用电气公司的总裁杰克·韦尔奇,是 20 世纪最伟大的 CEO 之一,被誉为"经理人中的骄傲"、"经理人中的榜样"。在一次全球 500 强经理人员大会上,杰克·韦尔奇与同行们进行了一次精彩的对话交流。

有人说:"请您用一句话说出通用电气公司成功的最重要原因。"

他回答:"是用人的成功。"

有人说:"请您用一句话来概括高层管理者最重要的职责。"

他回答:"是把世界各地最优秀的人才招揽到自己的身边。"

有人说:"请您用一句话来概括自己最主要的工作。"

他回答:"把 50%以上的工作时间花在选人、用人上。"

有人说:"请您用一句话说出自己最大的兴趣。"

他回答:"是发现、使用、爱护和培养人才。"

有人说:"请您用一句话说出自己为公司所做的最有价值的一件事。"

他回答:"是在退休前选定了自己的接班人——伊梅尔特。"

有人说:"请您总结一个重要的用人规律。"

他回答:"一般来说,在一个组织中,有 20%的人是最好的,70%的人是中间状态的,10%的人是最差的。这是一个动态的曲线。一个善于用人的领导者,必须随时掌握那 20%和 10%的人的姓名和职位,以便实施准确的奖惩措施,进而带动中间状态的 70%。这个用人规律,我称之为'活力曲线'。"

有人说:"请您用一句话来概括自己的领导艺术。"

杰克·韦尔奇回答:"让合适的人做合适的工作。"

资料来源:《思维与智慧》2007 年第 15 期

8.5 项目人力资源的激励

美国著名心理学家威廉·詹姆斯指出,一个没有受过激励的人,仅能发挥其能力的 20%~30%,而当他受到激励时,其能力可以发挥到 80%~90%。由此可见,激励对人的行为结果能产生很大的作用。

在 IT 行业中,人员频繁、快速的流动已经成为一种非常普遍又棘手的问题,特别是在项目团队中,人员的非正常流动会严重影响项目的进度,给项目造成难以弥补的损失。

IT 项目团队由许许多多各具个性的成员组成,而影响团队成员工作和造成人员流动的原因是多种多样的,如何针对不同的情况采取与之相应的有效方式激励团队成员,促进团队健康的发展,减少人员的非正常流动成为团队建设与管理的首要工作。

8.5.1　动机理论

心理学家认为,人的一切行动都是由某种动机引起的。所谓动机,是指激励人去行动的主观原因,经常以愿望、兴趣、理想等形式表现出来,是个人发动和维持其行为,使其导向某一目标的一种心理状态。

有人曾说过:"动机可以改变一切。你可能是最有学识、最有经验、最有天赋和能力的经理人,但是,如果你的员工缺乏动机的话,你的组织终将陷入平庸的泥潭。"可见动机有多么重要。要有效地利用项目人力资源,调动每个成员的积极性,项目经理首先就要了解项目团队成员的行为动机,从而找到激发人力资源最有效的途径。常见的动机理论有以下几种。

1. 马斯洛的需求层次理论

美国著名心理学家亚伯拉罕·马斯洛的需求层次理论有两个基本论点:第一,人的需要取决于他已经得到的和尚未得到的,只有尚未满足的需求才能影响人的行为,即已经满足了的需要不能再起到激励的作用;第二,人的需要是分层次的,只有当一个层次的需求得到满足后,另一个需求才会出现。

马斯洛认为,在特定的时期,人的一切需要如果都没有得到满足,那么满足最主要的需要就比满足其他需要更加迫切。只有满足了人的基本需求之后,人们才可能去追逐更高层次的需求,而只有当基本的需要得到了充分满足,高层次的需要才能显示出其激励的作用。

马斯洛将人的需要分为五个层次:生理的需要、安全的需要、感情的需要、尊重的需要、自我实现的需要,如图 8-6 所示。

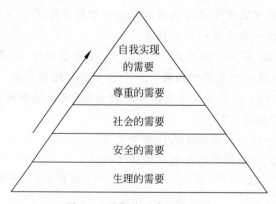

图 8-6　马斯洛需求层次理论

- 生理的需要,包括衣、食、住、行等生存的基本条件。
- 安全的需要,包括生命安全、财产安全等。
- 社会的需要,也称为感情和归属的需要,包括友谊、爱情、归属感等方面的需要。
- 尊重的需要,包括自尊和受到他人的尊重。

- 自我实现的需要,这是最高一级的需要。马斯洛认为这种需要就是"人希望越变越完美的欲望,人要实现他所能实现的一切欲望"。

需求层次理论向人们传递了一个希望和成长的理论,即人们可以通过努力掌握自己的命运,一层一层地实现自己的需要。但事实上,现代社会中大多数人在正常情况下总是每个层次的需要都部分得到满足,部分得不到满足。马斯洛认为人类行为最独特的性质是:爱、自尊、归属感、自我表现以及创造力,这些独一无二的性质使人们做出独立的选择,从而掌握自己的命运。

2. 奥尔德弗 ERG 理论

美国耶鲁大学的克雷顿·奥尔德弗教授在马斯洛需要层次理论的基础上,通过更接近实际经验的研究,提出了一种新的人本主义需要理论。奥尔德弗认为,人们共存在 3 种核心的需要,即生存(Existence)的需要、相互关系(Relatedness)的需要和成长发展(Growth)的需要,因而这一理论被称为 ERG 理论。

- 生存的需要。与人们基本的物质生存需要有关,这与马斯洛提出的生理和安全需要基本相同。
- 相互关系的需要。人们对于保持重要人际关系的要求。这种社会和地位需要的满足是在与其他需要相互作用中达成的,这与马斯洛的社会需要和尊重需要分类中的外在部分是相对应的。
- 成长发展的需要。表示个人谋求发展的内在愿望,与马斯洛的尊重需要分类中的内在部分和自我实现层次中所包含的特征相同。

ERG 理论认为,在同一时间可能有多种需要起作用。如果较高层次需要的满足受到抑制,人们对较低层次需要的渴望会变得更加强烈。例如,即使一个人的生存和相互关系需要尚未得到完全满足,他仍然可以为成长发展的需要工作,而且这三种需要可以同时起作用。

此外,ERG 理论还提出了一种叫做"受挫—回归"的思想。当一个人在某一更高等级的需要层次受挫时,某一较低层次的需要可能会有所增加。例如,当一个人社会交往需要得不到满足,可能会增强他对得到更多金钱或更好的工作条件的愿望。与马斯洛需要层次理论相类似的是,ERG 理论认为较低层次的需要得到满足之后,会引发出对更高层次需要的愿望。而与马斯洛需要层次理论不同的是,ERG 理论认为多种需要可以同时作为激励因素而起作用,并且当满足较高层次需要的企图受挫时,会导致人们向较低层次需要的回归。因此,项目经理应该随着项目团队成员需要结构的变化对管理措施进行相应的调整,并根据每个人不同的需要制定出相应的管理策略。

3. 麦克利兰的成就动机理论

美国哈佛大学戴维·麦克利兰教授通过对人的需求和动机进行研究,提出了成就动机理论。该理论将人的高层次需求归纳为对成就、权力、亲和的需求。

- 成就需求,即争取成功,希望做得最好的需求。该理论认为,具有强烈成就需求的人渴望将事情做得更为完美、提高工作效率、获得更大的成功,这些人追求的是在争取成功的过程中克服困难、解决难题、努力奋斗的乐趣以及个人的成就感,而并不看重成功所带来的物质奖励。个体的成就需求与人们所处的经济、文化、社会、政府的发展程度有关,社会风气也制约着人们的成就需求。

麦克利兰指出,金钱刺激对高成就需求者的影响很复杂。一方面,高成就需求者往往对自己的贡献评价甚高,自抬身价。如果这些人在组织中工作出色但薪酬很低,组织很难将人留住。另一方面,金钱刺激对提高绩效能够起多大作用很难确定。高成就需求者通常都以自己的最高效率工作,所以金钱固然是成就和能力的衡量标准,但是这些人一般都觉得付出和回报并不对等,所以可能引起不满。

- 权力需求,即影响或控制他人且不受他人控制的需求。权力需求是指影响和控制别人的一种愿望或驱动力。不同的人对权力的渴望程度不同。权力需求较高的人对影响和控制他人表现出很大的兴趣,喜欢对他人"发号施令",注重于争取地位和影响力,常常表现出喜欢争辩、健谈、直率和头脑冷静;善于提出问题和要求;喜欢教训别人、并乐于演讲。这类人喜欢具有竞争性和能体现较高地位的场合或情境,也会追求出色的成绩,但这样做的目的并不像高成就需求的人那样是为了个人的成就感,而是为了获得更高地位和权力或与现有的权力和地位相称。
- 亲和需求,即建立友好亲密人际关系的需求。亲和需求就是寻求被他人喜爱和接纳的一种愿望。高亲和动机的人更倾向于与他人进行交往,至少是为他人着想,这种交往会给自己带来愉快。高亲和需求者渴望亲和,喜欢合作而不是竞争的工作环境,希望彼此之间的沟通与理解,具有亲和需求的人对环境中的人际关系更为敏感。在某些情况下,亲和需求也表现为对失去某些亲密关系的恐惧和对人际冲突的回避。亲和需求是保持社会交往和人际关系和谐的重要条件。

麦克利兰的亲和需求与马斯洛的感情上的需求、奥尔德弗的关系需求基本相同。但麦克利兰也指出,注重亲和需求的管理者容易因为讲究交情和义气而违背或不重视管理工作原则,从而导致组织效率下降。

在 IT 项目团队中,团队成员都是具备较高文化素质的人才,每位成员都各具特色,而且对工作的需求也各不相同,如何了解每个人的动机与需求并使其得到满足便成为项目经理的重要工作之一,只有了解了成员的需求和动机,才有可能采用适当的方法给予激励,使人的能力发挥出最完美的效果,从而使整个项目团队形成良好的工作环境和氛围,最终高效地实现项目目标。

8.5.2 激励理论

美国管理学家贝雷尔森和斯坦尼尔将激励定义为:"一切内心要争取的条件、希望、愿望、动力等都构成了对人的激励,它是人类活动的一种内心状态。"

行为科学认为,人的动机来自需要,由需要确定人们的行为目标,激励则作用于人内心活动,激发、驱动和强化人的行为。如何将人的动机与项目提供的工作机会、工作条件和工作报酬有机地结合起来,是项目人力资源激励的重要内容。双因素理论、公平理论、期望理论和强化理论将对激励过程的具体实施起到一定的指导作用。

1. 双因素理论

20 世纪 50 年代末期,赫茨伯格和他的助手们在美国匹兹堡地区对两百名工程师、会计师就两个问题进行了调查访问。第一个问题:在工作中,哪些事项是让他们感到满意的,并估计这种积极情绪能持续多长时间。第二个问题:哪些事项是让他们感到不满意的,并估计这种消极情绪会持续多长时间。

　　通过一系列的调查分析,赫茨伯格发现,使职工感到满意的因素都是属于工作本身或工作内容方面的,即激励因素;使职工感到不满的因素,都是属于工作环境或工作关系方面的,即保健因素。

　　赫茨伯格指出,激励因素包括工作富有成就感、工作成绩能得到社会承认、工作本身具有挑战性、负有重大责任、在职业上能得到发展和成长。这类因素的改善能很大程度上激励员工,使之产生满足感。保健因素包括组织的政策与行政管理、技术管理、工资福利、工作条件、安全设施和人际关系等,是保持员工达到合理满意水平所必需的因素,但是保健因素对员工不构成激励,如同保健品可以强身健体,但不能治疗疾病一样。

　　赫茨伯格认为在这两个因素之中,保健因素的扩大会降低一个人从工作中得到的内在满足,而外部动机的扩大会导致内部动机的萎缩,因此应该尽量扩大个人努力工作内在动机的积极作用。

　　作为项目经理,必须了解哪些因素可以使团队成员满意并且利用这些因素调动大家的积极性,而将那些可能导致成员不满的因素限制到最低程度,即既要认识到保健因素的重要性,又要注意更多地采用激励因素来提高成员的满意度。

2. 期望理论

　　期望理论又称"效价—手段—期望理论",是由北美著名心理学家和行为科学家维克托·弗隆姆于 1964 年在《工作与激励》中提出来的激励理论。弗隆姆认为,员工无论是有意还是无意地选择做或不做工作主要基于以下 3 个具体因素:

　　第一个因素是员工对自己做某项工作能力的知觉。如果员工相信自己能够做,则动机是强烈的;如果认为不能,动机就降低。

　　第二个因素是员工的期望。如果做了这件工作,就会带来一定结果,即如果员工想象从事这项工作会带来期望的结果,则做该项工作的动机会很强烈。相反,员工若认为该工作不能为他带来所期望的结果,则动机不足。

　　第三个因素是员工对某种结果的偏好。如果一个员工真的渴求加薪、晋升或其他结果,则动机会很强烈。但如果员工认为这是一个消极的结果,如额外的压力、更长的工作时间或合作者的嫉妒,则他就不会受到激励。

　　如果员工对这三个因素评价都很好,动机强度便可能很高;如果员工对某个因素不感兴趣,激励作用就会降低或毫无意义。因此,项目经理应努力让团队成员感觉到他们具有完成工作任务的能力,并对其工作成绩给予奖赏。

3. 公平理论

　　公平理论又称社会比较理论,是由美国行为科学家斯戴西·亚当斯提出来的一种激励理论。该理论侧重于研究工资报酬分配的合理性、公平性及其对职工生产积极性的影响。公平理论的基本观点是:当一个人做出了成绩并取得报酬之后,不仅关心自己所得报酬的绝对量,而且关心自己所得报酬的相对量,即一个人不仅关心自己的实际收入,也关心自己收入与他人的比例。每个人都会把自己现在的劳动和所得的报酬与过去的、他人的进行比较,如果发现现在的收入比例与过去相等,或者自己的收入比例与他人相等,便认为是正常的,因而会努力工作;当发现自己的收入比例比过去低,或比他人少,便会产生不公平感,从而会影响工作的积极性。

亚当斯的研究结果显示,要使报酬制度有效地激发员工的积极性,就必须使员工相信这种报酬制度是公平合理的。公平理论的关键在于输入和输出结果的概念,输入是指个人投入到工作中的努力、技能、教育、资历、社会地位等因素,是个人感到应该获得一定报酬的基本依据。输出结果是指提供给个人的报酬,如工资、奖金、晋升等因素。在同一组织内,一个人的输入与输出结果必须与他人相同。因此,项目经理在对团队成员进行激励时,要努力使每位成员都受到平等合理的报酬和待遇,只有这样,才能使成员得到满足感,从而提高团队合作的效率。

4. 强化理论

　　强化理论也称行为修正理论,是美国心理学家斯金纳提出的以学习的强化原则为基础的关于理解和修正人的行为的一种学说。所谓强化,指的是对一种行为的肯定或否定的后果,它至少在一定程度上会决定这种行为在今后是否会重复发生。斯金纳认为,人或动物为了达到某种目的,会采取一定的行为作用于环境,若这种行为的后果对他有利,就会在以后重复出现;如果对他不利,则这种行为就会减弱或消失。

　　根据强化的性质和目的,可以将强化分为正强化和负强化。在管理上,正强化就是奖励那些组织上需要的行为,从而加强这种行为;负强化就是惩罚那些与组织不相容的行为,从而削弱这种行为。正强化的方法包括奖金、对成绩的认可、表扬、改善工作条件和人际关系、提升、委任具有挑战性的工作、给予学习和成长的机会等。负强化的方法包括批评、处分、降级等,有时不给予奖励或少给奖励也是一种负强化。强化理论在具体应用时应遵循以下行为原则:

- 经过强化的行为趋向于重复发生。所谓强化因素,就是会使某种行为在将来重复发生的可能性增加的任何一种"后果"。例如,当某种行为的结果是受到称赞时,这种行为重复发生的可能性就会增加。
- 要依照不同的强化对象采用不同的强化措施。人的年龄、性别、职业、学历、经历不同,其需要就不同,而采取的强化方式也应不同。如有些人重视物质奖励,有些人重视精神奖励,针对不同的情况,应采用不同的强化措施。
- 分阶段设立目标,并对目标予以明确规定和表述。对于人的激励,首先要设立一个明确的、鼓舞人心而又切实可行的目标,只有目标明确而具体时,才能进行衡量和采取适当的强化措施。同时,还要将总体目标进行分解和细化,通过一步一步地实现分解目标,不仅有利于总体目标的实现,而且通过不断的激励可以增强人的信心。如果目标一次定得太高,会使人感到不易达到或者达到的希望很小,就很难充分调动人们为达到目标而做出努力的积极性。
- 及时反馈。及时反馈是指通过某种形式和途径,及时地将工作结果告诉行动者。要取得最好的激励效果,就应该在行为发生以后尽快采取适当的强化措施。一个人在实施了某种行为以后,即使是领导者表示"已注意到这种行为"这样简单的反馈,也能起到正强化的作用,如果领导者对这种行为不予注意,这种行为重复发生的可能性就会减小以至消失。
- 正强化比负强化更有效。在强化手段的运用上,应以正强化为主,必要时也要对坏的行为予以惩罚,做到奖惩结合。

强化理论有助于对人们行为的理解和引导。这并不是对员工进行操纵,而是使员工有一个最好的机会在明确规定的多种方案中进行选择。因而,当团队成员工作表现良好、圆满完成工作时,项目经理应该及时表扬其行为,以促进员工更好地工作。

激励的目的是为了使员工能够更好地工作,但是由于每个人的需要不同,激励的方法也应因人而异、应事而异。特别是在 IT 企业和 IT 部门中,技术人员与管理人员的激励因素上有一定的差别,与管理类人员相比,技术人员更容易受到发展机遇、个人生活、成为技术骨干的机会等因素的影响,而较少受到责任感、与下属关系等因素的影响。

作为项目经理,必须不断找到切实有效的办法团结团队的成员,唤起他们对团队和团队目标的认同和热情。大家愿意去做的事情往往是与其自身利益息息相关的事情,所以,作为项目经理的目标就是引导成员认识到团队的利益与其自身的利益是一体的,从而激发团队成员努力工作的热情。

【案例 8-1 的分析】

项目的开发工作不是某一个人就能完成的,需要的是整个项目团队的共同协作,即项目经理与团队成员之间的配合、团队成员之间的协作。

在该案例中,出现了以下问题。第一,飞云科技公司对项目经理的选择出现了问题。项目经理不仅要具备扎实的专业知识、技能与项目工作经验,更要有良好的沟通、组织、协调、控制、领导等能力。小谢具备良好专业基础技能,但是在管理技能上存在较大差距,他从一开始就没有给自己准确的定位,以为项目经理的工作与之前他从事的软件开发工作差不多,因此出现问题时便显得手忙脚乱。公司应该在小谢开始工作之前,对其进行管理技能的培训,让他具备从容面对新工作挑战的能力,或者公司可以直接招聘一位合格的项目经理来担任该项目的管理工作。

第二,目标是促进团队工作的重要力量,他指引着团队工作的方向。小谢组建项目团队后,没有明确团队的工作目标,使得成员面对工作一片茫然,大家有劲也没使到一处来。项目团队组建完成之后,项目经理应该明确项目的目标与任务,并给每位成员分配合理的任务,使大家都能明确自身所要承担的工作与责任。

第三,在团队出现问题时,小谢没有能够及时解决这些问题,使项目工作几乎瘫痪。团队由不同性格、不同背景的人员组成,发生摩擦在所难免,关键是如何避免或解决这些冲突。在项目组建后,小谢可以采用召开会议、自由交流、团队活动等方式来增进大家的了解,建立成员之间的信任,使得团队在组建之初便有一个比较宽松和谐的气氛,为之后的工作打下良好的基础。在出现问题时,应该及时解决,不要让问题堆积,避免出现一系列不良后果。

第四,在项目成员提出退出项目团队时,小谢应当及时了解其离开的原因,使用适当的激励方法,尽量挽留团队的成员,避免造成不必要的损失。在整个项目的过程中,对成员的激励也是项目经理的重要工作之一,进行人员的激励不仅能提高工作效率,更能激发员工个人的潜能,使个人的能力得到发展。

优秀的项目经理工作的重点在于他是否能使全体成员尽其所能把项目做到最好,项目能成功的完成,项目团队才能说是合格的。因此,项目经理在项目启动时就应该主动、积极地了解项目、组织项目并控制整个项目过程。在项目工作开展的同时,与公司领导层保持良好的沟通也是相当重要的,在案例中,小谢没有及时与领导进行交流,因而导致项目工作出现重大问题。

【感想和体会】

国力的竞争是人才的竞争；企业的竞争是人才的竞争；项目的竞争也是人才的竞争。

能使自己在项目中处于最佳状态,说明你在成长；能使他人在项目中处于最佳状态,说明你在成熟；能使项目团队尽其所能将项目做得更好,你和项目就一定能获得成功!

8.6　习题与思考

1. 讨论信息技术人员和管理人员短缺的实际例子,分析其原因。

2. 现代社会可以利用的资源有哪些? 人力资源与这些资源比较,有哪些不同的特征?

3. 人力资源外在要素和内在要素有哪些不同? 如何将它们结合起来进行管理?

4. 项目人力资源管理的主要过程有哪些? 每个过程的主要任务是什么?

5. 根据你的学习体会和实践经验,简要描述一个项目,给出它的责任分配矩阵。

6. 假设现在组织急需一名 IT 项目经理来组建一个软件项目团队,你认为应该采用怎样的方法来选择这位项目经理最有效?

7. 应该怎样来确保项目团队有效地开展项目管理活动?

8. 项目团队的发展要经历哪几个阶段? 每个阶段有哪些特征?

9. 讨论绩效具有的特征、绩效评估的目的与过程。

10. 分析动机理论与激励理论中的相关理论成果与 IT 项目管理的联系。

第 9 章

改善项目的沟通

【本章知识要点】

要圆满实现 IT 项目目标,必须非常清楚客户的需求,并使客户了解开发团队将如何在项目中实现这些需求;还要让用户知道为什么有些需求不能实现,而有些方面可以做得很好;更重要的是,要让用户非常愿意地接受和使用开发团队所提供的产品、服务和成果。要达到这样的效果,需要项目经理和项目团队具有很强的沟通与协调能力,充分发挥听、说、写的本领。实践证明,IT 项目成功的最大威胁是沟通的失败,改善沟通在 IT 项目管理中具有非常重要的意义和作用。

本章将介绍沟通与项目沟通的概念、讨论 IT 项目沟通管理过程与方法,分析项目冲突的来源以及解决问题的策略。学习完本章后,应当掌握如下知识:

(1) 沟通的概念、过程、类别、模型与特点。

(2) 项目沟通管理的主要过程。

(3) 项目沟通管理计划内容与编制方法。

(4) 项目沟通管理方法与技巧。

(5) 沟通管理工具与模板。

【案例 9-1】

尴尬的伍经理

伍经理有着多年的软件项目开发经验,作为一家软件公司(以下简称乙方)的项目经理,负责一项科技开发计划项目。这是一个大型的铁路计量管理信息系统,系统包含了 11 个功能模块,涉及铁路企业计量管理业务的主要过程,开发工作量很大。用户单位(以下简称甲方)曾自行组织过开发,后因故终止。在与乙方签定开发合同时,甲方愿意提供原有的设计文档,伍经理非常高兴。伍经理带领自己的团队,在客户原有的需求分析和设计文档的基础上,历时 3 个月,通过邮件、电话等方式多次与用户进行交流与沟通,并利用原型开发方法建立了项目演化型需求模型,随后通过两次需求会议面对面与用户进行讨论,并进行了需求确认。

为了加快项目进度,节约成本,伍经理从某高校选用了两名有编程经验、工作能力较强的在读研究生加入开发组。在现有演化原型的基础上,他们分别负责组织机构管理与计量培训管理两个模块的代码编写工作。这两个模块与计量管理主要业务过程及专业领域知识的关系不太紧密,具有相对独立性及一定的通用性。经过2个多月的努力,所有的模块都完成了单元测试,并在虚拟环境下进行了综合测试,伍经理松了一口气,认为主要的功能已基本完成,剩下的功能可以在应用过程中不断完善。于是,他充满信心地带领项目组到应用单位进行现场系统安装和试运行。

用户单位为伍经理所带领的团队在项目开发中所表现的高效率而高兴,他们积极配合,并选择了业务过程中的不同部门、不同岗位代表参与,采用真实的数据进行系统试运行。在运行过程中,虽然核心业务流程与实际情况基本一致,但是在组织机构管理与计量培训管理这两个模块中出现了让伍经理非常尴尬的问题。在组织机构管理模块中,涉及组织机构分级管理,虽然伍经理考虑了无限分级,但是现场应用时发现,有的机构向下细分到后一级时,由于是内部机构,其用户权限及统计分析规则与外部机构完全不同,这个差异涉及软件系统的数据结构,与之关联的用户权限管理和统计分析模块也要做大的调整。另一名在读研究生在实现计量培训管理模块过程中,由于有以前为某高校开发过培训管理软件的经验,可谓是驾轻就熟,高效率地完成了该模块的开发,实现了众多而复杂的功能。然而,铁路行业计量专业现行的培训模式有着自己的特点,根本不需要那么多复杂的培训过程及其功能。用户在使用这个模块时提出,该模块的业务流程需要精简、用户界面需要简化、大量多余功能需要删除,整个模块需要重新设计和修改。

伍经理这才认识到问题的严重性。包括两名在读研究生在内的团队人员也意识到自己的理解与实际应用需求大相径庭,以前的很多工作算是白做了。

9.1 沟通管理概述

20世纪中期,管理沟通的基本理论"组织传播"的研究开始兴起,到20世纪60、70年代得到确立和成熟。管理沟通把管理学和传播学紧密结合在一起,成为一门跨学科发展的课程体系。沟通管理是企业组织的生命线,管理的过程,也就是沟通的过程。通过了解客户的需求,整合各种资源,创造出好的产品和服务来满足客户需求,从而为企业和社会创造价值和财富。企业是个有生命的有机体,而沟通则是机体内的血管,通过流动来给组织系统提供养分,实现机体的良性循环。

沟通管理是企业管理的核心内容和实质,没有沟通管理,就没有企业管理;同样的道理,沟通管理是IT项目管理的核心内容和实质,没有沟通管理,就没有IT项目管理。沟通是传递、沟通是交流、沟通是分享、沟通是智慧、沟通是友谊;在沟通中获得力量、在沟通中获得智慧、在沟通中获得享受、在沟通中获得成功。"超越自我"是沟通的最高境界。

9.1.1 沟通的概念

相对项目沟通,沟通有着更广的外延和更庞大的知识体系,管理学家斯蒂芬·P.罗宾斯认为,沟通就是意义的传递和理解。这里的意义主要是指信息、思想与情感。因此,沟通是为了特定的目标,在人与人之间、组织或团队之间进行的信息、思想和情感的传递或交互的过程。

普林斯顿大学研究发现,智慧、专业技术、经验三者只占成功因素的25%,75%决定于良好的人际沟通。斯坦福研究中心指出:"你赚钱的12.5%来自知识,87.5%来自关系。"美国著名成功学专家戴尔·卡耐基认为,"一个成功的企业家只有15%是靠他的专业知识,而85%是靠他的人际关系和处世技巧。"哈佛大学商学院调查表明,在500名被解职的员工中,因人际沟通不良而导致工作不称职者占82%。改善项目的沟通,提高沟通技巧不仅仅是项目的需求,也是个人发展的需求。实践证明,沟通能力是个人发展的关键因素,一个不善于改善沟通的人,很难在IT领域创造佳绩。

项目沟通是为实现项目管理目标,项目团队与其他组织、项目团队成员之间信息、思想、情感的传递和理解的过程。项目沟通贯穿于项目的整个生命周期,在项目的定义阶段识别客户需求、明确项目目标需要沟通;在项目的开发阶段制定进度计划、质量计划需要沟通;在项目的实施阶段检查、协调需要沟通;在项目的收尾阶段评审、验收项目也需要沟通。有效的沟通对于提高项目范围的准确度、加快项目进度、节约成本、提升项目质量、提高人力资源效率、控制项目风险、完成采购任务、协调项目整体管理起着积极的推动作用。

沟通对项目的影响往往是潜在的、深刻的和不可见的。因此,在成功的项目中,人们常常感受不到沟通所起的关键作用;而在项目失败的反思过程中,无论是重大失误还是小小的过失,一般都能够在沟通不畅的危害中找到最根本原因。

"知己知彼,百战不殆;不知彼而知己,一胜一负;不知彼不知己,每战必殆。"《孙子兵法》所阐述的这一著名论断已在军事、管理等领域的实践中得到充分的证实。沟通是知己知彼的重要手段,对于项目来说,要科学地组织、指挥、协调和控制项目的实施过程,就必须进行沟通。具体来说,主要有以下几方面的作用:

(1)沟通是组织内部管理的基础、是协调组织内部各个体、各要素关系的纽带,是使组织和项目团队成为一个整体的凝聚剂。

任何IT企业和IT部门都是由多人、多个项目团队组成,组织每天的活动由许许多多的具体工作组成,无论是项目组内部、项目组之间、还是项目成员与企业其他人员之间,由于个体的地位、利益、能力和性格的不同,他们对企业或项目目标的理解、所掌握的信息也不同,这给项目管理带来了很大的困难。为了保证上下一心,优质高效地完全组织或项目目标,必须进行有效的沟通,互相交流意见,共享企业资源,统一思想认识,自觉协调各个体的工作,增强整体凝聚力。同时,沟通是人的一种重要的心理需要,是人们用以表达思想、感情与态度,寻求认同与友谊的重要手段。畅通的信息沟通,可以减少人与人的冲突,改善人与人、人与领导者之间的关系。

(2)沟通是领导人或项目经理激励下属,实现领导职能的基本途径。

领导环境理论认为,领导者的主要工作是采用有效的行动来了解下属的愿望,他是为满足这些愿望而拟订与实施各种方案的人,而下属就是从领导者那里看到了达到自己愿望或目的的人。因此,领导者都应该将自己意图和想法告诉下属,并且了解下属的想法,这些都必须通过沟通这个基本工具和途径。

(3)沟通是组织或项目团队与外部建立联系的桥梁。

IT企业在进行项目竞标、组织与实施过程中,项目团队在开发项目、实现目标的过程中,必然要与客户、政府、公众或竞争者等项目干系人发生各种各样的关系。由于外部环境常常处于变化之中,IT企业为了生存与发展,项目团队为了项目成功,就必须不断地与外界进行持久的沟通,建立良好的企业外部环境,改善项目人际关系,以把握项目成功的机会,避免失败的可能。

软件项目成功的三个主要因素是用户的参与、主管层的支持和需求的清晰表述,所有这些因素都依赖于拥有良好的沟通技能,特别是对非 IT 人员的沟通。对软件项目成功的威胁最大的是沟通的失败。软件项目是否达到客户的期望主要取决于客户在多大程度上赞同所交付的项目内容,而不是项目提供者提供了多"好"的项目功能。因此,建立有效和持续的客户沟通机制是项目得到客户认可的基础。

美国著名导演艾伦说:"生活一半的内容都在于抛头露面。"我们认为,IT 项目管理的成功的一半在于,将你要做的和已经做好的项目工作不停地展示给你的客户和用户,以取得他们的认同和信任。

实践表明,沟通并不是一种本能,而是一种能力。也就是说,沟通的能力需要我们有意识地、不断地进行培养、训练和提高。

9.1.2 沟通的过程

简单地说,沟通的过程就是传递和交互信息的过程,这一过程中至少存在着一个发送者和一个接收者。沟通的一般过程就是发出信息的一方通过传递渠道使信息到达接收信息的一方,接收信息的一方在对信息进行理解或处理后,形成确认或更新的结果信息,通过传递渠道反馈给另一方。为了让信息接收者能无遗漏地接收并及时、准确地理解,发送者先需要整理预发信息,再进行编码或翻译,接收者在接收到信息后将信息进行解码或翻译,沟通过程的一般模型如图 9-1 所示。

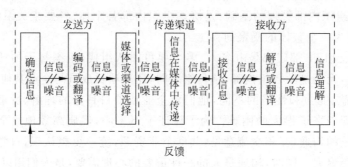

图 9-1 沟通过程的一般模型

发送方是信源,是产生某种运动状态和方式(即信息)的源事物,为沟通主体;发送方需要向接收方发送信息或者需要接收方提供信息。这里的信息包括很广,如想法、观点、资料,甚至情感等。

发送方首先需要确定要发送的信息内容,这些信息内容常常很杂乱、不易被理解,所以不能直接发送,需要进行必要的处理,即编码或翻译。处理后的信息被译成接收者能够理解的一系列的符号。这些符号必须符合后面所选的传播媒体,传播媒体就是传达信息的方法或工具。例如,如果传播媒体是讲座,符号的形式应选择文字、投影胶片、版书或多媒体课件;如果是传播媒体是网络,应选择电子文档,包括文字、图表或数码照片等。当然,也可以先不考虑传播媒体,根据所传递信息符号特性、接收者的具体情况等再选择合适的传播媒体。

传递渠道是信息传递和交流的路径,是沟通过程的重要组成部分,不同的传播媒体可以采用多种传递渠道,传递渠道分类参见 9.1.3 节。

接收方是信宿,根据传递符号、媒体和传递方式的不同,选择对应的接收方式,通过解码或翻译,将这些符号译成具有特定意义的信息,还需要通过汇总、整理和推理等主观努力加以理解,再通过理解后的信息进行总结、补充或加工,形成新的信息内容,并确定反馈信息,传递给发送者。

反馈过程是一个逆向的沟通过程,主要用来检查沟通双方对传输信息的理解。在这一过程中,原来的信息接收方变为信息发送方,原来的信息发送方变为信息的接收方,构成了信息双向循环流动。

在一般情况下,沟通过程存在着许多的干扰和影响信息传递的因素,通常将这些因素称为噪音,图中用"//"表示噪音。噪音主要来源于发送与接收双方的相关专业知识或业务素质等欠缺。主要体现有编码方面的问题,如文字或语言表达上的含糊或二义性、图表模糊或缺项等;也有传递渠道方面的问题,如口头交流中的讲解欠准确及听讲时信息内容遗漏;还有解码方面的问题,如在整理听讲内容时的误解、识别图表时碰到的困难等。噪音还可能来源于外部环境,如发送与接收双方所在地域不同,语言、风俗、文化背景的差异对沟通效果的影响。信息不对称也是产生噪音的主要原因。噪音的存在使沟通的效率大大降低,因此通过反馈来了解信息被理解的程度是十分必要的。完美的沟通,应该是经过转递后,接收方感知的信息与发送方发送的信息完全一致。

9.1.3 沟通的类别

根据不同的标准,沟通可以有不同的分类,常见的有如下几种。

1. 工具式沟通与感情式沟通

按照功能划分,沟通可以分为工具式沟通与感情式沟通。工具式沟通是指发送方将知识、想法、要求等信息传递给接收方,其目的是影响和改变接收方的行为,达到或满足发送方管理需求,最终为达到企业或项目管理的目标,实现双方的共同利益。

感情式沟通是指通过社交手段、借助娱乐或休闲媒体,沟通双方情感,获得对方精神或思想上的认可、友谊、同情或谅解,最终建立或改善双方的关系。感情式沟通是工具式沟通的基础,通过它能减少工具式沟通中主观因素的干扰,提高沟通效率。在特定的环境下,感情式沟通往往在项目沟通全过程中发挥着关键性的作用。

2. 正式沟通和非正式沟通

按照组织系统划分,沟通可以分为正式沟通与非正式沟通。正式沟通是通过组织或项目团队规定的渠道进行的信息传递,如通知、指示、内部文件以及规定的汇报制度、例会制度、报告制度、组织与其他组织之间的公函来往等。

非正式沟通是通过非正式或个人渠道进行的信息传递,如项目成员之间私下议论某人某事、项目客户的临时电话询问等。

正式沟通的优点是沟通效果好,比较严肃,约束力强,易于保密,并能使信息保持权威性。组织中重要消息,文件以及决策的传达一般都采用这种方式;缺点是沟通速度慢,比较刻板,且由于信息的传递依靠组织系统层层传递,有可能造成信息失真或扭曲。

非正式沟通是正式沟通的补充,其功能主要是传播组织员工或项目干系人所关心的信息,体现了个人利益或兴趣爱好。与正式沟通相比,非正式沟通具有传播的速度快、信息比较准确、沟通效率较高、可以满足员工的各种需要的优点。由于非正式沟通般是口头形式,没有证据,没有责任,信息在传递中难以控制,因此,信息内容常常被夸大、曲解,具有一定的片面性。所以,管理者及员工都需要慎重对待,以避免非正式沟通给管理目标或个人利益带来的负面影响。

3. 纵向沟通和横向沟通

按照方向划分,沟通分为纵向沟通和横向沟通。纵向沟通包括上行沟通和下行沟通,横向沟通也称平行沟通。上行沟通是下级将信息传递给上级的一种由下而上的沟通,主要表现为提交绩效报告、建议、请示等供上级审阅或批示。上行沟通有两种形式:一种是信息层层传递,即信息依据一定的组织原则逐级向上传递,这种沟通信息传递速度慢,且容易造成信息失真,由于各种原因,有些信息中间层还可能不予传递;另一种是信息越级传递,即一般员工直接与较高或最高领导者进行信息沟通,这种沟通方式有利于领导者直接向员工了解情况,可以获得因中间层徇私舞弊而不愿传递的信息。下行沟通是上级将信息传达给下级的一种由上而下的沟通,是上级向下级发布命令、计划、政策、规定和批示的过程,其正式行文格式有通知、命令、批复等,这通常存在于参与式的和民主的组织环境中。下行沟通可以使团队成员明确项目目标,同时可以对团队成员的工作做必要的提醒和指导,并反馈团队的工作绩效,对团队成员进行及时激励。但是,如果组织中的层次比较多,信息自上而下的传递就比较耗费时间,而且每个人都按照自己的意思去理解信息,使得信息在传递的过程中容易被遗漏或曲解。

横向沟通包括组织中各平行部门之间的信息交流和处于不同层次的没有直接隶属关系的组织或成员之间的沟通,其正式行文格式主要是函件。在项目管理中,横向沟通集中体现在不同项目团队之间、项目组内部员工之间、项目团队与利益关系者之间的沟通。加强横向沟通,使其机制健全而充满活力、渠道顺畅而高效,加速信息的流动,不仅有助于促进项目成员之间,以及与用户之间的理解、激发用户的参与热情,而且有助于化解部门内部、部门间以及项目团队与外界的矛盾和冲突,为项目的顺利进行营造一个和谐的开发环境。

4. 单向沟通和双向沟通

根据在沟通中是否进行反馈,沟通可分为单向沟通和双向沟通。单向沟通是指在沟通过程中发送方只发送信息,接收方只接收信息,没有信息反馈。单向沟通的例子如发布指令,作报告、演讲等。双向沟通是指在沟通过程中发送方以协商和讨论的姿态向接收方发送信息,接收方接收到信息后要及时反馈意见,这样在整个沟通过程中发送方和接收方的角色不断变化,直到双方共同满意为止。双向沟通的例子如协商、会谈等。

一般来说,单向沟通的信息传递速度快,但准确性差,有时还容易使接收者产生抗拒心理。双向沟通的信息传递准确性高,而且由于接收者可以反馈意见,使得接收者产生参与感和平等感,有助于增加接收者的责任心,有助于建立双方的感情。但双向沟通的信息传递速度较慢,而且在沟通过程中发送方会受到接收方的质询,心理压力较大。鉴于单向沟通和双向沟通的优缺点,如果需要迅速地传达信息,应该采用单向沟通,如果需要准确地传达信息,则应该采用双向沟通。

5. 口头沟通、书面沟通及非言语沟通

按照表达方式或方法划分,沟通可分为书面沟通、口头沟通及非言语沟通。它们之间的优缺点如表 9-1 所示。

表 9-1　各种不同表达方式或方法的沟通比较

沟通方式	举　例	优　点	缺　点
口头沟通	交谈、讲座(演讲)、讨论会、音频或视频通话或会议	传递、反馈速度快,信息量大	沟通效果受人为因素影响大;传递层越多,信息失真越严重;可追溯性差
书面沟通	纸质及其电子形式的书面报告、备忘录、邮件(电子留言)、文件、期刊等	持久,可追溯;电子形式的快度高效	纸质的效率低、缺乏反馈,借助网络的电子形式可反馈,但没有表情,不亲近
非言语沟通	声、电、光信号(红绿灯、警笛、旗语、标志语言)、体态语言(手势等肢体动作、表情)、语调	信息意义明确,内容丰富,含义隐含灵活	传递距离有限,界限含糊;有的只可意会,不可言传

随着通信与网络技术的发展与普及,除了面对面交谈和集中碰头会议外,在项目沟通中,书面、口头甚至非言语沟通常常通过网络或电话来实现,而且不同的沟通方式在同一次沟通过程中交叉在一起,互为补充,以达到最佳的沟通效果。

9.1.4　沟通网络

沟通网络是指组织中沟通渠道结构和类型。其基本特征有:渠道路径的数量、分布及有关反馈。同时,根据沟通对象所处的位置或权力的不同,又有集权化或分权化网络之分。

在项目沟通过程中,主要考虑是的有反馈的双向沟通网络,常见的双向沟通网络如图 9-2 所示。

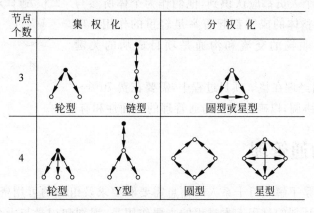

图 9-2　几种常见的双向沟通网络

图中节点(圈)可看作是一个成员或一个组织,实心圈表示在集权化网络中的核心人物或组织,箭头表示信息传递的方向。图 9-2 中只给出了三个和四个节点的集权化及分权化的双向网络,有兴趣的读者可以画出其单向网络,还可类推出更多节点的不同类型的网络。

通过图 9-2 比较看出,网络的形式随着渠道的数量或分布的变化而变化。在集权网络

中,有一个或两个主要的信息发送者,最集权化的网络是轮型。在分权网络中,最分权化的是星型(也称全方位型)。下面给出全方位型网的节点与渠道数量的关系表达式:

$$l = n(n-1)/2 \qquad\qquad (9\text{-}1)$$

其中,l 表示沟通渠道的数目,n 表示网络节点的个数。

　　沟通渠道的结构对组织的活动有着重大影响。链式沟通属于集权网络,信息自上而下或自下而上地逐级传递。在集权式轮型网络中,主管人员作为信息中心和全面了解情况的人,分别与其下属部门发生联系,向各下属部门发出指令,并汇集和传递来自各个部门的信息;下属各部门和基层人员之间不发生联系,只分别掌握本部门的情况,接受主管人员的指令并反馈信息。Y 型沟通网络兼具链式和轮式的特点。在圆型沟通网络中,每个成员或组织可与其相邻的两个成员或组织进行信息沟通。在全方位型网络中,每个成员之间都有一定的联系,彼此可以相互了解。

　　在实际工作中的不同类型网络可结合应用,选择什么类型的网络取决于企业或项目的内外部环境和沟通的目的。一个高效的沟通网络能够调节员工的精神状态,鼓励创新,协调工作,保证多项工作的顺利进行,加速企业或项目目标的实现。

9.1.5　项目沟通管理

　　项目沟通管理包括为确保项目信息及时且恰当地规划、收集、生成、发布、存储、检索、管理、控制、监督和最终处置所需的各个过程。项目经理的绝大部分时间都用于与团队成员和其他干系人的沟通。有效的沟通将在项目干系人之间架起一座桥梁,把具有不同文化背景、不同技能水平、不同观点和利益的各类干系人联系起来,使得这些干系人对项目的执行和结果产生积极的影响。

　　项目沟通管理主要包括 3 个过程,如图 9-3 所示。这些过程的主要工作如表 1-3 所示。

　　参与项目的每个人员都应认识到,他们作为个体所参与的各项沟通对项目整体的成败都起着举足轻重的作用。项目成员之间清晰、顺畅的交流和沟通是项目成功的关键因素。

图 9-3　项目沟通管理主要过程

　　实践证明,项目经理在整个项目过程中,需要花费 70%～90%时间进行沟通协调,以确保项目沟通管理的全面性和有效性。

9.2　规划沟通管理

　　规划沟通管理是了解项目干系人的信息需要和要求及组织的可用资产情况,制定合适的项目沟通方式和计划的过程。本过程的主要作用是,识别和记录与干系人的最有效率且最有效果的沟通方式。

　　虽然每个项目都需要交流项目信息,但对信息的需求和分发方式差异很大。此外,规划沟通管理过程中,需要适当考虑并合理记录用来存储、检索和最终处置项目信息的方法。应该通过沟通规划,来确定项目干系人的信息和沟通需求,包括确定哪些人是项目干系人,他们对于项目的收益水平的影响程度如何;谁需要什么信息和谁有权接触这些信息,何时需要信息以及如何传递给他们；信息应该存储在什么地方、以什么方式来存储、如何检索这些信息、是否需要考虑时差、语言障碍和跨文化因素等。

规划项目沟通对项目的最终成功具有非常重要的作用。沟通规划的不当，可能导致各种问题，例如，信息传递延误、向错误的受众传递信息、与干系人沟通不足或误解信息等。应该在项目管理计划编制阶段，就考虑规划沟通工作，这样便于给沟通活动分配适当的资源，如时间和预算。

9.2.1　项目沟通分析

有效的项目沟通是指以正确的形式、在正确的时间和地点，把恰当的信息提供给正确的受众。沟通规划的关键之一是对项目干系人进行分析，对项目干系人的分析有两个目的：一方面，通过分析确定不同的项目干系人的信息需求，以明确各个项目干系人可以分别看到哪些项目文件，什么范围的人出席什么会议；另一方面，这些分析可以辨别出项目对项目干系人的影响和收益，以此帮助项目经理制定出对项目最有帮助的沟通策略。

对项目干系人影响和收益的分析应当采用结构化、系统化的评估方法，以客观、准确地评估项目干系人在项目中的收益水平以及他们对项目支出的影响程度。

通过对所需信息的类型和格式，以及信息对项目的价值进行分析，综合定义沟通需求。这样可以将项目有限的资源用在那些有助于项目成功的信息或者那些由于缺乏沟通可能导致失败的信息方面，防止项目干系人被一些日常琐事所困扰。

确定项目沟通需求的典型信息包括：组织章程；项目组织和项目干系人职责关系；项目干系人信息；项目涉及的学科、专业、专长等方面的信息；项目在何地实施、涉及多少人等方面的信息；内部信息需求，如组织间的沟通；外部信息需求，如与媒体或承包商的沟通。

与项目干系人的沟通，应当做到内外有别。所谓内外有别，是指项目组作为一个整体，在和不同的干系人，如客户、用户、高层管理人员、分包商、供货商沟通时，需要有一定的方法和原则，以有利于项目的管理和沟通管理目标的实现。

同样，应该确定项目组内部沟通议事原则，以避免项目成员在发生分歧时争论不休。例如，明确在什么层次解决什么问题、谁可以拍板决定，议事的民主集中原则是什么等。

9.2.2　沟通管理计划

对于项目来说，项目沟通处于非常重要的地位。由于许多 IT 项目没有足够的关于沟通的初始信息，使项目的沟通存在很大的隐患，因此制定一个沟通管理计划非常重要，每个 IT 项目都应该编制一个沟通管理计划。项目沟通管理计划是规划沟通管理过程的一个重要输出，它是指导项目沟通的重要文件，是项目整体计划的一部分。项目沟通管理计划描述将如何对项目沟通进行管理，如何使项目沟通结构化和如何监控项目沟通，它为后续管理沟通、控制沟通等过程提供指导。

项目沟通管理计划包括的重要内容有：干系人的沟通需求；需要沟通的信息，包括语言、格式、内容、详细程度；发布信息的原因；发布信息及告知收悉或做出回应的时限和频率；负责沟通相关信息的人员；负责授权保密信息发布的人员；将要接受信息的个人或小组；传递信息的技术或方法，如备忘录、工作报告、会议纪要、电子邮件、新闻稿等；为沟通活动分配的资源,包括时间和预算等;问题升级程序,用于规定下层员工无法解决问题时的上报时限和路径;随项目进展和变化,对沟通管理计划进行变更与优化的方法;沟通时的通用术语表;项目信息流向图、工作流程和授权顺序、报告清单、会议计划等;沟通制约因素,通常来自特定的法律法规、技术要求和组织政策等。

沟通管理计划中还可以包括项目状态会议、项目团队会议、网络会议和电子邮件信息等的指南和模板。沟通管理计划中还应该包含对项目所应用的网站和项目管理软件的使用要求和说明。

项目沟通计划编制常常需要具有更多的创造性,因为不同的项目、不同的项目干系人,其产生和所需的信息不同,在具体项目开发过程中,项目组在进行沟通时为预防出现遗漏,可以用一张简明的表格来列出一些重要的内容。表 9-2 是某软件公司项目沟通管理计划中的月进度报告和项目例会计划模板。

表 9-2　项目沟通管理计划之项目月进度报告和例会计划

文件名称	频率	接收人	格式/媒介	交付时间	负责人	签收方式	备注
月进度报告	每月	主管副总裁	电子邮件	每月 3 日前	发送人: 项目经理	邮件回执	
		项目组全体成员	内部服务器共享	每月 3 日前		标记确认	
		客户代表	书面	每月 3 日前		书面回执	
月例会	每月	项目组全体成员	会议	每月第一周	主 持 人: 项目经理	会议签到 会议纪要 签收	
		客户代表					
		主管副总裁					

对于大多数 IT 项目,沟通管理计划的大部分工作应在项目的前期阶段完成。项目经理要让项目组人员和项目干系人都了解沟通管理计划,对各自负责的部分要让他们根据相关规范来编制。

沟通管理计划本身并不是一成不变的,通常在项目进行过程中,要根据需要随时对其进行检查和修订,以保证它的持续有效性和适用性。需要特别指出的是,沟通需求一般是动态变化的,随着项目的进展,可能会发生某些变化。

9.3　管理沟通

管理沟通是根据沟通管理计划,生成、收集、分发、存储、检索及最终处置项目信息的过程。该过程的主要作用是,促进项目干系人之间实现有效的沟通。沟通管理除了要确保信息发布的效率和效果,还有确保信息被正确的生成、接收和理解,并创造出更多的机会和更好的条件使干系人获得更多的信息。

管理沟通需要借助相关技术,以提高沟通的有效性,这些技术包括:

- 发送—接收模型。其中也包括反馈回路,为互动和参与提供机会,有助于清除沟通障碍。
- 媒介选择。根据情况确定何时使用书面沟通或口头交流、何时准备非正式备忘录或正式报告、何时进行面对面沟通或电子邮件沟通。
- 写作风格。合理使用主动或被动语态、句子结构和词汇。

- 会议管理技术。准备会议议程和处理冲突方法。
- 演示技术。采用合适的形体语言和视觉辅助设计技术。
- 引导技术。建立共识和克服障碍。
- 倾听技术。主动倾听,例如告之收悉、主动澄清和确认理解,消除妨碍理解的障碍。

9.3.1 信息收集与分发

信息收集与分发的有效性是管理沟通的一个重要内容。信息分发是向项目干系人及时地提供所需的信息,包括实施沟通管理计划以及对预料之外的信息索取要求的应对。

信息可以通过不同的方式收集和检索,包括手工存档系统、电子数据库、项目管理软件以及允许查询诸如工作图纸、设计规范、测试计划等技术文档系统。

信息分发指整个项目过程中,项目干系人可以及时地收取和共享信息。项目信息可以通过不同方式发布,包括项目会议、书面文档复印件、手工文档系统和共享的网络电子数据库;电子通信和会议工具,如电子邮件、传真、语音邮件、电话、录音带及视频会议和网上消息发布;项目管理的电子工具,如项目管理软件、网络会议和虚拟办公支持软件、协作的工作管理工具和网站等。

调查统计表明,不同的媒介(如硬拷贝、电话、语音邮件、电子邮件、会议和网址等),其信息分发的效果是有很大差别的。信息发布是一项十分复杂的工作,对于较复杂的项目,项目经理可能会不得不在项目组中指定一个文档管理员专门对这些事务性工作进行处理,而现在的项目经理越来越青睐于采用先进的技术来完成信息的收集和分发。

在 IT 项目沟通管理过程中,由于信息的收集与分发量大、实时性强,为了达到有效收集与分发项目信息的目的,需要建立项目管理信息系统,完成项目信息的生成、收集、分发、存储、检索及最终处置项目信息的活动。

对于远程沟通的常用方法有复印文件发送,共享数据库、电话、传真、电子邮件等。而在软件项目中,技术问题是项目沟通中的重要内容。对项目组来说,软件开发的过程既是知识共享的过程,也是技术创新的过程,同时还是项目成员相互学习、共同提高的过程。因此,一定要让所有的项目组成员形成相对统一的技术平台。特别是当软件项目异地开发时,一定要建立邮件组、BBS 等远程交流系统,同时,要做好邮件系统和文档的管理,以保障异地讨论和分组交流的需要。

项目经理需要向项目干系人适度地提供项目绩效信息。项目绩效是对项目的范围、进度、成本和质量的综合评估,是项目团队成员在实现团队目标和组织目标的过程中,对于团队和组织的贡献程度在团队运作过程中表现出来的行为和结果。通过收集和发布绩效信息,包括项目状态报告、项目进展测量结果及预测结果,使项目干系人对项目状态有一个全面、客观和公正的了解。应该定期收集项目基准数据与实际数据进行对比,以便了解和沟通项目进展和绩效,并对项目结果做出预测。

简单的项目状态报告可以显示诸如"完成百分比"的绩效信息,或每个领域(即范围、进度、成本和质量)的状态指示图。较为详尽的报告可能包括:对过去绩效的分析;项目预测分析,包括时间和成本;风险和问题的当前状态;本报告期完成的工作;下个报告期需要完成的工作;本报告期被批准的变更的汇总;需要审查和讨论的其他相关信息等。

9.3.2　召开有效的项目会议

研究表明,项目会议是最直接、最快捷和最有效的项目沟通方式,它有助于公开项目积极的或消极的重要信息,也有助于在项目干系人之间建立较强的联系。项目经理和项目成员经常是通过相互的沟通,特别是会议来获得项目进展的真实状况。项目团队通常需要进行大量的沟通,简短而频繁的项目工作会议是一个最有效的沟通方式。如何召开有效的项目工作会议,人们在实践中总结了如下一些经验。

(1) 明确会议的目的和期望的结果。使会议的每一个计划者和参加者都十分清楚会议的目的,明确会议的期望结果是会议成功的前提。例如会议的目的是集体讨论一些想法、提供状态的信息,还是要解决一个问题,这在会议召开前主持人就应该明确,并告知与会人员。

(2) 确定参加会议的人员。会议组织者应该根据会议目标来明确本次会议的关键人物,判断哪些项目干系人必须参加会议,而哪些干系人可以不参加会议。应该想方设法让与会议结果密切相关的人员出席会议,并在会议上起到积极作用。

(3) 在会议召开前向与会者提供会议议程。会议组织者应该认真、细致地制定会议议程,并选择合适的时间与地点,将会议议程提交给与会人员。

(4) 使项目会议专业化。介绍与会人员、重申会议的目的、陈述应遵守的基本规则是使会议专业化的重要手段。在会议进行中,要安排学术带头人或高层领导来协调会议,以确保关注与讨论重要的项目工作;要注意控制时间、活跃会场气氛、鼓励大家参与;应该及时归纳和总结关键的问题,正式阐明项目完成所形成的决定和行动规则。

(5) 不要在项目会议上指责项目团队成员。解决项目问题应该采取"对事不对人"、"用积极的、正面的态度和角度"等方式。在必须纠正团队队员工作中的消极状态等不利于在项目组织中扩散的事项时,应该限制参加会议的人数或保持会议的秘密性。

(6) 重视会议记录。做好会议记录是确保会议专业化和有效性的重要手段,项目经理可以采用指定专人或项目组成员轮值的方式在会前明确做会议记录的人。记录可以很简练,但应包括以下内容:会议的日期和开始时间,在哪里召开,由谁主持;所有出席者的姓名,未出席者的理由;讨论过的所有议程、议项和制定的所有决策,如果对行动任务达成了一致,记录并强调该任务的负责人;会议结束的时间(这个很重要,因为以后可能要了解会议持续了多久);下次会议的日期、时间和地点。在每一次会议结束后应及时整理会议记录,并归档备查。

(7) 会议结果的告知。对会议形成的记录、文件和报告,应该有人负责确认,并及时提交给与会人员和项目团队相关人员。必要时应该以通告的方式予以通报,以利用项目的开发和实施。对会议结果的完成情况,也应适时给予公布。

实践证明,一个成功的会议能成为鼓励项目组建立和加强对项目的期望、任务、关系和责任的工具。一个失败的会议会对项目产生有害的影响,包括失去期望、模糊任务、混淆关系、推卸责任等。优秀的项目经理应该将项目工作会议作为项目管理的有效武器,一个不会召开项目工作会议的项目经理,是不可能形成一个强有力的项目团队来完成项目任务的。优秀的项目经理,应该是一个召开有效项目会议的高手。

9.4　控制沟通

控制沟通是在整个项目生命周期中对沟通进行监督与控制的过程,以确保满足项目干系人对信息的需求。该过程的主要作用是随时确保所有项目沟通参与者之间的信息流动效率和效果的最优化。

控制沟通过程可能引发重新开展规划沟通管理和/或管理沟通过程。这种重复体现了项目沟通管理各个过程的持续性质。对某些特定信息的沟通,如项目实施中出现的关键问题或关键绩效指标(如实际范围、进度、成本、质量绩效与计划要求的对比),可能立即引发修正措施,而对其他信息的沟通则不会引起项目的波动。应该仔细评估和有效控制项目沟通的影响,以及受众对影响的反应,以确保在正确的时间和地点,把正确的信息传递给正确的受众。

要有效地控制沟通,就要了解沟通的原则、方法、工具,掌握处理冲突的方法和技巧。

9.4.1　遵循沟通原则

在 IT 项目管理中,项目经理为了能顺利达到沟通的目的,要遵循如下基本原则来进行沟通。

1. 尽早沟通

尽早沟通要求项目经理具有前瞻性,定期与不定期地和项目成员及项目干系人进行沟通,这不仅容易发现当前存在的问题,而且能暴露出很多潜在问题。在项目中出现问题并不可怕,可怕的是问题没被发现。沟通得越晚,暴露得越迟,带来的损失越大。

2. 主动沟通

主动沟通说到底是对项目沟通的一种态度。在项目中,应该极力提倡主动沟通,尤其是当已经明确了必须要去沟通的时候。当沟通是项目经理面对关键干系人或上级主管、团队成员面对项目经理时,主动沟通不仅能建立紧密的联系,更能表明你对项目的重视程度和积极参与的态度,这会使沟通的另一方满意度大大提高,对整个项目非常有利。

3. 内外有别

不管项目组内部有多大的分歧,当面对项目组外部人员,需要处理与项目有关的问题时,要强调对外的一致性。一个项目团队要一种声音说话,这不是一种形式,而是一种文化。面对不同的对象甚至可以选用特定的发言人,这样能取得意想不到的效果。

4. 采用对方能接受的沟通风格

注意肢体语言、语态给对方的感觉。无论在语言和肢体表达上,都需要传递一种合作和双赢的态度,使双方无论在问题的解决上还是在气氛上都达到"双赢"。

5. 沟通的升级原则

横向沟通有平等的感觉,但合理使用纵向沟通,有助于问题的快速解决。沟通的升级可以通过四个步骤来完成。第一步,和对方对等沟通;第二步与对方的上级沟通;第三步,和自己的上级沟通;第四步,自己的上级与对方的上级沟通。

9.4.2　影响项目沟通的因素

沟通是信息发送者与信息接收者之间互动的过程,在项目的开发过程中,由于项目干系人的多样性特征,使得沟通过程总存在许多障碍,归纳起来主要有以下几种:

(1) 语义上的障碍。人与人之间的信息沟通主要是通过语言来进行的,而语言只是一个交流思想的工具,而非思想本身,这就使沟通容易产生语义上的障碍。由于不同语言如口头语言、书面语言,特别是地方方言的使用,加之人的语言修养不同、表达能力存在差别,对同一思想、事物的表达有清楚和模糊之分。因此在沟通过程中,产生语义上的障碍是在所难免的。

(2) 知识经验水平的限制。当发送者与接收者在知识水平上相差太大,或者各自的专业方向相距太远,加之在信息上的不对称,双方在沟通时几乎无法找到“共同语言”,接收者无法正确理解发送者的信息含义。如一个软件工程师用计算机专业术语与一个没有任何计算机专业知识的内科医生沟通一个医院管理系统的设计问题,如果找不到一个交流的结合点,他们之间的沟通将会很困难。

(3) 知觉的选择性。人们在接收或转述一个信息时,总有一定的“惰性”,对符合自己需要的又与自己切身利益有关的或自己喜欢的内容很容易听进去,否则不容易听进去,甚至产生反感。这样就会在有意无意中产生知觉的选择性,造成沟通障碍。

(4) 心理因素的影响。在信息沟通中有很多障碍是由心理因素引起的。个人的性格、气质、态度、情绪、兴趣等的差异,都可能引起信息沟通的障碍。

(5) 组织结构的影响。扁平的组织结构有利于信息沟通。如果组织机构层次过多,中间环节太多,那么信息传递过程中失真、遗漏的可能性就更大,而且还会浪费时间,影响信息传递的及时性和信息沟通的有效性,最终影响项目工作效率。

(6) 沟通渠道的选择。特别应该强调选择合适的时间将信息传递给合适的人,信息沟通的渠道多种多样,各种渠道又各有优缺点,如果渠道选择不正确,就会严重影响信息传递的保密性、时效性、正确性。

(7) 信息量多少。沟通并不需要长篇大论,信息并非越多越好,重要的是要有充分的、有用的和优质的信息。信息过量反而会成为沟通的障碍因素。

总之,影响项目团队与客户之间、项目团队与供应商之间、项目内部各成员之间、项目人员与项目干系人之间沟通的因素很多。因此,采取一切可能的方法改善项目沟通的环境和条件,消除沟通障碍,是项目经理应该认真对待的问题。

9.4.3　使用沟通技巧

要实现有效沟通,就得在沟通前明确沟通的信息,知道自己要说些什么、要做些什么,并了解能从沟通对象那里得到什么。在沟通时一定要引起对方注意,使用合适的媒介使对方了解你的意思,让对方留下深刻的记忆,并尽量多地获得反馈信息。

沟通技巧按沟通过程可分为观察的技巧、倾听的技巧、语言表达的技巧、反馈的技巧、引起共鸣的技巧等,如表 9-3 所示。

表9-3 按沟通过程划分的技巧

观　察	倾　听	表　达	反　馈	共　鸣
判断情绪	注视、反应、表现兴趣	积极的用词与方式	描叙情绪	表现真诚
注意眼神	注意肢体语言	适当的重音、停连、语气、节奏	表达感受	鼓励对方
掌握姿势	避免情绪影响	善用"我"代替"你"	提出条件	产生信赖
反复次数	耐心、不打岔	多肯定、少否定	征询意见	转化冲突
声音高低	关键内容正面反馈	多赞扬、少批评		
	复杂问题作笔记			

沟通按信息方向可分上行沟通、下行沟通和平行沟通。通过上行沟通，就项目目标和价值与上级领导达成共识；通过平行沟通，得到相关部门对项目的支持；通过下行沟通，得到项目组成员对项目计划的落实与执行。沟通技巧可分上行技巧、下行技巧、平行技巧等，如表9-4所示。

表9-4 按不同沟通信息方向划分的技巧

上行技巧	下行技巧	平行技巧
无关问题要尽量少谈	切勿浮夸，言行一致	彼此尊重，先从自己做起
相同意见要热烈反应	不急着说，先听听看	易地而处，站在对方的立场
意见差异要先表赞同	不说长短，免伤和气	平等互惠，不让对方吃亏
相反意见勿当场顶撞	广开言路，接纳意见	了解情况，选用合适方式
若有补充要先作引申	部署有错，私下规劝	依据情况，把握当时时机
若有他人在场需注意	态度和蔼，语气亲切	如有误会，诚心化解障碍
尊敬与礼貌两不缺一	若有过失，过后熄灭	知己知彼，创造良好形象

沟通技能可以通过学习来提高，有意识地培养自己的听、说、写的能力，观察和学习在某方面有特长的人的特点，在实际工作、生活中学习和提高自己的沟通技能是非常有效的方法。

沟通是人与人间的交流，采用何种技巧并不是沟通的目的，关键是此技巧要适合项目沟通的双方。一个项目经理，其本身应具备相当的沟通技巧，并通过沟通技能培训提高项目小组成员的沟通效率，从而提升项目效率。

9.4.4　选择沟通方法

沟通方法多种多样，选择沟通方法实质上是对沟通渠道的选择。与沟通渠道类似，沟通方法也按组织系统可划分为正式沟通与非正式沟通；按发送信息的方向可分为单向沟通、双向沟通；按信息传播的方向可划分为上行沟通、下行沟通、平行沟通、越级沟通；按传播媒介的形式可划分为口头沟通、书面沟通、非言语沟通和电子媒介。

选择沟通方法关键是选择最适合沟通要求的，最能达到沟通目的的方法。如软件项目进度计划发布时，最合适的就是采用书面沟通；在咨询软件编码问题时，可能用口头沟通更为有效。此外，非语言沟通在沟通过程中占有重要的地位，大约有55%的沟通是非语言沟通，其形式也多种多样。

（1）利用语言特点沟通。利用音量、语速、单调、叹词（如"啊"、"嗯"或"哈"）、叹息等，形成不同的沟通效果。

（2）利用衣着沟通。人们不同的衣着可给对方传达一定的信息。因为衣着可明显影响人们对不同的地位、不同的身份、不同的群体的认识。

（3）利用举止进行沟通。身体动作、手指、面部表情、目光、触觉接触等及其各种举止可以传达信息，尤其是面部表情最具有代表性，所以了解人体语言所代表的意义是有效沟通的一个重要组成部分。

（4）利用空间沟通。人与人之间的距离远近，是站着还是坐着，以及办公室的设备和摆设等，均会影响到沟通效果。

（5）利用环境沟通。建筑造型和房间设计、家具和其他物件、内部装饰、清洁、光线和噪声等都会影响沟通过程，甚至导致相反的沟通效果。

要与他人进行沟通，先要学会与自己进行沟通。我们往往说："自己跟自己过不去。"这说明与自己沟通是很不容易的。找到与自己沟通的有效方法，是学习沟通技能的最好途径，也是沟通的最高境界。

【案例 9-2】

谈话的十大禁忌

俗话说："到什么山上唱什么歌；见什么人说什么话。"孙子说："知己知彼，百战不殆。"都可以作为我们人际交往谈话的指导原则。说话不看对象，不仅达不到谈话的目的，往往还会伤到对方。

如果能了解对方的情况，即使发表一些大胆的言论，也不会对对方造成伤害，从而达到自己的目的。请记住下面的禁忌，肯定会让你的人际交往更加顺畅。

1．出现问题时，不要把对方逼上绝路。

当要陷入顶撞式的争辩旋涡时，最好的办法是绕开它，不去争论。针锋相对、咄咄逼人的争辩只能屈人口，不能服人心。被你的雄辩逼迫得无话可说的人，肚子里常会生出满腹牢骚、一腔怨言。不要指望仅仅以口舌之争，便可改变对方已有的思想和成见。你争强好斗，坚持争论到最后一句话，虽可获得表演胜利的自我满足感，但并不可能令对方产生好感，所以在交谈中必须坚持"求同存异"的原则，不要把自己的观点强加于人。

2．不要过于卖弄自己。

夸口、说大话、"吹牛皮"的人，常常是外强中干的，而且他们的目的只不过是为了引起大家对他的关注，以满足自己的虚荣心。朋友、同事相处，贵在讲信用，自己不能办到的事情，胡乱吹嘘，会有华而不实的印象。卖弄自己，显示自己才华横溢、知识渊博，对方会有相形见绌的难堪，这也不利于交往。

3．不要喋喋不休地发牢骚，向别人诉说自己的不幸。

内心有烦恼、积怨、痛苦、委屈，虽然需要找人诉说，但不能随便地在不认识的人面前倾诉。一是对方可能没有多大兴趣；二是不了解你的实际情况，很难产生同情心；三是可能误解你本身有毛病、有缺点，所以才有这么多麻烦。这样你的发泄很容易招致对方的厌倦。因此要保持心理上的镇定，控制自己，力争同任何人的谈话有实际意义。

4．在朋友痛苦无助的时候，不要谈自己得意的事情。

"处在得意日，莫忘失意时。"如果朋友向你表露失落和痛苦，倾吐心腹事，本意是想得到同情和安慰，你若无意中把自己的自满自得同朋友的倒霉、失意相对比，无形中会刺激对立的自尊，他也许会认为你是在嘲笑他的无能，产生误会。

5．不要用训斥的口吻去说别人。

朋友和同事间的关系是完全平等的，不能自以为是，居高临下，唯我独尊。盛气凌人的训斥会刺伤对方的自尊心,这种习惯将使你成为孤家寡人。人类有一种共性:没有谁喜欢接受别人的命令和训斥。千万不要自以为是,要多考虑别人的感受。

6. 不要随意触及隐私。

任何一个人在心灵深处都有隐私,都有一块不希望被人侵犯的领地。现代人极为强调隐私权。朋友或同事出于信任,把内心的秘密告诉你,这是你的荣幸。但是你若不能保守秘密,会使他们伤心,甚至怨恨。隐私是心灵深处最敏感、最易被激怒、最易被刺痛的角落,无论是在当面还是在背后都应回避这样的话题。

7. 谈话时不要做一些不礼貌的动作。

为尊重别人的谈话,首先要做的就是必须保持端庄的谈话姿态。抖腿、挖鼻孔、哈欠连天等都是不礼貌的动作行为。尤其不要一直牢牢地盯住别人的眼睛,否则会使对方觉得窘迫不安;也不要居高俯视,否则会给人以高高在上的感觉;更不要目光不断乱扫,东张西望,否则会使对方觉得你心不在焉或是另有所图。

8. 不要只注重个人而冷落了他人。

在和多人交谈时,千万不要只关注一个人而冷落了其他人。最好是用一个话题唤起大家的兴趣,让每个人都发表自己的意见。

9. 不要随便打断别人的谈话。

别人讲话时,话题突然被打断,会让对方产生不满或怀疑的心理。认为你不识时务,水平低、见识浅;或是认为你讨厌、反感这类话题;或是认为你不尊重人,没有修养。

10. 不要谈对方不懂的话题。

对方不懂,也没有兴趣,就请免开尊口。滔滔不绝地介绍,对方会认为你很迂腐,是在卖弄,是有意地在使他难堪。

资料来源:《青年文摘》2008 年第二期

9.4.5　沟通管理工具与模板

与一般的工程项目相比,采用沟通工具来改善项目的沟通在 IT 项目中效果更加明显。使用哪种沟通工具来进行沟通,往往会成为有效进行项目管理的一个重要因素。

1. 常用的项目沟通工具

一个优秀的项目经理除了为自己的团队成员选择好沟通的工具以外,还要为项目干系人选合适的沟通工具。表 9-5 列举了常用的沟通工具。

表 9-5　常用的沟通工具

工 具 类 型	适 合 情 况
电视、电话	干系人位于异地
项目工作会议	重要信息发布
网络留言簿、论坛	全体干系人相互联系或项目组内部联系
QQ、MSN Messenger	干系人之间联系、项目组内部交流
电子邮件	干系人之间文本、视音频文件的传送
演示	直接展示
面谈	与干系人之间的重要信息交流

2. 使用项目管理模板进行沟通

IT 项目特别是在软件项目开发过程中,项目管理部门通常会将各类开发文档进行归类并建立模板,如可行性研究报告、项目立项表、项目计划、项目进度报告、变更申请表等。项目经理应该根据项目的实际需要,对公司的管理模板进行裁剪或依据典型范例制作模板。为了使项目沟通更容易,项目经理还需要为一般的项目沟通事项准备一些范例和模板,如用户需求描述、月度绩效报告、口头状态报告等。

3. 利用项目管理软件辅助沟通

对于大型的、复杂的项目,靠人工来进行管理是非常困难的。项目经理应当使用项目管理软件来辅助项目的管理,并尽量在项目团队中推广应用。项目管理软件在 IT 项目管理中扮演着越来越重要的角色,它可以针对项目生存周期中的每一个阶段进行全面描述,并提供成本管理和进度预测功能以辅助项目经理进行工作计划,亦可以对降低成本和加快进度的可能性和机会进行分析。表 9-6 列出了项目管理软件在各阶段的功能。

表 9-6　项目管理软件的功能

初　始	计　划	执行和控制
1. 初步预算,包括成本估计,劳动力的需求和财政结构。 2. 初步时间安排,包括网络模型、进度表和摘要图表。 3. 批准项目周期,包括定义工作范围、准备投标和给管理层提供信息	1. 细化时间安排,包括细化任务分析、项目工作日历和关键路径分析。 2. 成本管理计划,包括细化工作结构分析、控制程序的整合和成本核算的规范。 3. 资源计划,包括人力、设备等方面的需要,资源的可使用性和资源的协调。 4. 获得最低基准,包括建立针对范围、时间安排和成本的最低基准	1. 采购管理,包括发出订单、跟踪递送和控制库存。 2. 成本采集,包括实际成本的采集、产生财务数据和成本数据。 3. 绩效衡量,包括监控项目状态、分析变化、评定生产力和预测趋势。 4. 档案管理,包括跟踪合约、项目文档管理等。 5. 执行控制,包括修订预算、修订进度、分析备选方案和推荐

目前在市场有约 100 多种常用的项目管理软件,其中 Microsoft Project 应用较为广泛;另外,项目管理软件 Primavera Project Planner(简称 P3),是世界银行贷款项目推荐使用的项目管理软件之一。

项目管理软件最大的价值在于利用它的计算模型和速度,使其在制定计划、计算产出和成果方面做定量的分析,为项目人员提供决策依据。一个优秀的项目管理者应该能有效地利用自己的专业知识、经验和所提供的工具来管理项目。

【案例 9-1 的分析】

伍经理和他的团队认真分析了项目在开发过程中所做的工作,发现了项目在沟通方面存在的主要问题:

(1) 没有认真、全面地制定和执行沟通管理计划。在接手这个项目时,没有认真分析甲方在自行组织开发系统的过程中终止项目的原因,并且错误地认为有了他们提供的原有的设计文档就可以直接编写程序了。因此项目组没有认真地分析和确定每一个功能模块所对应的干系人,并为每一个干系人制定详细的沟通计划;也没有采用有效的沟通方法主动去获取干系人的需求。在没有与甲方组织管理部门和培训部门人员进行沟通并进行需求确认的情况下,就安排两名在读研究生进行组织机构管理与计量培训管理模块的代码编写工作。

(2) 没有进行状态评审。由于项目组开发基地与客户的应用现场相隔 300 多公里,最终用户也比较分散,伍经理感觉召开状态评审会比较困难,仅仅依据客户提交的需求和设计文档进行开发。在项目开发的五个月时间内,伍经理没有召开过一次正式的状态评审会来确定阶段成果,因此才出现了开发人员对项目需求的理解与实际应用需求大相径庭的局面。

通过对项目的分析,伍经理认识到项目沟通管理的重要性,对于类似的项目应该强调如下几点:

(1) 制定切实可行的沟通管理计划。从需求分析开始,就应该为项目制定一个沟通管理计划,让项目成员知道自己负责的模块应该与谁沟通、如何沟通、何时沟通。重要的是,应该确定甲方人员中这些功能由谁提出、谁来确认、谁来使用。

(2) 定期举行项目状态评审会议。对于 IT 项目的状态,评审会是十分重要的,也是十分必要的。状态评审会,它能突出一些重要项目文件提供的信息,迫使相应的负责人、实施人员或项目干系人正视项目的进展。在用户相关人员参与的情况下,状态评审会也能尽可能早地暴露系统在需求或设计上的错误、缺陷或不足。

【感想和体会】

当你在项目中感觉所要学习的人和事越来越多时,说明你在成长;当你感觉要责怪的人和事越来越少时,说明你在成熟;当你在项目中不断获得了友谊和朋友时,你就会取得项目的成功!

9.5　习题与思考

1. 项目沟通的作用有哪些? 项目沟通管理的目标是什么?

2. 在沟通过程中,为什么会存在"噪音"? 你认为应该采取什么方法克服噪音?

3. 正式沟通与非正式沟通各自的优缺点有哪些? 请试举例说明。

4. 6 个人的项目团队进行全方位双向沟通,有多少条不同的沟通渠道? 如果小组成员增至 8 个,沟通渠道将增加到多少条?

5. 项目沟通管理包括哪几个过程? 每个过程的主要任务是什么?

6. 项目沟通管理计划的作用是什么? 它包括哪些内容?

7. 召开项目工作会议有什么好处? 应该怎样来确保会议的有效性?

8. 你认为影响软件项目沟通的主要因素是哪几个? 为什么?

9. 项目上行沟通、平行沟通和下行沟通的主要目的分别是什么? 怎样来达到这些目标?

10. 你读了"谈话的十大禁忌"这篇文章后有什么启发,请用你的经验或教训来说明掌握谈话技巧的重要性。

第 10 章

应对项目风险

【本章知识要点】

在传统的项目管理中,项目决策大多考虑项目的代价和计划,对风险考虑很少。现代项目管理与传统项目管理的不同之处是引入了风险管理技术。项目风险管理强调对项目目标的主动控制,对项目实现过程中遭遇的风险和干扰因素可以做到防患于未然,以避免或减少损失。

本章主要介绍 IT 项目风险及风险管理的定义和特点,IT 项目风险管理的过程;讨论 IT 项目风险管理过程的方法与工具;介绍 IT 项目风险管理过程的成果;分析 IT 项目风险监控的流程。学习完本章后,应当掌握如下知识:

(1) 风险与项目风险的基本概念。

(2) 项目风险管理的基本概念。

(3) IT 项目规划风险管理的过程。

(4) IT 项目风险识别的策略及方法。

(5) IT 项目风险定性与定量分析的方法。

(6) IT 项目风险应对的方法。

(7) IT 项目风险监控的方法。

【案例 10-1】

刘工应该如何应对风险?

某集团公司拟建的业务运营支撑网络工程(以下简称"网络工程")是全国性的重点工程,该公司领导高度重视,成立了以集团公司副总经理挂帅的项目领导小组,委派业务支撑部部门经理为项目总监,刘工为项目经理,罗工等来自不同职能部门的主管组成项目团队。

在编制项目范围管理计划书时,刘工认为满足不断变化的需求对整个项目影响不大,因此,在市场部罗工不断地提出新的要求时,刘工"来者不拒"、不停地更新项目计划,导致项目团队成员工作目标不明确,项目范围、进度和成本无法确定。

在设计系统架构时,刘工的团队为了提高机房平面空间的利用率,将大部分机架式的小型机集中摆放在一片较小区域内。但是由于未充分考虑到设备散热因素,造成了该区域的机房专用空调因负荷过重而多次宕机。

保证系统稳定运行是项目团队的第一要务。本期工程正式切换上线前,前期工程仍然保持运行状态。在系统切换期间,要求确保 7 天×24 小时的业务连续平稳运行,为此刘工花费大量的时间,制定了自认为是比较详细的系统切换方案和故障应急处理方案等,但由于在制定切割方案时,缺乏与集团公司领导及团队成员之间的沟通,导致在新旧系统的切换过程中出现了重大的技术故障,因此项目建设进度也受到了延误。

10.1　项目风险与项目风险管理

由于 IT 项目本身具有的一次性、创新性和独特性,以及项目过程所涉及的内、外部的许多关系与变数,使项目在实现过程中存在着各种各样的风险。项目风险管理是对项目中潜在的风险进行预测并实行有效的控制,从而可靠地实现项目的总体目标的过程。如果不能很好地管理项目中的风险,就会给项目相关利益主体造成损失,因此在项目管理中必须积极地开展项目风险管理,主动地应对项目中可能存在的风险。

10.1.1　风险与项目风险

风险是指对无法达到预定目标的可能性和结果的一种测评,是可能给项目的成功带来威胁或损害的可能性。"风险"一词包含着"不确定性"。当事件、活动或项目有损失或收益与之相联系,涉及各种偶然性或不确定性,涉及某种选择时,才称为有风险。对于某个既定事件而言,风险包含两个要素:一是某事件发生的可能性;二是该事件发生所带来的影响。

风险具有一定的特征,认识到这一点对项目经理正确把握风险,采取科学措施来防范和规避风险非常必要。风险的一般特征如下:

- 风险的客观性。风险的客观性是指风险的存在不以人的意志为转移,不管风险主体是否能意识到风险的存在,风险在一定情况下都会发生。
- 风险的不确定性。风险具有不确定性,它的发生不是必然的。风险何时、何地发生以及风险对项目的影响程度都是不确定的。
- 风险事件的随机性。风险事件的发生及其后果都具有偶然性。人们通过长期的观察发现,风险事件的发生具有随机性。
- 风险的相对性。风险是相对于不同的风险管理主体而言的,风险管理主体承受风险的能力、项目的期望收益、投入资源的大小等因素都会对风险的大小和后果产生影响。
- 风险的可变性。在不同的情况下,风险是可以变化的。项目本身和环境发生变化,项目的风险也会随着发生变化。
- 风险的阶段性。风险是分阶段发展的,而且各个阶段都有明确的界限。风险的阶段性主要包括三个阶段:风险潜在阶段、风险发生阶段及造成后果阶段。

项目风险是指由于项目所处环境和条件的不确定性,项目的最终结果与项目利害关系人的期望产生背离,并给项目干系人带来损失的可能性。项目风险是一种不确定的事件或条件,一旦发生,就会对一个或多个项目目标造成积极或消极的影响。项目风险涉及对以下问题的理解：项目中可能发生的潜在问题,以及它们如何妨碍项目的成功。

项目风险产生的原因主要是由项目的不确定性所造成的,而不确定性是由项目团队无法充分认识项目未来的发展和变化所造成的,这种不确定性不能通过主观努力来消除,而只能通过主观努力来降低。

同时,项目的一次性使其不确定性要比其他一些经济活动大许多,因而项目风险的可预测性也就差得多。重复性的生产和业务活动若出了问题,常常可以在以后找到机会补偿,而项目一旦出了问题,则很难补救。

项目风险贯穿整个项目生命周期,并且项目的不同阶段会有不同的风险。风险随着项目的进展而变化,其不确定性一般会逐渐减少。最大的不确定性存在于项目的早期,早期阶段做出的决策对以后阶段和项目目标的实现影响最大。

人们将遇到的风险进行分类,并依此来帮助管理风险,常见的分类方法包括：

- 按照风险的来源划分,可分为外部风险、内部风险。
- 按照考察风险的方向划分,可分为业务风险、技术风险、机构(组织)风险,这也是项目风险常用的分类方法。
- 按照风险的作用划分,可分为技术风险、市场风险、财务风险和人为风险。
- 按照风险的状态划分,可分为静态风险、动态风险。
- 按照风险的后果划分,可分为纯粹风险、投机风险。
- 按照风险的可预测性划分,可分为已知风险、可预测风险和不可预测风险。
- 按照风险是否可以管理划分,可分为可管理(控制)的风险、不可管理(控制)的风险。
- 按照风险是否可以接受划分,可分为可接受的风险和不可接受的风险。
- 按照风险的影响范围划分,可分为局部风险、整体风险。
- 按照风险的影响期限划分,可分为短期风险、长期风险。
- 按照风险后果的承担者划分,可分为项目业主风险、政府风险、承包商风险、投资方风险、设计单位风险、监理单位风险、供应商风险、担保方风险和保险公司风险等。

10.1.2　IT项目风险成本

IT项目的风险往往意味着损失,当风险事件发生时会引发多种不良后果,甚至导致项目的失控和失败。风险事故造成的损失或减少的收益以及为防止发生风险事故采取预防措施而支付的费用,都构成了风险成本,风险成本包括有形成本、无形成本以及预防与控制风险的费用。

(1) 风险损失的有形成本包括风险事故造成的直接损失和间接损失。直接损失是指财产损毁和人员伤亡的价值；间接损失是指直接损失以外的财物损失、责任损失以及由此而造成的收益的减少。

(2) 风险损失的无形成本是指由于风险所具有的不确定性而使项目或其他经济活动主体在风险事件发生之前或之后付出的代价。主要表现在以下几个方面：

- 风险损失减少了成功的机会。由于对风险事件没有把握,不能确知风险事件的后果,项目或其他经济活动的主体不得不为可能损失事先做出准备。这种准备往往占用大量资金,这些资金不能投入再生产,不能增值,减少了机会。
- 风险阻碍了生产率的提高。人们不愿意把资金投入风险较大的高新技术企业,因而阻碍了高新技术的应用和推广,进而阻碍了社会生产率的提高。

- 风险造成资源分配不当。由于担心在风险大的行业或部门蒙受损失,因此人们都愿意把资源投入到风险较小的行业或部门中。结果是,应该得到发展的行业和部门,缺乏应有的资源,而已经发展过度的行业或部门,却仍然占用过多的资源,造成了浪费。

(3)风险预防与控制的费用。为了预防和控制风险损失,必然要采取各种措施。如向有关方面的专家咨询、购置用于预防和减损的设备、对人员和设备的维持和维护费用等。这些费用的支出既有直接的,又有间接的。当然,即使采用了各种预防措施,仍不代表项目风险的完全消失。

事实上,由于项目的不确定性,风险总是与项目的进程相随相伴,并有其积极意义,即机会与风险并存的机会理论。此时,人们把能带来提高和进步的有积极意义的时间定义为机会,在项目管理中,机会是指能给项目带来增值的时机;而风险则指会带来伤害、破坏或损失的有负面意义的时机。之所以要承担风险,是因为人们预期冒险所带来的收益要大于可能带来的损失。事实上,潜在的收益越大则人们承受的风险也就越大,这是一条公认的商业原则。

在许多方面,风险管理类似于保险的一种形式,它是为减轻潜在的不利事件对项目的影响而采取的一项活动。在任何条件下,风险管理的成本不应超过潜在的风险收益,并且一般地只有当风险事件的不利后果超过为项目风险管理而付出的代价时,才有必要进行风险管理。

对待风险,不同的主体还涉及风险效用或风险承受度的影响:风险效用或风险承受度是从潜在回报中得到满足或快乐的程度。通常情况下,风险承受的类型包括风险厌恶、风险中性和风险喜好三种风险偏好,如图 10-1 所示。

图 10-1 风险厌恶、风险中性和风险喜好图

在图 10-1 中,纵轴代表从承担风险中得到的快乐程度或效用,横轴代表潜在回报、机会或危险机会的货币价值的数量:对于风险厌恶型的人来说,效用以递减的速度增长;风险喜好型的人或组织对风险有很高的承受度,而且当更多的回报处于风险中时,其满足程度就会增加——一个风险喜好者喜欢更多的不确定性的结果,而且经常愿意为冒险而付出代价;风险中性型则试图在风险和回报之间取得平衡。事实上,不同风险偏好的个人或组织都存在。

10.1.3 项目风险管理

1. 项目风险管理的定义及相关理论

风险管理就是要在风险成为影响项目成功的威胁之前,识别、着手处理并消除风险的源头。项目风险管理就是项目管理者通过风险识别、风险估计和风险评价,并以此为基础合理地使用多种管理方法、技术和手段对项目活动涉及的风险实行有效的控制,采取主动行动、创建条件、可靠地实现项目的总体目标。

项目风险管理是一种综合性的管理活动,其理论和实践涉及自然科学、社会科学、工程技术、系统科学、管理科学等多种学科。

按照项目风险有无预警信息,项目风险可以分为两种不同的性质的风险,所以也有两种不同的项目风险管理理论。一种是针对无预警信息项目风险的管理方法和理论,由于这种风险很难提前识别和跟踪,所以难以进行事前控制,而只能在风险发生时采取类似"救火"式的方法去控制或消减这类项目风险的后果。所以无预警信息项目风险的管理控制主要有两种方法:其一是消减项目风险后果的方法,其二是项目风险转移的方法,即通过外包等方式转移风险的方法。项目风险管理的另一种理论和方法是对有预警信息的项目风险,对于这类风险人们可以通过收集预警信息去识别和预测它,所以可以通过跟踪其发生和发展变化而采取各种措施控制这类项目风险。

2. 项目风险管理的方法

在风险渐进的过程中,人们可以设法去分析、观察和预测它,并采取相应措施对风险及其后果进行管理和控制。对于项目风险的潜在阶段、项目风险的发生阶段和风险后果阶段的主要控制方法分别如下:

- 项目风险潜在阶段的管理方法。人们可以通过预先采取措施对项目风险的进程和后果进行适当的控制和管理。在项目风险潜在阶段都可以使用这种预先控制的方法,这类方法通常被称为风险规避的方法。显而易见,如果能够通过项目风险规避措施使项目风险不进入发生阶段,就不会有项目风险后果的发生了。
- 项目风险发生阶段的管理办法。在项目风险发生阶段中人们可以采用风险转化与化解的办法对项目风险及其后果进行控制与管理,这类方法通常被称为项目风险化解的方法。在风险发生阶段,如果人们能积极解决风险问题,多数情况下是可以降低甚至防止风险后果的出现,减少项目风险后果所带来的损失。
- 项目风险后果阶段的管理方法。在项目风险后果阶段人们仍可以采取各种各样的措施去消减项目风险的后果和损失,消除由于项目风险后果带来的影响等。不过到这一阶段人们能够采用的风险管理措施就只有对项目风险后果的削减等被动方法了。

3. 风险管理的策略

风险管理的策略就是辅助项目建立处理项目风险的策略。项目开发是一个高风险的活动,如果项目采取积极的风险管理策略,就可以避免或降低许多风险,反之,就有可能使项目处于瘫痪状态。一般来讲,一个较好的风险管理策略应该满足以下要求:

- 在项目开发中规划风险管理,尽量避免风险;
- 指定风险管理人员,监控风险因素;
- 建立风险清单及风险管理计划;
- 建立风险反馈渠道。

4. 风险管理在 IT 项目管理中的重要性

风险管理在 IT 项目管理中有着非常重要的作用。首先,有效的风险管理可以提高项目的成功率。其次,提前对风险制定对策,就可以在风险发生时迅速做出反应,避免忙中出错造成更大的损失。再次,风险管理可以增加团队的健壮性。项目经理如果对风险做到心中有数,就可以在发生意外时从容应对,大大提高项目小组成员的信心从而稳定队伍。最后,有效的风险管理可以帮助项目经理抓住工作重点,将主要精力集中于重大风险上,将工作方式从被动"救火"转为主动防范。

在项目过程中,风险管理的成功取决于如何计划、执行与检验每一个步骤。特别应该强调如下三点:第一,项目规划中必须包含如何进行风险管理。第二,项目预算中必须包含解决风险所需要的经费。如果没有经费支持,就无法达到风险管理的目标。第三,评估风险时,风险的影响也应该纳入项目规划中。

项目风险管理的目标在于提高项目中积极事件的概率和影响,降低项目中消极事件的概率和影响,确保项目在可控的范围内完成项目目标。项目风险管理主要包括6个过程,如图10-2所示。这些过程的主要工作如表1-3所示。

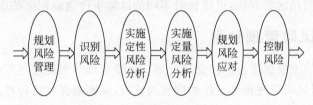

图 10-2　项目风险管理主要过程

项目风险管理的6个过程之间不仅相互作用,而且与项目管理其他管理过程也相互影响,每个风险管理阶段的完成都可能需要项目风险管理人员的努力。

10.2　规划风险管理

规划项目风险管理是定义如何实施项目风险管理的过程,其主要作用是确保风险管理的程度、类型和可见度与风险及项目对组织的重要性相匹配。认真、明确的规划可提高其他5个风险管理过程的成功率。

10.2.1　规划风险管理的概念

规划风险管理是规划和设计如何进行项目风险管理的过程,记录了管理整个项目过程中所出现风险的程序。该过程应该包括定义项目组织及成员风险管理的行动方案及方式,选择合适的风险管理方法,为风险管理活动提供充足的资源和时间,并确立风险评估的基础等。

项目规划风险管理的成果是给出一份项目风险管理计划书,项目风险管理规划的重要之处在于它描述了在整个项目生命周期内项目团队如何组织和开展项目风险识别、度量、应对和监控等项目风险管理活动,所以项目风险管理计划书是一份指导项目团队进行项目风险管理的纲领性文件。

风险管理规划过程应该在项目规划过程的早期完成,它对于能否成功进行项目风险管理、完成项目目标至关重要。表10-1列出了风险管理规划应该明确的问题。

表 10-1　风险管理规划应该明确的问题

(1) 有哪些项目风险

(2) 为什么承担或不承担这一风险对于项目目标很重要

(3) 什么是具体风险,风险的影响程度

(4) 什么是风险减轻的可交付成果

(5) 风险应对计划:风险如何被减轻

(6) 谁是负责实施风险管理计划的个人

(7) 与减轻方法相关的里程碑事件何时会发生

(8) 为减轻风险,需要多少资源

把风险事故的后果尽量限制在可接受的水平上,是风险管理规划和实施阶段的基本任务。风险应急计划是指一项已识别的风险事件发生时,项目团队将采取的预先确定的措施。通常情况下,风险应对的主要选择包括风险预防、风险规避、风险转移、风险减轻、风险自留以及损失控制等。利用这些方法,可以针对不同的风险事件制定相应的应对措施。

10.2.2　项目风险管理计划

规划风险管理的主要成果是风险管理计划。风险管理计划促进与所有项目干系人的沟通,获得他们对项目风险管理相关工作的同意与支持,从而确保风险管理过程在整个项目生命周期中有效实施。风险管理计划描述的是如何安排与实施项目风险管理,它是项目管理计划的从属计划。风险管理计划包括以下内容。

(1) 方法论。确定实施项目风险管理可使用的方法、工具及数据来源。

(2) 角色与职责。确定风险管理计划中每项活动的领导者、支持者和参与者,并明确他们的职责。

(3) 预算。分配资源,并估算风险管理所需费用,将之纳入项目费用基准。制定应急储备和管理储备的使用方案。

(4) 时间安排。确定在项目整个生命周期中实施风险管理过程的时间和频率,制定进度应急储备的使用方案,确定风险管理活动并纳入项目进度计划中。

(5) 风险类别。规定对潜在风险成因的分类方法。组织可使用先前准备的典型风险分类。

(6) 风险概率和影响的定义。为确保风险分析过程的质量和可信度,需要对项目环境中特定的风险概率和影响的不同层次进行定义。在风险规划过程中,通用的风险概率水平和影响水平的界定将依据个别项目的具体情况进行调整,以便在定性风险分析过程中应用。

(7) 概率和影响矩阵。根据风险可能对实现项目目标产生的潜在影响,对风险进行优先排序。风险优先排序的典型方法是借用对照表或概率和影响矩阵形式(具体将在 10.4 节中介绍)。通常由组织界定哪些风险概率和影响组合具有较高、中等或较低的重要性,据此可确定相应的风险应对规划。在风险管理管理规划过程中可以进行审查并根据具体项目进行调整。

(8) 修订的干系人承受力。可在规划风险管理过程中对干系人的承受力进行修订,以适用于具体项目。

(9) 报告格式。确定项目风险管理各个过程中应该汇报或者沟通的内容、范围、渠道以及方式、格式等；确定如何对风险管理活动的结果进行登记、分析与沟通。

（10）跟踪。说明如何记录风险活动的各个方面，促进当前项目的开展，以及将如何审计风险管理过程。

IT 项目风险管理计划模板如表 10-2 所示。

表 10-2　风险管理计划模板

1　引言	3　风险分析
1.1　本文件的范围和目的	3.1　风险估计
1.2　概述	3.1.1　风险发生概率的估计
1.2.1　目标	3.1.2　风险后果的估计
1.2.2　需要优先考虑规避的风险	3.1.3　估计准则
1.3　组织	3.1.4　估计误差的可能来源
1.3.1　领导成员	3.2　风险评价
1.3.2　责任	3.2.1　风险评价使用的方法
1.3.3　任务	3.2.2　评价方法的假设前提和局限性
1.4　风险规避策略的内容说明	3.2.3　风险评价使用的评价标准
1.4.1　进度安排	3.2.4　风险评价的结果
1.4.2　主要里程碑和审查行动	4　风险应对与监控
1.4.3　预算	4.1　根据风险评价的结果提出建议
	4.2　可用于规避风险的备选方案及建议方案
	4.3　风险监控的程序
2　风险识别	5　附录
2.1　风险情况调查、风险来源等	5.1　项目风险形势估计
2.2　风险分类	5.2　削弱风险的计划

10.3　识别风险

对项目进行风险管理，首先必须对存在的风险进行识别，以明确对项目构成威胁的因素，便于制定规避风险和降低风险的计划和策略。识别风险是判断哪些风险可能影响项目并记录其特征的过程，其主要作用是，对已有风险进行文档化，并为项目团队预测未来事件积累知识和技能。风险识别是一项反复的过程，项目团队应该积极参与，以形成针对风险的应对措施，并保持一种责任感。

10.3.1　项目风险识别的过程

风险识别包括确定风险的来源、风险产生的条件，描述风险特征和确定哪些风险事件有可能影响整个项目。风险识别应当在 IT 项目的生命周期自始至终定期进行。风险识别可分为三步进行：收集资料、估计项目风险形势、根据直接或间接的症状将潜在的风险识别出来。

1. 收集资料

为了识别项目的所有风险，首先要有目的地收集有关项目本身及其环境的资料和数据。一般而言，资料应该包括有关项目本身、项目环境以及两者之间关系的内容。具体来说，至少包括如下几个方面。

- 项目产品或服务说明书。项目完成之后,要向市场或社会提供产品或服务。项目产品或服务的性质涉及多种不确定性,在很大程度上决定了项目会遇到何种风险。
- 项目的前提、假设和制约因素。不管项目的管理层以及与项目相关的其他方面是否意识到,项目的建议书、可行性研究报告、设计和其他文件一般都是在若干假设、前提和预测的基础上做出的。因此项目的前提和假设以及制约因素都隐藏着风险。
- 本项目可与类比的项目。以前开发的与本项目类似的项目及其经验教训对于识别项目的风险非常有用,甚至以前的成本资料,如成本估算、进度控制等都有助于识别本项目的风险。

信息资料是进行风险识别以及整个风险分析的基础,收集到完整可靠的信息资料是保证风险识别和分析成功的关键。

2. 风险形势估计

风险形势估计是要明确项目的目标、战略以及实现项目目标的手段和资源。这样做的原因是有助于确定项目及其环境的改变。项目的目标若含混不清,则无法确定项目目标何时达到或是否已经达到,无法激励项目团队制定实现项目目标的战略。为了测量项目的进展情况,及时发现问题,项目目标需要量化。对于项目而言,估算成本和时间是主要的手段和资源,彻底弄清项目有多少可以动用的资源对于实施战术、进而实现战略意图和项目目标是非常重要的。

3. 识别潜在的风险

依据项目直接或间接的症状将项目风险识别出来。项目风险识别中最重要的原则是通过风险分解结构,把比较复杂的事物分解为一系列要素,并找出这些要素对于项目的影响、风险和大小。为了便于进行风险分析、量化、评价和管理,还应该对识别出来的风险进行分组或分类。应该强调,风险识别不是一次性行为,而应有规律地贯穿于整个项目中。

10.3.2　风险识别方法

在项目风险识别过程中一般要借助于一些技术和工具,从而使得识别风险的效率高、操作规范、不容易产生遗漏。在具体应用过程中要结合项目的具体情况,将这些工具组合起来对项目风险进行综合评审,风险识别的主要方法包括如下几种。

1. 文档审查

包括对项目计划、假设条件、以往的项目文档、协议和其他信息等项目文档进行系统和结构性的审查。项目计划的质量,以及这些计划与项目需求和假设之间的匹配程度,都可能是项目的风险指示器。

2. 信息收集技术

以下几种信息搜集技术可用于项目风险识别。

1) 德尔菲(Delphi)技术

德尔菲技术本质上是一种匿名反馈的函询法,是专家就某一专题达成一致意见的一种方法。项目风险管理专家以匿名方式参与此项活动,主持人用问卷的方式征询对有关重要项目风险的见解,再把这些意见进行综合整理、归纳、统计,然后匿名反馈给各个专家,再次征求意见,再集中,再反馈,直至得到稳定的意见。德尔菲法有助于减少数据方面的偏见,并避免由于个人因素对项目风险识别的结果产生不良的影响。

2)头脑风暴法

头脑风暴法又叫集思广益法,它是通过营造一个无批评的自由的会议环境,使与会者畅所欲言,充分交流、相互启迪、产生出大量创造性意见的过程。头脑风暴法的目的是获得一份综合的项目风险清单,参会人员以共同目标为中心,在他人的看法上建立自己的意见。它可以充分发挥集体的智慧,提高风险识别的正确性和效率。

3)访谈法

可以通过访问有经验的项目参与者、利害关系者或某项问题的专家,进行有关风险的访谈,这将有助于识别那些在常规方法中未被识别的风险。在进行可行性研究时获得的项目前期访谈记录,往往也是识别风险的很好的素材。

4)SWOT 分析法

SWOT 分析即优势、弱点、机会与威胁分析,是指从多个角度、各个方面,对项目的内部优势和弱势以及项目的外部机会和威胁进行综合的分析,从而对项目的风险进行识别。

3. 检查表

检查表是项目管理中用来记录和整理数据的常用工具。用它进行风险识别时,将项目可能发生的许多潜在风险列于一张表上,供识别人员进行检查核对,以判别项目中是否存在表中所列或类似的风险。检查表中所列出的内容都是历史上类似项目曾经发生过风险的风险因素,是项目管理经验的结晶,对项目管理人员具有开阔思路、启发联想、抛砖引玉的作用,一个成熟的组织或项目经理应该掌握丰富的风险识别检查表工具。风险检查表可以用不同的形式来组织,一般来说,项目管理者可以把主要的精力放在以下几个方面:项目规模、商业影响、项目范围、客户特性、过程定义、技术要求、性能要求、开发环境、人员数量及其技术能力和经验等。其中每一项其实都包含很多的风险检查条目,通过对每个条目的检查,可以简便地识别出项目中可能存在的风险。

4. 假设分析

每个项目都是根据一套假定、设想或者假设进行构思与制定的。假设分析是检验假设有效性的一种技术。它辨认不精确、不一致、不完整的假设对项目所造成的风险。

5. 图解技术

图解技术主要包括因果图、系统或过程流程图等。

1)因果图

因果图又叫石川图或鱼刺图,它直观地显示出各种因素如何与各种潜在问题或结果联系起来,可以帮助把问题追溯到最根本的原因上,用于识别风险的成因。

2)系统或过程流程图

流程图用于帮助分析问题发生的缘由,它以图形的形式展示一个过程,可以使用多种格式,但所有过程流程图都具有几项基本要素,即活动、决策点和过程顺序,它显示系统各要素之间如何相互联系,以及因果传导机制。

10.3.3　风险登记册

风险识别之后应把识别的成果整理出来,整理的结果一般载入到风险登记册中。风险识别过程将形成项目管理计划中风险登记册的最初记录。最终,风险登记也将包括其他风险管理过程的成果。风险登记册的编制始于风险识别过程,主要依据下列信息编制而成,然后可供其他项目管理过程和项目风险管理过程使用。

(1) 已识别风险清单。在此对已识别风险进行描述,包括其根本原因、不确定的项目假设等。风险可涉及任何主题和方面,如关键路线上的几项重大活动具有很长的超前时间;软件开发项目的人员流动将影响产品交付;IT项目管理计划中假设由8人完成参与项目,但实际仅有4人可用,资源匮乏将影响项目团队完成工作所需的时间,同时相关活动将被延迟。

(2) 潜在应对措施清单。在风险识别过程中,可识别出风险的潜在应对措施。如此确定的风险应对措施可作为风险应对规划过程的依据。

(3) 风险根本原因。指可导致已识别风险的根本状态或事件。

(4) 风险类别更新。在识别风险过程中,可能识别出新的风险类别,进而将新风险类别纳入风险类别清单中。基于风险识别过程的成果,可对风险管理规划过程中形成的风险分解结构进行修改或完善。

风险识别过程通常会直接引入下一个过程,即定性风险分析过程。有时,如果风险识别过程是由经验丰富的风险经理完成的,则可直接进入定量风险分析过程。

10.4　实施定性风险分析

实施定性风险分析是评估并综合分析风险的概率和影响,对风险进行优先排序,从而为后续分析或行动提供基础的过程。通过定性分析,使项目经理能够降低项目的不确定性级别,并重点关注高优先级的风险。

10.4.1　项目定性风险分析的目的

对IT项目风险进行定性分析,可以从宏观上对项目是否可行有一个初步的概括与了解,可以加深项目管理人员对项目风险的认识与了解。

1. 确认项目风险的来源

确认项目风险的来源是定性风险分析的首要目的,如果通过定性分析不能准确地辨明项目面临的风险有哪些,来源于何处,就有可能造成项目实施中对风险认识与防范的不周全,造成项目失败,带来各方面的损失。

2. 确认项目风险的性质

不同的风险对项目的影响程度不同,所以需要确认项目风险的性质,以便进行有针对性的管理。

3. 估计项目风险的影响程度

在分析了风险的来源和性质之后,还需要对风险的可能性进行分析,以明确风险的影响范围和程度,即对与风险相关联的项目各个部分进行损失估计。

4. 为项目风险的定量分析提供条件

为了使项目管理者更加深刻地认识项目风险,必然要求项目风险分析方法实现定性分析与定量分析的结合,即通过定性分析把握项目风险的概况,再通过定量分析深化。扩展定性分析的结果,然后在定性分析基础上,进行更深层次的定量分析,可以更加深刻地认识项目风险的本质。因此,对项目风险的定性分析也是进行定量分析的基础。

10.4.2 定性风险分析方法

1. 风险概率与影响评估

风险概率与风险后果可以用极高、高、中、低、极低等定性术语加以描述。风险概率指风险发生的可能性,而风险后果则是指风险一旦发生对项目目标产生的影响。风险的这两个要素主要针对具体风险事件,而不是整个项目。用概率与后果分析风险有助于识别需要优先进行管理的风险。

针对识别的每项风险,需要确定风险的概率和影响。可通过挑选对风险类别熟悉的人员,采用召开会议或进行访谈等方式对风险进行评估,其中包括项目团队成员和项目外部的专业人士。

2. 概率和影响矩阵

概率和影响矩阵即风险级别评定矩阵。可以将概率与影响的标度结合起来,以此为依据建立一个对风险或风险情况评定等级(极低、低、中、高、甚高)的矩阵。高概率与高影响风险可能需要做进一步分析,包括量化以及积极的风险管理。进行风险级别评定时,每项风险要有自己的矩阵与风险标度。

风险的概率标度的取值范围在 0.0(概率为 0,无可能性)与 1.0(概率百分之百,确定无疑)之间取值。风险概率评估可能是比较困难的,采用的是专家判断,而且没有历史资料可供利用。可以采用代表从可能性极低到几乎确定无疑的相对概率值的序数标度。也可以用普通标度(例如,0.1/0.3/0.5/0.7/0.9)对具体概率赋值。

风险的影响标度反映的是对项目目标所产生影响的严重程度。影响采用序数标度,还是采用基数标度,取决于进行风险分析的组织文化。序数标度是按秩排列的值,例如极低、低、中、高和甚高。基数标度为这些影响赋值。所赋值通常是线性的(例如,0.1/0.3/0.5/0.7/0.9),但也有非线性的(例如,0.05/0.1/0.2/0.4/0.8),它反映了该组织回避高影响风险的愿望。两种方法的目的都是在相关风险发生时,为其对项目目标的影响赋予一个相对值。采用组织已经同意的定义完全可以制定出定义明确的标度,无论是序数标度,还是基数标度。这些定义改善了数据质量,使过程更具备可重复性。

3. 十大风险事项跟踪

十大风险事项跟踪是一种经常使用的风险定性分析工具,除了能够识别风险外,还能够在整个项目生命周期内保持风险意识。这种方法需要管理部门和用户一起,定期审查项目最重大的风险事项,对项目十大风险来源的状况进行总结,如各种风险事件排名、以前的排名、在一段时间内出现在列表上的次数以及自上次审查以来解决这一风险事项所取得的进展总结。

4. 风险数据质量分析

定性风险分析要具有可信度,就要求使用准确和无偏颇的数据。风险数据质量分析就是评估有关风险的数据对风险管理的有用程度的一种技术,它包括检查人们对风险的理解程度,以及风险数据的精确性、质量、可靠性和完整性。

5. 风险分类

可按照风险来源(使用风险分解结构)、受影响的项目区域(使用工作分解结构)或其他分类标准(如项目阶段),对项目风险进行分类,以确定受不确定性影响最大的项目区域。根据共同的根本原因对风险进行分类有助于制定有效的风险应对措施。

6. 风险紧迫性评估

需要近期采取应对措施的风险可被视为亟须解决的风险,实施风险措施所需要的时间、风险征兆、警告和风险等级等都可作为确定风险优先级或紧迫性的指标。

10.4.3　更新风险登记册

定性风险分析的成果主要是更新的风险登记册。风险登记册是在风险识别过程中形成的,并根据定性风险分析的信息进行更新,将更新后的风险登记册纳入项目管理计划之中。依据定性风险分析对风险登记册进行更新的内容包括:

(1) 按照轻重缓急排序的项目风险清单。可使用风险概率和影响矩阵,根据风险的重要程度进行分类。项目经理可参考风险优先级清单,集中精力处理高重要性风险,以获得更好的项目成果。如果组织更关注其中一项目标,则可分别为费用、时间、范围和质量目标单独列出风险优先级。对于被评定为对项目十分重要的风险而言,应对其风险概率和影响的评定基础和依据进行描述。

(2) 按照类别分类的风险。进行风险分类可揭示风险的共同原因,或特别需要关注的项目领域。在发现风险集中的领域中之后,可提高风险应对的有效性。

(3) 需要在近期采取应对措施的风险清单。需要采取紧急应对措施的风险和可在今后某些时候处理的风险应归入不同的类别。

(4) 需要进一步分析与应对的风险清单。有些风险可能需要进一步分析,包括定量风险分析,以及采取应对风险的措施。

(5) 低优先级风险观察清单。在定性风险分析过程中,把评定为不重要的风险归入观察清单中进一步监测。

(6) 定性风险分析结果的趋势。在分析重复进行时,分析结果可能出现某种明显趋势,从而使采取应对措施或者进一步进行分析,变得比较紧迫或者比较重要。

10.5　实施定量风险分析

在定性风险分析之后,为了进一步了解风险发生的可能性到底有多大,后果到底有多严重,需要对风险进行定量的评估分析。通过对这些已经识别的风险可能对项目整体目标产生的影响进行定量分析,来支持决策制定,以降低项目的不确定性。

10.5.1 定量风险分析概述

实施定量风险分析的对象是在定性风险分析过程中被确定为对项目的目标实现存在潜在重大影响的风险。实施定量风险分析是在不确定情况下进行决策的一种量化方法,该过程采用蒙特卡罗模拟及决策树分析等技术,以便得出如下结果。

- 对项目目标以及实现项目目标的概率进行评估并量化。
- 通过量化各项风险对项目总体风险的影响,确定需要特别重视的风险。
- 在考虑项目风险的情况下,确定可以实现的切合实际的成本、进度或范围目标。
- 在某些条件或结果不确定时,确定最佳的项目管理决策。

定量风险分析一般在定性风险分析之后进行,有时,由于缺少足够的数据建立模型,可能无法实施定量风险分析。项目经理应该运用专家判断来确定定量风险分析的必要性和有效性。作为控制分析过程的一部分,应反复开展定量风险分析,以确定项目整体风险是否得到满意的降低结果。

10.5.2 定量风险分析方法

1. 数据收集和表示技术

1) 访谈法

访谈法用于对风险概率及其对项目目标产生的后果进行量化。所需要的信息取决于采用的概率分布类型。例如,有些常用分布,要求搜集乐观(低)、悲观(高)与最可能发生的情况的相关资料;而其他分布,则要求搜集平均与标准差的资料。如表 10-3 所示是以三点估算法估算某软件项目费用的一个实例。将风险值域设定的理由形成文字记载是风险访谈的一个重要组成部分,因为它有助于提供该项分析是否可靠和可信的信息。

表 10-3　风险访谈所得到的费用与值域　　　　　　货币单位:百万元

WBS 组成要素	低	可能性大	高
设计	4	6	10
施工	16	20	35
试验	11	15	23
整个项目	31	41	68

风险访谈确定每个 WBS 组成要素的三点估算,常用于三角分布或其他非对称性分布的情况下,如图 10-3 所示的累计可能性分布反映了表 10-3 中数据符合三角分布的情况下超过费用估算的风险。它表明,该项目达到估算的 4100 万元的可能性仅为 12％。如果一个保守的组织想达到 75％ 的成功可能性,则需要预算为 5300 万元。可以看出,在传统估算值 4100 万元之内完成项目的概率很低。

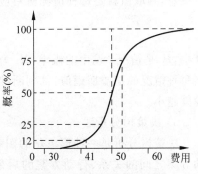

图 10-3　费用风险模拟结果

2) 概率分析

概率分析是指用概率来分析、研究不确定因素对指标效果影响的一种不确定性分析方法。具体而言,是指通过分析各种不确定因素在一定范围内随机变动的概率分布及其对指标的影响,从而对风险情况做出比较准确的判断,为决策者提供更准确的依据。一般来说,连续概率分布代表数值的不确定性,如进度活动的持续时间和项目组件的费用等;而不连续分布可用于表示不确定事件,如测试的结果或决策树的某种可能选项等。影响项目的风险因素大多是不确定的,是随机变量。对于这些变量,只能根据其未来可能的取值范围及其概率分布进行估计,而不能肯定地预知它们的确切值。

3) 专家判断法

专家判断法是指邀请具有类似项目经验或相关领域有经验的专家,根据他们的丰富经验和渊博的知识对项目的风险进行度量,对采集到的数据和即将采用的技术进行验证,其结果有时甚至比通过数学计算和模拟仿真的结果还要精确和可靠。如果风险的影响后果的大小不容易直接估算出来,可以把后果分解为更小的部分,再对其进行评估,然后把各个部分的结果累加,得到总的评估值。对项目干系人和领域专家访谈常常是对项目风险进行量化分析的第一步。

2. 定量风险分析和模型技术

1) 敏感性分析

敏感性分析是一种在进行项目评价和制定企业其他经营管理决策时常用的一种分析方法。影响项目目标的诸多因素处于不确定性的变化中,出于决策的需要,测定并分析其中一个或多个因素的变化对目标的影响程度,以判断各个因素的变化对目标的重要性。具体来说,它是指在确定性的基础上,重复分析假定某些因素发生变化时,将对项目产生的影响的程度。敏感性分析的目的是研究影响因素的变动将引起目标变动的范围;找出影响项目的关键因素,并进一步分析与之相关的可能产生不确定性的根源;通过敏感性大小对比和可能出现的最有利与最不利的范围分析,用寻找替代方案或对原方案采取某些控制措施的方法来确定项目风险的大小。敏感性分析最常用的显示方式是龙卷风图,龙卷风图有助于比较具有较高不确定性的变量与相对稳定的变量之间的相对重要程度。

2) 期望值法

期望值是指概率中随机变量的期望值。这里,把项目的每个目标变量看成是离散的随机变量,其取值就是每种情况所对应的损益(损失或收益)值。每种情况的损益期望值为:

$$\text{EMV} = \sum_{i=1}^{m} P_i X_i \tag{10-1}$$

其中,P_i 是情况 i 发生的概率,X_i 为 i 情况下的损益值。期望值法就是利用上述公式计算出每种情况的损益期望值,其判断准则是期望损益值最大法,即期望损益值越大,项目的风险就越小。

3) 决策树分析法

决策树分析是一种形象化的图表分析方法,它提供项目所有可供选择的行动方案及行动方案之间的关系、行动方案的后果及发生的概率,为项目管理者提供选择最佳方案的依据。决策树分析采用损益期望值作为决策树的一种计算值,它根据风险发生的概率计算出一种期望的损益。首先要分析和估计项目风险概率和项目风险可能带来的损失或收益大小,然后将二者相乘求出项目风险的损失或收益期望值,并使用项目损失期望值或收益去度量项目风险。

决策树的分支或代表决策或代表偶发事件,图10-4是关于某软件项目一个典型的决策树,是针对实施某计划的风险计划。图中采用逐级逼近的计算方法,从出发点开始不断产生分支,以表示所分析的问题的各种发展可能性,并以各分支的损益期望值中的最大者作为选择的依据。从这个风险分析来看,实施计划后有70%的成功概率,30%的失败概率。而成功后有30%的概率是项目有高性能的回报为550 000;同时有70%的概率是亏本的回报为-100 000,这样项目成功的损益期望值为(550 000×30%-100 000×70%)=66 500;项目失败(30%的概率)的损益期望值为-60 000,则实施后的损益期望值为66 500-60 000=6500,而不实施此项目计划的损益期望值为0。通过比较,可以决策,应该实施这个计划。

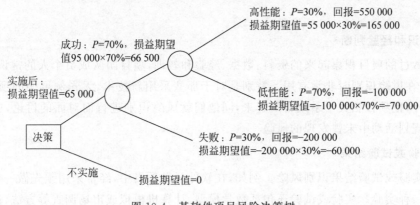

图10-4 某软件项目风险决策树

4) 蒙特卡罗分析法

蒙特卡罗分析法又称统计实验法,是运用概率论及数理统计的方法来预测和研究各种不确定性因素对项目的影响,分析系统的预期行为和绩效的一种定量分析方法。蒙特卡罗分析法是一种经常使用的模拟分析方法,它随机地从每个不确定性因素中抽取样本,对整个项目进行一次计算,重复进行很多次,模拟各式各样的不确定性组合,获得各种组合下的很多个结果。

通过统计和处理这些结果数据,找出项目变化的规律。例如,把这些结果值从大到小排列,统计个值出现的次数,用这些次数值形成频数分布曲线,就能够知道每种结果出现的可能性。然后,依据统计学原理,对这些结果数据进行分析,确定最大值、最小值、平均值、标准差、方差以及偏度等,通常这些信息就可以更深入地、定量地分析项目,为决策者提供依据。

在软件项目中经常运用项目模型作为项目框架,通过蒙特卡罗模拟仿真项目的日程、制作项目日程表。这种技术往往也被进度管理所采用,通过对项目的多次"预演",可以得到项目进度日程的统计结果。如图10-5所示

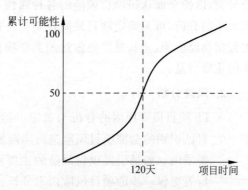

图10-5 蒙特卡罗模拟

是一个项目进度日程的蒙特卡罗模拟。

图 10-5 中的曲线显示了完成项目的累积可能性与某一时间点的关系。横坐标表示进度,纵坐标表示完成的概率,虚线的交叉点显示:在项目启动后 120 天之内完成项目的可能性是 50%。项目完成期越靠左,则风险愈高(完成的可能性低),反之风险愈低。另外,蒙特卡罗模拟法也常用来估算项目成本可能的变化范围。

3. 项目工作分解结构

风险识别要减少项目的结构不确定性,就要弄清项目的组成、各个组成部分的性质、各个组成部分之间的关系、项目同其环境之间的关系等。项目工作分解结构就是完成这项任务的有效工具。在项目管理的其他方面,例如范围、进度和成本管理,也要使用项目工作分解结构。因此,在风险识别中利用这个现成的工具并不会给项目团队增加额外的工作量。

4. 常识和经验判断

以前做过的项目积累起来的资料、数据、经验和教训,项目团队成员个人的常识、经验和判断能力,在风险识别时非常有用。特别是对于那些采用新技术、无先例可循的项目,更是如此。另外,把项目相关干系人召集起来,同他们就风险识别进行面对面的讨论,也有可能触及一般规划活动中未曾发现的风险。

5. 实验或试验结果

利用实验或试验结果识别风险。例如,在软件开发项目中,经常采用预先做一个原型的方法就是一种实验。实验或试验还包括数学模型、计算机模拟或市场调查等方法,进行文献调查也属于这类方法。

10.5.3 IT 项目风险评估

在 IT 项目风险评估过程中,首先需要对识别出的风险进行分类,分析风险发生的原因,确定风险后果的影响程度,然后按照风险分析的结果确定出项目风险的度量和项目风险控制的优先序列。具体来说,IT 项目风险评估分为以下 3 个步骤。

1. 风险分类

根据已识别出的项目风险,使用既定的项目风险分类标志,对识别出的 IT 项目风险进行分类,以便全面认识项目风险的各种属性。通过对所有已识别的项目风险进行概率分布和大小的分析,可为确定项目风险控制优先排序打下基础。这一分析需要借助现有信息、历史数据和经验等,尤其是以前做过的类似项目或相近项目所发生的风险情况记录是分析工作的重要信息。

2. 风险分析

- IT 项目风险原因的分析与确定。运用现有项目风险信息与项目管理人员的经验,对已识别的全部项目风险进行风险原因的分析,并通过分析找出引发风险事件的主要原因。如果引发项目风险的主要原因有多个,还要进行主要因素分析、多变量分析等更深一步的项目风险因素分析。
- 项目风险后果的分析与确定。对于项目全部风险后果及其严重程度所做的分析,不但要分析风险可能造成的后果,还要分析这些具体后果的价值大小。所谓"后果价值大小"的含义是指要把项目风险造成的后果进一步转换成用货币单位表示的项目损失。这种"后果价值大小"是确定项目风险控制优先序列的依据之一。

- 项目风险发展时间进程的分析与确定。对已识别项目风险所进行的具体项目风险发展进程时间和发展变化标志的分析。项目风险发展进程的分析是要找出风险事件何时发生及引发它的原因何时出现,诱发原因出现后项目风险会如何发展等。对项目风险的发展时间进程的分析是制定项目风险控制计划的依据之一。

3. 风险排序

在完成上述分析与判断之后,还要综合各方面的分析结论,确定出项目风险的度量和项目风险控制的优先序列。因为在绝大多数情况下一个项目会有许多种风险,而且这些风险可能会同时或在较短的时间间隔内发生,这时需要根据项目风险的度量,确定出它们的优先序列。项目风险的发生概率、风险后果严重程度等度量都会影响对项目风险控制优先序列的安排。项目风险控制优先序列安排的基本原则是项目风险后果最严重、发生概率最高、发生时间最早的优先控制。对于已经识别出的项目全部风险都应该按照这种原则确定出其优先序列。

通过量化风险分析,可以得到量化的、明确的、需要关注的风险管理清单。表 10-4 所示的是某项目的风险管理清单。清单上列出了风险名称、类别、风险概率,该风险所产生的影响及风险的排列,其中整体影响值可对 4 个风险因素(性能、支持、成本和进度)的影响类别求平均值。应该从风险清单中选择排列靠前的几个风险作为风险评估的最终结果。

表 10-4　某项目的风险管理清单

风　　险	类　　别	概　　率	影　　响	排　　序
用户变更需求	产品规模	80%	5	1
规模估算可能非常低	产品规模	60%	5	2
人员流动	人员数目及其经验	60%	4	3
最终用户抑制该计划	商业影响	50%	4	4
支付期限将被紧缩	商业影响	50%	3	5
用户数量大大超出计划	产品规模	30%	4	6
技术达不到预期的效果	技术情况	30%	2	7
缺少对工具的培训	开发环境	40%	1	8
人员缺乏经验	人员数目及其经验	10%	3	9

表 10-6 中的第 1~4 项内容一旦确定,就可以按照概率的影响排序。可将高发生概率和高影响的风险放在表的上方,低发生概率和低影响的风险移到表的下方。例如,一个具有高风险,但发生概率很低的风险不应花太多的管理时间;而高影响且发生概率中到高的风险和低影响且发生概率高的风险,应该首先列入随后的风险分析步骤中去。

10.5.4　定量风险分析的成果

定量风险分析的成果主要是更新风险登记册。风险登记册在风险识别过程中形成,在定性风险分析过程中更新,并在定量风险分析过程中进一步更新。风险登记册是项目管理

计划的组成部分,此处的更新内容主要包括:

(1) 项目的概率分析。对项目可能的进度与成本结果进行估算,列出可能的完工日期和完工成本及其可信度。分析的结果通常以累积频率分布表示。可以综合考虑分析的结果与干系人的风险承受力,以对成本和时间应急储备进行量化。需要通过应急储备金将超出既定项目目标的风险降低到组织可接受的水平。

(2) 实现成本和时间目标的概率。采用目前的计划以及根据目前对项目所面临的风险的了解,可用定量风险分析方法估算出实现项目目标的概率。

(3) 量化风险优先级清单。此项风险清单包括对项目造成最大威胁或为项目提供最大机会的风险,以及需要分配最高费用应急储备金的风险和最可能影响关键路径的风险。

(4) 定量风险分析结果的趋势。在分析重复进行过程中,其分析结果可能会呈现某种显而易见的趋势,根据该种趋势得出的结论将会对风险应对措施造成影响。

10.6 规划风险应对

规划风险应对就是针对风险定性、定量分析的结果,为降低项目风险的副作用而制定的风险应对措施。风险应对规划必须与风险的严重程度、成功实现目标的费用有效性相适应,必须与项目成功的时间性、现实性相适应。同时,它必须得到项目干系人的认可,并且应由专人负责。

10.6.1 项目风险应对的原则

经过项目风险识别和度量确定的项目风险一般会有两种情况:其一是项目整体风险超出了项目组织或项目客户能够接受的水平;其二是项目整体风险在项目组织或项目客户可接受水平之内。对于这两种不同的情况,各自可以有一系列的项目风险应对措施。对于第一种情况,在项目整体风险超出项目组织或项目客户能够接受的水平时,项目组织或项目客户至少有两种基本的应对措施可以选择:其一是当项目整体风险超出可接受水平很高时,无论如何努力也无法完全避免风险所带来的损失,所以应该立即停止项目或取消项目;其二是当项目整体风险超出可接受水平不多时,由于通过主观努力和采取措施能够避免或削减项目风险损失,所以应该制定各种项目风险应对措施,并通过开展项目风险控制落实这些措施,从而避免削减项目风险所带来的损失。在制定风险管理应对方案时应遵循以下原则。

1. 可行、适用、有效性原则

风险应对方案首先应针对已识别的风险源,制定具有可操作的管理措施,适用且有效的应对措施能在很大程度上提高管理的效率和效果。

2. 经济、合理、先进性原则

风险应对方案涉及的多项工作和措施应力求管理成本的节约,管理信息流畅、方式简捷、手段先进才能显示出高超的风险管理水平。

3. 主动、及时、全过程原则

项目的全过程建设期分为前期准备阶段(包括可行性研究阶段、招投标阶段)、设计及实现阶段、运营维护阶段。对于风险管理,仍应遵循主动控制、事先控制的管理思想,根据不断发展变化的环境条件和不断出现的新情况、新问题,及时采取应对措施,调整管理方案,并将这一原则贯彻到项目全过程,才能充分体现风险管理的特点和优势。

4. 综合、系统、全方位原则

项目风险管理是一项系统性、综合性极强的工作,不仅其产生的原因复杂,而且后果影响面广,所需处理措施综合性强。例如,项目具有多目标特征(投资、进度、质量、安全、合同变更和索赔、生产成本、利税等)。因此,要全面彻底地降低乃至消除风险因素的影响,必须采取综合治理的原则,动员各方力量,科学分配风险责任,建立风险利益的共同体和项目全方位风险管理体系,才能将风险管理的工作落到实处。

10.6.2　项目风险的应对方法

应对项目风险有多种策略,比较常见的有减轻、预防、转移、回避、接受和后备措施等。应该为每项风险选择最有可能产生效果的策略或策略组合,可通过风险分析工具,如决策树分析方法,选择最适当的应对方法。然后,制定具体行动方案去实施该项策略,可以选择主要策略以及备用策略。制定备用策略是在被选策略被证明无效或接受的风险发生时实施。通常,要为时间或费用分配应急储备金。最后制定应急计划并识别应急计划实施的触发条件。

1. 消极风险或威胁的应对策略

通常,使用三种策略应对可能对项目目标存在消极影响的风险或威胁。这些策略分别是规避、转移、减轻和接受。

1) 规避

规避风险是指当项目风险潜在威胁的可能性极大,并会带来严重的后果,无法转移又不能承受时,通过改变项目来规避风险。通常会通过修改项目目标、项目范围、项目结构等方式来回避风险的威胁。这是从根本上放弃使用有风险的项目资源、项目技术、项目技术方案等,从而避开项目风险的一类风险应对措施。

2) 转移

在项目中使用最频繁的做法是通过合作伙伴、项目外包与担保等手段将项目风险转移到第三方。无论是与合作伙伴的协同实施还是项目的外包,都能在人力资源、成本费用、项目进度等方面分散风险,开脱责任。但转移风险的同时也必然带来利润的一部分流失。这类项目风险应对措施多数是用来对付那些概率小,但是损失大,或者项目组织很难控制的项目风险。

3) 减轻

减轻风险策略是通过缓和或预知等手段来减轻风险,降低风险发生的可能性或减少风险发生后其后果的影响程度和范围,设法把不利的风险事件的概率或后果降低到一个可接受的临界值。减轻风险策略的有效性与风险是已知风险、可预测风险还是不可预测风险关系很大。对于可预测风险或不可预测风险,项目团队是很难去控制的,因此有必要采取迂回策略。对于这类风险,仅仅靠动用项目资源一般收效不大,还必须进行深入细致的调查研究,降低其不确定性。在对项目实施风险减轻策略时,应尽可能地把每一项具体的风险都减轻到可以接受的程度。

4）接受

风险接受是指项目团队决定接受风险的存在,而不采取任何措施(除非风险真的发生)的风险应对策略。这一策略在不可能用其他方法时使用,或者其他方法不具经济有效性时使用。该策略可以是被动或主动的。被动地接受风险,只需要记录本策略,而无须采取其他行动;待风险发生时再进行处理。不过,需要对风险定期进行复查,以确保威胁没有太大的变化。最常见的主动接受策略是建立应急储备,安排一定的时间、资金或资源来应对风险。

2. 积极风险或机会的应对策略

通常,使用开拓、分享和提高这三种策略应对项目目标有潜在积极影响的风险。

1）开拓

如果组织希望确保机会得以实现,可针对具有积极影响的风险采取该策略。该项策略的目标在于通过确保机会肯定实现而消除与特定积极风险相关的不确定性。直接开拓措施包括为项目分配更多的有能力的资源,以便缩短完成时间或实现超过最初预期的高质量。

2）分享

分享积极风险是指将风险的责任分配给最能为项目的利益获取机会的第三方,包括建立风险分享合作关系。

3）提高

该策略旨在通过提高积极风险的概率或其积极影响,识别并最大程度地发挥这些积极风险的驱动因素,致力于改变机会的"大小"。通过促进或增强机会的成因,积极强化其触发条件,提高机会发生的概率,也可着重针对影响驱动因素以提高项目机会。

3. 威胁和机会的应对策略

通常使用接受策略应对可能对项目目标存在威胁和机会的风险。

接受。是指当机会来临时乐于利用它,但不会主动追求这种机会。采取该策略的原因在于很少可以消除项目的所有风险。采取此项技术表明,项目团队已经决定不打算为处置某项风险而改变项目计划,或者表明他们无法找到任何其他应对良策。针对机会或威胁,均可采取该项策略。该策略可分为主动方式和被动方式。被动地接受风险则不要求采取任何行动,将其留给项目团队,待风险发生时相机处理。最常见的主动接受风险的方式是制定应急储备金,包括一定的时间、资金或资源以处理已知或潜在的未知威胁或机会。接受风险是最为省事的风险应对方法,几乎没有应对措施和方案。因此,当采取其他风险应对方案的成本超过风险发生后所造成的损失时,也可以采取接受风险的方法。

4. 应急应对策略。

有些应对措施仅在发生特定事件时才使用。对于有些风险,如果认为可提供充足的预警,项目团队可制定一项应对计划,只在特定的预定条件下才实施。应确定并跟踪风险触发因素,例如缺失的中间里程碑或获得供应商更高的重视。

10.6.3　规划风险应对的成果

在风险应对规划过程中,将选择并商定适当的应对策略,以纳入风险登记册中。风险登记册的详细程度应与优先级和计划的应对策略相适应。通常,应详细说明高风险和中等程度的风险。如果判定风险优先级较低,则可将分析列入观察清单中,以便进行定期监测。此

时,风险登记册将包括下述内容:

- 已识别的风险、风险的描述、所影响的项目领域(如工作分解结构组成要素)、其原因(如风险分解结构元素)以及它们如何影响项目的目标。
- 风险负责人及分派给他们的职责。
- 风险定性与定量分析过程的结果,包括项目风险优先级清单以及项目概率分析。
- 商定的应对措施。
- 实施选定的应对策略所需的具体行动。
- 风险发生的征兆和警示。
- 实施选定的应对策略所需的预算和进度活动。
- 在考虑利害关系者风险承受度水平的情况下,预留的时间和费用应急储备金。
- 应急计划以及应急计划实施的触动因素。
- 在对已经发生的风险或首要应对措施被证明不利的情况下,使用备用计划。
- 对策实施之后预计仍将残留的风险,以及主动接受的风险。
- 实施风险应对措施直接造成的二次风险。
- 根据项目定量分析以及组织风险界限值计算的应急储备金。

作为规划风险应对的成果;还体现在对项目管理计划的更新。例如更新进度管理计划、成本管理计划、质量管理计划、采购管理计划、人力资源管理计划,以及范围基准等。

10.7 控制风险

控制项目的风险是在整个项目中实施风险应对计划,跟踪已识别风险、监督残余风险、识别新的风险,以及评估风险管理有效性的过程。风险控制就是为了在整个项目生命周期中提高应对风险的效率,不断优化风险应对,改变项目管理组织所承受的风险程度,采取一定的风险处置措施,以最大限度地降低风险事故发生的概率和减小损失幅度的项目风险管理活动。

10.7.1 风险监控的目标

IT项目风险监控就是在整个IT项目生命周期内跟踪已经识别的风险,监视残余风险,识别新的风险,实施风险应对计划并评估其有效性的过程。IT项目风险监控主要有以下几个目标。

- 努力及早识别和度量项目的风险。项目监控的首要目标是通过开展持续的项目风险识别和度量,及早地发现项目所存在的各种风险以及项目风险的各种特性,这是开展项目风险监控的前提条件。
- 努力避免项目风险事件的发生。项目风险监控的第二个目标是在识别出项目风险以后积极采取各种风险应对措施,努力避免项目风险事件的发生,从而确保不给项目造成不必要的损失。
- 积极消除项目风险事件的消极后果。项目风险并不是都可以避免的,有许多项目风险会由于各种原因而最终发生,这种情况下的项目风险监控目标是要积极采取行动,努力削减这些风险事件的消极后果。

- 充分吸取项目风险管理经验与教训。对于各种已经发生并形成最终结果的项目风险,要从中吸取经验和教训,从而在今后避免同样的项目风险事件的发生。

10.7.2 风险监控的方法

风险监控基本的目的是以某种方式驾驭风险,保证项目团队可靠、高效地完成项目目标。由于项目风险具有复杂性、变动性、突发性及超前性等特点,风险监控应该围绕项目风险的基本问题,制定科学的风险监控标准,采用系统的管理方法,建立有效的风险预警系统,做好应急计划,实施高效的项目风险监控。

1. 风险再评估

风险监控过程通常要求对新风险进行识别并对风险进行重新评估,应定期进行项目风险再评估。项目团队状态审查会的议程中,应包括项目风险管理的内容。重复的内容和详细程度取决于项目相对于目标的绩效情况。

2. 风险审计

安排专人检查风险监控机制是否得到执行,并定期风险审核,在重大的阶段节点重新识别风险并进行分析,对没有预计到的风险制定新的应对计划。

3. 技术指标分析

比较原定技术指标与实际技术指标之间的差异。在很多情况下,项目中发生的风险问题可以追溯到不止一个风险,风险驾驭与监控的另一个任务就是试图在整个项目中确定"风险的起源"。风险监控的关键在于培养敏锐的风险意识,建立科学的风险预警系统,从"救火式"风险监控向"消防式"风险监控发展,从注重风险防范向风险事前控制发展。

4. 储备金分析

在项目实施过程中可能会发生对预算或进度应急储备金造成积极或消极影响的风险。储备金分析是指在项目的任何时间将剩余的储备金额与剩余风险量进行比较,以确定剩余的储备金是否仍旧充足。

5. 状态审查会

项目风险管理可以是定期召开的项目状态审查会的一项议程,该议程项目所占用的会议时间可长可短,这取决于已识别的风险、风险优先级以及应对的难易程度。风险管理开展得越频繁,过程就越加容易控制。经常就风险进行讨论,可促使有关风险的讨论更加容易和准确进行。

6. 变差和趋势分析

应通过绩效信息对项目实施趋势进行审查。可通过实现价值分析、项目变差和趋势分析的其他方法,对项目总体绩效进行监控。分析的结果可以揭示项目完成时在费用与进度目标方面的潜在偏离。与基准计划的偏差可能表明威胁或机会的潜在影响。

10.7.3 风险监控的结果

IT项目风险监控的结果有以下几个方面的内容。

1. 更新的风险登记册

更新的风险登记册中包括以下内容：风险再评估、风险审计和风险定期审核的结果，可以包括概率、影响、优先级、应对计划、负责人及风险登记册等其他元素的更新；项目风险实际结果和风险应对策略的实际结果，可帮助项目经理为整个组织的风险和未来项目的风险进行规划。

2. 请求的变更

实施应急计划或权变计划的结果，往往是要求变更项目管理计划，以便应对风险，其结果是发生变更请求。请求的变更作为风险监控过程的成果进入整体变更控制过程。审定后批准的变更请求将成为指导和管理项目实施过程和风险监控过程的依据。

3. 更新的组织过程资产

项目风险管理过程产生的信息，可供未来的项目参考，应该保留到组织过程资产中。

4. 更新的项目管理计划

如果批准的变更请求对风险管理过程存在影响，则应该对项目管理计划的相应组成部分进行修改并重新签发，以反映是已审定的变更。

【案例 10-1 的分析】

信息系统开发时频繁的变更必然影响到信息系统项目的范围、进度、成本和质量等目标。因此，把握和引导客户需求对项目经理就非常关键，项目经理引导得好，项目开发就会非常顺利；反之，就会使项目组处于被动状态。

该项目中，刘工在对市场部罗工不断提出新的需求时的处理方法是"来者不拒"，刘工的这种决定使得整个项目组成员疲于奔命、不断地更新项目计划，导致项目范围无法确定，工期和成本不可控制，团队成员工作目标也不明确，因此出现了非常严重的需求风险。

刘工采取补救措施应该包括两个方面。首先，刘工应该与罗工积极地沟通和谈判，使他明白本期工程的目标；并承诺本期工程不是交钥匙项目，可为系统升级和扩容留有扩展接口，新的需求能够通过后续工程逐步开发实现，使罗工同意本期工程只实现大家最为关注的功能指标和性能指标；其次，刘工应该申请启动项目风险储备金，通过增加资源成本、付出额外劳动报酬使得项目回到正轨。

在设计系统架构时，关键技术不明确、系统扩展性不佳等均是影响系统正常运行的潜在隐患。在本期工程的机房设备平面设计中，刘工团队将大部分机架式的小型机集中摆放在一片较小区域内，导致机房专用空调因负荷过重而多次宕机。刘工应该采取风险转移的策略设法将风险的后果连同应对责任转移到第三方身上，聘请具备通信设备资质的专家负责工程设计，从机房空调、电源、布线、承重、消防等各个方面进行详尽的勘察和设计。通过专家编制的工程设计，刘工团队可以细致地了解有关机房设计的技术内涵和外延，并通过工程设计评审机制，一方面确立工程设计的权威指导作用，另一方面获得专家们的可靠技术承诺，从而实现工程设计风险的良性转移。

为了避免时间损失，预防切换上线风险，刘工除了组织制定详细的系统切换方案和故障应急处理方案外，还应争取集团公司高层领导的支持，做好集团公司与各市分公司的沟通工作，采取各地、市分批次的预切换方案，搭建模拟切换环境，体验正式切换感受。或者，由刘工负责项目团队成员之间的协调工作,采用功能点分布式的切换方案,逐点切换、举一反三、各个击破,确保系统切换成功。

【感想和体会】

能够识别风险的前提是项目团队树立了牢固的风险意识;能够有效进行风险管理的基础是组织有一套严密的风险防范措施。项目风险一旦发生,就可能变成灾难。使项目风险始终朝着有利于项目的方向发展,并牢牢控制这个方向,是项目管理者的目标和责任。

优秀的项目经理总是让人觉得,他实施项目时总是有贵人相助,容易成功。而经验表明,谁控制了风险,谁就把握了成功。

10.8　习题与思考

1. 风险的主要特征有哪些?对于某个既定的事件,风险包含哪些因素?

2. IT项目风险成本包括哪些?请举例说明风险损失的无形成本有哪些。

3. 规划风险管理的主要作用是什么?在风险管理规划中应该明确哪些问题?

4. 如何进行项目风险的识别?你认为哪种风险识别方法最有效?为什么?

5. 项目风险应对措施制定与项目风险监控有什么关联?如何管理和处理好这些关联?

6. 大多数人没有风险意识,总是单方面期望不好的事情不会发生,如何才能转变人们的意识,使风险防患于未然。

7. 请你为所在组织建立一个风险管理计划的模板以及10大风险跟踪表模板。

第 11 章

关注项目的采购与外包

【本章知识要点】

只要有需求,就会有采购;只要有发展,就会有外包,采购和外包在 IT 项目中占有非常特殊和重要的位置。并不是项目中所有事情都必须由项目团队来完成,只要能达成项目预定的目标,需要时可以全部采购或部分采购。

本章从一家企业在开发信息系统时碰到的问题——"老系统不堪重负,新系统上不了线"入手,详细解释采购与外包的概念,分析项目采购的过程,并就软件项目的采购与外包作专题讨论,给出解决企业在开发信息系统时碰到的问题的方法。学习完本章后,应当掌握如下知识:

(1) 项目采购与项目外包的概念。

(2) 项目采购过程的输入、输出和处理方法。

(3) 招投标的法律法规和招标的方法。

(4) IT 项目成功结束的方法与策略。

(5) 软件采购与外包的问题与对策。

【案例 11-1】

老系统不堪重负,新系统上不了线,该怎么办?

飞迅物流公司是一家从事仓储、运输、物流包装、流通加工、搬运装卸等业务的第三方物流公司,公司自主研发了一套物流管理信息系统,以支持日常经营业务处理。系统主要包括货物出入库、点仓、运输调度等承载基本的仓储、运输两大块业务运转的功能模块,采用 Visual Basic 6.0 编程语言、SQL Server 数据库和 C/S 技术架构。随着业务的拓展,公司迫切需要将该系统改造成 B/S 技术架构,并新增财务管理、成本核算、物流计费、客户关系管理等功能模块。

为了适应需求,公司信息部门采用 Java 编程语言对原有系统功能做了技术转型性的改造,花了半年的时间,完成了成本核算和物流计费模块的开发。公司主管信息化工作的王总和信息部门谢经理经过再三审视,发现单凭自身的力量很难完成系统的开发,一是因为公司有庞大的计算机网络系统和办公应用设备需要维护,公司信息部门的人手不够；二是开发力量明显不足，已有的系统升级改造由公司引进的一名系统分析员和一名程序员加班加点编制而成，虽经努力但开发出的软件产品质量不高，还不如原有运行了多年的系统稳定，业务部门应用人员怨声载道，信息部门的维护人员也疲惫不堪；三是新开发出来的系统功能达不到上线的要求，因为业务部门总有提不完的需求、而系统中似乎有改不完的错。

接下来还有许多的子模块要开发，老系统已经不堪重负，新系统又上不了线，王总和谢经理都感到头痛，下一步该怎么办？

11.1　项目采购与外包概述

项目采购是指从执行组织外部购买或获得完成工作所需的产品、服务或成果。项目采购的相关方主要是买方和卖方，有时也有可能会出现作为项目监理的第三方。由于买方决定采购后会和卖方签定合同，根据商业规则合同的甲方为买方，乙方为卖方，因此又将采购中的买方称为甲方，卖方称为乙方。

"采购"一词被广泛用于政府行为中，许多企业喜欢使用"购买"，而IT行业经常使用的是"外包"这个词。在IT企业中，项目外包则通常是指将IT项目中的工作内容转移给别的组织或个人来完成，如果只是部分工作内容发生转移称为部分外包，如果是全部工作内容都转移出去则称为整体外包。

11.1.1　项目采购与外包的作用

采购方要进行IT项目的采购或外包总是有原因的，要么基于自身业务扩充的需要，要么基于IT技术发展的需求，要么是国家政策上的规定等。不管是什么原因，IT项目的采购或外包至少有如下好处：

(1) 有利于专注于核心业务。许多采购方的企业并没有很多的精力来关注IT技术的新进展，也没有足够的人力资源、设备资源来满足IT产品研发的需求，因此有必要把IT项目的研发工作外包出去让专业的团队来做专业的事，使自身可以专注于核心业务。如一家生产化妆品的公司，应当多关注化妆品的开发和营销工作，而把企业信息化中的软件项目外包，只需要派IT专员对项目进行监督、实施和推动。

(2) 获得技能和技术。通过项目采购或外包，获得采购方需要的相关技术、知识和能力。例如通过采购一套ERP软件，可以在应用中学习到先进的企业资源计划原理、设计方法和实施步骤。

(3) 提高效益。通过采购或外包获取外部人员，以充分利用他们在某些方面的优势来弥补项目团队的不足。经验表明，比起整个项目都配备内部人员，采用采购或外包的方式能够大大提高项目的效益与效率。

(4) 规避项目风险。通过签定采购或外包合同，使项目发包方和承包方都明确自己的权益与义务，通过合同在法律上所具有的约束力，强调承包方对合同规定交付的工作应该负起的责任，规避项目风险。

(5) 降低企业长期营运成本。外包费用是一次性的营运开支，不像雇员薪资这样成为企业的长期营运成本。假如企业有些一次性的大型项目需要马上启动，但缺乏足够的资源，或者企业本身没有相应的人员来执行，外包不失为一个可行的解决办法。

Fredrick P. Brooks. Jr. 在《人月神话》中指出，"构建软件最可能的彻底解决方案是不开发任何软件。"我们对这句名言的理解是，"IT 项目最可靠的解决方案是，全部软件都由采购或外包来完成。"

11.1.2　项目采购的过程

项目采购管理是项目管理的一个重要方面，项目采购管理模式直接决定了项目管理模式，对项目整体管理起着举足轻重的作用。项目采购管理包括从项目团队外部购买或获得为完成工作所需的产品、服务或成果的各个过程，如图 11-1 所示。这些过程不仅彼此相互作用，而且还与其他知识领域中的过程相互作用，其主要工作如表 1-3 所示。

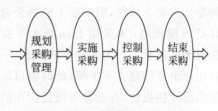

图 11-1　项目采购管理的主要过程

项目采购管理包括合同管理和变更控制过程。通过这些过程，编制和管理项目合同或订购单。项目采购管理过程围绕包括合同在内的协议来进行。协议是买卖双方之间的法律文件。虽然所有的项目文件可能都需要经过某种形式的审批，但是鉴于其法律约束力，合同或协议通常需要经过更多的审批程序。在任何情况下，审批程序的主要目标是确保以清晰的合同语言来描述产品、服务或成果，以满足既定的项目需要。许多成功的利用外界资源的IT 项目，常常归功于有效的项目采购或外包管理。

11.2　规划采购管理

规划采购管理是记录项目采购决策、明确采购方法、识别潜在卖方的过程。通过采购规划过程确定项目是否需要外部支持，如果需要，则还要决定采购什么、如何采购、采购多少以及何时采购。

11.2.1　编制依据

项目采购规划的依据包括项目范围说明书、产品说明书、市场约束条件。

1. 项目范围说明书

项目范围说明书描述了项目的边界以及与项目范围相关的要求，提供了在采购规划过程中需要考虑的项目需求与策略方面的重要信息，为项目给定了一系列可交付成果和验收标准，而且也为相关的技术问题提供了重要的信息，比如软件项目中作为成果的系统要运行在何种操作系统平台，综合布线项目中网络要覆盖的地理位置等。

WBS 是项目范围说明书中的一项重要内容，它提供了项目有关工作的详细说明，包括可交付成果的说明。

2. 产品说明书与市场约束条件

在采购规划时充分地了解市面上已有的各种产品是非常有必要的，这样才能做到心中有数。有需求就可能有相应的产品，如果没有基本的产品，应该向潜在的供应商了解情况。

当需要进行产品定制时,应该从潜在的供应商那里获取解决方案和项目的预算。

在软件项目中,采购方的个性化需求一般都需要定制开发。供应商在产品推出时经常会做大量的售前活动,以向采购方推荐自己的产品,并了解采购方的需求,提出初步的解决思路;采购方应该趁此机会多了解供应商的实力、产品、技术方案,并对自己的需求进行完善。

IT产品往往是五花八门,功能各异,性能不同,技术方案也有所差异。比如某企业拟采购办公自动化软件,但市面上的办公自动化软件产品相当多,竞争激烈,有 B/S 模式的,也有 C/S 模式的;有采用 Java 技术开发的,也有采用.NET 技术开发的,这些往往让采购方觉得无所适从。因为采购方的人员不一定是从事 IT 技术的,可能对技术、市场动态、产品对比评价等问题并不了解,此时也可以聘请专业的咨询顾问,通过客观的评价和产品对比分析给出评估报告,甚至参与项目运作的招投标、开发的所有过程。

11.2.2 决策分析

决定项目是自行开发还是采购或外包,应该根据成本来进行分析。可以将内部提供产品和服务的成本进行估算,再与外部成本进行比较,如果外包的成本比自制的成本更低,应考虑外包。但有时也需要考虑一些其他的因素,如某些企业对数据保密性、系统安全性、软件的可靠性要求较高,当自己有足够的人力资源保障时,就应当考虑自行研发。

由于 IT 项目技术性比较强,在项目采购规划过程中,适当地咨询内部或外部的专业技术专家的意见是非常必要的。比如某企业要采购一个决策支持系统,那么就必然涉及有关数据仓库、数据挖掘等相关的理论知识及一些算法,而企业管理人员、采购部门工作人员往往不是专业的 IT 技术人员,即便是 IT 技术人员也不一定精通相关的专门知识,因此有必要咨询相关专家,对潜在的供应商提供的产品功能、技术方案进行评估,获取他们的建议。

11.2.3 IT 项目采购的分类

一般按 IT 项目采购模式可以分为 4 种:单纯的 IT 咨询服务;IT 产品的提供和维护;信息系统的设计、提供和安装;复杂的系统工程或系统集成。

1. 单纯的 IT 咨询服务

单纯的 IT 项目咨询服务项目相对现成 IT 产品的提供和维护项目要简单一些,项目的设计风险由业主承担,承包商只是按照采购方提供的任务大纲提供专业的智力服务,或依据明确的技术规范提供现成的产品。

此类项目除非承包商有重大失职的表现,采购方将承担未能按任务大纲完成任务、承包商的成果不能满足采购方的要求、未按计划完成项目等方面的合同后果。此外,此类项目也可以是承包商帮助采购方制定 IT 项目的采购招标策略、项目采购计划、编制招标文件、提供项目管理服务或承担某项目的采购全过程。

2. IT 产品的提供和维护

此类项目由采购方制定出项目实施和相应产品的技术规范,技术和设计风险由采购方承担,即采购方将承担由于承包商遵循其提供的技术规范而造成的不能满足采购方的业务要求的风险。承包商同时提供较少的例行的产品安装和售后服务。

常见的 IT 产品提供和维护项目有：

- 网络及网络设备的采购、安装及售后服务。
- 同类产品的采购,如 PC 服务器、工作站、UPS 电源、现成的软件产品,不管采购的额度有多大,只需要承包商将这些产品进行简单的安装与互联。
- 为某些特殊业务而提供的计算机硬件和软件。

3. 信息系统的设计、提供和安装

信息系统的设计、提供和安装项目具有两个基本的特征：承包商相对风险较大,设计风险主要来自于承包商,所以承包商的综合能力、专业知识、IT 项目管理能力和风险管理能力成了项目成功的关键；承包商主要依据采购方提供的需求规范,承担项目设计、提供和安装的全部责任。

4. 复杂的系统工程或系统集成

这是 IT 项目中最复杂的一种,兼有工程项目、咨询、服务项目和产品采购项目的特征,如,复杂的商业应用软件,包括大型 ERP 管理系统、供应链管理系统、银行综合业务系统等；复杂的用户软件开发服务；将现有产品集成,或适当作开发后的系统集成项目,以满足采购方特定的业务需求；深入的系统设计、开发、用户化、安装、培训、运行、技术支持等方面的大型系统工程；复杂的信息系统功能对外委托开发。

以上 4 种不同的 IT 项目采购模式涉及到的几个关键问题对比如表 11-1 所示。

表 11-1　不同的 IT 项目采购模式涉及到的几个关键问题对比表

关键问题＼采购模式	单纯的咨询服务	IT 产品的提供和维护	信息系统的设计、提供和安装	复杂的系统工程或系统集成
设计风险	采购方	采购方	承包商	承包商
项目实施风险	采购方	承包商	承包商	承包商、采购方
项目成功的关键因素	采购方需求的准确程度；承包方咨询人员的专业水平与经验	技术规范的质量；承包商的交付能力	采购方需求的准确程度；承包方的设计水准、专业水平；承包方的项目管理能力	采购方需求的准确程度；承包方的专业水平；合同双方的有效、及时沟通；采购方的项目管理能力
投标者的资质标准	经验与信誉	财务能力；供应能力；经验	经验；财务与项目运作能力	经验与信誉
评标标准的优先顺序	业绩；信誉；应标书的质量；费用	费用；产品质量	费用；业绩；应标书的质量；项目实施的能力	业绩；信誉；应标书的质量；费用；项目实施的能力

11.2.4　项目采购规划成果

项目采购规划的成果主要包括采购管理计划、采购工作说明书（Statement of Work,SOW）、采购文件、供方选择标准、自制或外购决策、变更请求和项目文件更新。

1. 采购管理计划

采购管理计划是项目管理计划的一部分,说明项目团队将如何从执行组织外部获取货

物和服务,以及如何管理从编制采购文件到合同收尾的各个采购过程。采购管理计划主要包括如下的内容:拟采购的合同类型;风险管理事项;是否需要编制独立估算,以及是否需要将独立估算作为评价标准;如果执行组织设有专门从事采购、发包的部门,项目管理团队可以独自采取的行动;标准化的采购文件;如何管理多个供应商;如何协调采购工作与其他的工作,如何制定进度计划与报告项目绩效;可能影响采购工作的制约因素和假设条件;如何进行自制或外购决策;如何指导卖方编制和维护 WBS;如何确定SOW 的形式和格式;如何识别预审合格的卖方;用于管理合同和评价卖方的采购测量指标。

2. 工作说明书

SOW 是对采购所要求完成的工作的描述,常常被包括在合同中。工作说明书应当详细地描述工作的内容,以便让潜在的供应商理解并决定是否能提供所需的产品、服务,并能估算出一个适当的价格。在采购过程中,应根据需要对 SOW 进行修订和改进,直到它成为所签定的协议的一部分。

3. 采购文件

采购文件是用于征求潜在卖方的建议书。如果主要依据价格来选择卖方(如购买原材料或标准产品时),通常使用标书、投标或报价等术语,如果主要依据其他因素(如技术能力或技术方法)等,通常就使用建议书等术语。采购文件可能包括信息邀请书、投标邀标书、建议书邀请函、报价邀请书、投标通知、谈判邀请书及卖方初始应答邀请书等。不同类型的采购文件有不同的名称,具体的采购术语可能因行业或采购地点而异。买方拟定的采购文件不仅应便于潜在卖方做出准确、完整的应答,还要便于对卖方应答进行评价。采购文件中应该包括应答格式要求、相关的 SOW 及所需的合同条款。

4. 供方选择标准

供方选择标准通常是采购文件的一部分,制定这些标准是为了对卖方建议书进行评级或打分。可能的供方选择标准包括:对需求的理解、总成本或生命周期成本、技术能力、风险与风险控制能力、项目管理方法、技术方案、担保方式与能力、财务实力、生产能力与兴趣、企业规模与类型、卖方以往业绩、证明文件、知识产权、所有权。

5. 自制或外购决策

通过自制或外购分析,做出某项特定工作最好是项目团队自己完成还是需要采购或外包的决策。如果决定自制,就需要在采购计划中规定组织内部的自制流程和协议。如果是外购,就要在采购计划中规定与产品或服务供应商签定协议的流程。

6. 变更请求

关于购买产品、服务或资源的决策,通常会导致变更请求。规划采购期间的其他决策,也可能导致变更请求的发生。对项目管理计划、子计划及其他部分的修改,也可能影响采购行为。应该通过实施整体变更控制过程对变更请求进行审查和处理。

采购文件又称为招标书,是项目采购管理中的关键步骤之一。然而写出一份好的招标书并非易事,需要编写人员既站在采购方的立场,也要为潜在的供应商考虑。

11.3 实施采购

实施采购是获取卖方应答、选择卖方并与之签定合同的过程。通过实施采购，买卖双方达成协议，使内部和外部干系人的期望一致。实施采购过程的输入、工具与技术和输出如图 11-2 所示。

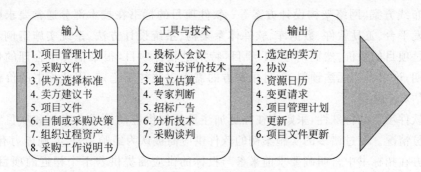

输入	工具与技术	输出
1. 项目管理计划	1. 投标人会议	1. 选定的卖方
2. 采购文件	2. 建议书评价技术	2. 协议
3. 供方选择标准	3. 独立估算	3. 资源日历
4. 卖方建议书	4. 专家判断	4. 变更请求
5. 项目文件	5. 招标广告	5. 项目管理计划更新
6. 自制或采购决策	6. 分析技术	6. 项目文件更新
7. 组织过程资产	7. 采购谈判	
8. 采购工作说明书		

图 11-2　实施采购过程

在实施采购的过程中，项目团队将会收到潜在的供应商根据招标文件编制的投标书或项目建议书。项目团队根据在规划采购管理过程中明确的供方选择标准，选择一个或多个供应商。

11.3.1 实施采购的依据与方法

获取卖方应答、选择卖方并与之签定合同的依据是：采购管理计划，它描述了如何管理从编制采购文件到合同收尾的各采购过程；采购文件，它为合同和其他协议提供了审计依据；供方选择标准；卖方建议书；项目文件，常用的项目文件包括风险登记册，以及与风险相关的合同决策；自制或外购的决策；采购工作说明书；组织过程资产。

在实施采购过程中所采用的方法包括如下几种。

（1）投标人会议，在投标书或建议书提交之前在买方和所有潜在的卖方之间召开会议，以保证所有潜在卖方对采购要求都有清楚且一致的理解。

（2）建议书评价技术，对于复杂的采购，例如 IT 项目，如果需要基于卖方对标书响应的程度来选择卖方，则应根据买方的采购政策，规定一个正式的建议书评审流程。在确定中标方并签定合同前，建议书评价小组将做出选择，并报管理层批准。

（3）独立估算，采购组织可以自行或请专业估算师进行项目成本估算，并将此作为标杆，通过与潜在卖方的应答做比较，判断存在的问题或缺陷。

（4）专家判断，通过组建一个多学科评审团队对项目建议书进行评价。专家评审团队中应该包括采购文件和相应合同所涉及的全部领域专家。

（5）分析技术，分析技术能够帮助组织了解供应商提供最终成果的能力，确定符合预算要求的采购成本，以及避免因变更而造成成本超支。提供审查供应商以往的表现，项目团队可以发现风险较多、需要密切监督的领域，以确保项目的成功。

（6）采购谈判，采购谈判是指在合同签署之前，对合同的结构、要求及其他条款加以澄清，以取得一致意见。

　　在收到潜在的供应商提供的建议书(或标书)后,采购方就要选择一家供应商或取消采购。价格或费用可能是选择供应商的主要因素,但如果供应商并不能及时或保质保量地交付产品、服务或成果,则供应商声称的最低价格未必就真的具有足够的竞争力,因此对供应商的履约能力作适当的评估是非常重要的。

　　项目建议书(或标书)通常分成技术(方案)和商务(价格)两部分,有时还要求加入项目管理部分。IT项目标书在技术部分通常要求提供完整的系统解决方案,如网络集成项目需要有系统布线方案、网络架构设计方案等;软件项目的标书在技术部分通常要求明确采用的软件开发平台、工具软件、数据库、软件体系架构、系统设计方法、系统实施案例等。商务部分主要是项目的报价,然而对于IT项目,特别是软件项目,很难估算出合理的价格。在项目的初期,许多事项无法预料,而且采购方的需求也往往不稳定,因此标书的价格大多通过经验与估算来确定。

　　由于软件项目的特殊性,采购方往往更加注重软件供应商的成功案例和项目实际参与实施的人员情况。有过诸多的实施案例的软件供应商被认为经验丰富、实施能力有所保障,因此采购方在招标书中常明确要求前来参与投标的供应商提供若干个相近的项目案例,或有CMM/CMMI认证,以表明软件企业有较强的项目实施能力。也有采购方要求供应方提供项目组人员情况说明的,比如项目经理的资质、软件工程师的认证情况。有的还明确提出要求,例如,项目必须有通过系统分析员、高级程序员认证的人员参与,项目经理必须具有相关的资质等。

　　根据建议书或标书评价结果,那些被认为有竞争力的、能够满足买方项目需求,并且已与买方商定了合同草案(而这些合同草案在授予之后就成了正式合同)的卖方,就是选定的卖方。

11.3.2　招投标管理法律法规

　　《中华人民共和国招标投标法》规定,开标应当在招标文件确定的提交投标文件截止时间的同一时间公开进行;开标地点应当为招标文件中预先确定的地点。开标由招标人主持,应邀请所有投标人参加。开标时,由投标人或推选的代表检查投标文件的密封情况,也可以由招标人委托的公证机构检查并公证;经确认无误后,由工作人员当众拆封,宣读投标人名称、投标价格和投标文件的其他主要内容。招标人在招标文件要求提交投标文件的截止时间前收到的所有投标文件,开标时都应当当众进行验证并予以拆封、宣读。对开标的过程应当记录,并存档备查。

　　评标由招标人依法组建的评标委员会负责,评标委员会由招标人代表以及技术、经济和管理等方面的专家组成,成员人数一般为5人以上单数,其中评标专家不得少于成员总数的三分之二。专家应当从事相关领域工作满八年并具有高级职称或者具有同等专业水平,由招标人从有关部门提供的专家名册或者招标代理机构的专家库内遴选;一般招标项目可以采取随机抽取方式,特殊招标项目可以由招标人直接确定。与投标人有利害关系的人不得进入相关项目的评标委员会,已经进入的应当更换。评标委员会成员的名单在中标结果确定前应当保密(需要投标人当场答辩的除外)。招标人应当采取必要的措施,保证评标在严格保密的情况下进行。任何单位和个人不得非法干预、影响评标的过程和结果。评标委员会成员应当客观、公正地履行职务,遵守职业道德,对所提出的评审意见承担个人责任。评标委员会成员不得私下接触投标人,不得收受投标人的财物或者其他好处。评标委员会成员和参与评标的有关工作人员不得透露对投标文件的评审和比较、中标候选人的推荐情况以及与评标有关的其他情况。

评标委员会可以要求投标人对投标文件中含义不明确的内容做必要的澄清或者说明,但是澄清或者说明不得超出投标文件的范围或者改变投标文件的实质性内容。评标委员会应当按照招标文件确定的评标标准和方法,对投标文件进行评审和比较;设有标底的,应当参考标底。评标委员会完成评标后,应当向招标人提出书面评标报告,并推荐合格的中标候选人。招标人根据评标委员会提出的书面评标报告和推荐的中标候选人确定中标人。招标人也可以授权评标委员会直接确定中标人。

中标人的投标应当符合下列条件之一:

(1) 能够最大限度地满足招标文件中规定的各项综合评价标准。

(2) 能够满足招标文件的实质性要求,并且经评审的投标价格最低;但是投标价格低于成本的除外。

评标委员会经评审,认为所有投标都不符合招标文件要求的,可以否决所有投标。依法必须进行招标的项目的所有投标被否决的,招标人应当重新招标。

在确定中标人前,招标人不得与投标人就投标价格、投标方案等实质性内容进行谈判。中标人确定后,招标人应当向中标人发出中标通知书,并同时将中标结果通知所有未中标的投标人。中标通知书对招标人和中标人具有法律效力。中标通知书发出后,招标人改变中标结果的,或者中标人放弃中标项目的,应当依法承担法律责任。

招标人和中标人应当自中标通知书发出之日起三十日内,按照招标文件和中标人的投标文件订立书面合同。招标人和中标人不得再行订立背离合同实质性内容的其他协议。依法必须进行招标的项目,招标人应当自确定中标人之日起十五日内,向有关行政监督部门提交招标投标情况的书面报告。

中标人应当按照合同约定履行义务,完成中标项目。中标人不得向他人转让中标项目,也不得将中标项目肢解后分别向他人转让。中标人按照合同约定或者经招标人同意,可以将中标项目的部分非主体、非关键性工作分包给他人完成。接受分包的人应当具备相应的资格条件,并不得再次分包。中标人应当就分包项目向招标人负责,接受分包的人就分包项目承担连带责任。

11.3.3 招标方式

从世界各国的情况看,招标主要有公开招标和邀请招标等方式。公开招标,是指招标人在指定的报刊、电子网络或其他媒体上发布招标公告,吸引众多的企业单位参加投标竞争,招标人从中择优选择中标单位的招标方式。邀请招标,也称选择性招标,由招标人根据潜在供应商的资信和业绩,选择一定数目的法人或其他组织(一般不能少于 3 家),向其发出投标邀请书,邀请他们参加投标竞争。公开招标和邀请招标方式的区别主要在于:

(1) 发布信息的方式不同。公开招标采用公告的形式发布,邀请招标采用投标邀请书的形式发布。

(2) 选择的范围不同。公开招标因使用招标公告的形式,针对的是一切潜在的对招标项目感兴趣的法人或其他组织,招标人事先不知道投标人的数量;邀请招标针对已经了解的法人或其他组织,而且事先已经知道投标人的数量。

(3) 竞争的范围不同。由于公开招标使所有符合条件的法人或其他组织都有机会参加投标,竞争的范围较广,竞争性体现得也比较充分,招标人拥有绝对的选择余地,容易获得最佳招标效果;邀请招标中投标人的数目有限,竞争的范围有限,招标人拥有的选择余地相对较小,有可能提高中标的合同价,也有可能将某些在技术上或报价上更有竞争力的供应商或承包商遗漏。

(4) 公开的程度不同。在公开招标中,所有的活动都必须严格按照预先指定并为大家知晓的程序公开进行,大大减少了作弊的可能;相比而言,邀请招标的公开程度逊色一些,产生不法行为的机会也就多一些。

(5) 时间和费用不同。由于邀请招标不发公告,使整个招投标的时间大大缩短,招标费用也相应减少。而公开招标的程序比较长,从发布公告、投标人做出反应、评标、签定合同,有许多时间上的限制和要求,因而比较耗时,费用也比较高。

招标投标是一种市场交易行为,招标人和投标人作为交易双方,各自都有不同的经济利益,投标人彼此之间由于是招标过程中的竞争对手,也存在着利益冲突。这些利益冲突主要体现在价格上。比如,招标人欲通过招标过程中的竞争,征集到质量最好、效益最高、价格最低的项目承办人,以达到节约资金,多快好省地完成项目的目的;而投标人则希望自己所报价格既能获得招标人的满意而中标,又希望能为自己带来较多的利润。

投标人为实现自己的目的进行正当的投标竞争,是法律所提倡并予以保护的。但有的投标人则采取不正当的手段进行投标竞争,例如,部分投标人联合串通投标,使投价格的竞争受到限制;有些投标人为瓜分某一招标领域的市场,通过在价格上串通,联合促使某一投标人中标等。采取不正当手段进行竞争的投标人往往要千方百计了解公共信息以外的其他信息,比如招标项目的标底、潜在投标人的名称、数量等,以达联手串通的目的。一旦这些信息泄露,势必给不正当竞争造成可乘之机,一方面会损害招标人的利益,使招标活动难以达到预期的目的,另一方面也会因不公平竞争而使有些投标人在招标中处于不利的地位,从而损害正当竞争的投标人的利益。

投标人的投标报价如果较大地超出了标底限额,则不能中标。当投标人不了解招标人的标底时,所有投标人都处于平等的竞争地位,各自只能根据自己的情况提出自己的投标报价。而某些投标人一旦掌握了标底,就可以根据情况将报价定得高出标底一个合理的幅度,并仍然能保证很高的中标概率,从而增加投标企业的未来收益。这对其他投标人来说显然是不公平的。因此,必须强调对标底的保密。招标人履行保密义务应当从标底的编制开始,编制人员应在保密的环境中编制标底,完成之后需送审的应将其密封。标底经审定后应及时封存,直至开标。在整个招标活动过程中所有接触过标底的人员都有对其保密的义务。

11.3.4　实施采购的成果

与一个或多个卖方签定的协议是实施采购过程的主要成果。项目管理团队必须确保所有协议都符合项目的具体要求。协议也可以称为合同、发包合同、订单或谅解备忘录。应该明确,无论文件的复杂程度如何,合同都是对双方具有约束力的法律协议。《中华人民共和国合同法》规定:"合同是平等主体的自然人、法人、其他组织之间设立、变更、终止民事权利义务关系的协议。"协议文件的主要内容根据项目的不同会有所不同,但可以包括:工作说明书或可交付成果描述；进度基准；绩效报告；履约期限；角色与责任；卖方履约地点；价格；支付条款；支付地点；检查与验收标准；担保；产品支持；责任限制；费用与保留金；罚款；奖励；保险与履约担保；对分包商的批准；变更请求处理；合同终止条款和替代争议解决方法。

基于信息技术的行业特点，在 IT 项目采购中最常见的是技术类的采购。根据其特性不同，常见的项目采购合同包括：

- 一般买卖合同。买方向卖方采购商业硬件或软件，这种合同相对简单，其标的物所有权随着合同履行而转移。需要特别注意的是，具有知识产权的软件等标的物，除法律规定或双方另有约定外，该标的物的知识产权并不属于买方。
- 技术开发合同。包括委托开发合同和合作开发合同。对于委托开发合同，除双方另有约定外，开发完成的发明专利或技术秘密由开发人拥有，委托人具有优先受让和免费实施的权利。对于合作开发合同，除双方另有约定外，合同当事方共同拥有项目所有知识产权。
- 技术转让合同。包括专利权转让、专利申请转让、技术秘密转让和专利实施许可合同。
- 技术咨询合同和技术服务合同。除双方另有约定外，委托人完成的技术成果归受托人所有，委托人利用受托人的成果完成的技术成果归委托人所有。

在 IT 项目管理中，项目经理及其团队都应当积极地参与合同的起草、执行和管理，这样每个人就能理解一个好的项目采购管理的重要性。然而，目前一个突出的问题是，许多项目经理对采购的实施与合同管理缺乏足够的认识，许多技术人员对合同的理解和执行是被动的。

11.4　控制采购与结束采购

买卖双方协议的签定，标志着合同执行的开始。而项目能否按合同的要求如期完成，是对项目经理和项目团队的严峻挑战。为了确保项目采购管理的有效性和持续性，项目干系人应该根据合同的目标，依照控制采购过程和结束采购过程，一步一步来实现合同条款的具体要求。

11.4.1　控制采购

控制采购是管理采购关系、监督合同执行情况，并根据需要实施变更和采取纠正措施的过程。通过控制采购，确保买卖双方履行法律协议，满足采购要求。控制采购过程的输入、工具与技术和输出如图 11-3 所示。

控制采购的过程就是执行和管理项目合同的过程。应该明确，买方和卖方都出于相似的目的来进行合同的执行和管理，每方都必须确保双方履行合同义务，确保各自的合法权利得到保护。合同关系的法律性质，要求项目管理团队清醒地意识到其控制采购的各种行动的法律后果。

在控制采购过程中，需要把适当的项目管理过程应用于合同实施与管理，并把这些过程的成果整合到项目的整体管理中。需要应用的项目管理过程至少包括：指导与管理项目工作，以指导卖方在适当时间开始工作；控制质量，以检查和核实卖方产品是否符合要求；实施整体变更控制，以确保合理审批变更，并使相关干系人都了解变更的情况；控制风险，以

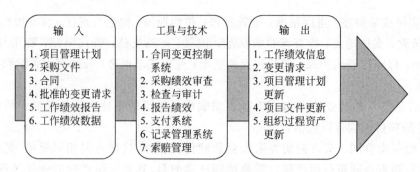

图 11-3　控制采购过程

确保减轻风险。

在控制采购过程中,项目管理团队需要认真、严肃地进行财务管理,监督向卖方的付款和其他必要费用的支出。由于 IT 项目,特别是软件项目的特殊性,使得如何确保合同中支付条款得到遵循,并按照合同规定确保卖方所得的款项与实际工作进展相适应,成为控制采购过程中的一个难点问题,应该引起项目负责人的高度重视。

在控制采购过程中,应该根据合同来审查和记录卖方当前的绩效或截至目前的绩效水平,并在必要时采取纠正措施。控制采购还包括记录必要的细节以管理任何合同工作的提前终止。

在合同收尾前,经双方协商,可以根据协议中的变更控制条款,随时对协议进行修改。这种修改通常需要以备忘录或补充合同的形式形成书面文件。

11.4.2　结束采购

结束采购是完结单次项目采购的过程。通过这一过程,把合同和相关文件归档以备将来参考和应用。结束采购过程的输入、工具与技术和输出如图 11-4 所示。

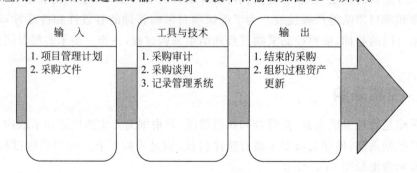

图 11-4　结束采购过程

结束采购的一项重要工作是进行产品审核,以验证所有工作是否被正确地、令人满意地完成。它的另外一个内容是更新反映最终成果的记录和归档将来会用到的信息的管理活动。在结束采购过程中常常要进行采购审计,以明确采购过程所应吸取的教训。

结束采购往往是项目经理最为头痛的事情,理想的情况下应当是采购方与供应方的一个"双赢"的局面。软件项目先天就有很多不确定因素,比如说,进行采购的市场人员并不清楚软件项目的具体实现细节和难度,用户需求不明确、不断变更,等等,诸多因素最终都要在采购结束时最终解决。成功的 IT 项目在采购结束时具有以下特征:

（1）项目通过正式验收。这是采购结束成功的一个基本的前提。

（2）项目资金落实到位。项目的运作就是要使企业赢利，要保证项目各种资金周转顺畅，必须进行认真核算，一方面，客户的项目应付款要结清；另一方面，项目费用要盘结清楚，该签字的要签字认可。项目资金真正全部到位，是采购项目完成的基本要求。

（3）项目总结认真。这是项目可持续发展的基本条件，也是对项目和项目组成员的尊重。当前项目的经验对其他项目是有很好的借鉴意义的，特别是对类似的软件项目，在管理上、技术上、开发过程上都是一笔财富。不仅要对项目的程序代码存储，所有相关文档资料（包括合同、开发文档、总结文档等）也要归档。

（4）客户关系保持良好。软件用户的业务经常是在不断变化的，软件要进行维护和升级，这也是软件企业的收益增长点，良好的客户关系可以使软件企业和客户保持良好的合作关系，为今后的软件项目带来机遇。

结束采购过程还包括许多行政事务工作需要处理，例如，处理未决索赔、更新记录以反映项目合同执行的最后结果，以及将信息存档供未来使用等。结束采购过程通过确保合同协议完成或终止，来支持项目整合管理知识领域中的结束项目或阶段过程。要使 IT 项目成功结束，需要运用有效的方法和策略，例如：

（1）与客户的沟通。与客户的沟通有一定的技巧性，"想他人所想"，要站在客户的角度来分析和理解"客户到底要的是什么"，如果与客户的需要有一定的偏差或者是不可实现的需求，要学会循循诱导，以达成共识。

（2）需求变更处理的方法。项目要收尾了，需求还在变，怎么控制呢？一是运用版本控制的方法，向用户声明，当前的软件是 Version 1.0，或者说明某个版本不可能包罗万象，哪些功能将放在下一个版本中去实现。作为开发方，不能无条件地答应客户需求，否则很有可能会陷入变更的反复之中，被其束缚。二是取得用户的理解和信任，对不甚合理的地方做出解释，让其知道项目组是做出了很大的努力去帮助用户实现合理需求的，以争取谈判和开发上的主动性。

（3）公司领导的大力支持。任何项目都是组织环境和范围中的一部分，许多对项目的影响因素不是项目经理所能控制的。项目经理对管理事务往往不太熟悉，因为 IT 项目经理，特别是软件项目经理，一般都是由程序员培养起来的，需要公司领导层的培养和指导。在结束项目阶段，像项目尾款的收缴、项目结束事项的会谈、客户关系出现危机的处理等许多问题，都非常需要公司领导的支持和参与的。在一个公司领导很重视的环境下，项目结束过程的工作一定会更加出色。

（4）认真进行项目总结。当项目结束时，举行不同层次、不同人员、不同形式的项目总结会、座谈会、交流会、汇报会、庆功会是非常必要和重要的工作，项目经理和高层领导应该引起高度重视。应当营造一种良好的氛围，使与会人员能够尽情交流项目感想，总结在项目中的所学所得。把项目经验和教训归纳，将项目文档归档，会对组织的项目管理做出不小的贡献。

11.5 IT 项目外包管理

美国管理学大师德鲁克指出："任何企业中仅作为后台支持而不创造营业额的工作都应该外包出去，任何不提供向高级发展机会的活动与业务也应该采用外包形式。企业的最终目的无外乎是最优化地利用已有的生产、管理与财务资源。"IT 产业的高速发展和软件项目的深入应用,有力地证明了"外包模式是企业最重要的管理概念和经营手法"这一结论的正确性。

11.5.1　外包管理的概念

外包是企业利用外部的专业资源为自己服务,从而达到降低成本、提高效率、充分发挥自身核心竞争力乃至增强应变能力的一种管理模式,也是现代社会非常重要的一种商业模式。企业通过外包,动态地配置自身和其他企业的功能和服务,并利用企业外部的资源为企业内部的生产和经营服务。外包是一个战略管理模型,是企业价值链中的一环,具有实质的战略重要性。

从广义上说,企业将某项任务或服务的执行或管理责任转由第三方来完成,即可称之为项目外包。经济学中的"木桶原理"指出,木桶中最短的一块模板决定了木桶的最大盛水量。要使木桶的盛水量最大,必须使木桶的每块模板都加长到与最长的那块一样长。企业的竞争力也符合模板原理,是由最薄弱的环节或能力决定的。然而,企业要把每一个薄弱环节或能力做到与最好的环节与能力一个样,是不太可能的。外包就是一个很好的解决方案。它将企业这个"桶"打散,将那些"短板"找出来,通过外包将"短板"加工成"长板",使企业这个"木桶"达到最大的盛水量。通过将"短板"加工成"长板"的过程就是项目外包管理的过程。项目外包只是一种解决项目问题的渠道和管理项目的方法,重要的是通过外包管理,帮助企业提高项目绩效并降低成本。只有当项目委托方和项目承包方对外包管理规范达成了共识,才有可能有效地管理项目外包的全部过程,从而使项目双方或项目多方获益。

外包管理的任务是,通过有效的外包管理,确保外包活动能够从范围、进度、成本和质量等方面达到外包要求,以实现项目的总体目标。

外包的形式有活动外包(Contracting out the activities)、服务外包(Outsourclng the service)、内包(Insourcing)、合包(Co-sourcing)、利益关系(Benefit-based relationships)等。其中合包和利益关系这两种方式本身尚属新的观念,其运作方式仍在持续发展中。

外包管理的主要活动包括:按照文档化的规范定义和规划子合同;按照文档化的规范要求,全面考察承包商完成工作的能力和水平,选择合适的承包商;把与承包商签署的协议作为管理合同的基础;评审和批准文档化的承包商软件开发计划;以软件开发计划为标准,跟踪软件开发过程;按照文档化的规范,对承包商的工作陈述、子合同条款、条件以及其他约定进行更改;双方的管理者一起执行定期的状态或协调评审;承包商参与定期的技术评审和交流;按照文档化的规范在所选择的里程碑处进行正式评审,评价承包商的软件工程完成情况与结果;软件质量保证组根据文档化的规范监控承包商的软件质量保证活动;按照文档化的规范和子合同明确的验收标准验收测试,定期评价承包商的能力与工作效果。

11.5.2　软件外包

随着全球软件产业迅速的成长,作为以外包为主要方式的软件及信息服务产业,已成为新世纪全球的第一大产业。从 20 世纪 80 年代后期开始,从美国开始,逐渐蔓延到日本、欧洲,成为全球企业界的一股潮流。发包市场主要来自西方发达国家,而印度、爱尔兰是主要的外包承接大国,分别主要承接美国和欧洲的服务外包,形成全球软件外包服务产业链。20

世纪 90 年代以来,软件产业发展连续增长率是全球经济平均增长率的 5 倍以上。

最为流行的外包服务领域类型包括 IT 外包(ITO)、业务流程外包(BPO,如营销、人力资源管理、应收账款、供应链等)、知识外包(KPO,如知识产权研究、金融研究、数据挖掘分析、设计等);按照客户地理位置类型包括境内外包、离岸外包等。

IT 外包(IT Outsourcing)是客户将全部或部分 IT 工作包给专业性公司完成的服务模式。客户整合利用其外部最优秀的 IT 专业化资源,从而达到降低成本、提高效率、充分发挥自身核心竞争力和增强对外环境的应变能力的一种管理模式。目前,IT 领域常见的外包主要有系统运营、网络设计/开发和管理、应用系统设计/开发和维护、数据中心托管、安全服务、IT 培训、系统集成、信息技术顾问、业务过程管理、用户支持、系统支持/恢复服务及其他(行政管理、人事管理、耗材管理等)。外包服务商还可根据客户的具体需求,选择简单或量身定制的各种服务类型。

软件外包(Software Outsourcing)是客户将其软件系统的设计、开发和维护的工作外包给专业公司完成的服务模式,是 IT 外包的组成部分。软件外包有两个层面的含义:狭义的理解仅指软件产品(技术)开发外包,即需求方将单纯的围绕软件而进行的设计、编码、测试、后期维护等行为委托给外部服务供应商;广义的理解指包括信息服务在内的信息技术外包(Information Technology Outsourcing,ITO),包括 IT 系统部件的采购、安装、集成与交付使用,IT 系统构架、性能评估、更新策略和升级,应用软件系统的策划、开发、测试和交付,IT 及软件系统的维护、评估、更新策略和升级,业务所需的数据服务、格式转换、维护与更新,电子商务系统的设计、开发、更新与维护等。当软件外包通过国际投资和国际贸易等方式实现时,即可以认为是国际软件外包。软件外包的主要推动力来自具有 IT 技术的公司将已经掌握的成熟的或者即将淘汰的技术所包括的相关业务外包给具有成本优势的外部专业软件公司以降低成本。

11.5.3　软件项目采购与外包的问题与对策

在一些传统行业项目的采购活动已经有比较成熟的管理体制和标准,例如,机械工程项目或建筑工程项目等,但是软件项目的采购与外包管理工作目前尚未形成完备的管理体制和标准。

软件产品作为一种特殊的产品,具有高度的不可测量性和可变性。而软件企业的运作方式差别很大,许多软件企业软件能力成熟度不高,大部分企业还处于手工作坊方式,人为因素比重大,很难进行量化管理。由于不确定因素太多,许多软件开发企业难以精确控制项目进度、质量、成本和资源。所以对于采购方来说,如何成功地进行 IT 项目的采购和外包,特别是应用软件系统的采购,是一个严峻的挑战。

软件项目采购与外包的成败不仅影响到软件项目的质量、成本和工作进度,而且关系到企业信息化建设的整体结构、性能和进度。由于软件采购的情况特别复杂,涉及的学科领域不仅是科学技术上的,还有商业上的和观念上的,软件项目采购管理水平的高低,将直接关系到企业整个信息化建设进程。

一般来说,定制开发的外包软件不能达到企业的要求时,采购方往往会在第一时间把责任推给外包商。但实际经验告诉我们,很多定制产品失败的原因是采购方对需求不明确,没有确定软件产品范围;没有做出适当的项目开发与运行环境的评估;没有认真地审定开发方提交的系统规格说明；没有制定软件产品的质量标准和系统验收标准与流程；没有有效地监督项目的开发进度、没有及时地与软件开发商进行沟通与协调。但最重要的一点，是没有在决定软件外包时处理好双方合作模式与监督机制。

应该明确，软件外包后采购方应该更加关注项目的质量与进度。外包项目有时需要双倍的管理时间。在决定外包软件来进行定制开发的时候，首先要明确，是将项目全部外包，还是将部分应用系统外包。前者需要管理整个外包项目的生命周期，跟企业内部软件开发的管理没有差异，只是开发的地点、环境和资源比较陌生而已；后者则需要了解企业本身是否能提供优质的规格说明、是否能够提供开发商所需的质量标准和测试数据、开发商是否有类似企业本身的开发平台和环境，以及开发商的技术资源水平是否与企业内部开发时所需的技术指数相符。明确自身所需的产品和服务要求，是决定外包项目成败的先决条件。

对于软件定制所支付的费用，有两种截然不同的观点：第一种观点认为，外包定制的成本比自己组织队伍来开发要高，因为让专业的队伍干专业的事，生产出更高质量的软件必然需要更大的投入；第二种观点认为外包定制的成本比自己组织队伍来开发要低，因为承担外包项目的开发商是专业的队伍，那么必然能更好地节约成本。实践表明，选择适合的开发商，并不能仅仅以价格来做最终决定。优质的产品和服务需要付出较高的代价，企业应根据自身对软件产品功能和性能的要求来选择软件开发商。成熟的软件开发商需要更多的投入来保证定制产品的质量，比如设立软件测试岗位来确保软件的质量，设立软件配置管理岗位进行版本的控制，这些都需要成本的，而不成熟的软件开发商没有质量保障的机构和标准，其定制开发的系统往往存在许多缺陷，这些问题往往在系统上线后才逐步暴露，此时将成倍投入才能解决问题。

软件项目的外包，使项目采购管理更加复杂。一般来说，企业自己组织开发项目时，所需人力资源大致分为两组：一组是企业内部的技术人员，另一组是企业内部的业务人员和管理人员。当将项目外包时，企业除了管理自己内部的技术人员和用户群体外，还要关注开发商的开发团队，特别是项目组开发人员。通常，开发商会指派专人负责与企业的联系与协调，而他们的开发人员只负责项目的开发，这种运作模式使得双方信息的传达可能出现问题。所以采购方的首要任务是让外包方与自己保持沟通畅通，不仅是业务上的沟通，还有技术的交流，因为开发商指派负责联系的人员往往具有销售与业务背景，他们对技术细节不能全面把握。应该让供应商明确规定，负责项目联系的人员必须包括开发小组的主管，这名开发小组主管是直接参与开发项目的主要人员，如此才能够有效地进行沟通和监控。

对于外包的项目，采购方应该设立一位项目负责人或项目经理，来负责项目的采购与外包管理。采购方项目经理的一项首要任务是编制一个详细的、完整的采购项目计划，在计划中应该列出每一项工作，以及需要哪方面的哪些人来共同执行。

【案例 11-1 的分析】

企业信息化的实施，经常会遇到本案例中的这种情况，企业总想提高自主研发能力，但在实际的软件项目实施过程中却又总觉得没有足够的技术支撑和人力资源；老系统觉得不好用，而开发的新系统小毛病多，迟迟上不了线。通过分析本案例，主要有以下方面的问题：

(1) 飞迅物流是专业从事第三方物流的企业，并非软件开发企业，软件开发不是长项，因此自己开发软件系统尚不成熟，特别是他们无法像专业的软件企业那样有规范的软件开发模式，更没有足够的、可供调配的软件开发队伍。

（2）作为企业的信息管理部门，与 IT 相关的事情都自己来做是不现实的，企业信息管理部门不可能有这么多精力和人手来满足企业信息化的全部需求。

（3）企业信息部门的开发人员对业务人员参与系统升级的重要性认识不足，他们应当明确业务部门的任务，并与他们一起来完成系统的升级工作。

通过分析业务需求，在总结前段工作的基础上，结合飞迅物流的实际情况，公司决策层做出了如下的决定：

（1）公司成立项目领导小组，王总任组长，业务部的李经理和信息部的谢经理任副组长，以协调企业信息化等事项并做重大决策。从业务部门抽调业务精英和信息部门的原有技术人员组成联合项目组，李经理担任项目组负责人，并负责组织和协调业务需求分析工作。

（2）项目组负责对原有系统的运行情况进行系统的检查，对业务部门提出的问题逐一进行鉴别，结合新增的业务需求，编写需求分析报告和系统升级建议书。

（3）项目进行公开招标采购，采用外包的开发模式，明确公司项目组由原来的专注系统开发转为专注于系统需求的获取与提炼，负责项目协调、监督、测试、验收、上线等工作，并适度参与软件开发，以利于今后的二次开发和维护。

经过招标，飞迅物流最终选择了一家具有丰富的"物流管理信息系统"开发经验和雄厚实力的专业软件公司合作开发飞迅物流系统。在双方领导的高度重视下，经过双方项目团队的共同努力，半年后，飞迅综合物流管理信息系统成功上线，取得了良好的应用效果。

【感想和体会】

项目的采购和外包模式直接决定了 IT 项目的管理模式，对项目的实施和效果将产生战略性的影响。

项目采购和外包的过程是你学习、进步和成熟的过程，应该积极、主动参与，特别应该注意充分做好前期的准备工作。

积极学习采购和外包方法，牢牢控制采购和外包管理过程，就能收获采购和外包项目管理的成果。

11.6　习题与思考

1. 为什么要进行项目的采购和外包？它们有什么好处？

2. 项目采购管理有哪几个过程？这些过程的工作内容是什么？

3. IT 项目采购模式有哪几种？它们的区别体现在哪些方面？

4. 软件外包的含义有哪些？请举例说明。

5. 如果你遇到了类似案例 11-1 中的情况，你觉得应当怎么办？试用 500 来字描述相关情况，并给出解决办法。

6. IT 项目采购结束成功具有哪些特征？你认为应该采用什么措施来确保采购项目的结束？

7. 为什么说"外包模式是企业最重要的管理概念和经营手法"？

8. 最为流行的外包服务领域类型包括哪些？IT 领域常见的外包类型有哪些？

9. 你认为软件项目采购或外包应该关注的主要问题是什么？

第 12 章

强化项目干系人管理

【本章知识要点】

项目之所以出现,最根本的是源于人的需求;项目之所以艰难,是由于人际关系的多变;项目之所以成功,是因为其满足了人的需求。此外,与项目相关的人对项目的作用是非常复杂的,既有正向的积极作用,又有逆向的消极影响。因此,能否有效管理项目干系人对于项目目标能否实现至关重要。

项目干系人管理需要与干系人保持沟通以了解其需要和期望,有效协调干系人的利益冲突。从根本上讲,项目的成功与否就在于项目能否满足干系人的需求,因此,必须将提高干系人对项目的满意度作为项目的核心任务来完成。

本章将讨论项目干系人管理的相关内容。学完本章之后,应当掌握如下知识:

(1) 项目干系人的概念与特点。

(2) 项目干系人管理的主要过程。

(3) 如何识别项目干系人。

(4) 如何规划项目干系人管理。

(5) 如何管理项目干系人参与。

(6) 如何控制项目干系人参与。

【案例 12-1】

茫然的张经理

海瑞信息技术公司(以下简称"乙方")是一家以软件开发和企业信息化建设为主营业务的高技术企业,主要从事纺织机械行业企业管理信息系统的开发。通过招投标,海瑞公司中标了某纺织机械制造企业(以下简称"甲方")的信息化项目。海瑞公司的张工具有较强的技术能力和丰富的项目管理经验,被正式任命为该项目的项目经理。张工接手此项目后,在分析项目前期形成的项目建议书(以下简称"投标书")时,发现了项目中存在的技术难题和某些无法实现的用户需求。为此,在与甲方谈判技术开发合同的过程中,张工针对招标书中存在的无法实现的用户需求问题,向甲方技术人员做了较详细的解释和说明,甲方最终勉强接受了张工的建议,双方签定了项目合同,合同中不再包含投标书中描述的"某些无法实现的用户需求"。

双方签署技术开发合同后,张工立即与项目组中的两名软件工程师一起进入甲方现场进行需求调研工作。但在需求调研过程中,甲方有关部门人员变得越来越不配合,总是强调要实现原投标书中所描述的"某些无法实现的用户需求"。他们还强调,当初之所以选择海瑞公司,就是因为看好海瑞公司在投标书中所描绘的这些"能实现用户需求的功能",正是其他参加投标的公司没有提供的功能。为了取得甲方相关用户的支持,张工不得不进一步做了大量的技术尝试来实现这些用户需求。但反复实验和多方技术论证表明,该部分用户需求所对应的软件功能在目前的条件下确实很难实现。对该部分用户需求实现的技术论证已经持续了一个多月,仍然没有取得任何实质性的进展。作为项目经理,张工感到了前所没有的压力和责任。如何走出困境,他陷入了思考之中……

12.1 项目干系人管理概述

项目干系人是指直接或间接对项目有积极或消极影响的个人、群体或组织,以及被项目直接或间接影响的个人、群体或组织。项目干系人管理是指对项目干系人需要、希望和期望的识别,并通过合理制定管理计划,在持续沟通中执行管理计划以控制干系人行为,最终满足其需要、解决其问题的过程。有效的项目干系人管理将会赢得更多人的支持,从而能够确保项目取得成功。

由于项目实施会对干系人造成不同的影响,因此干系人与项目的关系是极其复杂的。由于每个人的利益可能因项目实施或完成而受到积极或消极的影响,干系人可能主动参与项目、影响项目,力图使项目朝向有利于维护其利益的方向发展。由于项目实施可能导致不同干系人间的竞争关系,干系人间可能在项目中发生冲突。此外,干系人为了实现其不同层次的目标(远期战略业务目标或近期业务目标),干系人可能对项目、项目可交付成果及项目团队施加不同影响。

项目干系人管理在很大程度上是对沟通进行管理以满足项目干系人的需求,使得项目干系人与项目团队及相关干系人合作一起解决问题。对项目干系人管理进行认真规划和实施,可促使项目沿着预期轨道推进。同时,强化项目干系人管理可提高团队成员协同工作的能力,限制对项目干扰的产生。

12.1.1 项目干系人管理的作用

项目干系人管理,是项目管理的一项关键工作。加强干系人的沟通与管理,以满足项目干系人需求并与他们一起解决问题是项目团队在项目管理过程中的首要任务。综合考虑干系人管理所涉及的 4 个过程,对项目干系人进行有效管理具有如下几方面的作用:

1. 有效的干系人管理能够清晰地识别利益涉及者

项目干系人所涵盖的范围非常宽泛,有效的干系人管理能够通过识别过程清晰地将项目相关的利益涉及者识别出来,包括直接参与到项目过程中的人员、间接参与但对项目有重要影响的人员。通过分析能够将干系人按照其对项目的态度、与项目直接工作的距离等识别为不同的干系人坐标,从而更为精确地处理。

2. 有效的干系人管理能够显化利益涉及者的需求

通过干系人管理能够更加明确地梳理利益涉及者对项目的不同诉求。项目团队,特别是项目经理,必须高度重视项目干系人基于不同立场所直接或间接表现出的需求,并尽可能"求同存异"以在复杂的利益冲突中进行有效平衡。

3. 有效的干系人管理能够为项目创造积极的实施氛围

干系人管理在很大程度上是沟通技巧问题。有效的项目干系人管理,需要娴熟应用沟通原则、方法、工具,掌握处理冲突的方法和技巧。正确应用干系人管理中规划干系人管理和管理干系人参与,能最终为项目实施创造积极的实施氛围。

12.1.2 项目干系人管理过程

作为项目管理知识体系中极其重要的一个部分,项目干系人管理包括4个过程,即识别干系人、规划干系人管理、管理干系人参与和控制干系人参与。这4个部分分别处于项目的启动过程组、规划过程组、实施过程组和监控过程组。与项目管理的其他九个知识领域一样,干系人管理的4个过程同样遵"凡事预则立,不预则废"的思想,即管理过程都是遵循先计划再实施的过程。

(1)识别干系人:是启动过程组中的过程,其目的是识别积极或消极影响项目决策、活动或结果的个人、群体或组织,以及被项目决策、活动或结果所积极或消极影响的个人、群体或组织。同时,该过程需要分析干系人的利益、态度、参与度、依赖关系、影响力等因素。

(2)规划干系人管理:是规划过程组中的过程,其目的是根据干系人的不同诉求和不同类别,制定合适的管理策略,寻找干系人与项目的共同利益,以有效调动干系人参与项目,营造对项目有利氛围的过程。

(3)管理干系人参与:是执行过程组中的过程,其目的是在整个项目生命周期中,保持与干系人的良好沟通与协作,协调利益冲突以满足其需求,并促使干系人参与并支持项目活动的过程。

(4)控制干系人参与:是监控过程组中的过程,其目的是实时监控项目干系人的变化、干系人与项目间关系的变化以及干系人之间的关系变化,及时调整策略和计划,保持干系人与项目间良好互动的过程。

干系人管理所涉及的4个过程间是相互衔接的,并与项目管理的其他知识领域相互作用。干系人管理集中体现了"人"在项目中的核心作用,因此,项目经理必须把干系人满意作为度量项目成功与否的关键指标。项目干系人管理的4个过程如图12-1所示。这些过程的主要工作如表1-3所示。

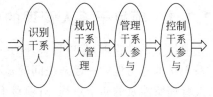

图12-1   项目干系人管理主要过程

12.2   识别干系人

项目干系人是影响项目决策、活动或结果的,以及主动或被动受项目决策、活动或结果影响的个人、群体或组织。从利益相关的角度考虑,项目干系人是指直接参与人,及相关利益与此有关的人。识别干系人,是识别能影响项目决策、活动或结果的个人、群体或组织,以及被项目决策、活动或结果所影响的个人、群体或组织,并分析和记录相关信息的过程。其主要作用是,为项目经理明确影响项目的个人或群体,并为项目经理指明需要重点关注的个人或群体。

项目干系人包括从项目中直接或间接受益的个人或群体,以及其利益可能直接或间接受损的个人或群体。干系人可能来自组织内部的不同层级,也可能来自项目执行组织的外部。例如,对于企业而言,其干系人包括如下几类:投资人或股东,是为企业提供资金,又希望获得回报的个人或群体;债权人,为企业提供资金,而仅仅关心能否回本得息,并不特别关心企业的长期运营;员工,为企业服务获得回报;供应商,利益共通;客户,付钱获得货物、服务等;税务局,从企业拿钱似乎没留下交换物,实际上是提供公平公正安全的整体社会环境。

12.2.1　干系人识别的依据

识别干系人需要从已有项目资源中分析与项目有关的组织和个人,具体可以从如下几方面入手。

(1) 项目章程:提供与项目有关的、受项目结果或执行影响的内外部各方的信息,如项目发起人、客户、团队成员、项目参与小组和部门,以及受项目影响的其他个人或组织。

(2) 采购文件:如果项目是某个采购活动的结果,或基于某个已签定的合同,那么合同各方都是关键的项目干系人。也应该把其他相关方(如供应商)视为项目干系人。

(3) 事业环境因素:包括(但不限于)组织文化和结构;政府或行业标准(如法规、产品标准);全球、区域或当地的趋势、实践或习惯。

(4) 组织过程资产:包括(但不限于)干系人登记册模板;以往项目或阶段的经验教训;以往项目的干系人登记册。

12.2.2　干系人识别的方法

项目干系人识别是一项细致的工作,采用合适的方法能够有效提高识别效率和准确性,如下方法是进行干系人识别时可以选择的具体方法。

(1) 干系人分析:系统地收集和分析各种定量与定性信息,确定项目的完整生命周期中涉及的个人或群体的利益。干系人分析,能识别干系人的利益、期望和影响,以及干系人之间的关系。干系人分析需要对干系人进行分类和排序,以便制定相应的管理策略,有效分配精力。具体分类模型可以根据所考虑的因素(权力/利益、权力/影响、影响/作用等)不同而进行。

(2) 专家判断:咨询具有专业知识的专家给出的判断和专业意见,包括高级管理人员、具有资深行业经验的项目经理、行业团体和顾问等。

(3) 会议:召开专题讨论会,开诚布公地就项目利益相关者进行讨论,分析其角色、利益、知识和整体立场的信息,加强对主要项目干系人的了解和统一认识。

12.2.3　项目干系人分析

项目干系人分析是识别干系人的主要方法。在干系人分析过程中,除了掌握和记录项目干系人的姓名、单位、在项目中扮演的角色等基本情况,还要分析干系人与项目的利益大小、以及对项目的影响程度,管理这些项目干系人关心的有关建议等。每个项目都会涉及许多的项目干系人,每个干系人都会顾及项目对自己产生的影响和利益。因此,项目经理必须高度关注项目干系人。项目管理的首要任务就是全面识别出项目干系人及其在项目中的影响,从项目干系人的识别开始来分析和管理项目。

1. 识别项目干系人

项目干系人分析需要先仔细识别出项目的所有干系人。项目经理需要对项目干系人有一个全面的了解,在心中有一张完整的项目干系人结构图。在项目的全生命周期中,都可以通过对项目干系人的管理实现对项目系统地、全局地思考问题和解决问题。

【案例 12-2】

某厅局组织办公自动化项目之项目干系人识别

某厅局单位为提高办公效率,实现无纸化办公,加快公文处理,决定公开招标采购办公自动化系统。该项目将由该厅局的办公室负责总体业务需求,并将会集各处室和所属二级单位的需求,综合形成总体需求,由信息中心负责技术相关工作,如技术方案、项目实施协调等工作,并由信息中心指派一名项目负责人。厅办公室的行政级别为副厅级,上有一名分管办公室与厅机关事务工作的副厅长;厅信息中心的行政级别为正处级,上有一名分管信息中心与教育科技、装备工作的副厅长。如果你是这个项目的中标方的项目经理,该如何识别该项目的项目干系人呢?

下面给出项目干系人结构图(这里仅分析甲方项目干系人),如图 12-2 所示。

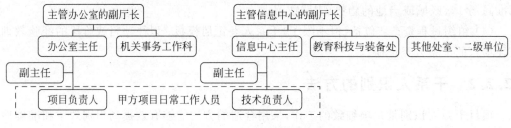

图 12-2　项目干系人结构图

办公自动化系统就其技术本身来讲并不复杂,关键在于业务需求及项目实施的协调。从项目干系人结构图也可以看出,项目涉及的干系人比较多。主管办公室工作的副厅长分管办公室与机关事务科,办公室主任又有副主任作为助手,项目负责人(也可以称为甲方项目经理)是办公室的工作人员,并且是业务需求负责人;信息中心作为一个正处级部门,由一名副厅长分管,信息中心还设有副主任,技术负责人是信息中心的技术工作人员。甲方的项目日常工作人员有两名:办公室的业务需求负责人、信息中心的项目负责人。

甲方的项目组工作人员主要来自于两个部门,需要协调,办公室的行政级别比信息中心高半级,因此在项目实施时,项目负责人的协调可能会受到行政级别的影响。

从案例 12-2 对干系人的初步分析可以看出,如果不能对项目干系人进行无遗漏的识别,仅仅关注项目具体事情和计划,项目出了问题可能都不清楚问题出在哪里。项目干系人结构图为项目经理描绘了甲方项目干系人的全景,为进一步对干系人进行分析,更好地进行项目管理打下了基础。

2. 分析项目干系人的重要程度

在全部识别出了项目干系人及其角色之后,经验丰富的项目经理马上就会想到他们具有不同的重要性,在项目的不同阶段对项目目标的达成影响程度是有很大差别的。按照一般项目的干系人分类方法,项目的甲方干系人主要有如下几类:出资人、决策者、辅助决策者、采购者、业务负责人、业务人员、技术负责人、技术人员、系统使用者等。不同身份的人因组织的情况不同和项目的不同,而对项目产生不同程度的影响,需要针对具体情况进行具体分析。识别出项目干系人后需要进一步分析项目干系人对项目的重要程度。

【案例 12-2 的分析】

项目干系人的重要程度

在案例 12-2 中,其他处室、二级单位的相关工作人员平时很少参与项目,仅仅是提出少量的需求,以及参与项目上线的部分工作,因此重要程度相对较低;信息中心主任、副主任、办公室主任、副主任属于分管工作领导,有一定的项目决策权,但不参与日常运作,因此重要程度稍强;技术负责人来自于信息中心,是技术人员,项目负责人来自于办公室,提出业务需求并验证需求是否实现,这 2 个人参与项目的日常运作,与项目经理交流最多,较为重要;主管办公室的副厅长虽然平时很少参与项目,但对项目具有重大决策权,需要取得他的支持和理解,因此最为重要。

以上的重要程度排序不是唯一的,项目经理需要根据具体的项目和情况考虑排序情况。不同的人可能会得出不同的顺序,最后管理的重点也就不同了,这说明这一步分析的重要性。

通过上面的分析,可以看到甲方项目干系人在本项目中的不同重要程度。对重要的干系人,要对他们的全部需求做详细的分析,以便能更好地获得他们的支持。比如案例 12-2 中的最重要的干系人是主管办公室的副厅长,他是项目的最初发起人,想通过新建设的办公自动化系统,优化单位的办公流程,提高办事效率,但他并没有对系统的建设提出具体的需求,这时项目经理就可以引导,尽量细化,也可以在适当的时机向他汇报项目的进展,以取得他对项目工作的支持。技术负责人是一名技术人员,他可能更多的关心的是技术性的细节,而不太关心具体的业务。项目负责人是业务需求的提出者和验证者,会积极努力地推动这个项目走向成功,也可能会因为部门之间关系的处理和他并不太懂 IT 技术等问题,在推动项目时显得力不从心,因此项目经理需要适时地帮助他,比如在需求的探讨上多鼓励技术负责人的参与,在技术方案上征求项目负责人和技术负责人的意见,在项目实施时建议他与业务部门加强沟通以取得共同的语言和相互的理解。

3. 项目干系人的支持度分析

项目干系人除了重要性不同之外,各干系人对项目的立场也有明显的不同。经验丰富的项目经理,在拿到项目的时候,会主动与售前人员进行详细沟通,弄清楚项目干系人对本项目的支持情况。

通过重要性的分析,能分辨出很重要的人,但他们是支持还是反对本项目的立场将决定他们对项目产生积极或消极的影响,这说明还需要对干系人的支持度进行分析。

不同的立场,最终将体现在对项目的支持度上的不同。就一般项目而言,按支持度依次递减的顺序,干系人主要类别有:首倡者、内部支持者、较积极者、参与者、无所谓者、不积极者、反对者。按照项目的前进方向,可以得出如图12-3所示的项目干系人支持度分析图。

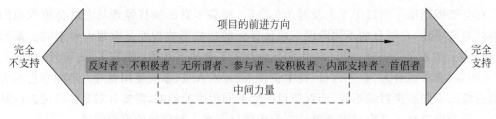

图12-3 项目干系人的支持度分析图

支持者是项目经理的开展工作的合作伙伴,中间力量是项目经理需要努力争取的,反对者是项目经理需要特别关注的。应该尽量使反对者不要对项目产生负面影响,并设法使他们转变对项目的态度。

【案例12-2的进一步分析】

项目干系人的支持度

某厅局单位办公自动化系统项目中完全支持项目的有两位:主管办公室的副厅长和项目负责人。技术负责人通常也会比较支持工作,但由于办公室与信息中心的部门工作关系,他不一定会服从项目负责人的协调,但一般不会反对项目的工作。其他处室和二级单位的工作人员有可能会成为项目的反对人,在项目实施过程中他们有的可能会不适应业务流程的变更而满腹牢骚,甚至消极地使用办公自动化系统。其他一些干系人大多是中间力量,是可以争取获得支持的对象。

在项目管理实践中,需要建立起项目管理的统一战线,即为了实现项目管理目标需要争取到干系人中大部分人的支持,尤其是中间力量的支持。比较现实的做法是充分借助你的首倡者和内部支持者、积极寻求中间力量的支持、让不支持者至少不要反对。比如,可以建议两位主管副厅长和两位主任授予项目负责人一定的管理权限,如绩效考核权、项目资金调配权等。

此外,项目干系人的支持度并不是一成不变的,有时项目的内部支持者可能会因为各种原因在项目进行中逐渐演变成项目的反对者,也有些项目关系人前期是反对者,到后面却逐渐对项目进行支持。随着项目的推移,情况在不断变化,各干系人的支持度也必将发生变化。因此,项目经理需要动态调整项目干系人支持度分析图,及时分析并修正各干系人的支持度,以便灵活应对项目的各种新变化。

细心的项目经理还会善于在对项目干系人识别后会做出总结,表12-1给出了案例12-2中部分甲方项目干系人的分析情况表,供读者参考。

表 12-1 项目干系人分析

分析参考项	主管办公室的副厅长	甲方项目负责人	甲方办公室主任
组织	甲方高层领导	甲方项目经理	甲方中层领导
在项目中的角色	项目的发起人	项目的组织协调者	审批项目的一些设备资源
各自的实际情况	工作忙,经常在外出差,注重高效,MBA学位	汉语言文学专业本科,喜欢写作、交朋友,工作踏实	善于交际,但审批资源时喜欢深思熟虑,注重细节
对项目的重要程度	极高	很高	中等

续表

分析参考项	主管办公室的副厅长	甲方项目负责人	甲方办公室主任
对项目的期望	希望项目成功,实现高效办公	希望能适当学到一些项目管理的知识,想借助项目的成功来减轻工作压力	想通过项目的成功实施增强办公室工作的运转效率
管理这些关系的建议	每个月都要找时间,采取正式或非正式的方式向他汇报项目的进展情况,以取得支持和帮助	让他多参与到项目中来,多就 OA 的发展动态进行讨论,可以考虑多用文字的方式进行交流	给他审批的表格填写要仔细权衡考虑,在项目进程中邀请他参与一些技术研讨会和娱乐活动

12.2.4　干系人识别的成果

识别干系人过程的最主要成果是干系人登记册。干系人登记册的内容主要是记录已识别的干系人的所有详细信息,包括干系人基本信息(姓名、职位、项目角色、适合的沟通方式等)、干系人分类(可以根据图 12-3 类似的方式进行分类)等。在后续过程中,需要根据干系人的具体情况考虑如何规划干系人、如何管理关系人以及如何控制干系人。同时,要根据项目进展情况定期查看并更新干系人登记册。

需要注意的是,识别干系人应尽可能在项目或阶段的早期进行分析,这对项目的顺利进行至关重要;应当定期审查和更新干系人登记册;干系人应当进行适当分类,以提高干系人管理的效率。

12.3　规划干系人管理

规划干系人管理是指,针对干系人需要、利益相关性以及对项目影响度等因素,制定适合于不同类别干系人的管理策略,以尽可能争取更多的干系人支持并参与项目。本过程关键在于,制定清晰且可操作的项目干系人管理计划。在识别干系人的基础上,本过程将协助项目经理制定合适的沟通方法以有效协调干系人,平衡干系人间的利益和期望,最终实现项目目标。

相比于沟通管理,干系人管理的内容更为丰富和复杂,因为干系人管理必须达成某种目的,而不仅仅是将信息传送到干系人;相比于团队管理,干系人管理中的利益冲突更为明显,协调难度也更大。特别是,随着项目的进展,干系人及其参与项目的程度不可避免会产生变化,因此,项目经理需要定期实施规划干系人管理过程,以识别干系人的变化。

12.3.1　规划干系人管理的依据

规划干系人管理时,不仅需要考虑干系人识别的成果,而且还要考虑项目管理中其他知识领域的成果,以及组织自身的实际情况。

1. 干系人登记册

这是干系人识别过程的最主要输出,也是规划干系人管理的主要依据。即:规划干系人管理需要以干系人登记册中所识别的干系人为依据,没有被记录在干系人登记册中的组织和个人不需要考虑,被记录在干系人登记册中的干系人需要根据其特征有侧重地处理。

2. 项目管理计划

项目管理计划是项目整合管理知识领域的关键成果之一,是说明项目将如何执行、监督和控制的文件,它整合了其他各规划过程所输出的所有子管理计划和基准。此外,项目管理计划中用于制定干系人管理计划的内容至少包括:项目生命周期模型及各阶段拟采用的过程;如何执行项目以实现项目目标的描述;人力资源需求,项目角色与职责、报告关系和人员配备管理等的描述;变更管理计划;干系人之间的沟通需要和采用的沟通技术等。

3. 事业环境因素

事业环境因素是指项目团队不能控制的,将对项目产生影响、限制或指令作用的各种条件。其涵盖的内容非常宽泛,包括:组织文化、结构和治理;各类国际、国家或行业标准;组织人力资源状况(各类专业人才方面);人事管理制度;市场情况;政治氛围等。需要特别关注组织文化、组织结构和政治氛围,这对制定具有适应性的干系人管理方案极其有效。

4. 组织过程资产

组织过程资产是执行组织所特有并使用的计划、流程、政策、程序和知识库,包括来自任何(或所有)项目参与组织的,可用于执行或治理项目的任何产物、实践或知识。包括两大类:流程与程序;共享程序库(如经验教训和历史信息等)。其中,经验教训数据库和历史信息特别重要,因为能够从中了解以往的干系人管理计划及其有效性。

12.3.2　规划干系人管理的方法

(1) 专家判断:向受过专门培训、具有专业知识或深入了解组织内部关系的小组或个人寻求专家判断和专业意见以拟定干系人管理计划。专家的具体形式可以是多样化的,包括行业专家、高管、关键干系人、经验丰富的项目经理等。与专家交流的形式也可以是多样化的,包括单独咨询、小组交流等。

(2) 会议:通过与领域专家及项目团队举行专题研讨会等会议,确定所有干系人的参与程度从而为准备干系人管理计划提供支持。

(3) 分析技术:比较分析所有干系人的当前参与程度与计划参与程度(为项目成功所需的)。根据干系人对项目自身以及项目的潜在影响可以将干系人对项目的参与程度可分为4类:不知晓(对项目和潜在影响不知晓);反对(知晓项目和潜在影响,抵制变更);中立;支持和领导(知晓项目和潜在影响,积极推动项目成功)。项目经理识别干系人当前参与度与期望参与度间的差距,并采取相应措施弥补差距。

12.3.3　规划干系人管理的成果

该过程的成果主要包括两类:一类是指导干系人管理的相关计划,一类是通过该过程对相关过程产生的积极影响。

1. 干系人管理计划

干系人管理计划是整个项目管理计划的一部分,计划明确有效调动干系人参与所需要的管理策略。干系人管理计划比较灵活,可以是正式或非正式的,非常详细或高度概括的。

干系人管理计划包括干系人登记册的内容，以及如下内容：关键干系人的项目参与度和当前参与度；干系人变更；干系人间的关系；沟通需求、沟通内容、沟通频率及形式等。

2. 项目文件更新

这一类成果主要是由于该过程的进行而引发的项目其他成果的变化，包括项目进度计划和干系人登记册等项目文档的更新。

由于干系人管理计划具有敏感性，项目经理需要采取恰当的预防措施，以应对反对项目的干系人不利于项目的行为。此外，随着项目进行，项目干系人对项目的参与度、重要性以及态度等都会发生相应变化，需要定期识别并更新干系人管理计划，以保持计划的有效性。

12.4　管理干系人参与

管理干系人参与是在整个项目生命周期中，与干系人进行沟通和协作以满足其需要与期望，解决项目过程中出现的问题，并促使干系人合理参与项目活动的过程。该过程的目的是，获取尽可能多的干系人支持，尽可能降低干系人的反对，从而提高项目成功的机会。在该过程中，良好的冲突管理是其中非常重要的内容，项目经理需要掌握冲突的类型、原则和解决方法。

管理干系人参与过程，能够确保干系人清晰地理解项目目的，以及进度、收益和风险等信息，使干系人尽可能成为项目的积极支持者，促使干系人协助指导项目活动和项目决策，最终提高项目成功的概率。通常，干系人对项目的影响在项目启动阶段最大，并随着项目的进展逐渐降低。管理干系人参与包括如下活动：调动干系人适时参与项目获取其对项目的持续支持；积极地协商和沟通，尽可能满足干系人的期望；预测干系人未来的关注点和可能提出的问题，并评估相关的项目风险。

12.4.1　管理干系人参与的三要素

针对管理干系人参与，该过程的输入、用到的工具和技术以及输出这三个方面的具体内容描述如下。

1. 管理干系人参与：输入

- 干系人管理计划：明确干系人的具体对象以及用于干系人沟通的方法和技术，指导如何调动干系人最有效地参与项目。具体内容详见12.3.3节。
- 沟通管理计划：为管理干系人期望提供指导和信息，包括沟通需求、沟通内容、沟通对象等。
- 变更日志：记录项目过程中出现的变更。应该与相关的干系人沟通这些变更及其对项目时间、成本和风险的影响。被否决的变更请求也应该记录在变更日志中。
- 组织过程资产：组织对沟通的要求、问题管理程序、变更控制程序等是组织过程资产中需要特别关注的部分。

2. 管理干系人参与：工具与技术

- 沟通方法：使用在沟通管理计划中确定的针对每个干系人的沟通方法。基于干系人的沟通需求，项目经理决定在项目中如何使用、何时使用及使用哪种沟通方法。

- 人际关系技能：管理干系人的期望需要灵活应用人际关系技能，包括建立信任、解决冲突、积极倾听等。
- 管理技能：应用管理技能来协调各方以实现项目目标，包括引导干系人对项目目标达成共识、平衡干系人利益获得干系人支持、调整组织行为以获得项目成果等。

3. 管理干系人参与：输出

- 问题日志：记录并随时更新项目进展过程中出现的各类问题。
- 变更请求：对产品或项目提出变更请求。变更请求可能包括针对项目本身的纠正或预防措施，以及针对与相关干系人的互动的纠正或预防措施。
- 项目管理计划更新：有关于干系人导致的项目管理计划更新的因素比较多，包括：识别出新的干系人或需求；沟通方法方式需要变化等。
- 项目文件更新：干系人登记册更新，包括干系人信息变化、干系人退出等。
- 组织过程资产更新：根据组织过程资产的类别，需要更新的内容包括：项目报告(经验教训总结、问题日志、收尾报告等)；干系人相关资料(反馈意见、沟通记录等)。

12.4.2　冲突管理

所谓冲突，是指双方感知到矛盾与对立，是一方感觉到另一方对自己关心的事情产生或将要产生消极影响，因而与另一方产生互动的过程。由于利益诉求不同，所有的项目都存在不同类型的冲突。冲突将伴随项目整个生命周期，管理冲突是项目经理的一项重要工作。项目冲突是组织冲突的一种特定表现形态，是项目内部或外部某些关系难以协调而导致的矛盾激化和行为对抗。

从冲突对项目的影响看，通常可以分为两类，即建设性冲突和破坏性冲突。

建设性冲突或良性冲突，即指冲突双方的目标一致，在一定范围内所引发的争执。良性冲突的主要特点是，双方有共同的奋斗目标，通过一致的途径及场合了解对方的观点、意见。大家以争论的问题为中心，在冲突中互相交换信息，最终达成一致。这类冲突对于企业目标的实现是有利的，应当加以鼓励和适当引导。通用电气的前CEO韦尔奇就十分重视激发建设性冲突。他认为坦诚、建设性冲突能够让不同观点交锋，碰撞出新的思想火花，有利于管理者顺势推动改革与创新。在通用电气，韦尔奇经常与企业成员面对面地沟通、辩论，诱发同成员的冲突，从而不断发现问题，改进企业的管理。

破坏性冲突，也可以称其为恶性冲突，主要是由于冲突双方的目的和途径不一致所导致的。此类冲突所带来的后果往往是具有破坏性的，持不同意见的双方缺乏统一的既定目标，过多地纠缠于细枝末节，在冲突的过程中不分场合、途径，是团队内耗的主要原因，严重时还可能会导致团队的分裂甚至解体，这类冲突是管理层所应当尽量避免的。项目经理应该适当地利用建设性冲突，避免破坏性冲突。

项目冲突管理是从管理的角度运用相关理论来面对项目中的冲突事件，引导冲突朝着积极的方向发展，避免其负面影响，保证项目目标的实现。冲突如果能得到很好的解决，其出现对项目是有利的，否则将出现矛盾激化，进而导致糟糕的项目决策、延误项目问题的解决，因此，项目管理人员必须掌握冲突来源、冲突原因以及解决方案，以保证项目的顺利进行。

1. 冲突来源

在项目进展过程中，冲突可能源于不同的情况，尤其是在项目发生变化时，常见的项目冲突来源有如下几种：

- 资源冲突。在对项目进行资源分配时，特别是当决定由谁来承担某项具体任务，以及分配给某项具体任务多少资源时，会产生冲突。
- 费用冲突。项目实施过程中，由于项目各分项活动所需费用的多少、费用分配的方式而产生冲突。
- 技术意见和性能权衡的冲突。在 IT 项目中，在技术质量、技术性能要求、技术权衡以及实现性能的手段上都会发生冲突。如客户认为应该采用最先进的技术方案，而项目团队则认为采用成熟的技术更为稳妥。
- 管理程序上的冲突。许多冲突来源于项目应如何管理，也就是项目经理如何定义项目的管理程序。如责任定义、报告关系、工作范围、运行要求、实施计划、与其他组织协商的工作协议等。
- 项目优先权的冲突。项目成员经常对实现项目目标应该执行的工作活动和任务的次序有不同的看法。优先权冲突不仅发生在项目的不同分项活动小组之间，在分项活动实施小组成员内部也会经常发生。
- 项目进度的冲突。围绕项目工作任务或工作活动的时间，确定次序安排和进度计划会产生冲突。
- 项目成员个性冲突。项目成员个性冲突经常集中于个人的价值观、判断事物的标准等差别上，这并非是技术上的问题，这类冲突往往来源于团队队员经常地"以自我为中心"。

2. 冲突产生的原因

冲突不会在真空中形成，明确其出现的根本原因是进行有效冲突管理的关键，项目中冲突产生原因主要有如下几种：

- 沟通与知觉差异。沟通不畅容易造成双方的误解，引发冲突。另外，人们看待事物存在"知觉差异"，也就是说，人们在观察和分析一个问题时，常常会根据自己的主观心智体验来进行，而不是根据客观存在的事实。
- 角色混淆。项目中的每一个成员都被赋予了特定的角色，并给予一定的期望。但项目中常存在"在其位不谋其政，不在其位却越俎代庖"等角色混淆、定位错误的情况。
- 资源分配及利益格局的变化。在各个项目中通过开展竞聘上岗活动来选择项目组成员，这必然就会引起组织与项目中原有利益格局的变化，导致既得利益者与潜在利益者的矛盾，并由此产生冲突和对抗。更为关键的是，由于项目实施引起的干系人利益的冲突，这是冲突最为直接的部分。
- 目标差异。不同价值理念及成长经历的项目成员有着各自不同的奋斗目标，而且往往与项目目标不一致。同时，由于所处部门及管理层面的局限，成员在看待问题及如何实现项目目标上也有很大差异，并由此产生冲突。

3. 解决项目冲突的策略

在项目整个生命周期中，项目经理从项目策划时就需要为解决项目冲突而不停地奔波。项目冲突也有其有利的一面，包括将问题及早地暴露出来，便能以较低的代价解决项目进展中存在的障碍；迫使项目团队去寻找新的方法，激发项目组成员的积极性和创造性；冲突能够激起大家对问题的讨论和思考，形成好的工作方法和气氛等。

但项目冲突所带来的负面影响更应该引起足够的重视。例如,项目的内部冲突通常是由于项目成员而引起的,如果处理不当,将破坏团队的沟通,造成项目组成员的相互猜疑和误解;严重时,冲突还能破坏团队的团结,削减项目集体的战斗力,给项目和人员造成极大的伤害。为了解决项目冲突,在长期的实践中,一些有效的策略得到梳理和总结,掌握这些策略可改善项目的沟通,有助于解决项目冲突。

- 回避或撤出。回避或撤出是指卷入冲突的人们从这一情况中撤退出来,避免发生实际或潜在的争端。当冲突微不足道、不值得花费大量时间和精力去解决时,回避是一种巧妙而有效的策略。通过回避琐碎的冲突,管理者可以提高整体的管理效率。尤其当冲突各方情绪过于激动,需要时间使他们恢复平静时,或者立即采取行动所带来的负面效果可能超过解决冲突所获得的利益时,撤出是一种明智的策略。但这种方法并不是一种积极的解决途径,它可能会使冲突积累起来,而在后来逐步升级。

- 竞争或强制。竞争或强制是同妥协相对立的解决方式,这一策略的实质是"非赢即输",认为在冲突中获胜要比勉强保持人际关系更重要。这是一种积极解决冲突的方式。但是,这种解决方式有时也可能出现一种极端的情形,如利用权力进行强制处理,可能会导致项目组成员的积怨,恶化项目组的工作氛围。

- 缓和与调停。这一策略的实质是"求同存异",强调冲突各方具有共同的战略目标,使他们意识到任何一方单凭自己的资源和力量无法实现项目目标,只有通力协作下才能取得成功。冲突各方可能为这个共同的战略目标相互谦让或做出牺牲,避免冲突的发生。但这个策略并不利于问题的彻底解决。

- 妥协。所谓妥协,就是在彼此之间的看法、观点的交集基础上,建立共识,彼此都做出一定的让步,达到各方都有所赢、有所输的目的。当冲突双方势均力敌或焦点问题纷繁复杂时,妥协是避免冲突,达成一致的有效策略。但这种方法并非永远可行,因为妥协毕竟是暂时的和有条件的。

- 面对与正视。直接面对冲突是克服分歧、解决冲突的有效途径,通过这种方法,团队成员直接正视问题、正视冲突,得到一种明确的结局。这是一种积极的冲突解决途径,它既正视问题的结局,也重视团队成员之间的关系,以诚相待、形成民主的氛围是这种方法的关键。它要求每个成员去理解和把握其他成员的观点和方案,以达到真正意义上的沟通。

研究表明,与其他 4 种策略相比,项目经理最喜欢使用"面对与正视"模式来解决冲突。这种模式注重双赢,强调用解决问题的方法来解决冲突,并通过各方一起努力,寻找到解决冲突的最佳方法。

俗话说:"打虎亲兄弟,上阵父子兵"。如何有效地进行冲突管理,使项目团队具有高度的凝聚力和责任心,是项目经理在强化干系人管理过程中必须解决的首要问题。

12.5 控制干系人参与

控制干系人参与是全面监督项目干系人之间的关系,调整干系人管理策略和计划,以更为有效地调动干系人参与项目,并为项目成功提供支持和帮助。本过程的主要作用是,实时监控项目进展和环境变化,采取相应措施维持并提升干系人参与项目活动的效率和效果。

在干系人管理计划中,需要列出干系人参与活动,在项目的整个生命周期中加以执行,并对干系人参与进行持续控制。

12.5.1 控制干系人参与的依据

控制干系人参与需要综合考虑原定计划和当前项目状态,其中:项目管理计划和相关项目文件属于既定内容;问题日志和工作绩效数据等属于当前项目状态。

1. 项目管理计划

项目管理计划是项目实施的大纲,其涵盖干系人管理计划。考虑到控制干系人参与的需要,可以从项目管理计划中提取相关信息,包括项目进度、项目资源需求、变更管理、沟通计划等,作为控制干系人参与的依据之一。

2. 项目文件

在项目不同阶段产生的各类项目文件,包括项目进度计划、风险登记册、干系人登记册、沟通文档、变更日志、问题日志等,都是控制干系人参与过程所需要的信息来源。

3. 问题日志

问题日志记录项目进展过程中已经列出的问题和不断新增的问题。这些问题包括直接和干系人管理相关的问题,也包括与干系人管理间接相关的问题。

4. 工作绩效数据

工作绩效数据是从每个正在执行的活动中收集到的原始观察结果和测量值,包括工作完成百分比、进度活动的开始和结束日期、变更情况、成本控制情况等。这些数据可能是直接可用的信息,也可能需要进一步提炼为能反映项目实际情况的信息。这些信息可以及时反馈到干系人,使其知晓项目进度,也是调整干系人管理时需要考虑的因素。

12.5.2 控制干系人参与的方法

(1)信息管理系统:辅助管理项目整个生命周期的各类信息,并能够根据设置定时向干系人分发项目报告。

(2)专家判断:为了确保全面识别和列出新的干系人,应对当前干系人进行评估。可以通过向专家进行单独咨询或小组对话等方式,获取专家判断。

(3)会议:在项目组负责的状态评审会议上,交流和分析有关干系人参与的信息。

12.5.3 控制干系人参与的成果

针对控制干系人参与所依据的内容,本过程的成果同样直接体现在对相关信息的更新上,具体内容如下。

1. 项目管理计划更新

干系人参与项目的过程中,需要评估干系人管理策略的有效性。当根据实际情况需要调整策略时,需要更新项目管理计划的相应部分,具体修改的内容可以是变更管理计划、沟通管理计划、成本管理计划、风险管理计划等。

2. 项目文件更新

可能更新的项目文件包括:干系人登记册和问题日志。

3. 变更请求

干系人在项目的任何阶段都可能提出有关项目不同方面的变更请求,这需要关联整体变更控制过程对变更请求进行处理,并给出相应的处理措施,包括推荐的纠正措施、推荐的预防措施。

4. 工作绩效信息

通过分析工作绩效数据,并结合相关知识及背景进行综合考虑,得到对项目决策有指导价值的工作绩效信息。这些信息包括项目当前进度状态、可交付成果状态、变更请求的落实情况及预测的完工尚需估算等。

5. 组织过程资产更新

可能需要更新组织过程资产,包括定期与干系人沟通的文档,比如通知、邮件等,其中主要是有关项目总体状态、项目变更以及干系人关注的相关问题解决等;项目报告,主要是以相对正式的项目报告对项目状态的描述,包括经验教训总结、问题日志、项目收尾报告和出自其他知识领域(风险管理、采购管理等)的相关报告;项目演示资料;项目记录,包括往来函件、备忘录、会议纪要及描述项目情况的其他文件;干系人反馈意见;经验教训文档,包括问题原因分析、应对措施选择等。

【案例 12-1 的分析】

项目中任何工作的成功都是项目干系人管理的成功。干系人的态度、参与度、支持度等不仅直接决定了当前工作能否顺利进行,也间接决定了项目最终能否成功。因此,在项目进行过程中要高度关注干系人管理,从干系人识别、规划干系人管理、管理干系人参与、控制干系人参与等关键过程入手,为项目创造良好的运作环境。

在本案例中,从整体上看,项目经理张工表现出了较为优良的素质,在项目启动阶段就能够从技术上及时发现问题,并尽力与甲方相关人员进行沟通,促使了项目合同的签定并成功启动了项目。更为可贵的是,在甲方极不配合的情况,张工仍然尊重甲方意愿,尽可能在技术上解决问题来推动项目按计划进度完成相关工作。但是,因为张工确实没有能力来解决当前情况下甲方想要实现的某些软件功能,所以,他的努力没有取得应有的效果。本案例中暴露的问题是典型的干系人管理问题,具体问题及解决策略可以从如下几方面考虑。

首先,张工没有识别出项目的关键干系人。本项目的关键干系人,或者对项目进展有直接影响的干系人,可能并不是直接与张工交流的技术人员。项目初期甲乙双方的高层是项目的关键干系人。此外,前期负责与甲方接洽的乙方营销经理等也是项目关键干系人,因为这些人最清楚张工无法解决的技术问题最初的由来,以及提出这些需求的甲方关键干系人背景。因此,张工应当认真与乙方营销经理等关键干系人进行深入交流,掌握甲方这些关键干系人和提出这些无法实现的功能的来由。当签定合同时,明确说明"某些无法实现的用户需求"的原因、理由和处理方法。

其次,张工没有认真编制干系人管理计划,当他的诸多努力都无法推动项目前进时,项目陷入了困境中。张工应该针对"某些无法实现的用户需求",明确与此相关的关键干系人,制定详细的干系人管理计划。在面临这种困境时,可以采用如下措施:

(1)与关键干系人进行深入沟通,强调以合同所明确的项目目标和范围来进行需求定义和确认工作。

（2）向公司高层领导汇报情况，把甲方技术人员要求实现招标书中所描述的"无法实现的用户需求"的意见反馈给本公司高层领导，并提出有说服力的技术论证结论，将处理问题的层次向上推移，即由更上层决策者以拍板方式决定结果，以保证项目继续进行，而不是目前的停滞和由此带来的不信任。

（3）根据乙方的决定，与甲方探讨项目实施的可能性。如果甲方坚持，则要求海瑞公司的销售人员与甲方相关人员进一步沟通。

最后，在具体后续实施过程中，要持续关注管理干系人参与过程和控制干系人参与过程。及时把握干系人所关注的内容，及时给予合理的响应。同时，认真分析业务需求中"无法实现的用户需求"与"系统需求"的关联程度，提出详细及明确的需求问题分析报告，向甲方说明这些"无法实现的用户需求"与实际目标不符或无实现意义，双方在此基础上进行充分沟通，并以实现项目关键目标来说服甲方。特别需要注意的是，尽可能通过定期与不定期汇报、项目工作会议等方式增加干系人对项目的参与度与信任度。

【感想和体会】

有了人，项目才有希望，处理好了干系人的关系，项目才能获得希望。

有项目，就会有冲突，面向项目干系人来解决冲突，是项目成功的保障；"动之以情，晓之以理"，是强化干系人管理的有效手段。

12.6　习题与思考

1. 项目干系人包含哪些人？以实际做过的案例说明干系人的具体对象。

2. 以《西游记》中唐僧带着三位徒弟去西天取经这个项目分析，分析其中出现的各类人物其属于干系人中的哪个类别。

3. 概述干系人管理的4个基本过程，并说明每个过程的目的和作用是什么？

4. 识别干系人过程的输入、输出和采用的工具和技术是什么？特别是，输入和输出与项目管理中其他知识领域间的关系如何？

5. 分析项目干系人是识别干系人的一个主要方法，根据你了解的一个项目，模仿项目干系人分析表（表12-1）的格式，列出项目干系人和他们在组织中的地位、在项目中的角色、各自的实际情况、与项目地利益程度、对项目的影响程度、对项目的需求和期望以及管理这些关系的建议。

6. 规划干系人管理的输入、输出和采用的工具和技术是什么？特别是，输入和输出与项目管理中其他知识领域间的关系如何？

7. 管理干系人参与的输入、输出和采用的工具和技术是什么？特别是，输入和输出与项目管理中其他知识领域间的关系如何？

8. 控制干系人参与的输入、输出和采用的工具和技术是什么？特别是，输入和输出与项目管理中其他知识领域间的关系如何？

9. 概述冲突管理的基本目的、产生原因以及解决策略，介绍你曾经遇到的一个项目冲突背景情况，并说明你是采用何种策略来解决这个冲突的。

第 13 章

理顺IT项目管理流程

【本章知识要点】

有项目就有流程,有项目的活动就有项目的流程管理,项目的成功是通过有效的定义与控制项目流程来实现的。从某种意义上说,IT 项目的管理就是对 IT 项目流程的管理。随着 IT 项目广泛而深入的开展,项目流程管理显现出越来越重要的意义与作用。理顺 IT 项目管理的流程,已成为项目成功的关键。

本章介绍流程、流程管理的概念及特点、制定流程的方法;讨论 IT 项目管理总体流程、系统集成类项目管理流程、管理咨询类项目管理流程的主要内容;并以研发类软件项目和合同类软件项目的管理流程为重点,分析各个子流程的进入条件、退出条件、考核内容、考核方式和要求;讨论软件项目管理流程的问题与对策。学习完本章后,应当掌握如下知识:

(1)流程与流程管理的概念。

(2)流程图的特点与绘制方法。

(3)IT 项目管理流程。

(4)研发类软件项目和合同类软件项目管理流程。

(5)软件项目流程管理过程、内容与方法。

(6)软件项目管理流程分解步骤与方法。

【案例 13-1】

李经理遇到了新问题

李经理接手一个流程行业的应用软件开发项目,他认真地分析了该项目的技术特点,并很快组建了包括自己共六人的项目团队。李经理对自己的团队很满意,这些员工均有一定的软件项目开发经验,且该项目所必需的技术这些成员都具备。

李经理根据自己的经验很快地制定出了项目的整体计划,项目的分解计划也在规定的时间完成,项目组很快投入了紧张的开发工作中。根据计划,李经理的团队用八个月就可以完成这个项目的所有任务。

经过设计人员的努力,项目的规格说明书和概要设计报告很快地编制出来了,并且顺利通过了评审。李经理觉得这个项目对于项目团队来说并不复杂,在项目进行详细设计时,没有按照规定的流程进行,由于客观的原因,软件的详细设计比较粗糙,甚至没有进行同行评审。

转眼三个月过去了,李经理在这期间对项目的各成员的工作情况随机进行了四次检查,从检查来看,觉得大家开发工作进展很顺利,只是文档没有在规定的时间按规定的模板进行编写。不过,他觉得这个团队自己已经带了几年,大家到时候会做好这些工作的。

到第四个月,由于个人的原因,项目组成员小彭和小曾离开了公司,按照公司规定他们将自己所有的项目资料都交给了项目经理,然而接手的两名新员工却从他们留下的文档中看不出工作的实际进度和实现过程;由于详细设计报告不规范,很难弄清项目的具体功能和设计细节。此时,李经理只得决定项目组停下当前的开发工作,对项目的大部分功能重新进行了解与详细设计。在重新进行详细设计过程中,他们发现原来的详细设计存在一个较大的缺陷。当项目组对项目的设计等达成共识并完成新的详细设计时,时间又过了一个月,而小彭和小曾所写的程序几乎要重做,这时,李经理才意识到这个项目不能按时完成了……

13.1 流程与流程管理

流程管理作为现代企业管理的先进思想和有效工具,随着市场环境与组织模式的变化,在以计算机网络为基础的现代社会信息化背景下越发显示出其威力和效用,原有的以控制、塔式组织为基础的职能行政管理已经不能完全满足于现代企业发展和市场竞争的需要。流程管理不仅是一种管理技术,更体现了现代管理的思想。

13.1.1 流程的定义

流程(Process)一词在英国朗文(Longman)出版公司的《朗文当代英语词典》中解释为:

(1) 一系列相关的、有内在联系的活动或事件产生持续的、渐变的、人类难以控制的结果。

(2) 一系列相关的人类活动或操作,有意识地产生一种特定的结果。

流程在 ISO 9000 体系的定义中叫过程(Process),是"将输入转化为输出的一组彼此相关的资源和活动"。其中资源可包括人员、资金、设施、设备技术和方法。

从以上定义来看,流程具有如下要点:

- 流程有输入和输出,输入是实施流程的基础,输出是完成流程的结果。
- 完成流程必须投入适当的资源和活动,流程的质量取决于资源活动。
- 质量管理通过流程的管理来实现,所有的工作都要通过一组活动来完成。
- 为确保流程的质量,对输入的信息要评审,输出的信息要验证。

流程是为满足相关方的需求而存在,流程源于需求而终于满足需求。流程是基于特定情况下的设计结果,将组织的资源通过适当的活动转化为组织所提供的服务及服务依托物。流程也可以理解成一种契约,表现为一种内部默契或正式的文件,其特点主要表现在以下几点。

(1) 目标性。有明确的输出(目标或任务)。如项目搜寻阶段的任务是"寻找新的项目机会,跟踪用户需求",这一阶段结束时产生《销售项目申请表》和《客户信息资料》(参见 13.3.2 节)。

(2) 整体性。流程至少由两个活动组成。流程,顾名思义,隐含一个"流转"的意思。只要有流程,则至少存在有两个活动,这样就建立起结构或者关系,就形成了流转。有流程就有流转,而流转要从整体来考虑。

(3) 层次性。组成流程的活动本身也可以是一个流程。流程是一个嵌套的概念,流程中的若干活动也可以看作是"子流程",可以继续分解成若干活动。

(4) 动态性。流程中的活动具有时序关系,而且包含着明确的起始活动与终止活动,是一个动态的概念。

(5) 结构性。流程的结构可以有多种表现形式。构成流程的几个活动之间存在着严格的先后次序关系时,该流程结构表现形式就是串联;构成流程的几个活动可以同时进行时,该流程的结构表现形式为并联;而当流程中存在评审时,如果评审不能通过,相关的活动就会重新进行,这样的流程表现形式就会出现反馈等。表现形式的不同,给流程的输出效果带来很大的影响。

13.1.2 流程管理概述

流程管理(process management)目前还没有一个统一的定义,一般认为是一种以规范化的构造端到端的业务流程为中心,以持续地提高组织业务绩效为目的的系统化方法。它是一个操作性的定位描述,指的是流程分析、流程定义与重定义、资源分配、时间安排、流程质量与效率测评、流程优化等。

流程化管理模式源于业务流程再造(Business Process Reengineering,BPR)。1990 年管理大师 Michacl Hammer 首次将 Reengineering 引入企业管理界,提出了业务流程再造的概念,从此 Reengineering 一词,便以全新的面貌和新的内涵为管理界所认识和重视。BPR就是以流程为导向,从企业战略和顾客需求的角度出发,以创造更大的价值和更多的顾客满意度为最终目标来改造流程,以提高企业竞争力为目的的变革。换言之,流程化管理模式是一种基于业务流程进行管理、控制的管理模式,代表着一种对新的企业组织工作模式的追求。

流程管理模式所强调的管理对象是业务流程,强调以业务为目标,以流程为导向来设计组织框架,同时进行业务流程的不断再造和创新,以保持企业的活力。

流程可以说是企业管理模式改造中最关键的字眼,任何企业远景的实现、信息系统的导入、企业文化价值观的具体呈现,终将落实到流程,并以流程导向式的流程管理扁平化组织取代金字塔形的阶层组织。

1. 流程管理的目的

项目的流程管理是以项目的周期为基础,对项目周期进行科学的划分,通过对项目运作过程的各个阶段的主要活动或事件、活动或事件的相互关系及项目各阶段的过程等进行管理,从而实现对项目的整体管理。流程管理不仅是一种管理技术,更体现了现代管理的思想,其内涵至少包含以下方面:

• 整合流程,按照优化顺序安排流程各个活动。

整合各个分散的活动,并结合项目的各阶段的任务把各个活动的职责整合在一起,委派给一个人或一个团队进行统一管理。这样有利于加快工作进度而不拘泥于固定的顺序。

- 使组织扁平化。

流程整合后,人员的职责分明,不再需要大量管理人员将流程粘合在一起,减少了管理层次,管理人员也相应地减少了。

- 自主决策、自主管理。

流程整合后,流程执行人员对于流程中各活动处理有更大的决策和管理的自主权。因此,要求员工素质和受教育程度更高。员工工作的激情与能力也将快速提高。

- 管理者的角色变化。

管理者不再直接对项目组成员进行具体的监督、控制和检查,而是为流程执行人员提供帮助与服务,协助他们解决问题。

最重要的一点是,流程及其输出是组织与顾客之间的真正接口,所以贯彻落实流程管理,对流程进行合理建模和分析,不仅能保证项目开发过程的有序性,而且能有效地确保项目开发过程的质量,有效地提高客户满意度,还有利于构建良好的组织结构,改进组织的整体效率。

2. 流程管理的特点

- 强调重新思考流程的目的,使各流程的方向和经营策略方向更密切配合。
- 强调以流程为导向的组织模式重组,以追求企业组织的简单化和高效化。
- 强调流程的标准化,以消除个体差异,实现定制化流程改进。
- 强调运用信息工具的重要性,以自动化、电子化来体现信息流增加效率。
- 重视顾客需要的价值。将所有的业务、管理活动都视为一个流程,注重其连续性,以全流程的观点来取代个别部门或个别活动的观点,强调全流程的绩效表现取代个别部门或个别活动的绩效,打破职能部门本位主义的思考方式,将流程中涉及到的下一个部门视为顾客,因此将鼓励各职能部门的成员互相合作,共同追求流程的绩效。
- 反向性。既从结果入手,倒推其过程,这样它所关注重点首先就是结果和产生这个结果的过程。这就意味着企业管理的重点转变为突出顾客服务、突出企业的产出效果、突出企业的运营效率,即以外部顾客的观点取代内部作业的观点来设计任务。
- 注重过程效率。流程是以时间为尺度来运行的,这种管理模式在对每一个事件、活动的分解过程中,将时间作为关注的重要对象。

13.1.3 流程的图形表达

图形可以广泛地应用于描绘各种类型的信息处理问题及其解决办法,它在实际的流程管理描述中也得到了广泛的应用。在应用中,所确定的内部规则必须满足实际的处理或数据规格说明。图中包含有确定含义的符号、简单的说明性文字和各种连线。在具体应用时,要给出关于符号的含义说明,以增强图的可读性。

根据具体项目所处理问题的规模及处理过程的复杂程度,流程的图形可以绘制成详细程度不同的层次。总体流程的图形是对项目的概括描述,而各分流程则是总体流程图形的细化和说明,这些详细程度不同的层次应用使得不同部分及各部分间的相互关系可作为一个整体来理解。

流程图通过一定的图形符号将构成流程的各要素按照一定的顺序与结构关系描述出来,以表达信息的处理过程。基本流程图的常用图形意义如表13-1所示。

表 13-1 基本流程图中最常用图形的意义

图　形	名　称	说　明
	进程或处理	能改变数据值或数据位置的加工或部件,例如程序、处理机、人工加工等
	判断	能改变数据流动方向
	文档	通常表示打印输出,也可表示用打印终端输入数据
	数据	表示输入或输出,是一个广义的不指明具体设备的符号
	直接数据	磁记录介质的输入输出,也表示存储在磁记录介质上的文件或数据库
	手动输入	手动输入数据的脱机处理,例如,填写表格
	卡	表示用卡片输入或输出
	终结符	表示流程的结束
→	数据流	用于连接其他符号,指明数据流动方向

13.1.4　项目管理流程的制定

流程与"一系列的活动或事件"、"结果"等概念密切相关。制定 IT 项目流程时应重点考虑以下几个方面:

(1)科学性。制定的流程要符合 IT 项目开发规范,能引导项目逐步走向成功。

(2)适用性。制定的流程要能适用于实际项目的开发过程。

(3)可操作性。制定的流程要能直接指导具体的项目开发活动,便于对项目开发活动进行管理。

(4)直观性。流程的所有重要过程和相互关系要清晰明了,并能以直观的流程图表示以指导项目的开发。

(5)流程的进入条件和结束条件明确。每个流程只有相应的条件满足后才能启动,在所有的结果获得以后该流程才能够结束。

(6)确定流程的工作产品。在每个流程中,所有的工作产品必须事先确定,这是流程结束的考核标准。

IT 项目与其他的一般项目不同,在其开发过程中的进度、质量或一些过程结果较难直接地看出,其工作产品必须通过相应的评审才能确定是否达到预期的目标,而软件项目更是如此。

在绘制流程图以前,要对具体项目管理工作的 WBS 进行分析,以便对该项目的管理流程进行统一规划,对项目的整体管理流程制定总体框架,确定针对具体项目的管理流程所涵盖的管理活动和管理工序。随后,以表格或适当的形式明确各个管理工序的职能归属,界定项目各个管理部门的职责权限。具体绘制过程如下:

（1）首先绘制项目的综合流程图。绘制综合流程图就可以对项目的管理过程及各阶段有一个全局性的把握，在一张综合流程图中，要求将各个关键的子流程与项目目标之间的关系清楚地表述出来，尤其是在高层流程图中，各个流程可能就是由多个子流程组成的复合体。

（2）确定综合流程图中各个关键的子流程的输入与输出量。综合流程图是项目具体实施过程的基准，是各子流程绘制的依据和框架，清楚地表述各关键子流程的输入输出可以方便子流程的绘制者和使用者理解。

（3）详细绘制各个子流程。综合流程只是一个框架，不能作为具体项目运作管理的依据，亦不能指导具体项目的管理。当明确综合流程中各子流程的上层和下层关系以及这些流程所涉及的输入输出量后，就要针对每个子流程绘制具体的流程图。通过跟踪项目管理中各个活动的运作过程，就能清楚地了解各子流程中所需要的具体活动，可以记下各活动的名称和活动之间的关系，把它们连接起来就成了特定的子流程图。

（4）流程设计是一个反复迭代的过程。对流程的设计要从人员、技术等多角度予以考虑，在流程设计出来以后，应该通过模拟它在现实中的运行进行检验。在流程的评判标准上，应着眼于流程的效率潜力。在流程检验时，应不断用 ESIA（清除、简化、整合、自动化）原则去考察，以便设计出来的流程能高效实现项目管理职能。

一般来说，在实际的项目管理过程中，各个企业都有自己的针对某一类项目的管理流程，而且是经过长期实践检验的，比较符合自己企业团队管理过程和某一类项目的运作过程。因此，在对具体项目进行管理时，项目经理结合自己企业的管理流程，针对自己所管理的项目的类型、所涉及的专业领域以及自己所组建的项目团队的特点，对自己单位的管理流程进行适当的裁剪和修订，制定适合自己所管理的具体项目的运作过程，这样，流程才能真正地对项目管理过程起到应有的作用。

13.2　IT 项目管理流程

IT 项目具有与战略目标的相关性、与业务规则的一致性、环境基础的重要性、管理的集成性、人力资源管理的特殊性、项目过程的可控性、文档的完整性等特性。而且 IT 项目除了具有一般项目所具有的特征外，还具有目标的不确定性、需求的不稳定性、费用的不可控性、项目的时限性、对智力的依赖性、项目的评价主观性、项目的创新性等特征。流程管理的思想和方法能较好地适应 IT 项目的这些的特性和特征，使 IT 项目的开发与管理过程在受控的状态下进行。

13.2.1　IT 项目管理总体流程

IT 项目管理主要包括识别需求、确定方案、执行项目和结束项目几个阶段。IT 项目管理过程中有三个与时间相关的重要的活动，即设置检查点、确定里程碑和建立基线，它们的目的是确定何时对项目进行何种检查和控制。一般而言，重要的检查点就是里程碑，重要的里程碑就是基线。

1. 设置检查点

设置检查点就是在项目开发过程中设置固定的"取样点"，以便在规定的时间间隔内对项目进行检查，比较实际与计划之间的差异，并根据已经设定的差异调整规程对差异进行调整。对于检查时间间隔长短的确定,可以根据项目生命周期长短不同而不同,经验做法是每周检查一次,项目经理在周末召开例会并要求项目组成员上交周报。

2. 确定里程碑

里程碑是指由相关人负责的、按计划预定的标志性事件,用于测量工作进度。可见里程碑是完成阶段工作的标志,不同类型的项目里程碑可能不同,里程碑在项目的进度管理中具有特别重要的意义。

对于大型、复杂的项目,开发过程持续时间很长或管理过程很复杂,为了能顺利地控制项目的进展,需要逐步逼近目标,里程碑确定的中间"交付物"是每一步逼近的结果,也是项目经理必须要控制的对象。如果没有设定里程碑,对于IT项目特别是软件项目,项目经理在管理过程中将很难知晓项目究竟完成得怎么样。

确定了里程碑的好处有:一是克服"前松后紧"的毛病。一般人在工作时总觉得时间还长,工作会在规定的时间内完成的,但到最后总是推迟,里程碑则强制规定在特定时间的"交付物",从而合理分配工作,细化管理"粒度"。二是可以降低项目的风险。对每一个里程碑的交付物进行评审可以提前发现需求和设计中的问题,降低后期修改和返工的可能性。三是根据每个里程碑交付物的结果可以对项目前期成本进行初步测算,有利于成本的控制与平衡。

3. 建立基线

基线是一个(或一组)配置项在项目生命周期的不同时间点上通过正式评审而进入正式受控的一种状态。基线实际上是由一些重要的里程碑组成,相关交付物是通过正式评审并作为后续工作的基准或输入。基线一旦建立后就不能随意变更,如果需要变更,需经过项目的变更控制委员会的批准方可进行。

IT项目与其他项目一样,在其生命周期内存在两次责任转移,在签定合同时,项目责任由甲方转移至乙方,而在项目正式验收后,项目责任由乙方转移至甲方。如果在开始时对于项目的工作范围没有明确,则两次责任转移将难以顺利进行。

一般而言,IT项目由于其种类不同,其实施过程也略有不同。但IT项目总体流程是类似的,如图13-1所示。

图 13-1　IT 项目总体流程

IT项目总体管理可以应用到任何项目中,但是,不同的IT项目在这几个阶段上的表现不太一样。以下将对IT产品研发类项目、IT应用软件系统开发项目、IT系统集成类项目和IT管理咨询类项目的流程进行分析。其中IT产品研发类项目、IT应用软件系统开发项目以一个具体的公司管理流程为例进行说明。

13.2.2　系统集成类项目管理流程

系统集成可理解为根据用户的需求,优选各种技术和产品,将各个分离子系统(或部分)连接成一个完整、可靠、经济和有效的系统的过程。系统集成不仅涉及到技术问题,也涉及人文、心理、管理、艺术和企业战略等问题。

　　系统集成项目一般是由客户委托的,而且包含的内容可能很繁杂,项目过程也可能比较复杂。例如,系统集成项目中可能包含网络工程、网络系统集成、软件集成、软件定制开发、系统培训与维护等。

　　这类项目中工作的重点是设计合适的集成方案,选择第三方的产品(网络设备、系统软件、应用软件)或自己开发的产品,通过应用开发和安装调试等大量技术性工作,实现一个完整的解决方案。

1. 系统集成类项目的分类

　　根据系统集成类项目中各关键部分所占的比率(成本比例、工作量比例、复杂度等)可以分成如下三种形式。

　　1) 网络系统集成

　　纯粹的网络环境建设,与一般工程类项目管理过程类似,项目相对比较简单,这种项目中网络设备等硬件占绝大部分,在搭建网络环境的基础之上,再配置一些现成的网络系统软件、网管软件及少量的应用服务软件即可,这种项目有时候被称为网络工程。

　　2) 软件系统集成

　　这是一种纯软件系统集成项目,在某一个网络平台上配置与集成新的软件系统,以达到用户的需求。比如企业应用集成(Enterprise Application Integration,EAI),集成项目实施方可以通过定制、购买或自行开发企业所需的各个管理软件,经过一定的配置,把它们有机地结合一起,形成一个工作环境,以满足用户的需求。

　　3) 混和型的系统集成

　　这种系统集成项目通常比较大,也最为复杂,它既有网络环境的建设,又有软件系统的定制、开发、配置与整合,或在现有系统上进行客户化处理,是前两种项目的结合体。从具体的项目来看,网络环境的建设简单得多,其主要的任务是项目中所有网络软件配置,更多的工作是应用软件的定制、开发与整合工作或客户化处理,保证所有的应用软件在建立的网络环境中能很好地运行起来。

2. 系统集成类项目的流程

　　图 13-2 所示是一个系统集成类的 IT 项目的流程描述,它涵盖了上述三种项目形式。

　　1) 系统定义

　　通过对用户的需求进行分析,确定项目的范围以及集成后系统的功能、性能,并获得经用户确认的系统需求规格说明书。

　　2) 系统方案

　　根据系统需求说明书,经过设计确定系统具体的解决方案。明确该项目是网络系统集成还是软件集成或是混合型系统集成;并指明构成该系统的计算机硬件、网络设备的型号及性能要求,并提出参考厂家;列出所需的系统软件及相关的应用软件,指出这些软件功能要求,对于需要采购的软、硬件,提出参考厂家及版本号;明确定制软件的功能及性能要求。

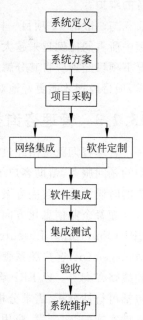

图 13-2　系统集成类项目流程

3)项目采购

依据项目采购的规范,对系统中需要采购的计算机硬件、网络设备、系统软件进行采购,相关的应用软件进行外包。

4)软件定制

依据软件开发规范,对应用软件进行开发。

5)网络集成

根据设计的网络平台及服务器平台的要求,搭建网络系统并配置基本的系统软件,为整个网络系统正常运行奠定基础。

6)软件集成

在搭建好的网络平台及服务器平台的基础上,根据基础应用平台设计要求,集成所有采购、外包及定制的软件。

7)集成测试

集成测试是测试与组装的系统化技术,这里包括网络设备与软件的组装。集成测试贯穿于网络集成和软件集成的整个过程。并且当所有的网络集成与软件集成完成后,还要对网络系统的广域网与局域网总体检测与测试及高层协议的测试。

8)验收

验证集成后系统的功能和性能与用户要求是否一致。

9)系统维护

系统维护是在系统已经交付运行之后,为了改正错误或满足新的需要而对系统进行修改的过程。对于集成的系统来说,系统维护不但包括软件的维护,还有计算机硬件及网络设备的维护。

与一般的IT项目一样,上述三种类型的系统集成项目,人力成本在项目的整个合同金额中所占的比例越来越大。这三类项目中,混合型的系统集成项目的实施难度最大,一般情况下项目经理应将其分解为网络集成、软件定制、软件集成等几个小项目(或小组)进行,这样,项目经理才能更好地对项目的整体进行管理。

13.2.3　管理咨询类项目管理流程

管理咨询就是由经过特殊训练的合格人员向各种组织客观并且独立提供的以合同为基础的顾问服务,帮助客户组织确定和分析相关的问题,推荐这些问题的解决方案,并且在必要的时候为这些解决方案的实施提供帮助。

随着企业信息化方向的不同,IT管理咨询可以分为很多独立的咨询项目。常见的有ERP(Enterprise Resources Plans,企业资源计划)咨询、CRM(Customer Relationship Management,客户关系管理)咨询、SCM(Strategic Cost Management,战略成本管理)咨询和战略咨询等。以ERP咨询为例,它是指企业信息化领域ERP类软件实施过程中的咨询,包括可行性分析、需求分析、系统总体规划、企业诊断、业务重组、系统分析、软件功能分析、软件实施、二次开发、应用效果评价、用户培训等多方面内容,比一般的管理咨询更有针对性和专业性。

IT管理咨询项目是否真正算是IT项目一直是一个争论的话题。然而随着我国企业信息化的深入发展,在我国的现有信息技术的前提下,IT管理咨询的业务量将会更大,把它归为 IT 项目类是因为这里所说的管理咨询项目是为企业信息化服务的项目。

咨询类 IT 项目组的主要成员组成及职责：项目经理对项目的整体负责；业务流程再造（Business Process Reengineering，BPR）顾问负责企业的 BPR 阶段的工作；企业信息化软件顾问负责企业信息化的应用软件工作；财务或业务咨询顾问（有时也由项目经理兼任）负责企业的财务或企业专业技术工作；培训顾问负责对客户相关培训工作。

IT 管理咨询项目的实施一般分为项目准备、需求调研、业务流程重组与企业信息化软件解决方案设计、模块培训、解决方案讨论确定、应用软件系统上线、辅助运行 7 个阶段。图 13-3 是一个关于 IT 管理咨询项目的总体流程图。

图 13-3　IT 管理咨询
项目流程

1. 项目准备

当接受客户的咨询请求并签定咨询合同后，项目经理开始了解企业和项目概况，建立项目的工作环境并组建项目组，确定项目的范围并制定项目计划。项目准备阶段完成的主要的文档有《项目计划》、《项目的范围、目标和实施方法》。

2. 需求调研

需求调研主要由业务咨询顾问和企业信息化软件顾问共同完成。需求调研要完成的工作主要有：通过各种手段与用户进行沟通，并对用户进行业务流程描述培训，组织指导现有业务流程描述，收集企业现状资料并整理形成内部调研报告，并召开管理问题分析会议，完成《管理模式设计》中管理问题分析部分。需求调研阶段完成的主要文档有内部的《调研报告》和《业务流程现状描述》。

3. 业务流程重组与企业信息化软件解决方案设计

这个过程由业务咨询顾问和企业信息化软件顾问共同完成。这个阶段的主要工作是确定目标流程清单，与客户进行充分沟通，以确定目标业务流程和优化部门职责、岗位职责和绩效评价指标，提出解决管理问题的途径和组织机构的调整方案，进行流程优化的设计。该阶段的主要文档有《管理模式设计报告》、《业务流程优化设计报告》和《管理白皮书》。

4. 用户培训

该过程由培训顾问负责实施。这个阶段的主要工作任务是编制《企业信息化软件模块培训教材》，对客户的咨询和信息化软件进行培训、考核等。

5. 解决方案讨论确定

由企业信息化软件顾问实施。在这个阶段，主要是对解决方案进行各种形式的演示讨论，让用户明确所提供的几个候选解决方案，并能确定最终使用的方案。

6. 应用软件上线

由企业信息化软件顾问和客户项目组人员共同实施。在系统测试完成前主要工作有安排数据采集、确定系统详细设置、建立测试环境和进行系统测试。在系统测试完成后的主要工作有：制定上线计划、布置上线准备、指导编写用户培训手册并培训最终用户，建立正式环境并进行初期数据录入和核对工作,在签定上线确认书后,系统真正开始上线运行。

本阶段要准备好《数据采集表》、《各模块系统设置报告》、《测试报告》、《用户培训手册》、《上线确认书》等文档。

7. 辅助运行

由企业信息化软件顾问和客户项目组人员共同实施。由于在新系统上线后的一段时间内,原有系统可能还在继续运行,因此这个阶段的主要任务是:指导补录业务数据、理顺业务流程、并行系统对账,解决出现的系统问题并准备验收,整理归档项目文档。

13.3 软件项目管理流程

软件项目管理流程的制定和运用需要有策略、有步骤地展开。首先根据企业文化、技术及人员的特点,确定软件项目在各开发过程中的管理活动;其次,根据现代流程管理的思想与方法,结合 CMM 和 ISO 9000 及企业的管理特点,把软件项目的整个开发过程流程化和规范化;再次,在实际的开发过程中,对项目管理流程进行裁剪,形成一个实际项目的管理流程;最后,对流程进行有效地控制与监督,提高组织的软件项目开发与管理能力。

目前我国软件企业主要涉及产品研发类软件项目开发和合同类软件项目开发。在软件项目开发管理过程中,不仅要努力实现项目的范围、时间、成本和质量等目标,还必须协调整个项目过程,以满足项目参与者及其他利益相关者的需要和期望;随着软件规模和所涉及的领域不断地扩大,软件项目的管理也越来越复杂,从软件企业工作特点来看,不管其执行一个研发类软件项目还是合同类软件类项目,流程管理的方法都是一种好的选择。其主要原因是:

(1)软件项目生命周期一系列的开发过程是各种各样的流程活动。软件项目的计划编制、系统分析、概要设计、详细设计、程序编码、测试与维护等活动过程都是一种流程活动。即使是小型项目的开发,仍然应该遵循软件开发的一般规律,必须的步骤不能省略。

(2)能对软件项目开发过程进行有效地、规范化地定义,从而对软件企业的软件项目开发过程进行规范,有利于软件项目开发过程的持续改进和开发能力的不断提高,使成功的软件项目的开发过程得以重复。

(3)在软件项目开发过程中,所有的活动过程均按照流程所规定的活动的逻辑关系、活动的实现方式来执行,这样提供了行动指南,避免了每次动作前,执行者都要重新考虑步骤,从而浪费精力,并使得所有的活动有序和可控。

(4)流程提供给软件开发人员一种参考,也能使相关人员迅速融入项目和操作流程中。

(5)通过关注各个过程的"结果",使得在软件项目开发过程的所有工作产品或中间结果均能得到有效的保存,保证了软件产品完整性。

(6)流程通过提高生产率和锁定目标来降低生产成本,这正是软件项目管理希望达到的目标。

13.3.1　研发类项目管理流程

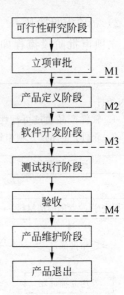

参与研发类项目工作的部门主要有技术管理部、软件生产部、测试部、市场部、质量管理部、财务部和资源管理部。这些部门的工作职责参见附录 A.2.1 的部门职责说明。

1. 产品研发类软件项目的总体流程图

研发产品将会被用于或推广到多个软件产品中,其流程如图 13-4 所示。

图 13-4 中 M1、M2、M3、M4 和 M5 是项目管理的里程碑,其中 M1 表示立项完成;M2 表示产品功能定义完成;M3 表示软件开发完成;M4 表示验收通过。

2. 总体流程分解

1) 可行性研究阶段

可行性研究阶段流程如表 13-2 所示。

图 13-4　产品研发类项目
总体流程

表 13-2　可行性研究阶段流程

进入条件:

1. 市场部和技术管理部主要负责组织和协调研发产品的确定

2. 研发产品应属于公司主要产品发展领域,并符合产品策略的要求

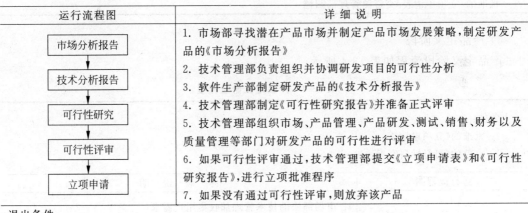

运行流程图	详　细　说　明
市场分析报告 技术分析报告 可行性研究 可行性评审 立项申请	1. 市场部寻找潜在产品市场并制定产品市场发展策略,制定研发产品的《市场分析报告》 2. 技术管理部负责组织并协调研发项目的可行性分析 3. 软件生产部制定研发产品的《技术分析报告》 4. 技术管理部制定《可行性研究报告》并准备正式评审 5. 技术管理部组织市场、产品管理、产品研发、测试、销售、财务以及质量管理等部门对研发产品的可行性进行评审 6. 如果可行性评审通过,技术管理部提交《立项申请表》和《可行性研究报告》,进行立项批准程序 7. 如果没有通过可行性评审,则放弃该产品

退出条件:

1. 市场部完成《市场分析报告》

2. 软件生产部完成《技术分析报告》

3. 技术管理部完成《可行性研究报告》

4. 可行性评审通过后,技术管理部完成《立项申请表》

考核内容:

是否具有《市场分析报告》、《技术分析报告》、《可行性研究报告》、《立项申请表》

考核方式与要求:

1. 以上文档报总经理认可后交资源管理部归档

2. 市场部、软件生产部和技术管理部等部门经理确认有效工作量

2) 立项审批阶段

立项审批阶段流程如表 13-3 所示。

表 13-3   立项审批阶段流程

进入条件：

1. 软件产品通过可行性评审,有完整的《可行性研究报告》

2. 软件产品的《立项申请表》已完成

运 行 流 程 图	详 细 说 明
提交/修改立项申请材料 → 审批通过 → N / Y → 发送立项通知	1. 技术管理部准备完整的软件产品立项申请材料,包括《立项申请表》、《可行性研究报告》等相关材料 2. 技术管理部将上述的完整材料送交市场、产品管理、产品开发、测试、销售、财务以及质量管理等部门进行审核并签字确认,最后由总经理批准。当立项审批中发现有材料不完整时,返回 1。 3. 软件产品立项经批准后,技术管理部应该在规定的时间内将正式的立项通知发送到财务、销售、市场、产品管理、产品开发、测试和质量管理等部门

退出条件：

批准的《立项申请表》

考核内容：

1. 由总经理批准的《立项申请表》

2. 正式的立项通知发送到相关部门

考核方式与要求：

批准的《立项申请表》交资源管理部归档

3) 产品定义阶段

产品定义阶段流程如表 13-4 所示。

表 13-4   产品定义阶段流程

进入条件：

1. 批准的《立项申请表》

2. 完整的《可行性研究报告》

运 行 流 程 图	详 细 说 明
用户需求收集、分析 → 系统需求 → 项目任务书 → 下达任务书给相关部门	1. 市场部协助技术管理部收集用户需求 2. 技术管理部和市场部完成《系统需求说明书》,技术管理部完成《系统功能说明书》,产品管理、产品开发、测试等部门参与评审 3. 技术管理部负责组织软件生产部和测试部共同制定《项目任务书》 4. 项目任务书应有产品管理、产品开发和测试等部门负责人评审并签名确认 5. 技术管理部将《项目任务书》下达到各有关部门 6. 市场部开始产品的宣传策划,制定宣传计划并按计划向目标用户宣传产品信息;市场部为产品寻找前期测试用户 7. 市场部开始向目标用户传递产品信息,寻找潜在的合同

续表

退出条件：

　　1. 通过评审的《系统需求说明书》、《系统功能说明书》

　　2. 技术管理部完成《项目任务书》并下达给所有的相关部门

考核内容：

　　1. 是否具有《系统需求说明书》、《系统功能说明书》、《项目任务书》

　　2. 技术管理部将《项目任务书》下达到各有关部门

考核方式与要求：

　　1. 以上三类文档形成基线，已交资源管理部归档

　　2. 总经理及技术管理部经理对其市场有效工作量进行确认

4）软件开发阶段

软件开发阶段流程如表 13-5 所示。

表 13-5　软件开发阶段流程

进入条件：

　　1. 软件生产部和测试部接受《项目任务书》

　　2. 软件生产部和测试部接受《系统需求说明书》、《系统功能说明书》

运　行　流　程　图	详　细　说　明
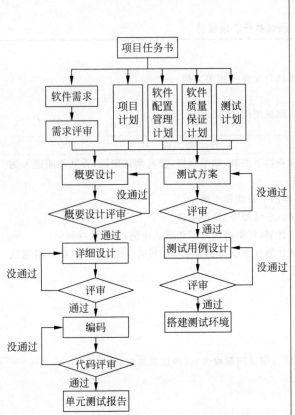	1. 软件生产部和测试部制定《项目计划》，产品管理、产品开发、测试、市场、销售等部门参与评审 2. 软件开发组进行需求分析，完成《软件功能说明书》并通过评审 3. 软件开发组制定《软件配置管理计划》并通过评审 4. 软件质量保证组制定《软件质量保证计划》并通过评审 5. 测试组制定《测试计划》并通过评审 6. 软件开发组进行软件产品的《概要设计》并通过评审 7. 测试组制定软件产品的《测试方案》并通过评审 8. 软件开发组进行软件产品的《详细设计》并通过评审，详细设计评审可在软件开发组内进行 9. 所有源代码要按照 CMM 各项要求进行开发并通过评审，代码评审可在软件开发组内进行 10. 在软件开发组的详细设计和编码阶段，测试组同步进行《测试用例》的设计并进行评审 11. 软件开发组进行单元测试用例设计 12. 软件开发组执行单元测试并提交《单元测试总结报告》，保证提交给测试组的产品的完整性和正确性 13. 说明：无特殊说明，本阶段中参加同行评审的部门有技术管理部门、软件生产部门、测试部门以及质量管理部门等相关业务部门

退出条件:

    1. 软件开发组完成《系统功能说明书》、《项目计划》、《软件配置管理计划》、《概要设计》、《详细设计》、《单元测试总结报告》

    2. 测试组完成《测试计划》、《测试方案》、《测试用例》

    3. 软件质量保证组完成《软件质量保证计划》

考核内容:

    1. 是否具有《系统功能说明书》、《软件需求分析》、《软件开发项目计划》、《软件配置管理计划》、《概要设计》、《详细设计》、《单元测试总结报告》、《测试项目计划》、《测试方案与测试用例》、《软件质量保证计划》

    2. 是否具有通过单元测试的源代码、可执行代码

考核方式与要求:

    1. 软件生产部经理对每个阶段所花费的有效工作量的确认

    2. 每个阶段的软件工作产品完成情况;并在配置管理库形成基线,已交资源管理部归档

    3. 部门经理负责签署阶段报告,总经理对软件工作产品进行确认

    4. 软件工作产品的缺陷率满足项目任务书要求

    5. 软件工作产品评审的数据的有效性满足项目任务书要求

说明:软件开发阶段的考核分为系统需求调研、需求分析、软件设计、编码与单元测试 4 个考核点

5) 测试执行阶段

测试执行阶段流程如表 13-6 所示。

表 13-6　测试执行阶段流程

进入条件:

    1. 软件开发组提供完整和可供测试用的可执行文件及相关文档

    2. 软件开发组完成《单元测试总结报告》

    3. 测试组完成《测试计划》、《测试方案》和《测试用例》文档编制

运行流程图	详　细　说　明
检查测试条件 → 执行软件测试 → 测试总结报告	1. 测试组检查以下内容,如果合格,进入测试阶段,否则不能进入测试执行阶段: (1) 软件版本的一致性和正确性 (2)《单元测试总结报告》是否完整 2. 按照测试计划,依据测试方案和测试用例,执行软件测试 3. 按照测试计划和测试方案的要求,测试全部结束后,测试组完成《测试总报告》

退出条件:

    1. 按照测试计划的要求完成测试

    2. 完成《测试总结报告》

考核内容:

    1. 是否具有《测试计划》、《测试用例与方案》、《测试问题报告》、《测试总结报告》

    2. 以上内容是否形成基线

考核方式与要求:

    1. 测试所发现的问题或缺陷/故障率分析

    2. 以上文档已全部交资源管理部归档

6）验收阶段

验收阶段流程如表 13-7 所示。

表 13-7 验收阶段流程说明

进入条件：
1. 测试完成且有完整的《测试总结报告》
2. 软件开发组提交《产品验收申请》

详 细 说 明

1. 质量管理部对软件工作产品进行检查，完成《软件质量保证总结报告》
2. 财务部完成《财务总结报告》
3. 技术管理部综合项目的《测试总结报告》、《软件质量保证总结报告》、《财务总结报告》，完成《项目总结报告》
4. 技术管理部组织产品管理、产品开发、测试、市场、销售、质量管理等部门召开验收会议
5. 如果验收通过，各部门负责人在《产品发布记录》上签字确认

退出条件：
1. 经过签字批准的《产品发布记录》
2. 完成《测试总结报告》、《软件质量保证总结报告》、《财务总结报告》、《项目总结报告》

考核内容：
是否具有《测试总结报告》、《软件质量保证总结报告》、《财务总结报告》、《项目总结报告》、《产品发布记录》

考核方式和要求：
验收过程中所产生的工作产品形成基线，并交资源管理部归档

7）产品维护阶段

产品维护阶段流程如表 13-8 所示。

表 13-8 产品维护阶段流程

进入条件：
软件产品经批准已经正式发布

详 细 说 明

1. 软件产品发布后，对产品维护均按照公司规定的软件维护过程文件的要求进行处理
2. 在软件产品的维护期间，质量部收集、分析所有的问题，组织协调产品开发等部门对问题进行处理

退出条件：
1. 经过批准的《软件产品退出申请单》
2. 软件产品的全部档案妥善保存并备份

考核内容：
是否具有《软件产品退出申请单》

考核方式与要求：
1. 已批准的《软件产品退出申请单》交资源管理部归档
2. 收集的问题分析总结报告归总，并形成文档交资源管理部归档

13.3.2 合同类项目管理流程

1. 合同类软件项目的总体流程图

合同项目是为某一特定用户进行的产品开发，或根据客户合同的要求，将已有的产品进

行客户化的项目,其基本流程如图 13-5 所示。

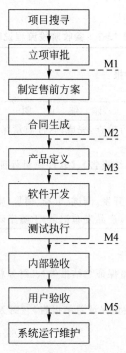

图 13-5 合同类软件项目总体流程

图 13-5 中 M1、M2、M3、M4 和 M5 是项目管理的里程碑,其中,M1:立项完成;M2:合同签定;M3:产品定义完成;M4:软件开发完成;M5:验收通过。

2. 合同类软件项目总体流程说明

1) 项目搜寻阶段

项目搜寻阶段流程如表 13-9 所示。

表 13-9 项目搜寻阶段流程

进入条件:
　　无

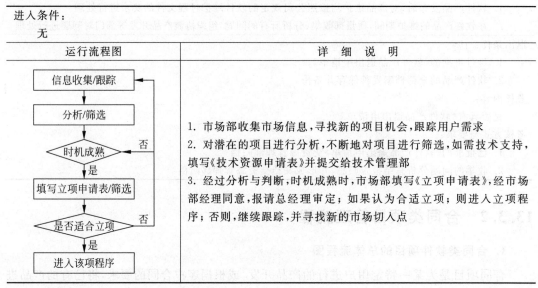

运行流程图	详　细　说　明
	1. 市场部收集市场信息,寻找新的项目机会,跟踪用户需求 2. 对潜在的项目进行分析,不断地对项目进行筛选,如需技术支持,填写《技术资源申请表》并提交给技术管理部 3. 经过分析与判断,时机成熟时,市场部填写《立项申请表》,经市场部经理同意,报请总经理审定;如果认为合适立项;则进入立项程序;否则,继续跟踪,并寻找新的市场切入点

续表

退出条件：

    1. 经过市场部经理批准的《销售项目申请表》

    2. 市场部获得的《客户信息资料》

考核内容：

    批准的立项申请表及客户信息资料

考核方式与要求：

    1. 市场部经理确认售前有效工作量

    2. 立项申请表及客户资料信息报总经理认可后并交资源管理部归档

2）立项审批阶段

项目立项审批阶段流程如表 13-10 所示。

表 13-10　项目立项审批阶段流程

进入条件：

经过市场部经理批准的《销售项目申请表》

运行流程图	详细说明
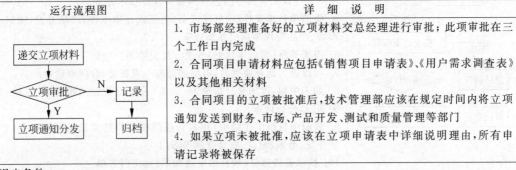	1. 市场部经理准备好的立项材料交总经理进行审批；此项审批在三个工作日内完成 2. 合同项目申请材料应包括《销售项目申请表》、《用户需求调查表》以及其他相关材料 3. 合同项目的立项被批准后，技术管理部应该在规定时间内将立项通知发送到财务、市场、产品开发、测试和质量管理等部门 4. 如果立项未被批准，应该在立项申请表中详细说明理由，所有申请记录将被保存

退出条件：

    1. 经过总经理批准的《销售项目申请表》

    2. 市场部完成《用户需求调查表》

考核内容：

    1. 市场部填写的《立项申请表》

    2. 市场部与其他相关业务部门协作产生的《用户需求调查资料》

考核方式与要求：

    1. 所有立项资料全部交资源管理部归档

    2. 市场部经理核定立项阶段所花费的工作量，总经理审批工作量

3）售前方案阶段

售前方案阶段流程如表 13-11 所示。

表 13-11　售前方案阶段流程

进入条件：合同项目的立项申请被正式批准

说明：

    1. 市场部在需要售前技术资源支持时应提前 3 天填写《技术资源申请表》提交技术管理部进行审批和调度

    2. 技术管理部审批技术资源申请，组织、调配售前技术资源进行支持。市场、产品开发、测试、质量管理、财务等部门提供相应资源支持

续表

运行流程图	详　细　说　明
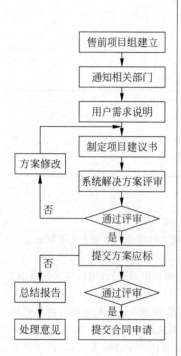	1. 立项正式批准后,技术管理部组织售前项目组并通知财务、产品开发、市场、测试、质量等部门 2. 售前项目组对《用户需求调查表》进行分析,形成完整的《用户需求说明书》;市场部参与售前项目组的用户需求分析工作,与客户进行沟通并签字确认 3. 售前项目组制定系统解决方案,即《项目建议书》,包括技术方案、软件成本预算、商务和报价等内容。销售/市场部参与拟定过程,其他部门提供相应技术和资源支持 说明:系统的硬件价格信息由销售、市场等部门提供给技术管理部,技术管理部根据以上的信息制定系统的总报价,由销售总监、产品管理总监审批,并报告总经理 4. 销售/市场部联系客户,制定交流计划,组织、协调售前项目组与用户就建议的解决方案进行沟通并修改技术方案 5. 售前项目组安排《项目建议书》的正式评审工作,产品开发,测试、市场、产品管理等部门参加评审 6. 市场部将《项目建议书》等文件提交给用户应标 7. 可以进入商务谈判时,市场部提前一周提交《合同申请单》 8. 如未中标,市场部分析原因,完成《丢单分析总结报告》并发给相关部门,进行评审 9. 售前项目组工作结束,技术管理部将项目结束信息通知财务、产品开发、市场、测试、质量管理等部门 10. 技术管理部将《项目结束通知单》提交财务部

退出条件:
  1. 售前项目组完成的《项目方案建议书》
  2. 可以进入商务谈判的项目已填写《合同申请表》
  3. 对丢单项目已提交《丢单总结报告》
考核内容:
  1.《技术资源申请表》
  2. 售前技术方案文档和方案演示文档
  3. 已评审的《项目方案建议书》/《标书》
  4. 对进入商务谈判的项目提交的《合同申请表》
  5. 对丢单项目提交的《丢单总结报告》
  6. 是否具有《售前总结报告》
考核方式与要求:
  1. 有售前阶段技术资料并报告经总经理审核
  2. 以上文档形成基线,并交资源管理部归档管理
  3. 市场部经理核定售前阶段所花费的有效工作量,总经理审批工作量

4) 合同生成阶段

合同生成阶段流程如表 13-12 所示。

表 13-12　合同生成阶段流程

进入条件：
1. 合同项目进入商务谈判阶段
2. 市场部提交《合同申请单》

运作流程图	详　细　说　明
合同准备 → 拟定合同 → 合同评审（通过 → 合同签定；没有通过 → 修改 → 拟定合同）	1. 当项目成功的可能性较大时,市场部应该开始进行合同的准备工作,其技术条款等相应内容应参照公司的惯例及销售、产品管理、产品开发、测试等部门在售前阶段进行方案设计时的正式讨论结果,或者通过评审的《项目建议书》 2. 市场部及相关技术人员接到《合同申请单》后,最迟三个工作日内准备好《项目合同书》及技术附件初稿和《合同分析表》 3. 市场部组织相关的部门进行合同评审,参加的部门包括销售、财务、产品管理、产品开发和测试等部门,从接到《合同申请表》之日起一周内完成《项目合同书》 4. 合同评审通过后,进入合同签定程序 5. 总经理或者其授权人负责合同签署,合同章保管员必须见到正式授权书后方可为合同盖章 6. 合同正本至少两份,分发到财务部和市场部。合同副本给合同执行部门经理

退出条件：
1. 立项项目已签定合同,不再需要售前支持
2. 具有已签署的《合同书》

考核内容：
1. 是否具有《合同申请单》、《合同分析表》
2. 市场部具有已签定的《合同书》,并分发给财务、合同执行部门、技术管理部等部门

考核方式与要求：
1. 以上文档形成基线并已交资源管理部归档
2. 总经理及市场部经理对其市场有效工作量进行确认

5）合同执行阶段

合同执行阶段流程如表 13-13 所示。

表 13-13　合同执行阶段流程

进入条件：
　　合同已签定并正式转交合同执行部门实施
说明：
　　合同的执行过程定义为从合同的签定至回款结束这一段时间

续表

运行流程图	详 细 说 明
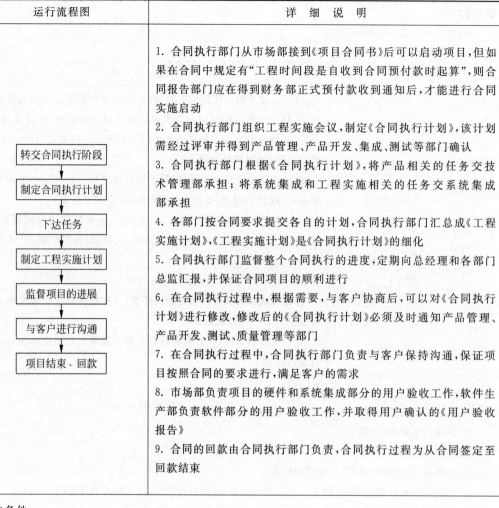	1. 合同执行部门从市场部接到《项目合同书》后可以启动项目,但如果在合同中规定有"工程时间段是自收到合同预付款时起算",则合同报告部门应在得到财务部正式预付款收到通知后,才能进行合同实施启动 2. 合同执行部门组织工程实施会议,制定《合同执行计划》,该计划需经过评审并得到产品管理、产品开发、集成、测试等部门确认 3. 合同执行部门根据《合同执行计划》,将产品相关的任务交技术管理部承担;将系统集成和工程实施相关的任务交系统集成部承担 4. 各部门按合同要求提交各自的计划,合同执行部门汇总成《工程实施计划》,《工程实施计划》是《合同执行计划》的细化 5. 合同执行部门监督整个合同执行的进度,定期向总经理和各部门总监汇报,并保证合同项目的顺利进行 6. 在合同执行过程中,根据需要,与客户协商后,可以对《合同执行计划》进行修改,修改后的《合同执行计划》必须及时通知产品管理、产品开发、测试、质量管理等部门 7. 在合同执行过程中,合同执行部门负责与客户保持沟通,保证项目按照合同的要求进行,满足客户的需求 8. 市场部负责项目的硬件和系统集成部分的用户验收工作,软件生产部负责软件部分的用户验收工作,并取得用户确认的《用户验收报告》 9. 合同的回款由合同执行部门负责,合同执行过程为从合同签定至回款结束

退出条件:

    1. 用户验收完毕,签署《验收报告》

    2. 合同回款完成

考核内容:

    1. 是否具有《合同执行计划》、《项目任务书》、《合同实施计划》、《用户验收报告》

    2. 合同款的回款情况

考核方式与要求:

    1. 《合同执行计划》、《项目开发任务书》、《合同实施计划》、《用户验收报告》都已形成基线,并且已交资源管理部归档

    2. 财务部要对项目成本进行核算

    3. 财务部要对合同回款情况的确认

    4. 各级经理、总经理要对其合同执行所花费的有效工作量和成本进行核算与确认

6）项目定义阶段

项目定义阶段流程如表 13-14 所示。

表 13-14　项目定义阶段流程

进入条件：

　　1. 技术管理部接到《合同执行计划》和项目启动通知

　　2. 技术管理部接到正式《用户需求说明书》或等效用户需求文档

运行流程图	详　细　说　明
系统需求 项目任务书 项目任务下达 软件产品过程监督	1. 技术管理部组织各有关部门对用户需求和合同中技术条款进行分析 2. 通过合同执行部门的协助，与客户就系统需求进行分析，与客户在需求的细节上达成一致 3. 技术管理部完成《系统功能说明书》，它需通过产品管理、产品开发、测试等部门的同行评审 4. 该《系统功能说明书》可以是根据用户需求而针对现有产品客户化的需求 5. 根据合同执行计划和系统需求，制定《项目任务书》，它包括软件开发、测试等任务的安排 6. 项目任务书应有产品管理、产品开发和测试等部门负责人的正式签字批准

退出条件：

　　1. 技术管理部完成《系统功能说明书》

　　2. 技术管理部完成《项目任务书》并下达给所有的相关部门

7）软件开发阶段

软件开发阶段流程如表 13-5 所示。

8）测试执行阶段

测试执行阶段流程如表 13-6 所示。

9）内部验收阶段

内部验收阶段流程如表 13-7 所示。

10）用户验收阶段

用户验收阶段流程如表 13-15 所示。

表 13-15　用户验收阶段流程

进入条件：

　　1. 系统软件与硬件环境等条件准备就绪

　　2. 软件产品通过内部验收，准许发布

　　3. 项目组得到全套的软件产品，包括文档、软件介质等

续表

运行流程图	详 细 说 明
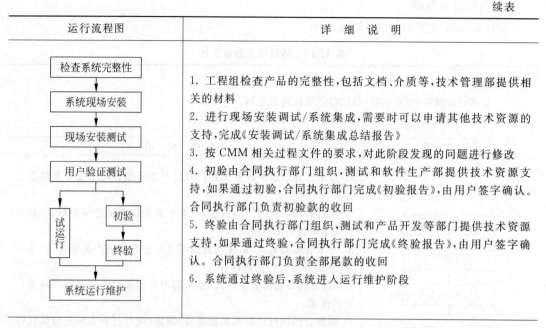	1. 工程组检查产品的完整性,包括文档、介质等,技术管理部提供相关的材料 2. 进行现场安装调试/系统集成,需要时可以申请其他技术资源的支持,完成《安装调试/系统集成总结报告》 3. 按 CMM 相关过程文件的要求,对此阶段发现的问题进行修改 4. 初验由合同执行部门组织,测试和软件生产部提供技术资源支持,如果通过初验,合同执行部门完成《初验报告》,由用户签字确认。合同执行部门负责初验款的收回 5. 终验由合同执行部门组织,测试和产品开发等部门提供技术资源支持,如果通过终验,合同执行部门完成《终验报告》,由用户签字确认。合同执行部门负责全部尾款的收回 6. 系统通过终验后,系统进入运行维护阶段

退出条件:

    1. 完成现场安装调试/系统集成、初验、终验

    2. 安装调试/系统集成、用户验证测试、试运行、初验、终验中发现的问题全部解决

    3. 完成《安装调试/系统集成总结报告》、《初验报告》、《终验报告》

考核内容:

    是否具有《用户验收计划》、《安装调试总结报告》、《初验报告》、《终验报告》

考核方式与要求:

    1. 软件生产部经理、市场部经理对项目实施、验收所花费的工作量的确认

    2. 以上工作产品形成基线并已交资源管理部归档

11) 系统运行维护阶段

系统运行维护阶段流程如表 13-16 所示。

表 13-16　系统运行维护阶段流程

进入条件:

    终验完成,用户已签字确认

说明:

    1. 终验完成后,进入系统维护阶段

    2. 按 CMM 相关过程文件的要求,对此阶段发现的问题进行修改

    3. 如果对软件产品打补丁,软件开发组完成《补丁程序说明》并提交完整补丁程序

    4. 合同中规定的服务期限到达后,该产品的系统维护任务终止;如果用户继续购买服务或有其他方面的协议,系统维护期可做相应的调整

续表

运行维护流程图	详　细　说　明
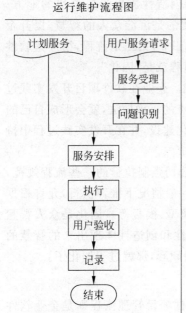	1. 项目进入维护阶段后,软件生产部应制定相应的服务计划;并交技术管理委员会/总经理审批 2. 任何部门或个人接到服务请求后,都应归口到市场部商务代表,并由其进行服务受理。商务代表负责对其问题进行识别,并提交相关部门 3. 相关部门经理负责安排相关人员对其进行服务。在维护过程中,要认真填写好《项目维护报告》 4. 服务完成后,服务人员应要求客户对《项目维护报告》进行确认并签字 5. 相关部门经理对维护报告进行审核 6. 维护报告已交资源管理部归档

退出条件:
　　项目维护完成,具有维护报告,并交资源管理部归档
考核内容:
　　1. 项目维护的客户满意度
　　2. 是否具有《项目维护报告》
考核方式与要求:
　　1. 维护工作量的确认
　　2. 客户方对于项目维护的满意度
　　3. 项目维护报告审核与交资源管理部归档

13.3.3　项目管理流程问题与对策

　　软件开发过程流程化和规范化的作用是要约束和指导项目团队、参与项目开发的各方,在软件开发过程中按事先设定的流程和规章制度行事。目的是要消除软件开发过程中的各种不良习惯和不切实际的做法,采用符合软件开发规律的方法,降低软件项目的风险,使成功软件项目的开发过程能得以重复、达到预期的结果。

　　要规范软件开发过程必须做好"三化"、同时避免步入两个误区。所谓"三化"、两个误区分别是指要坚持固化、简化、标准化,避免出现僵化、随意化。

1. 固化

　　软件项目管理流程中的活动是软件生存期内为达到一定目标而必须实施的一系列相关过程。也就是说,软件项目管理流程是软件开发中一系列最佳实践的集合。所谓"固化",其本质就是把软件开发过程中已被实践反复证明的、符合软件规律的正确做法(最佳实践)沉淀在开发管理流程之中,以便在今后的具体的软件项目开发过程中进一步有效借鉴和使用。

　　软件企业和 IT 部门是一个人才汇集的地方,是智慧创造力发挥最好的场所,同时,由于人才的流动性大的特点,软件企业和 IT 部门又是智慧和创造性成果流失最快的地方。软件企业和 IT 部门除了采用好的机制留住人才之外,最重要的是沉淀众人的智慧,提升企业的整体水平。而企业沉淀众人智慧有三个载体:第一是知识库,第二是流程,第三是软件资产库(面向领域的软件构架及构件库)。沉淀众人智慧的过程就是"固化"。

　　"固化"的软件开发管理流程是规范软件开发过程的基础。企业在软件项目开发实践过程中不断地固化符合软件项目开发规程、适合于自己企业特点的正确做法,就会形成自己的流程规范,然后再用这些规范指导新的软件项目开发和信息化建设,并在开发实践过程中持续改进,从而使自己软件开发过程和信息化建设规范越来越成熟。

　　固化包括两个方面:一个是制度,一个是指南。制度是公司强制执行的一些流程规范,不可缺失、省略,如公司制定的标准、管理制度等;而指南是一般情况下推荐执行,允许根据项目实际情况适度剪裁、取舍,如公司定义的软件开发过程模型、模板等。固化是众人智慧的沉淀,是项目团队各成员在具体项目开发过程中主观能动性和创造性体现出来的智慧的结晶,如果对 ISO 9000、CMM、ISO 12207 等标准盲目地生搬硬套,那就过于僵化了。

2. 简化

　　软件项目开发过程的具体活动很多,而"固化"下来的软件项目管理流程则是企业软件项目开发主要过程的规范,是项目组成员主观能动性和创造性发挥的基础。详细、复杂项目管理流程似乎显得规范,但经验表明,这样的流程的可操作性差而且难以真正成为规范。

　　也有企业走进了"随意化"的误区。自由主义、经验主义随心所欲地发挥,口头协议满天飞,时间紧、人手不足是他们抛弃规范、拒绝监督的最佳借口。其实,简化绝不意味着随意化。

　　软件开发过程的简化与先进的软件开发方法的应用是密不可分的,采用基于构件的软件开发方法就是一种有效手段。通过对应用领域的研究(领域工程),提炼领域需求的共性和差异性,总结出领域模型,设计面向领域的体系结构,开发各种构件,从而使应用软件的开发过程更接近于工业化生产流水线,基于体系结构,用各种构件进行组装。这样,软件的开发过程得到了有效的简化,更容易进行规范化管理。

3. 标准化

　　标准化则是一个更高的要求,前面所说的固化、简化都只是单个企业内部的实践行为,而"标准化"则是整个行业范围内的固化和简化行为。技术标准化、管理过程标准化、度量标准化、应用领域内业务的标准化,都是推动整个软件行业内、软件产业链上各个企业规范软件开发过程的前提基础和有力保障。标准凝聚着众多企业、科研院所的智慧,同时,又大大简化了标准所规范的领域内软件开发过程。当然,标准化也是规范软件开发过程的征途上最漫长、最困难而又最具意义的一步。

　　总之,失败的软件项目各有自己的失败原因,而成功的软件项目都一样:离不开规范的软件开发过程管理。固化、简化、标准化正是规范软件开发过程重要的三个方面。

【案例 13-1 的分析】

　　通过本章的学习,对李经理的工作进行进一步的分析,发现李经理在项目管理过程中主要存在的问题是没有严格按照软件项目管理流程进行管理,具体表现有以下几点。

（1）详细设计粗糙并且没有进行评审。详细设计报告是开发成员的直接依据，所有的开发成果均建立在详细设计的基础之上，详细设计的错误、出现二义性都会导致项目的失败。

（2）没有设置检查点。李经理没有对项目组成员的开发工作设立定期检查点，而且随机检查的时间间隔太长，也没有明确定期报告制度，这样无法及时对项目的开发情况进行掌握。

（3）没有设立明确的里程碑。在软件项目开发过程中，对与项目质量相关的过程结果或阶段产品设立评审点，以定期对项目组成员的开发工作进行检查。

（4）没有严格文档的撰写。文档是软件重要组成部分，没有文档的支撑软件将变得不可读、不可维护。这是非常可怕的现象。

【感想和体会】

没有管理流程和模板的企业是不成熟的企业；不会使用流程和模板的员工是不成熟的员工；不会用流程和模板来指导和管理项目的管理者是很难获得项目成功的。

能够熟练的使用流程和模板，说明你在成长；能够有效控制流程和优化模板，说明你在成熟；能够根据项目发展创造流程和模板，你就一定能取得成功！

13.4　习题与思考

1. 流程有哪些主要的特点？
2. 流程管理的特点是什么？
3. 制定 IT 项目流程时应重点考虑哪几个方面？
4. IT 项目管理流程的绘制过程具体来说有哪几步？
5. 根据系统集成类项目中各关键部分所占的比率，系统集成类项目可分为哪三种形式？
6. 你认为 IT 管理咨询类项目是否真正算是 IT 项目？请说明原因。
7. 画一个你参与的 IT 项目管理的总体流程，并分解其中 2 个阶段的管理流程。
8. 本章中列举了一个 IT 企业的软件项目管理流程，你认为有哪些地方可以改进？如何改进？

第 14 章

项目配置管理与文档管理

【本章知识要点】

IT 项目的配置管理贯穿于整个 IT 项目生命周期,是 IT 项目管理过程中相当重要的一部分。简单来说,配置管理是对软件版本进行管理,然而它还远远不只这些,它是改进软件过程、提高过程能力成熟度的理想的切入点。软件配置管理可以帮助开发团队对软件开发过程进行有效的变更控制,高效地开发高质量的软件,为软件开发过程中的不同的角色控制和跟踪管理自己的工作提供支持与帮助。IT 项目文档管理是配置管理的基础,没有完整文档的 IT 项目是有缺陷的,也是没有生命力的。配置管理与文档管理帮助我们对软件开发过程进行有效的变更控制,高效地开发高质量的软件。

本章讨论实施项目配置管理的必要性以及配置管理概念;分析项目配置管理的基本活动和配置管理的组织构成;介绍主流的项目配置管理工具;讨论软件复用与构件配置管理的联系;介绍 IT 项目文档管理的方法。学习完本章后,应当掌握如下知识:

(1) 项目配置管理的重要性。

(2) 配置管理的基本概念。

(3) 配置管理活动的内容和过程。

(4) 配置管理组织的构成。

(5) 配置管理工具的使用。

(6) 配置管理和软件重用之间的联系。

(7) IT 项目文档管理的重要性。

(8) IT 项目文档管理分类与管理方法。

【案例 14-1】

郁闷的刘经理

海通运软件公司的程序员小张和小王与项目经理刘校林一起参加一个新的软件项目的开发,其中有些大模块需要二人合作开发。项目开发初期,小张和小王凭借出色的编程技术很快就完成了各自负责的模块,当二人协作开发同一模块时,麻烦来了,小张需要更改源文件,但不知道哪个是最新的,就算是最新的版本,也不知道小王改动了哪些地方,对自己负责的部分会产生什么影响,好不容易协商好两人的版本保持一致的办法,但问题又出来了,小王的电脑突然中了病毒,造成整个硬盘上程序和文档全部丢失。因为小王之前没有将程序和文档备份到其他电脑上,所有完成的模块不得不重新写代码,使得项目的进度停滞不前,好在小王还记得怎么实现这些模块,在连续熬了几个通宵之后,疲惫的小王总算把丢失的程序补上了。

刘经理吸取了教训,要求大家对每天完成的项目文档和程序都进行备份,如果出现了什么问题,可以从备份文件调用出来重新开发。不久,小张设计了一种新的算法,在经过几次测试之后,认为自己采用新的算法改进了原来程序的运行效率,于是用改进后的版本替换了原来的版本。但随着开发的深入,小张发现这种方法并不可行,需要重新恢复原来版本。但是由于每天采用的是覆盖式的备份方式,原有版本早已被覆盖掉,根本没有办法恢复,无奈的小张只得从头开始,再按原来的算法重新来编写程序。

项目进度延误了好些天,但总算可以上线运行了。不过好景不长,才用了几个小时,用户反映系统无法正常运行。刘经理赶到现场一查原因,原来由于版本的备份命名出现混淆,在打包程序时,将存在错误的程序误当成正确的程序进行了组装,使得最后运行的系统出现了大问题。

郁闷的刘经理不停地叹气:"这样的状况何时才是个头呀!"

14.1　项目配置管理概述

计算机软件的发展经历了程序设计阶段、软件系统阶段和软件工程阶段,软件的复杂性日益增大。在这一过程中,配置的概念逐渐引入软件领域,人们越来越重视软件配置的管理工作。配置管理是 PMBOK、ISO 9000 和 CMMI 中的重要组成部分,它在产品开发的生命周期中,提供了结构化的、有序化的、工程化的和产品化的管理方法,是项目管理的基础工作。实践证明,不懂软件项目的配置管理,就不懂软件开发管理;不对软件项目进行配置管理,就不可能有效地进行软件项目开发管理。

14.1.1　项目配置管理的重要性

随着软件项目团队人员的增加、软件版本的变化、开发时间的紧迫以及多平台开发环境的采用,软件开发面临越来越多的问题,其中包括对当前多种产品的开发和维护、保证产品版本的精确、重建先前发布的产品、加强开发政策的统一和对特殊版本需求的处理等。这些问题在实际开发中表现为:项目组成员沟通困难,软件重用率低下,开发人员各自为政,代码冗余度高,文档不健全等。造成的后果是:数据丢失,开发周期漫长,产品可靠性差,质量低劣,软件维护困难,用户抱怨使用不便,项目风险增加等。

采用科学的配置管理思想,辅之以先进的配置管理工具,这对软件公司和 IT 部门来说已经是必不可少的手段。但同发达国家相比,中国的软件企业在开发管理上过分依赖个人的作用,没有建立起协同作战的氛围,没有科学的软件配置管理流程;技术上只重视系统和数据库、开发工具的选择,而忽视配置管理工具的选择,导致即使有配置管理的规程,也由于可操作性差而搁浅。

随着软件系统的日益复杂化和用户需求、软件更新的频繁化,配置管理逐渐成为软件生命周期中的重要控制过程和手段,在软件开发过程中扮演着越来越重要的角色。一个好的配置管理过程能覆盖软件开发和维护的各个方面,同时对软件开过程的宏观管理也有重要的支持作用。良好的配置管理能使软件开发过程有更好的可预测性,使软件系统具有可重复性,使用户和主管部门对软件质量和开发小组有更强的信心。

在质量体系的诸多支持活动中,配置管理处在支持活动的中心位置,它有机地把其他支持活动结合起来,形成一个整体,相互促进,相互影响,有力地保证了质量体系的实施。从软件企业的发展战略来说,如何在技术日新月异、人员流动频繁的情况下,建立企业的知识库及经验库,把个人的知识和经验转变为企业的知识和经验,对于提高工作效率、缩短产品周期、加强企业的竞争力具有至关重要的作用。

14.1.2　项目配置管理基本概念

配置(configuration)是在技术文档中明确说明并最终组成软件产品的功能或物理属性。因此配置包括了即将受控的所有产品特性、内容及相关文档、软件版本、变更文档、软件运行的支持数据,以及其他一切保证软件一致性的组成要素。

计算机配置是说明计算机组成的一种专门术语。这种“组成”由用户的需求决定。通常,计算机系统由 CPU、存储器、输入/输出设备、传输设备等组成;其中就存储器而言,除内存外,外存又分软盘、硬盘、光盘等,它们又有容量和速度之别。计算机配置是指用户根据不同用途,选择不同功能、性能的设备和部件组成的最优计算机系统的一种构建方案。推广到系统,则系统配置就是根据用户需求优选各种设备,组成最佳系统的一种建构方案,或者是按最佳性能价格比组成系统的各种设备的一种优化组合。

同样,软件配置也是说明软件组成的一种术语。与计算机配置中选择的部件都是现成的产品不同,组成软件的部件通常都是要开发的。软件配置(software configuration)是指开发过程中,构成软件产品的各种文档、程序及其数据的优化组合。该组合中的每一个元素称为配置中的一个配置项(Configuration Item,CI),也可以把软件配置项定义为软件中可以独立进行开发的一个实体,该实体包括程序、数据及其相应的文档和说明。

软件配置管理(Software Configuration Management,SCM)对软件生存期内各阶段的文档、实体和最终产品的演化和变更进行管理;同时解决变更的标识、控制和发布等问题。通过软件配置管理使设计变更的管理制度化,从而提高开发效率、减少错误,保证产品的质量。

软件配置管理是 CMM 二级中的关键域,SCM 的目的是为了建立和维护软件开发过程中各种制品的完整性和一致性,包括对软件产品配置的标志和识别、系统地控制对处于配置管理下的各种软件制品的修改和更新、维护软件开发过程中的各种制品的一致性和可跟踪性。

SCM 包括的活动有标识给定时间点的软件配置(即所选择的工作产品及其描述),系统地控制这些配置的更改,并在软件生命周期中保持这些配置的完整性和可跟踪性。SCM 活动的主要内容是:建立软件基线库,基线库用于存储开发的软件基线。通过软件配置管理的更改控制和配置审核功能,系统地控制基线变更和由软件基线库生成的软件产品版本。受控于配置管理的工作产品包括交付给用户的软件产品(如需求文档和源程序代码等),以及生成软件产品所需要的有关配置项(如项目计划管理文件)。

美国电气及电子工程师学会（IEEE）对软件配置的定义是，"软件配置管理是一门应用技术、管理和监督相结合的学科，通过标识和文档来记录配置项的功能和物理特性、控制这些特性的变更、记录和报告变更的过程和状态，并验证它们与需求是否一致。"从以上定义可以看出，软件配置管理是一门综合性的学科，其中不仅包含管理，也包含一些技术手段。另外，SCM通过管理配置项控制变更、验证变更，使项目的混乱减到最小，使错误减少到最小，并最大限度地提高生产率。

SCM对开发过程进行有效地管理和控制，完整、明确地记载开发过程中的历史变更，形成规范化的文档，不仅使日后的维护和升级得到保证，而且更重要的是，这还会保护宝贵的代码资源，积累软件财富，提高软件重用率，加快投资回报。

SCM可以系统地管理软件系统中的多重版本；全面记载系统开发的历史过程，包括为什么修改，谁做了修改，修改了什么；管理和追踪开发过程中危害软件质量以及影响开发周期的缺陷和变化。从某种角度讲，SCM是一种标识、组织和控制修改的技术，目的是使错误降为最小并最有效地提高生产效率。SCM是通往ISO 9000和CMM的一块基石。

14.2 项目配置管理项

配置管理中涉及配置项、里程碑、基线、受控库、基线库、产品库等基本概念，理解这些概念，弄清楚它们在配置管理流程中的作用对项目配置管理的实施尤为重要。

14.2.1 软件配置项

产品配置是指在其生命周期各个阶段所产生的各种形式和各种版本的文档、计算机程序、部件及数据的集合，该集合中的每一个元素称为该产品配置中的一个配置项。凡是纳入配置管理范畴的工作成果统称为配置项，配置项逻辑上组成软件系统的各组成部分，一般是可以单独进行设计、实施和测试的。一个纯软件的配置项通常也称为软件配置项（Computer Software Configuration Items，CSCI），如表14-1所示。

表14-1 软件配置项

序 号	项 目	相 关 信 息
1	产品概念说明	产品概念说明书
2	软件项目计划	软件开发计划
		软件质量保证计划
		软件配置管理计划
		软件验证和确认计划
3	软件需求规格说明	软件需求规格说明书
4	软件设计说明	软件设计说明书
5	源代码	源代码列表
		可执行文件
		Make文件
		库
6	数据库描述	图表和文件描述
		初始内容

序　号	项　　目	相　关　信　息
7	软件配置管理程序	源代码树结构
		日常建造程序
		备份程序
		软件问题报告
8	软件发布过程	内部发布过程
		外部发布过程
		发布文档
9	软件测试文档	测试计划
		测试程序
		测试脚本
		测试数据
		测试报告
10	用户文档	用户手册
		联机帮助
		系统管理员文档
		服务文档
11	维护文档	软件维护
		软件问题报告
		变更请求

软件配置项是软件生存期内,能相对独立开发的一个程序实体或文档。配置项及其历史记录反映了项目产品的演化过程。每个配置项的主要属性有名称、标识符、文件状态、版本、作者、日期等。所有配置项都被保存在配置库里,确保不会混淆、丢失。配置项及其历史记录反映了软件的演化过程,配置项主要有以下两大类。

(1) 属于产品组成部分的工作成果,例如需求文档、设计文档、源代码、测试用例等。

(2) 项目管理和机构支撑过程产生的文档。这些文档虽然不是产品的组成部分,但是它是产生产品的过程的工作成果,应该和必须完整保存。

14.2.2　基线

基线是软件配置管理的一个重要概念,它有助于在不严重妨碍合理变化的前提下来控制变化。IEEE把基线定义为:已经通过了正式复审的规格说明或中间产品,它可以作为进一步开发的基础,并且只有通过正式的变化控制过程才能改变它。简单来说,基线就是通过了正式复审的软件配置项。

基线是软件开发过程中关键的里程碑,不过里程碑强调过程的终点和终点的标识,而基线更强调的是一个开发阶段到达里程碑时的结果及其内容,如,功能基线是经过评审和批准的需求规格说明书;产品基线是经集成和确认测试后,经正式审批可交付客户的软件产品的全部配置项(包括软件实体和所有的文档)。在一个开发阶段结束后,要对相应的配置项进行基线化并形成各类基线。基线就是一个配置项(或一组配置项)在其生命期的不同阶段完成时,通过评审而进入受控状态的一组文档和程序实体,这个过程被称为"基线化"。每个基线都是其下一步开发的基点和参考点;它们都将接受配置管理的严格控制。因此,基线必须通过评审过程建立；基线存在于基线库中，接受更高权限的控制；基线是进一步开发和修改的基准和出发点。

在配置管理系统中，基线就是一个 CI 或一组 CI 在其生命周期的不同时间点上通过正式评审而进入正式受控的一种状态，这些配置项构成了一个相对稳定的逻辑实体，而这个过程被称为"基线化"。每一个基线都是其下一步开发的出发点和参考点。基线确定了元素（配置项）的一个版本，且只确定一个版本。一般情况下，基线一般在指定的里程碑（Milestone）处创建，并与项目中的里程碑保持同步。每个基线都将接受配置管理的严格控制，基线中的配置项被"冻结"了，不能再被任何人随意修改，对其的修改将严格按照变更控制要求的过程进行，在一个软件开发阶段结束时，上一个基线加上增加和修改的基线内容形成下一个基线。

基线的主要属性有名称、标识符、版本、日期等。通常将交付给客户的基线称为一个"Release"（发布版本），为内部开发用的基线则称为一个"Build"（测试版本）。

通过建立基线有以下一些好处：

- 重现性。及时返回并重新生成软件系统给定发布版的能力，或者是在项目中的早些时候重新生成开发环境的能力。当认为更新不稳定或不可信时，基线为团队提供一种取消变更的方法。
- 可追踪性。建立项目工件之间的前后继承关系。目的是确保设计满足要求、代码实施设计以及用正确代码编译可执行文件。
- 版本隔离。基线为开发工件提供了一个定点和快照，新项目可以从基线提供的定点之中建立。作为一个单独分支，新项目将与随后对原始项目（在主要分支上）所进行的变更进行隔离。

对于配置库中的各个基线控制项，应该根据其基线的位置和状态来设置相应的访问权限。一般来说，对于基线版本之前的各个版本都应处于被锁定的状态，如需要对它们进行变更，则应按照变更控制的流程来进行操作。

14.2.3 其他配置管理项

在项目配置管理中，除了基线外，还有里程碑、开发库、软件受控库、基线库、产品库等配置管理项。

1. 里程碑

里程碑即通常所说的软件开发过程中的"阶段"，如果说它们之间有区别的话，那么"阶段"强调的是过程，而"里程碑"则强调过程的终点和终点的标识。问题定义、可行性分析、需求分析、概要设计、详细设计、编码、测试、运维等一般都标志为软件项目的里程碑事件。

2. 开发库

开发库存放开发过程中按照要求生成的各种技术文档、源程序、可执行代码和使用的数据，为开发人员的活动提供支持。

3. 软件受控库

软件受控库又称作软件配置库，是指在软件生命周期的某一阶段结束时，存放作为阶段产品而释放的、与软件开发工作有关的计算机可读信息和人工可读信息的库。是软件开发过程中，其修改权限受到控制的文档库和程序库，其中基线库和产品库，特别是产品库的修改权限将受到严格的控制,即使是授权修改的人,在修改前还必须得到批准。软件受控库的存储一般采用数据库形式,可以是 Oracle、Sybase、FoxPro 形式的数据库,也可以是自定义形式的数据库。

4. 基线库

基线库是软件受控库中一些特别重要的库,如需求(基线)库和产品(基线)库。基线库包括通过评审的各类基线,各类变更申请的记录和统计数据。

5. 产品库

产品库是某一基线的静态拷贝,基线库进入发布阶段形成产品库。产品库是存放软件最终产品(即产品基线)的库,基于它的重要性,对它的修改将受到特别的控制。产品基线是最初批准的产品配置标识。

14.2.4　配置项版本的命名

配置项版本命名是针对配置项的版本进行命名,配置项版本的命名应能清楚标识配置项的状态。一般说来,配置库至少包括个人工作区、受控库、发布区三个部分。在大多数项目中,所有的配置项都保存在一个配置库中,对这三个部分的划分是通过逻辑划分方式进行的。具体来说,就是通过配置项版本命名来划分的,配置项的版本命名规定如下。

1. 基线版本

按照基线的状态,项目中的基线有两个方面:一是作为里程碑的基线;二是模块的阶段性成果基线(对工作产品而言),由模块的负责人确定。

- 里程碑基线:对项目来说,采用的是迭代的开发过程,以一个软件开发迭代过程为例,分为需求、概要设计、详细设计、代码实现、单元测试、集成测试、系统测试 7 个阶段,每个阶段都需要产生里程碑。对每个里程碑都有明确的标识标明当前状态。
- 阶段性成果基线:阶段性成果主要体现在代码过程中,比如代码进行到一个阶段,开发组长认为代码的这个状态可以保留,就可以确定为一个代码基线。这种基线一般不需要通过评审等正式手段来确定,但也必须有相应的验证手段;比如在项目中,在代码阶段,确定代码基线的责任人是开发组长,但开发组长必须保证代码基线符合一定的条件。

2. 其他版本

除基线版本外,有时候还需要在开发和维护过程中确定其他版本。例如,产品在测试过程中的问题修复可能会有多种反复,此时需要将每次修改的内容作为一个版本。

14.3　项目配置管理活动

软件配置管理的对象是软件研发活动中的全部开发资产。所有这一切都应作为配置项纳入管理计划统一进行管理,从而能够保证及时地对所有软件开发资源进行维护和集成。因此,软件配置管理的基本活动也就归结为制定项目的配置计划、对配置项进行标识、对配置项进行版本控制、对配置项进行变更控制、定期进行配置审计和向相关人员报告配置的状态。

14.3.1　配置管理计划

配置管理计划往往和项目开发计划一起产生,并相互影响。配置管理计划的目标是规划整个项目的配置管理活动,尤其是发布、基线管理等问题。配置管理计划的主要内容包括配置项的标识和命名规范、配置管理环境方案、配置管理活动计划和时间表、基线计划、发布计划等。可以说,配置管理计划直接决定了项目配置管理的方针,以及配置管理活动的准则。忽略配置管理计划,将使整个配置活动甚至项目都受到影响。

SCM 小组应在制定项目总体计划和软件项目计划同时开始制定软件配置管理计划,计划的内容主要包括 SCM 小组的构成和职责分工与权限、执行的活动与活动的进度安排和需要的工具、设备。配置管理计划如表 14-2 所示。

表 14-2　配置管理计划表

项目编号:	项目名称:
项目经理 PM:	项目软件经理 PSM:
要标识的配置项: 开发环境 工具 技术文档 提交产品	标识规范:
基准配置项: 项目启动计划 需求分析报告或软件功能规格说明书 开发计划 系统设计报告 编码 系统测试报告	提交时间及版本:
主要配置审核项:	
软件配置管理负责人:	软件质量保证负责人:
编制:	审批:

书面的配置管理计划应提交与软件项目组有关的相关职能小组的评审,评审通过的配置管理计划应作为项目的配置项纳入配置管理。

制定配置管理计划过程如下:

(1) 配置控制委员会(Configuration Contronl Board,CCB)根据项目的开发计划制定阶段里程碑,明确开发策略。

(2) 配置管理人员(Confiuration Management Officer,CMO)根据 CCB 的规划,制定配置管理计划,交 CCB 审核。

(3) CCB 审核通过配置管理计划后,将其交项目经理批准,然后对外发布。

执行配置管理计划过程如下:

(1) CCB 设定项目研发的初始基线。

(2) CMO 设立配置库与工作空间,为软件开发做准备。

(3) 开发人员根据软件配置策略获得授权资源,进行研发工作。

（4）CCB根据研发进展情况，审核项目变更请求，根据里程碑来确定新的基线，推进配置管理活动。

（5）制定相关规范来保障流程的实施。

在实现软件配置管理计划的过程中，要特别注意实现以下3个里程碑。

（1）建立软件配置管理小组：在项目总体组批准软件配置管理计划之后，立即成立软件配置管理小组。

（2）建立各阶段的配置基线：随着软件系统及其所属各子系统的任务书的评审和批准，建立起功能基线；随着软件需求规格说明书的批准，建立起指派基线；随着软件系统的集成与系统测试的完成，建立起产品基线。

（3）建立软件库：在项目所属的各个子系统的研制工作的开始，就建立起各个子系统的软件开发库，并在项目配置管理小组的计算机上建立起有关该系统及其子系统的软件受控库。以后在每个开发阶段的结束，建立各个子系统的新的开发库，同时把这个阶段的阶段产品送入总的软件受控库，并在各个子系统的计算机上建立软件受控库的副本。软件受控库必须以主软件受控库为准。当全部开发工作结束，在配置管理小组的计算机上建立起软件产品库，并在各子系统的计算机上建立软件产品库的副本。

14.3.2　版本标识

大中型软件项目开发过程中产生几十个、上百个，甚至上千个文档和程序等软件配置项，而且这些配置项还会经常出现变更，开发者不希望把它们搞混，也不希望因为变更而影响它们的后继工作。

为了控制和管理软件配置项，必须单独命名每个配置项，然后用面向对象方法组织它们。在一个对象成为基线之前，它可能变化许多次，甚至在已经成为基线之后变化仍然可能相当频繁。可以为任意对象创建一个演化图，演化图描绘了该对象的变化历史，如图14-1所示。

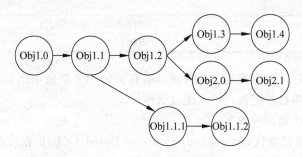

图 14-1　版本变迁演化图

配置对象 Obj1.0 经过修改之后变成了对象 1.1，较小的纠错和变化导致版本 1.1.1 和 1.1.2，随后的较大更新了对象 1.2，继续演化相继产生了对象 1.3 和 1.4，但是，同时进行的一个重大修改导致出现一条新的演化路径，得到了版本 2.0。面对众多的版本，如何保证不发生混乱？使用者如何确定使用的版本正是需要调用的版本？标识是实现的关键。

制定适当的命名规则是配置标识的重要工作。命名不能任意、随机地进行，命名要求具有唯一性，目的在于避免出现重名，造成混乱。可追溯性，使命名能够反映命名对象间的关系。

命名规则有如下几种：

（1）号码顺序型版本标识。最简单的情况是线型的。这种标识十分明显地给出了版本之间的传递关系。如图14-1所示。另外，这种标识方式还有树型和非树型结构。

（2）符号命名版本标识。用符号表达版本间的传递关系，如不用V1.1.2的形式，而采用V1/VMS/DB Server来表示一个在VMS操作系统上运行的数据库服务器版本。其优点是版本标识比较明显，但这一方式仍不能完全反映版本传递的真实情况。

（3）属性版本标识。属性版本标识是把有关版本的重要属性反映在标识中，例如，可以包括的属性有：客户名、开发语言、开发状态、硬件平台、生成日期等。每个版本都由唯一的一组属性标识，即一组具有其唯一性的属性值。这种版本标识的方法所具有的优点是：容易加入新版本，版本间的关系易于保持同时易于检索。

14.3.3 版本控制

版本控制是软件配置管理的核心思想之一，是指对软件开发过程中各种程序代码、配置文件及说明文档等文件变更的管理。版本控制最主要的功能就是追踪文件的变更。它将什么时候、什么人更改了文件的什么内容等信息忠实地记录下来。每一次文件的改变，文件的版本号都将增加。除了记录版本变更外，版本控制的另一个重要功能是并行开发。软件开发往往是多人协同作业，版本控制可以有效地解决版本的同步以及不同开发者之间的开发通信问题，提高协同开发的效率。并行开发中最常见的不同版本软件的错误（Bug）修正问题也可以通过版本控制中分支与合并的方法有效地解决。

具体来说，在每一项开发任务中，都需要首先设定开发基线，确定各个配置项的开发初始版本，在开发过程中，开发人员基于开发基线的版本，开发出所需的目标版本。当发生需求变更时，通过对变更的评估，确定变更的影响范围，对被影响的配置项的版本进行修改，根据变更的性质使配置项的版本树继续延伸或产生新的分支，形成新的目标版本，而对于不受变更影响的配置项则不应发生变动。同时，应能够将变更所产生的对版本的影响进行记录和跟踪，必要时还可以回退到以前的版本，例如当开发需求或需求变更被取消时，就需要有能力将版本回退到开发基线版本。在曾经出现过的季度升级包拆包和重新组包的过程中，其实就是将部分配置项的版本回退到开发基线，将对应不同需求的不同分支重新组合归并，形成新的升级包版本。

版本控制是软件配置管理的核心功能。所有置于配置库中的元素都应自动予以版本的标识，并保证版本命名的唯一性。版本在生成过程中，自动依照设定的使用模型自动分支、演进。除了系统自动记录的版本信息以外，为了配合软件开发流程的各个阶段，还需要定义、收集一些元数据来记录版本的辅助信息和规范开发流程，并为今后对软件过程的度量做好准备。当然如果选用的工具支持，这些辅助数据将能直接统计出过程数据，从而方便软件过程改进活动的进行。对于配置库中的各个基线控制项，应该根据其基线的位置和状态来设置相应的访问权限。一般来说，对于基线版本之前的各个版本都应处于被锁定的状态，如需要对它们进行变更，则应按照变更控制的流程来进行操作。

配置管理的版本控制主要解决下列问题：

（1）根据不同用户的需要配置不同的系统。

（2）保存系统老版本，为以后调查问题使用。

（3）建立一个系统新版本，使它包含某些决策而抛弃另一些。

（4）支持两位以上工程师同时在一个项目中工作。

（5）高效存储项目的多个版本。

一个系统的不同版本的一种表示方式有如图 14-1 所示的演化图，图中每一个节点都是软件的一个完整版本。

版本控制基本流程如下：

（1）创建配置项。

项目成员依据《配置管理计划》，在配置库中创建属于其任务范围内的配置项。此时配置项的状态为"草稿"，其版本号格式为 0.YZ。

（2）修改状态为"草稿"的配置项目。

项目成员使用配置管理软件的 Check in/Check out 功能，可以自由修改处于"草稿"状态的配置项，版本号格式为 0.YZ。

（3）技术评审或领导审批。

如果配置项是技术文档，则需要接受技术评审。如果配置项是"计划"这类文件，则需要项目经理（或上级领导）的审批。若配置项通过了技术评审或领导审批，则转向下一步，否则转回上一步。

（4）正式发布。

配置项通过技术评审或领导审批之后，则配置项的状态从"草稿"变为"正式发布"，版本号格式为 X.Y。

（5）变更。

修改处于"正式发布"状态的配置项，必须按照"变更控制流程"执行，具体步骤参见 14.3.4 节。

14.3.4　变更控制

从概念上来说，变更管理也属于配置管理工作的一部分。在软件开发项目中，无论是功能需求的变更、技术需求的变更还是服务需求的变更，都可以将变更要求与配置项建立起对应关系，演变成为配置项的变更，配置项在变更前后形成不同的版本，这样就使得变更管理能够有的放矢。如果不能将变更要求落实到具体的配置项上，项目中许多的变更控制就难以具体落实。

变更控制的目的是防止配置项被随意修改而导致混乱。为了提高效率，对于处于"草稿状态"的配置项，不必进行变更控制，因为它们本来就是草稿，本来就是要被不断地修改的。当配置项状态为"正式发布"，或者该配置项已经成为某个基线的一部分（即被"冻结"）时，如果要修改配置项，那么应按照变更控制规则执行。

在许多应用领域，配置管理只是变更控制系统的一个子集，其目的是保证项目产品描述的正确与完整。在其他一些应用领域，变更控制指的是为管理项目变更而做出的系统努力。

软件配置的更改管理适用于本项目的所有文档和代码，其中包括本项目的各个运行软件，也包括为本项目专门开发的支持软件。配置控制的要点如下：

（1）修改批准权限。对本项目各个子系统及其专用支持软件的功能基线、指派基线、产品基线及其集成系统的任何修改(称为 A 类修改),都必须通过项目配置管理小组讨论,并必须经总体组批准;对本项目各个子系统及其专用支持软件的其他阶段产品的任何修改(称为 B 类修改),都必须通过本项目各个子系统的配置管理人员审查,并经项目的软件配置管理小组与各个子系统负责人的共同批准并报项目总体组备案。

(2) 修改审批程序。由申请修改者提出申请,经有修改批准权限者批准,才能对配置项进行修改(check out),否则修改无效;修改后的配置项需经评审或测试通过后,才可检入(check in)到软件配置库中。

(3) 修改控制工具。修改控制工具是协助软件配置管理人员进行配置控制的有效手段。

一个项目的变更,需要记录该项目的版本信息、请求变更人、变更日期、变更请求说明和变更会产生的影响等数据,如表 14-3 所示。

表 14-3　项目变更控制表

记录编号：		时间：　　年　月　日	
项目编号：	项目名称：		
配置项名称：	配置项标识符：	配置项原版本：	配置项新版本：
更改请求提议人：		更改请求提出日期：	
更改请求说明：			
更改评估(更改类型、更改种类、更改对其他配置项的影响等)：			
更改请求审核人：		审核日期：	
更改审批人：		审批日期：	

14.3.5　配置状态报告

配置状态报告是软件配置管理的一项任务,它回答下述问题:

- 发生了什么事?
- 谁做的这件事?
- 这件事是什么时候发生的?
- 它将影响哪些其他事物?

配置状态报告是根据配置项操作数据库中的记录来向管理者报告软件开发活动的进展情况,项目配置状态报告模板如表 14-4 所示。

表 14-4　配置状态报告表

记录编号：　　　　　　　　　　　　　　　　　　　　　　　　时间：　　年　　月　　日

项目编号：		项目名称：				项目经理：		
配置项名称	配置项标识符	新版本号	原版本号	时间	备份路径	负责人	记录人	备注

配置状态报告应该是定期进行,并尽量通过 CASE 工具自动生成,用数据库中的客观数据来真实地反映各配置项的情况。配置状态报告应着重反映当前基线配置项的状态,以作为对开发进度报告的参照。同时也能从中根据开发人员对配置项的操作记录来对开发团队的工作关系做一定的分析。配置状态报告应该包括下列主要内容:

(1) 配置库结构和相关说明。

(2) 开发起始基线的构成。

(3) 当前基线位置及状态。

(4) 各基线配置项集成分支的情况。

(5) 各私有开发分支类型的分布情况。

(6) 关键元素的版本演进记录。

(7) 其他应予报告的事项。

配置状态报告对于大型软件开发项目的成功起着至关重要的作用。它提高了所有开发人员之间的通信能力,避免了可能出现的不一致和冲突。

14.3.6　配置审核

配置审核的主要作用是作为变更控制的补充手段,来确保某一变更需求已被切实实现。在某些情况下,它被作为正式的技术复审的一部分,但当软件配置管理是一个正式的活动时,该活动由 SQA 人员单独执行。配置审核实施的意义是为了确保项目配置管理的有效性,体现配置管理的最根本要求,不允许出现任何混乱现象,如:

(1) 防止出现向用户提交不适合的产品,如交付了用户手册的不正确版本。

(2) 发现不完善的实现,如开发出不符合初始规格说明或未按变更请求实施变更。

(3) 找出各配置项间不匹配或不相容的现象。

(4) 确认配置项已在所要求的质量控制审查之后作为基线入库保存。

(5) 确认记录和文档保持着可追溯性。

配置管理活动审核表模板如表 14-5 所示。

表 14-5　配置管理活动审核表

检 查 项	是	否	备 注
是否及进升级工作产品?			
是否执行配置库定期备份?			
是否定期执行配置管理系统病毒检查?			
是否评估配置管理系统满足实际需要?			
上次审核中发现的问题是否已全部解决?			

　　软件配置管理计划说明在产品/项目生命周期中要执行的所有与配置管理相关的活动。它记录如何计划、实施、控制和组织与产品相关的配置管理活动。SCCB 应按照软件配置管理计划，并遵循《SCCB 章程》的安排，指定负责实施针对项目的软件基线审核的小组，并指定小组长。软件基线审核的内容包括：

（1）基线的完整性。

（2）基线生成的过程是否符合 SCM 程序文件定义的流程。

（3）基线变更的过程是否符合 SCM 程序文件定义的流程。

（4）基线库的备份。

基线审核表模板如表 14-6 所示。

表 14-6　基线审核表

配置项名称：

配置项标识：

版本号：

一致性：

完整性：

备注：

　　除了做好配置活动和基线的审核外，对整个审核活动的过程应该以如表 14-7 所示的形式记录下来，更好地规范配置审核活动。

表 14-7　审核跟踪表

问题标识号：

问题描述：

状态：

责任人：

备注：

14.4　配置管理组织

　　要使配置管理活动在项目的开发和维护中得到贯彻执行，首先要了解项目配置管理组织的构成，还要明确配置管理活动的相关人员及其职责和权限，以及对项目配置管理员这个重要角色的素质要求。

14.4.1 项目配置管理组织构成

1. 项目经理

项目经理是整个项目开发和维护活动的负责人,他根据配置控制委员会的建议,批准配置管理的各项活动并控制它们的进程。其具体工作职责如下:

- 制定项目的组织结构和配置管理策略。
- 批准、发布配置管理计划。
- 决定项目起始基线和软件开发工作里程碑。
- 接受并审阅配置控制委员会的报告。

2. 配置经理

配置经理的目标是确保用来建立、变更及编码测试的计划和策略得以贯彻执行,同时使有关项目的信息容易获得。为了对编码更改形成控制,配置经理引入规范的请求变更的机制,评估更改的机制(通过变更控制机构 CCB,由它负责批准对软件系统的变更)和批准变更的机制。配置经理负责为工程人员创建任务单,交由项目经理对任务进行分配,创建项目的框架。同时,配置经理还收集软件系统中构件的相关数据,比如说用以判断系统中出现问题的构件的信息。配置经理的工作是:

- 确定项目配置管理策略。
- 确定用于控制产品变更的策略和流程。
- 在配置管理计划中记录此信息。

3. 配置控制委员会(Configuration Control Board,CCB)

配置控制委员会负责指导和控制配置管理的各项具体活动的进行,为项目经理的决策提供建议。其具体工作职责如下:

- 批准配置项的标志,以及软件基线的建立。
- 制定访问控制策略。
- 建立、更改基线的设置,审核变更申请。
- 根据配置管理员的报告决定相应的对策。

4. 配置管理员(Configuration Management Officer,CMO)

根据配置管理计划执行各项管理任务,配置管理员定期向 CCB 提交报告,并列席 CCB 的例会,其具体工作职责如下:

- 软件配置管理工具的日常管理与维护。
- 提交配置管理计划。
- 各配置项的管理与维护。
- 执行版本控制和变更控制方案。
- 完成配置审计并提交报告。
- 对开发人员进行相关的培训。
- 识别开发过程中存在的问题并制定解决方案。

配置管理员对于一个实施了配置管理、建立了配置管理工作平台的团队来说,他是非常重要的,因为整个开发团队的工作成果都在他的掌管之下。如果他管理和维护的配置管理系统出现了问题,轻则影响团队其他成员的工作效率,重则可能出现丢失工作成果、发布错误版本等严重的后果。

5. 开发人员(Developer,Dev)

开发人员的职责就是根据项目组织确定的配置管理计划和相关规定,按照配置管理工具的使用模型来完成开发任务。

14.4.2 项目配置管理员

一个高水平的配置管理人员,对开发团队在整体上有非常重要的作用。按照配置管理的职责要求,一个合格的配置管理人员需要具备以下素质:

- 职业道德是第一位的,这是由于配置管理人员负责管理软件公司最为重要的资产。
- 软件配置管理的专业知识,最好要精通一种配置管理工具,没有工具是不可能实施软件配置管理的,否则只能是效率极其低下的纸上谈兵。
- 项目管理的知识,对于软件开发流程非常熟悉。一般而言,最好要经历几个软件项目的开发管理过程,或者担任过项目经理,对软件开发的全过程有比较清晰的了解;有软件开发经验可以增强说服力,降低实施的难度,并且能够切身从开发人员的角度去体会配置管理,才能改进配置管理过程。
- 有一定的大局观,有一定的 IT 背景知识,对系统(操作系统、网络、数据库等方面)比较熟悉。

除了个人素质上的要求,在性格上也有一些共性的东西。

- 沟通技巧。在部署和实施配置管理的时候,肯定会遇到一些抵触,对于程序员而言,使用配置管理之前,没有什么约束,但是在实施后,会有一些约束,认为这并不是自己的工作。如果在使用中出现了问题,就需要配置管理人员进行沟通,并且能够解决问题。
- 稳重、细心、有耐心。配置管理工作需要和开发人员、测试人员、项目经理打交道,但是他们可能对遵循配置管理的流程和工具不会非常热心,因此需要配置管理人员稳重、有耐心地工作,以推动项目配置管理工作的顺利进行。
- 敢于坚持。有的时候,如果沟通不行,就需要采取强硬的手段来保证具体配置工作的要求得到贯彻执行。

14.4.3 项目配置角色

这里的角色是指配置管理流程的执行者和参与者。定义明确的角色有利于实现明确的授权和明晰的流程,虽然在实际中可能多个角色由一个人担任,但还是应该保留角色的定义。配置管理中的角色及相应的权限分别是:

- 配置管理员。整个配置管理库由配置管理员管理。配置管理员负责分配和修改其他成员的权限,维护所有目录和配置项。
- 开发经理。开发经理在本项目中负责主导完成需求分析和系统总体设计,对项目的总体进度负责。开发经理拥有对管理类文档的读取权限,可以对项目类文档进行读写操作。
- 开发组长。开发组长对本小组的工作负有组织和管理任务,同时开发组长也需要承担一定的开发任务。开发组长对管理类文档有读取权限,对本组负责的模块有读取权限,对自己负责的模块有读写的权限。

- 开发工程师。开发工程师完成具体的开发任务,对自己负责的模块目录有读写权限,对管理类文档有读取权限。

- 测试组长。测试组长负责组织测试,给出测试计划和测试方案,并核定测试报告。测试组长对所有目录都有读取权限,对测试目录有读写权限。

- 测试工程师。测试工程师负责完成测试工作,包括测试用例开发和测试执行,测试报告编写。测试工程师对自己负责的模块有读取权限,对测试用例目录有读写权限。

- QA 工程师。QA 工程师拥有对所有目录的读取权限,拥有对 QA 类文档目录的读写权限。

- 除配置管理员外,其他所有成员都没有 Destroy 目录和文件的权限,这是为了防止误删除操作带来不可挽回的损失。如果需要对目录进行 Destroy 操作,必须由配置管理员进行。

【案例 14-2】

项目配置管理带来的好处

海通运软件通过对项目管理现状的分析,结合公司项目管理的实际需要,决定开始执行项目配置管理,随后公司成立了配置控制委员会,由技术总监负责,资深高级程序员汤工担任配置经理。

公司首先制定了配置管理计划,包括如下步骤:

(1) 建立并维护配置管理的组织方针。

(2) 确定配置管理需使用的资源。

(3) 对相关人员分配相应的责任。

(4) 制定对"配置管理"的总负责人过程和产品质量保证人员的培训计划。

(5) 确定"配置管理"的项目干系人,并确定其介入时机。

(6) 制定识别配置项的准则。

(7) 制定配置项管理表。

(8) 确定配置管理软硬件资源。

(9) 制定基线计划。

(10) 制定基线和配置库备份计划。

(11) 制定变更控制规程。制定好审批计划后由配置控制委员会审批该计划。

然后建立源代码版本控制系统,经过比较选用 CVS,基本的代码提交原则有:

(1) 程序员尽量每天只在下班前提交一次。

(2) 提交的代码必须是在自己的机器上是正常运行的。

(3) 每次提交都必须用简短的语言说明自己提交代码的功能描述。由配置经理监督并提醒程序员按时提交。提交和提取过程则实现了两个主要的变化控制要素:访问控制和同步控制。访问控制管理哪个软件工程师有权限去访问和修改某特定的配置对象,同步控制帮助保证由两个不同的人员完成的并行修改不会互相覆盖。

公司成功实施配置管理后,给企业和软件团队带来如下一些益处:

（1）节约费用。包括通过缩短开发周期、节省费用以及减少施工费用。

（2）有利于知识库的建立。通过配置管理工具中的版本控制功能的对软件配置项的注释及追踪，可形成完整的开发日志及问题集合，以文字方式伴随开发的整个过程，不随某个人的转移而消失，有利于公司积累业务经验。

（3）规范管理。采用配置管理工具后，开发人员每天下班前对修改的文件"存入"（Check In），其中记述当天修改细节描述，这些描述可以作为工作量的衡量指标。测试人员也有具体的工作内容，减少其工作的随意性。

（4）能帮助提高软件质量。执行规范的配置管理后，该公司的软件质量有了相当程序的提高，交付给用户使用的系统版本出现 Bug 的情况很少出现了。

14.5 配置管理工具

软件配置管理贯穿于软件开发活动的始终，覆盖了开发活动的各个环节，它的重要作用之一就是要全面的管理保存各个配置项，监控各配置项的状态，并向项目经理及项目组长提交配置报告。配置管理工作更强调工具的支持，若缺乏良好的配置管理工具，要做好配置管理的实施会非常困难。

14.5.1 配置管理工具概述

软件配置管理是一项十分烦琐的工作，同时又和整个软件的开发活动紧密地联系在一起，为使软件开发能够始终处于受控之中，就必须建立一套体现软件工程特点的配置管理体系，并依据体系要求选用软件配置管理工具。选择什么样的配置管理工具，一直是大家关注的热点问题。与其他的一些软件工程活动不一样，配置管理工作更强调工具的支持；若缺乏良好的配置管理工具，配置管理的实施就会非常困难。当然，对于工具的选择应根据部门实际的需要而定，不一定要选最好的，只要是最合适的就可以。每一个软件项目，无论是工程类项目，还是产品类项目，都必须经历需求分析、系统设计、编码实现、集成测试、部署、交付、维护和支持的过程。在这个过程中，将生成各种各样不同的工件，包括文档、源程序、可执行代码、支持库。这一过程中，频繁出现的变更是不可避免的，因此面向如此庞大且不断变动的信息集，如何使其有序、高效地存放、查找和利用就成为了项目管理中的一个突出的问题。

针对这一问题，最早的开发人员尝试过的解决办法是通过手工来实现。

（1）文档：每次修改时都另存为一个新的文件，然后通过文件名进行区分，例如×××软件需求说明书 V1.0，×××软件需求说明书 V1.1，×××软件需求说明书 V2.0，并且在文件中注明每次版本变化的内容。

（2）源代码：每次要修改时就将整个工程目录复制一份，将原来的文件夹进行改名，例如××项目 V1.0、××项目 1.01，然后在新的目录中进行修改。

但是这种方法，不仅十分烦琐、容易出错，而且会带来大量的重复数据。如果是团队协同开发或者是项目规模较大时，还会造成很大的混乱。很显然，这样简陋的方法是无法应对这一问题的。后来，有人尝试从制造工业领域引入了配置管理这一概念，通过不懈的研究与实践，最终形成了一套管理办法和工具，这也就是软件配置管理工具的使用。

通过软件配置管理工具,将对软件系统中的多重版本实施系统的管理;全面记载系统开发的历史过程,包括为什么修改,谁做了修改,修改了什么;管理和追踪开发过程中危害软件质量以及影响开发周期的缺陷和变化。并对开发过程进行有效地管理和控制,完整、明确地记载开发过程中的历史变更,形成规范化的文档,不仅使日后的维护和升级得到保证,而且更重要的是,还可以保护宝贵的代码资源,积累软件财富,提高软件重用率,加快投资回报。

正如前面所述,由于软件配置管理过程十分繁杂,管理对象错综复杂,如果是采用人工的办法不仅费时费力,还容易出错,产生大量的废品。因此,引入一些自动化工具是十分有裨益的,这也是做好配置管理的必要条件。正是因为如此,市场上出现了大量的自动化配置管理工具,这些工具的实现原理与基本机制均十分接近,但由于其定位不同,因此各有特点。

20 世纪 70 年代初期加利福尼亚大学的 Leon Presser 教授撰写了一篇论文,提出控制变更和配置的概念,之后在 1975 年,他成立了一家名为 SoftTool 的公司,开发了自己的配置管理工具:CCC,这也是最早的配置管理工具之一。

在软件配置管理工具发展史上,继 CCC 之后,最具有里程碑式的是两个自由软件:Marc Rochkind 的 SCCS(Source Code Control System)和 Walter Tichy 的 RCS(Revision Control System),它们对配置管理工具的发展做出了重大的贡献,直到现在,绝大多数配置管理工具基本上都源于它们的设计思想和体系架构。

Rational 公司是全球最大的软件 CASE 工具提供商,现已被 IBM 收购。也许是受到其拳头产品、可视化建模第一工具 Rose 的影响,它开发的配置管理工具 ClearCase 也是深受用户的喜爱,是现在应用面最广的企业级、跨平台的配置管理工具之一。

ClearCase 提供了比较全面的配置管理支持,其中包括版本控制、工作空间管理、Build管理等,而且开发人员无须针对其改变现有的环境、工具和工作方式。其最大的缺点就在于价格不菲,每个客户端用户许可证大约需要几千美元,所以在国内应用群体有限。

14.5.2　Visual SourceSafe

Visual SourceSafe(VSS)是 Microsoft 公司推出的配置管理工具,是 Visual Studio 的套件之一。SourceSafe 是国内最流行的配置管理工具,用户量绝对是第一位。VSS 的简单工作原理:将项目所有的源文件(包括各种文件类型)以特有的方式存入数据库;客户端将程序复制到各自的工作目录下进行调试修改,然后进行 Check in 到服务器,进行综合更新;支持多个项目之间文件快速高效的共享;每个成员对项目文件所做的修改将被记录到数据库中;VSS 可以很容易地与 Microsoft Access、Visual Basic、Visual C++、Visual FoxPro 和其他的开发工具集成在一起。

VSS 的使用分为服务器和客户端操作。

1. VSS 6.0 服务器的配置和管理

在 VSS 6.0 服务器安装完毕后,就可以针对开发项目进行 VSS 服务器的配置和管理,这些工作均需由 VSS 管理员来完成。

第一步,为整个项目创建一个 VSS 数据库(在 VSS 服务器安装时,系统已经创建了一个缺省数据库 common),启动 Visual Sourcesafe 6.0 Admin,单击下拉菜单 Tools 中的

Create Database 菜单项,选择新数据库的路径,例如创建 myapp 数据库,然后单击 OK 按钮,系统将完成创建工作。

第二步,为新创建的数据库(例如 myapp)建立用户,首先需要打开该数据库,单击 users→Open Sourcesafe Database 命令,然后选择数据库 myapp,打开它。再选择 Add User 命令,输入用户名和口令,然后依次创建其他的用户。

第三步,在该新建的数据库中创建项目 project。启动 Microsoft Visual Sourcesafe 6.0,选择 File 菜单中的 Open Sourcesafe Database 命令,弹出一个对话框,选择一个数据库(例如 myapp),双击它或单击 Open 按钮一打开该数据库;一个项目 project 是一组相关的文档或者是一个文件的集合,VSS 允许你以任何的层次结构来存储和组织你的项目。在 VSS 数据库中,你可以创建一个或者多个项目。单击 File 菜单中的 Create Project 命令,创建一个项目,例如 myproject;创建完项目 myproject 后,需要向 myproject 中添加文件,单击 File 中 Add Files 命令,将跳出对话框,选择相应文件或目录,单击 Add 按钮,将它们添加到 myproject 中去。

VSS 服务器的配置到此基本上已经完成了,创建了数据库和项目,并为它们建立了相应的用户,这样用户在客户端的 VC 等集成开发环境中就可以直接登录到 VSS 服务器上,进行在 VSS 控制管理下的开发工作。

2. 在客户端的 VC 中使用 Source Code Control

当 VSS 服务器端的安装配置工作全部完成,并在客户端也完成了 VSS 的安装,这样就可启用 VSS 来管理控制整个开发小组的源代码和文档的版本管理。这里以应用比较广泛的 VC++ 6.0 为例来说明如何坐在客户端运用 VSS,以实现所有的开发工作均处于 VSS 的有效的控制管理之下。

启动 Microsoft Visual C++ 6.0,在 VC 的集成开发环境中,单击 File 菜单的 Open Workspace 命令,弹出的对话框与没有安装 VSS 客户端软件的 VC 有一个明显的区别:在对话框的底部增加了一项 open a project from source code control source control。

单击 Source Control 按钮,将弹出登录对话框,输入你的用户名和口令,单击 Browse 按钮选择你要登录的数据库。选择一个项目 project,在文本区输入它在本地的工作目录,VSS 服务器将在该工作目录下复制一份源代码以供用户开发调试和修改。其他的操作就如同在本地开发一样,将鼠标移至 VC 窗口的边框,在其右键快捷菜单中选择 Source Control 命令,就会出现 Source Control 工具条。选择 Source Control 工具条中的相应按钮,可以完成诸如获取某项目文件的最新版本,向 VSS 数据库中添加新文件,将修改后的文件 Check in 提交给 VSS 数据库,查看某个项目文件的历史信息,进行不同版本文件及不同项目之间文件的差异比对,还有共享某个项目或文件等操作。

SourceSafe 有一定的局限性主要体现在两个方面。第一,它只能在 Windows 下运行,不能在 UNIX、Linux 下运行。SourceSafe 不支持异构环境下的配置管理,对用户而言是个麻烦事。这不是技术问题,是微软公司产品战略决定的。第二,它适合于局域网内的用户群,不适合于通过 Internet 连接的用户群,因为 SourceSafe 是通过"共享目录"方式存储文件的。

14.5.3　WinCVS

CVS 是 Concurrent Version System(并行版本系统)的缩写,它是著名的开放源代码的配置管理工具。CVS 的官方网站是 http://www.cvshome.org/官方提供的是 CVS 服务器和命令行程序,但是官方并不提供交互式的客户端软件。许多软件机构根据 CVS 官方提供的编程接口开发了各种各样的 CVS 客户端软件,最有名的当推 Windows 环境的 CVS 客户端软件——WinCVS。WinCVS 是免费的,但是并不开放源代码。与 SourceSafe 相比,CVS 的主要优点是:

- SourceSafe 有的功能 CVS 全都有,CVS 支持并发的版本管理,SourceSafe 没有并发功能。CVS 服务器的功能和性能都比 SourceSafe 高出一筹。
- CVS 服务器是用 Java 编写的,可以在任何操作系统和网络环境下运行。CVS 深受 UNIX 和 Linux 的用户喜爱。Borland 公司的 JBuilder 提供了 CVS 的插件,Java 程序员可以在 JBuilder 集成环境中使用 CVS 进行版本控制。
- CVS 服务器有自己专用的数据库,文件存储并不采用 SourceSafe 的"共享目录"方式,所以不受限于局域网,信息安全性很好。

CVS 的主要缺点在于客户端软件,真可谓五花八门、良莠不齐。UNIX 和 Linux 的软件高手可以直接使用 CVS 命令行程序,而 Windows 用户通常使用 WinCVS。安装和使用 WinCVS 显然比 SourceSafe 麻烦不少,这是令人比较遗憾的。

14.5.4　Rational ClearCase

Rational 公司的 ClearCase 是软件行业公认的功能最强大、价格最昂贵的配置管理软件。ClearCase 主要应用于复杂产品的并行开发、发布和维护,其功能划分为四个范畴:版本控制、工作空间管理(Workspace Management)、构造管理(Build Management)、过程控制(Process Control)。ClearCase 通过 TCP/IP 来连接客户端和服务器。另外,ClearCase 拥有的浮动 License 可以跨越 UNIX 和 Windows NT 平台被共享。ClearCase 的功能比 CVS、SourceSafe 强大得多,但是其用户量远不如 CVS、SourceSafe 多。主要原因是:ClearCase 价格昂贵,如果没有批量折扣的话,每个 License 大约 5000 美元。对于中国用户而言,这无疑是天价。用户只有经过几天的培训后(费用同样很昂贵),才能正常使用 ClearCase。如果不参加培训,用户基本上不可能无师自通。Rational ClearCase 主要提供如下功能:

- 提供版本控制、工作区管理、Build 管理及流程管理。
- 提供分布式、跨区域的并行开发模式。
- 可以与 Rational 的全线产品、Microsoft 的 Developer Studio、Powerbuilder、Oracle Developer 2000 等集成。
- 提供离线模式,让用户可以在家工作,然后合并到开发流程中。
- 提供深入的 Build 内核。
- 对执行文件和目录进行自动图形化合并,文件间的差异明显展现出来。
- 完整控制程序源代码、二进制代码、可执行代码、测试项目、文档以及用户自定义的对象。
- 支持多平台,适合各种开发环境。

14.6 软件复用与构件配置管理

随着软件规模的不断扩大,人们对软件生产效率和软件质量的要求越来越高,长期以来,研究人员一直致力于提高软件生产率和软件质量,软件复用是解决此问题的现实可行的途径,而项目配置管理能更好地提升软件复用的效率。

14.6.1 软件复用

复用也称为重用或再用,是指同一事物不做修改或稍加改动就可多次重复使用。软件复用可划分为知识复用、方法和标准复用、软件成分的复用三个层次。

软件复用的目的是在软件开发中避免重复劳动,软件复用是指重复使用"为了复用目的而设计的软件"的过程。软件是需要定期升级才能满足企业要求的,这使得软件开发不是一个短期行为。但是,由于许多开发工作因缺少管理而成为个人行为,对于软件成果没有保护意识,更不能达到软件的共享与重用。通过"统一配置管理"这一具体的做法,能够强化软件完成后的总结工作。好的配置管理可以大大提高代码的可重用性,保护宝贵的代码资源,积累软件财富,提高软件重用率,加快投资回报。

软件复用是现代软件工程中的重要思想,是提高软件产品生产效率和质量的重要手段。软件产品是一个公司的宝贵财富,代码的可重用性是相当高的,如何建好知识库,用好知识库将对公司优质高效开发产品产生重大的影响。但如果没有良好的配置管理流程,软件复用的效率将大打折扣,比如对于复用的代码进行了必要的修改或改进,却只能通过手工的方式将发生的变更传递给所有复用该软件的项目,效率如何可想而知。另外,由于缺乏进行沟通的必要手段,各个开发人员各自为政,编写的代码不仅风格迥异,而且编码和设计脱节,往往会导致开发大量重复的难以维护的代码。

软件复用对配置管理提出了新的需求:配置管理应记录项目中正在使用的构件与相应的构件库中的构件的追踪关系;针对可复用构件,配置管理应记录更多的信息。实际上,配置管理和软件复用有着更紧密的关系。复用使得软件开发分为两个阶段:可复用构件的开发和利用可复用构件进行开发,配置管理在这两个阶段都能起到重要作用。

可复用构件的开发也是一种软件开发,配置管理对软件开发的作用也可以在其中体现出来。提高可复用性是开发可复用构件的一个重要目标,目前主要从技术的角度研究如何提高可复用性,实际上,好的管理也对提高可复用性有着重要意义。构件的质量是构件可复用性的一个重要方面,构件使用者对构件质量的要求比对普通软件质量的要求要高。配置管理可以有效地提高构件的质量,从而提高构件的可复用性。另外,开发可复用构件时也可能会复用已有的构件。

14.6.2 构件的配置管理

利用构件进行软件开发可以分为三个方面:构件提取、构件组装和构件的适应性修改。在构件提取方面,配置管理可以提高构件提取的质量;在构件组装方面,配置管理有助于在提取的同时进行组装;在构件的适应性修改方面,配置管理可以控制构件的变化,保证构件的适应性修改正确完成。

1．构件提取时的配置管理

为了较好地支持利用可复用构件进行软件开发,需要在构件中保存大量的构件,好的构件库组织和管理可以提高构件提取的质量,配置管理对构件库的组织和管理有很大的帮助。一个构件在构件库中往往需要保存多个版本,不同版本之间的差异可能是使用平台不同,也可能是功能或使用方式的差异。许多构件库系统都记录构件间的版本关系。利用配置管理中的版本控制,可以更好地维护构件间的版本关系。配置管理采用增量存储,可以减少这些构件库中所占的空间,从而提高构件库的容量。多个构件可能会包含相同的成分,比如有两个构件,每个构件都包含多个类,其中有些类是这两个构件共有的。利用配置管理,这些类就可以只保存一份,这样可以减少冗余,保证一致性。

2．构件组装时的配置管理

在进行构件组装时,组装的结果可能仍是可复用的构件,这些组装出来的构件也应该保存在构件库中,供以后使用。由于这些构件的组成部分都已存在于构件库中,再在构件库中存储这些构件不是个好办法。因此,构件库应该在不直接存储组合构件的情况下,提供查询组合构件的功能。此时,由于不能穷举出构件库中所有的构件组合,必须采取一些实际可行的办法使得要查询的构件组合的数目降下来。从管理的角度来看,可以把可能的构件组合以配置的形式记录下来,供使用者查询,甚至可以在构件库的使用过程逐步将新的构件组合添加到构件库中。

3．构件适应性修改时的配置管理

构件的使用者往往不是构件的开发者,对构件不够熟悉,构件的使用者在对构件进行修改时,可能为进行很小的修改付出巨人的工作量;而且由于修改不当,还可能引入错误,造成构件复用的失败。配置管理有助于减少构件修改的工作量和保证构件修改正确完成。在对构件进行修改的过程中,构件使用者往往不能一次找到正确的修改办法,因此需要尝试多种修改办法。利用配置管理中的版本控制,记录构件修改过程中的多个版本,可以避免多次尝试之间的相互影响,也可以尽可能地保存以前有用的工作,减少重复劳动,从而减少构件修改的工作量。

一个构件可能包含多个部分,对一个部分的修改可能会对其他部分造成影响。利用配置管理中配置支持和变化控制,还可以在构件修改过程中维护各个部分的一致性。配置管理可以记录每次修改对整个构件的影响,有助于使修改局部化,减少修改造成的构件各个部分的相互影响,指导复用者正确完成构件的适应性修改。

软件复用是目前人们普遍看好的一种技术,在基于软件复用的软件开发过程中提供配置管理的支持有助于更好地复用。

14.7　IT项目文档管理

企业要形成自己的核心竞争力,要持续发展,必须从积累开始,在积累中形成财富。项目文档既是项目管理过程的见证,也是提高项目管理质量的有效手段。项目管理的一个很重要的功能就是知识的积累。通过知识积累形成组织过程资产和企业文化,最终转变成组织的核心竞争力。知识递进与项目文档的关系如图14-2所示。

图 14-2 知识的递进及与文档的关系

文档是记录系统的痕迹,是系统维护人员的指南,是开发人员与用户交流的工具,是系统相关人员对系统了解和使用的必要资料。健全规范的文档意味着系统是按照工程化的方法开发的,意味着系统的质量有了形式上的保证。文档欠缺以及文档的随意性和不规范性,极有可能导致开发人员流动后,系统不可维护,成了没有生命力的系统。

在软件工程中,文档常常用来表示对活动、需求、过程或结果进行描述、定义、规定、报告或认证的任何书面或图示的信息。在 IT 项目的实施过程中,会产生大量的文档。管理好文档对项目管理工作将产生积极的影响。文档资料的整理和档案管理是企业、也是 IT 项目管理的一项重要工作,是项目成果的组成部分,没有文档的 IT 项目是不完整的。IT 项目文档的编制在 IT 项目工作中占有突出的地位和相当的工作量。高效率、高质量地开发、分发、管理和维护文档对于转让、变更、修正、扩充和使用文档,对于充分发挥 IT 产品的效益有着重要意义。支持有效文档策略的基本条件包括如下几个方面:

- 文档需要覆盖整个软件生命周期。
- 文档应该是可管理的。
- 文档应该适应它的读者和使用者。
- 文档效应应该贯穿软件的全开发过程。
- 文档标准应被标识和使用。
- 应该规定相关的支持环境和工具。

14.7.1 IT 项目文档管理的重要性

项目文档通常是指一些记录的数据和数据媒体,它具有固定不变的形式,可被人和计算机阅读。IT 项目的文档很多,主要涉及技术文档、程序控制文档和管理制度文档等。文档在产品开发和系统运维过程中具有十分重要的作用,主要反映在以下几个方面:

- 项目管理的依据。文档将通常“不可见的”软件开发进程转换成“可见的”文字资料,有利于项目的管理和系统的运维。
- 技术交流的语言。项目小组内部、项目平行开发的各小组之间进行的交流和联系,通常都是通过文档来实现的。
- 项目质量保证。文档是进行项目质量审查和评价的重要依据,有效文档的提供,可以满足项目质量保证人员和审查人员的工作需要。
- 支持培训与应用。合格的软件文档通常都提供有关软件运行、维护和培训的必要信息,支持软件产品的应用和维护。

- 支持软件维护。软件文档提供系统开发的全部必要技术资料,有利于维护人员熟悉系统,开展维护工作;软件维护文档记载了软件维护过程中软件及其环境变化的全部信息。
- 记载软件过程。软件文档作为"记载软件过程的语言",可用作未来项目的一种资源,向潜在用户报道软件的各种有利信息,便于他们判断自己是否需要该软件提供的服务。

项目文档的管理是项目过程的跟踪的管理。文档管理要做到:及时、真实、符合标准。及时是指文档制作要及时,归档要及时;真实指的是文档中的数据必须是真实有效的;符合标准指的是文档的格式和填写必须规范。要管理好 IT 项目文档,需要在如下几个方面做出努力。

- 对文档进行分类和标引。
- 对文档的变更过程进行管理。
- 对文档的版本进行标识与管理。
- 制定文档编写的风格与格式。
- 规定技术文档的模板。
- 提供文档的查询与检索功能。
- 对文档进行归档、组卷处理。

文档管理是一项非常复杂的工作,文档与文档之间存在着千丝万缕的关系,要使客户非常方便地查询和提取到某一文档及其相关文档,就需要在文档之间建立关联。在文档之间建立关联的方式就是文档的标引。不采用文档管理软件进行文档管理时,标引是一项复杂而烦琐的工作,用手工管理几乎不可能,因此,文档标引需要软件工具提供支持。

文档形成过程的管理是一个文档版本的管理过程。它提供文档的标识和变动轨迹的管理,从文档的最初形成,到文档的变更管理,在到最后的文档销毁,系统都可以提供支持。除此之外,文档查询与检索效率的高低也越来越受到重视。

文档管理在企业中的作用越来越大。IT 项目文档管理将严重影响项目的各个方面。

(1) 知识的流失。IT 项目以知识为主,知识主要存在于项目团队成员的脑子里,人员的流失也同样意味着知识的流失。因此,要尽可能地把人们脑子里的知识转化成文档表现的知识,便于项目团队人员的共享和企业知识的积累。

(2) 质量的管理。IT 项目质量的保证很大部分责任依赖于项目文档,例如,项目的范围必须以文档的形式界定,项目需求、项目计划等都需要通过文档来确认和管理。

(3) 知识产权的保护。IT 项目中的技术文档有不同程度的保密性,这里既有竞争的需要,又有知识产权的保密的需要。

(4) 项目成本管理。IT 项目中文档管理的工作内容很多,其所耗费的成本在整个项目中所占的份额不容忽视。

(5) 客户的满意度。用户通过技术规划书来监督项目的执行,通过培训手册、技术手册等使用 IT 项目的成果。项目文档的好坏,也是让用户满意的重要指标。

14.7.2　制定文档编制计划

需要强调,文档编制计划应该是整个项目管理计划的一部分。在大型项目中,它甚至是一个独立的子计划。编制文档计划的工作应尽早开始,并将对计划的评审工作贯穿项目的全过程。必须将文档编写计划分发给全体开发人员,作为文档重要性的具体依据和管理部门文档工作责任的备忘录和管理标准与依据。编制文档计划的工作应尽早开始,并将对计划的评审工作贯穿项目的全过程。文档计划一般包括以下几个方面内容:

- 列出应编制文档目录。
- 明确编制文档应参考的标准。
- 指定文档管理员。
- 提供编写文档的条件,落实编写人员、所需经费以及编制工具等。
- 明确保证文档质量的方法,应采取的措施等。
- 绘制进度表,明确软件生存期各阶段应产生的文档、编制人员、编制日期、完成日期、评审日期、归档日期等。

14.7.3　IT项目文档分类

国家标准化委员会在1988年1月颁布了《计算机软件开发规范(GB 8566—88)》和《计算机软件产品开发文件编制指南(GB/T 8567—1988)》,以及2007版的《信息技术软件生存周期过程(GB/T 8566—2007)》和2006版的《计算机软件文档编制规范(GB/T 8567—2006)》作为软件开发和文档编制工作的准则和规程。这些标准应该作为IT项目特别是软件项目文档开发和管理的指南。项目团队应该熟悉和执行这类标准。

做好文档管理的第一步是对项目文档进行分类。从文档的重要性和质量要求方面考虑,文档可以分为正式文档和非正式文档;从项目生命周期角度来看,可以分为开发文档、产品文档和管理文档。IT企业和IT部门可以自行制定一套行之有效的文档管理体系并组织实施。项目文档可以有不同的分类,如图14-3所示。

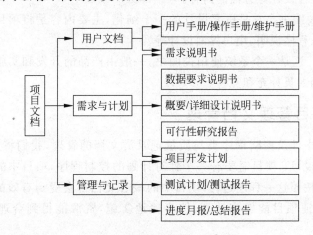

图14-3　项目文档的一种分类

另一种方式是按照ISO 9000的要求制定文档模板并组织实施。按照质量管理的要求,企业的文档管理可以分为三类:程序文档、记录文档和技术文档。按照项目的管理过程,文档可能会是另外一种分法。例如,可以将项目文档分为项目过程文档和项目产品文档等。

14.7.4　IT项目开发文档管理

为了管理好项目文档,写出高质量的文档,企业需要制定一些标准的文档模板,这些模板有一定的分类、有相应的格式要求,项目人员在使用这些文档模板编写项目文档时,可以避免遗漏关键内容,提高编写效率。软件文档最终需要回答读者关心的下列问题:

- 为什么要开发、维护或修改这个软件?(Why)
- 工作目标要满足哪些需求?(What)
- 需求应如何实现?(How)
- 开发、维护或修改的工作应由谁来完成?(Who)
- 开发工作的时间如何安排?(When)
- 在什么环境开发和实现?所需信息从何而来?(Where)

以下给出了一些需要管理的IT项目开发类文档,而上述问题将成为这类文档管理的重点和难点。

(1)需求说明书。编写需求说明书是每个项目必须完成的工作,主要内容包括项目背景和内容概要、项目的相关资料、缩略语、定义等,以及项目的任务概述、业务流程、数据描述、功能需求、界面要求、接口要求、性能需求、运行环境需求等。

(2)技术规划书。技术规划书是开发商按照需求说明书的要求,为客户的项目编写的技术方案,通常是合同的一部分,以合同附件形式存在。

(3)概要设计说明书。它是项目团队在需求说明书的基础上的一个技术方案,可以说是项目团队对用户需求的一个理解性描述。其核心内容是对IT项目的体系结构进行描述。用户需求中的内容在概要设计说明书中都需要进行适当的解释。

(4)数据库设计说明书。对于一些数据库应用类的IT项目,需要对项目数据库进行设计和说明,其核心内容是对数据库概念模型和数据库逻辑模型进行设计,也包括一些数据视图描述、数据库一致性设计等方面的内容。

(5)详细设计说明书。它是概要设计的一个细化,主要内容是将项目的体系结构进行细化给出程序结构、程序说明、用户界面设计等。

(6)系统指南。这是一个系统使用说明书,一般由产品的开发和实施者先编写一个核心版本,然后由文档人员补充和完善。

14.7.5　IT项目管理文档管理

项目管理工作中涉及控制程序类与质量记录类文档的管理,我们将其称为IT项目管理类文档。一般来说,IT项目需要有一个针对计划的控制程序,项目中的计划文档由该控制程序进行规范。按照这一程序过程,项目中的核心文档都会受到有效的管理。该程序过程的目的是为了保证项目能够有计划、按步骤地实施,资源能得到合理的分配和有效的利用。

通过控制程序规范项目中角色种类及相关的责任,也对项目工作程序予以规范。其中包括项目计划编写要求、项目的阶段划分、项目的组织和管理、项目的资源分配、项目的进度安排、项目计划的审核和批准及项目计划的修改等内容。

对于一个软件开发项目,企业需要制定软件开发过程控制程序。项目中的计划文档由该控制程序进行规范。按照这一控制程序,软件项目中的文档都将得到有效的管理。

在 IT 项目测试过程中也需要对大量的文档进行处理。测试过程中的文档由项目测试过程控制程序规范。项目测试过程控制程序的目的是通过测试,发现软件错误,验证软件是否满足软件需求说明和各种设计说明书,为软件的度量提供依据。测试内容主要包括静态分析、单元测试、构造与构造测试、集成测试、系统测试、交付测试、内部测试、外部测试、结构测试等。整个软件测试工作分为制定测试计划、测试设计与开发、测试执行和测试评估 4 个阶段。质量记录控制程序则主要是针对质量记录进行控制和管理,提供产品质量符合要求和质量体系有效运行的证据。

项目文档是保证项目质量的一个有效手段。IT 项目的质量就是由大量的项目计划文档、项目技术文档、项目控制文档以及项目过程记录文档来表现和保证的。

这些文档之间存在着各种各样的关联。在管理过程中要注意这些关联。若是使用项目管理软件则必须考虑容易建立这种关联。它们之间的关联大体上包括质量改进过程文档关联、产生支持过程文档关联和开发生产过程文档关联。

【案例 14-1 的分析】

从案例 14-1 出现的问题来看,在一个稍有规模的团队,由于开发者比较多,同时开发的模块比较多,很容易出现这些情况:两个人开发同一个模块时,出现了代码冲突;模块更新后,接口手册、用户手册等没有同步更新;多个版本的代码混成一团,不知道哪个版本是稳定版,哪个版本是测试版;不知道一个新版本解决了什么问题,所以其他开发人员不敢用这些新版本等。为了避免成果被覆盖,很多人早期采用手工管理版本的方式,例如当一个新版本产生时用当时的日期来命名文件夹,然后再复制一下以后的修改在复制的文件夹内进行,这样上一个版本就被保存下来了,周而复始不同的版本不会被覆盖。虽然这种方式可以从某种程度上解决版本的回溯问题,但它存在的缺点是显而易见的:第一点如果保留结果过于频繁,将会导致产生大量的有着重复内容的文件夹,占用庞大的物理空间,管理起来很麻烦;如果保留旧版本的时间间隔太长,可能产生某些有用的老程序无法回溯,如果是团队开发软件,这种简单的方法更难解决问题的本质了。大量的问题已经不再是单纯的技术问题了,而是需要一项专门的管理手段来处理。这个管理手段直接的目的就是保持项目的稳定性(虽然也能间接提高质量),减少因上述原因引起的项目混乱而造成的负面影响。刘经理和他的团队认真分析了项目开发过程中开发程序的版本控制方法,发现了项目中存在的主要问题:

- 没有意识到项目配置管理的重要性。
- 没有一个规范的项目配置管理的流程。
- 大多数员工怕麻烦不愿主动进行配置管理。
- 没有选用相应的项目配置管理工具。

通过以上分析,刘经理建议公司采用规范的项目配置管理,在以后的项目中严格按照配置管理的流程进行开发,并提出相关建议:公司全体员工都要接受一次全面的项目配置管理的培训,从思想上认识到配置管理的重要性。

在了解了该项目因版本混乱引起的一系列的问题,以及清楚认识到配置管理必要性后,公司领导决定成立专门的配置管理队伍,开始实施配置管理,并选取 CVS 为项目配置管理的工具(具体过程参见案例14-2)。

项目程序和文档按照配置管理的流程进行管理后,解决了因为版本混乱或是版本丢失导致的程序和文档需要重写的问题,提高了软件开发的质量和效率。

【感想和体会】

配置管理是 IT 项目管理的有效手段和方法,有项目管理就离不开配置管理,项目团队必须将其作为基本功来操练。

没有项目文档就没有项目的一切,项目团队应该深刻认识它的价值。项目管理者应该从文档入手来进行项目的管理。

14.8　习题与思考

1. 什么是软件配置和软件配置管理?

2. 什么是基线? 建立基线的好处是什么?

3. 配置和配置项的区别是什么?

4. 软件配置管理的基本活动包括哪些?

5. 参照配置管理计划表写出你所熟悉的一个项目的配置计划。

6. 配置管理组织的构成是什么?

7. 在本章的案例 14-1 中,假设你是刘经理,如何避免出现这些问题?

8. 项目配置管理的常用工具有哪些? 它们分别有哪些特点?

9. 请简述规范的项目配置管理流程。

10. 项目配置管理如何更好地为软件复用服务?

11. 项目涉及的主要文档有哪些? 各有什么作用?

12. 项目文档如果不能管理好,将会影响企业的哪些方面?

13. 根据你了解的 IT 项目和文档计划包括的内容,编制一个项目文档计划。

附 录 A

IT项目管理文档模板范例

IT项目管理文档和模板的完整程度,反映了一个企业项目管理的控制能力和管理水平,掌握和运用项目管理文档的程度,反映了项目团队实施项目的实施能力与控制能力。没有模板的企业是不规范的企业;不会使用模板的团队是不成熟的团队;不会使用模板来进行项目管理的项目经理是不成熟的项目经理。采用模板编制项目技术文档和管理文档是组织和个人必须掌握的基本功。

本书涉及到大量的IT项目特别是软件项目管理的文档模板,为了使读者能更好地了解IT组织在软件项目开发过程中的运作流程和所使用的项目文档,本附录综合本书软件项目运作流程和IT项目管理文档,并结合实际应用的经验与体会,形成IT项目管理文档模板范例,希望能为读者在项目开发与管理实践中提供一些帮助和支持。

为了便于查找,本附录将文档分为文档管理规范、项目管理规范、项目计划文档、需求分析文档、软件设计文档、软件测试文档及项目收尾文档等几类,具体的文档模板如表A-1所示。

表 A-1　文档模板目录

序　号	文 档 类 型	文 档 名 称
1	文档管理规范	A.1　文档管理规范
2	项目管理规范	A.2.1　项目管理流程规范
		A.2.2　软件评审管理规程
		A.2.3　软件测试管理规程
		A.2.4　软件配置管理规程
		A.2.5　会议纪要模板
		A.2.6　项目周/月进度报告模板
3	项目计划文档	A.3.1　项目任务书
		A.3.2　项目立项申请表
		A.3.3　工作进度计划编写要求
		A.3.4　合同执行计划
		A.3.5　技术资源申请表
		A.3.6　项目计划书
		A.3.7　项目建议书
4	软件需求分析文档	A.4　软件需求分析文档

序 号	文 档 类 型	文 档 名 称
5	软件设计文档	A.5.1　系统总体分析与设计说明书 A.5.2　系统详细分析与设计规格说明书
6	软件测试文档	A.6.1　测试计划 A.6.2　测试用例
7	项目收尾文档	A.7.1　项目结束通知单 A.7.2　项目总结报告

A.1　项目文档管理规范

1. 引言

软件项目的不同阶段都会产生大量的文档和记录,文档的编写必须强调完整性、正确性、可行性、明确性、可验证性、必要性和优先级。为了加强管理、提高工作效率,充分借鉴已有的经验,结合现行的软件工程标准及质量标准,对文档进行规范化管理是很有必要的。它对于保存在项目开发过程中形成的各种文档和记录,为公司积累宝贵的技术知识,构建公司软件开发的知识数据库,为今后的软件开发工作提供第一手宝贵资料起着重要的作用。

为了规范本公司承担的信息化建议项目、软件开发项目及其他项目文档的管理工作,根据国家标准管理局制定的有关软件开发规范和开发文件的规范标准、相关的行业企业规范,结合本公司的实际情况,特制定本规范。

2. 文档编制规范

1) 项目分类标准

根据本公司的发展目标,公司所开展的工程项目或软件项目可划分为 4 大类。

- A 类项目:由客户提出,直接面向某一客户的特定应用项目,称为合同项目。
- B 类项目:以完成面向某一行业客户的应用项目为背景,公司拟开发成通用产品的项目,称为通用产品研发项目。
- C 类项目:公司自立项目开发的产品,称为产品研发项目。
- D 类项目:指承担的国家或省、部级研发项目,称为科研项目。

2) 文档命名规则

公司所有的技术文档,都必须具有一个唯一的系列号,该系列号由 5 个部分组成:"公司标识—类别—项目代号—类型—编号"。

- CSA—公司标识符。
- 类别。

类别分为如下几种:项目类别,如 ERP\OA\PM\POS 等;体系标准过程文件用 DOC 来标识;公司管理类文件用 MENT 来标识;硬件类用 HDD 来标识;市场类用 MART 来标识;财务类用 FIN 来标识。

- 项目代号(在类别这一字阶中,要根据项目的分类标准,对其进行标识,然后紧跟项目代号,如 A/XN)。

项目代号取项目中文名称的每个汉字的汉语拼音的第一个字母(大写)。位数不能超出

10 位。针对产品,用产品代号来替代项目代号,产品代号的命名要求是英文。针对公司管理类文件,此处可以为空。针对硬件类,此处可以为所属项目或所属部门的编号。针对市场类,填写所属项目的代号。针对于财务类,填写所属项目的代号。

- 类型。

文档的类型参见本章节附件所列出的文档命名规范列表。

- 编号。

该字段强调该类型文档在项目阶段中的顺序号。

说明:对于公司行政类的发文,遵循行政发文模板的约定。

举例说明:如图 A-1 所示。

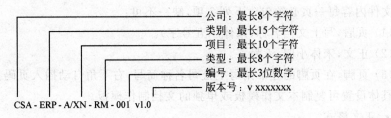

公司:最长8个字符
类别:最长15个字符
项目:最长10个字符
类型:最长8个字符
编号:最长3位数字
版本号:v xxxxxxx

CSA - ERP - A/XN - RM - 001 v1.0

图 A-1 技术文档命名示例

3) 文档组成格式

公司所有文档(仅一页的文件可按单页文档格式组织)由封面、批准或会签页、修改历史、目录、文件正文内容、附件等组成。

- 封面。基本信息如表 A-2 所示。

密级:密级分为公开、内部、秘密和机密。公开—无密级,对公司外部进行宣传的任何文件或资料。内部—无密级,公司内部任何人都可阅读。秘密,限部门经理、主管、项目经理阅读,其他相关人员阅读需要经过上级主管的批准。机密,限公司总经理、副总经理、技术总监及高层管理人员阅读。

字体:黑体,小四、五号,加粗

说明:密级处于封面的右上角,与公司标志处在同一行。

公司标志的位置位于左上角。

文档名称:中文字体:黑体,二号字体,加粗

英文字体:Arial,二号字体,加粗

例:文档管理规范。

文档基本信息:中文字体,宋体,五号加粗。

表 A-2 封面中文档基本信息

文 档 编 号	CSA-MENT-PP-001-V1.0
状态	初始版
发布日期	2014-7-26
当前版本号	1.0
前一版本号	0.1

文档封面下部信息：使用黑体 4 号字体加粗。

- 正式批准页。

正式批准页标题为黑体 4 号加粗、加下划线、居中、正文为宋体五号字体。

- 修改历史。

修改历史页标题为黑体 4 号加粗、加下划线、居中，正文为宋体五号字体。

信息要对日期、作者、版本号、修改内容等信息进行说明。

- 目录。

使用文档编制 Microsoft Word 的，自动生成目录的功能产生文档目录。

- 文件内容。

文件内容每一页必须包含下列 3 项，缺一不可：

(1) 页眉，写上文档名称(宋体小五号字)。

(2) 正文，宋体小四、五号字。

(3) 页脚，在页脚的左下角写上公司名称简写，右下角自动插入页码。

具体设置可复制本文作模板或单独的文档制作模板。

- 正文格式。

标题一：黑体、小二、粗体、左对齐。

标题二：黑体、三号、粗体、左对齐。

标题三：黑体、小三号、粗体、左对齐。

标题四：黑体、四号、正常体。

正文：宋体、小四(五)号、正常体、左对齐。

以上行距为 1.5 倍/1 倍/最小行距可选。

4) 文档的制作

文档编制信息用于明确文档的来源，使整个开发的流程清晰可查。以便今后可就某个技术细节找到相应的作者提高，也便于对某个项目的工作任务做出合理的安排。

文档形成时，必须写清楚文档的作者及合作者。如果文档进行了修改或改版，在版本更新说明中，必须写清楚修改人。

在对文档进行登记归档时也必须如实记录作者，包括第一作者、修改者。同时记录打印人和定稿打印的日期。

任何文档的制作者必须严格按照本文档管理规范来制作。如果在本文档管理规范中没有描述，由公司项目管理办公室根据项目实际情况，提出相关文档制作模板，并在下一版本中进行改进。

5) 文档的审核

每类文件都应有相应的审核或评审，并有相关人员的签字，对于软件项目或产品类的技术类文件必须经过评审或审查，其他类型的文件也必须有相应人员的签字。

6) 文档的收集与归档

文档分为两种：一类为纸质文档，另一类为电子文档。纸质文档的提交应该提交两份：一份为原件，一份为复印件。对于纸质文档收集后必须按类分别归整，电子文档的提交必须做好相应的备份。

软件项目或产品文档的收集是由作者或项目的管理者按照计划，在经过公司部门经理和技术管理部的审核后及时交公司资源管理部,资源管理部要做好登记,再由资源管理部按照分类进行归整、标识。

对于其他类型的文档,由其部门助理或部门负责人在其文档编制完成的 5 个工作日内交资源管理部,并做好登记。

7) 文档的管理

根据部门或项目/产品来分类。根据实际情况,还可以根据其他特征来分类。这些特征有时间、作者、部门、项目、文档类别等。

在对文档进行管理时,必须对每一份正式的文档进行详细的登记。登记时的原则是:手续严密、格式清晰醒目、简化适用、登记项目完整详尽。这样在对文档进行管理时便于查找文档和检查文档的运转情况。一般采用簿式登记,以便清晰可查。

8) 文档的控制

为保持文档的完整性和一致性,保持各种文件之间的一致性和文件的安全性,需要对文档进行控制,具体表现在:

- 应该有文档管理员集中保管本项目现有全部文档的电子与纸质各一套,由其负责保管。
- 每一份提交给文档管理人员的文档必须具有作者、正式批准或会签页的签字和批准。
- 两套文本的内容一致,其中一套可以出借,另一套绝对不可以出借。
- 文档的借阅和归还必须有出借和注销的手续。
- 项目组中的个人文档必须和整个项目的主文档的内容和版本一致。
- 一份文档如果被新文档更新,必须以最新的文档为保存依据,并保留三个或三个以内的历史版本。

9) 文档的修改管理

文档的修改管理主要针对软件类文档而言。对于其他类型文件的变更,也应进行相应的变更申请手续。

- 文档的借阅和复制管理制度。

文档的借阅包括 3 种情况:一是在软件开发部门内部的文档借阅,二是项目组内部的文档借阅,三是已经形成基线的文档的借阅。

对于部门内部的技术文档借阅,申请人必须拥有部门经理的签名许可。

对于项目组内部的技术文档借阅,申请人必须拥有项目经理或技术总监的签名许可。

对于已形成基线的特定技术文档的借阅,必须拥有技术总监的签名许可。

总而言之,如果文件具有相关的密级,在借阅的过程中应得到相应的批准。对于秘密与机密类文件,需要填写文件《借阅申请单》或《软件产品复制申请单》。

- 文档的保密性。

对于任何一种技术文档,必须按密级进行管理,技术文档的密级在制作规范中已经说明。借阅制度如下:

明文按照借阅手续办理即可以自由借阅。出借的文档要登记文档份数、文件名、借阅人、预期归还时间。如需长期使用,要提供复印件供借阅人使用。

密级文件(秘密、机密)文件必须经相应的批准并签字方能借阅。

借出的文档要定期催还,因丢失文件、泄密造成的后果由借阅人承担。

关于技术文档的复制(拷贝或打印)工作,必须依照上述的借阅制度进行。

3. 技术文档的质量评价

关于技术文档质量评价在文档的评审或审查过程中,要求评委、评审人员从以下几个方面进行评价。

高质量的文档应当体现在以下几个方面。

- 规范性:符合公司关于相关类型的文档制作规范。
- 针对性:文档编制以前应当分清读者对象。按不同的类型、不同层次的读者,决定怎样适应他们的需要。编写的内容要有针对性。
- 精确性:文档的行文应当十分准确,不能出现多义性的描述。
- 清晰性:文档编写应力求简明,如有可能,配以适当的图表,以增强其清晰性。
- 完整性:任何一个文档都应当是完整的(需要具有所要求的内容)。
- 灵活性:各个不同软件项目,其规模和复杂程度有着许多实际差别,不能一律看待。

4. 附件

软件技术类文档与管理类文档命名规范列表:

- 可行性研究报告　　　　FAR (Feasibility Analyze Report)
- 市场分析报告　　　　　MAR　(Mart Analyze Report)
- 技术分析报告　　　　　TAR　(Technology Analyze Report)
- 项目立项书　　　　　　PE　(Project Establish)
- 项目开发任务书　　　　PDT　(Project Develop Task)
- 项目开发计划　　　　　PP　(Project Plan)
- 软件质量保证计划　　　SQAP　(Software Quality Assurance Plan)
- 软件配置管理计划　　　SCMP　(Software Configuration Management Plan)
- 系统功能说明书　　　　SFS　(System Function Specification)
- 软件需求说明书　　　　SRS　(Software Requirement Specification)
- 概要设计说明书　　　　HLD　(High Level Design)
- 详细设计说明书　　　　LLD　(Low Level Design)
- 数据库设计说明书　　　DD　(Database Design)
- 用户手册　　　　　　　UM　(User Manual)
- 操作手册　　　　　　　OM　(Operation Manual)
- 测试计划　　　　　　　TP　(Test Plan)
- 测试用例　　　　　　　TC　(Test Case)
- 测试报告　　　　　　　TR　(Test Report)
- 开发进度月报　　　　　DMR　(Develop Month Report)
- 项目开发总结报告　　　PSR　(Project Sum-up Report)

A.2 项目管理运作规范

A.2.1 项目管理流程规范

1. 目的与范围

本文档主要对公司进行研发的软件产品与公司承担的软件开发合同项目的运作流程进行了定义与说明,目的在于对公司的软件项目进行规范,明确软件项目开发过程与环节,明确每个阶段或过程的输入与输出,理顺各部门之间的关系与职责。从而有效提高软件项目的质量和效率。

此文档适用于本公司所有进行运作的软件项目与产品。

2. 定义与缩写

项目:指公司承担的软件合同项目。项目由公司自主进行开发,具有明确的用户需求,项目开始日期和结束日期要求,并具有不能复制的特性。

产品:指公司根据市场需求进行自主研发的应用项目。包括指定要交付给顾客或最终用户的一个完整的计算机程序、规程及相应的文件和数据的集合,或者该集合中的任何一个单独的项。

基线:经过正式评审和批准作为以后进一步开始的基础,并且只有通过正式的更改控制规程才能进行更改的规格说明或产品。

有效工作量:员工在计划时间或预算范围内,在产品研发、产品客户化、售前、维护等产品服务项目中发生的被认可的工作量,为员工的有效工作量,此工作量作为员工工作业绩考核和项目奖励的计算依据。

软件计划:描述完成项目或产品的生产和使用过程中将执行的活动的计划。它指导对项目软件工程组所进行活动的管理。它不受限于任何可能采用类似术语的特定约束标准。

3. 说明

1) 文档说明

本文档中所有的带书名号的部分为该部分的输入/输出文档,如《市场分析报告》。文档内容和格式参见公司发布的《文档模板与表格说明》。

所有的文档必须经过正式评审,通过评审的文档须纳入基线,存入数据库中。

如无特殊说明,本文档中提到的评审均指同行评审,评审由软件生产部门经理提出,技术管理部负责组织和安排,参与的部门包括技术管理部、软件生产部、市场部、财务部、资源部等相关业务部门。

2) 结构说明

本软件项目管理流程是针对公司的实际情况,按照软件工程和系统工程的一般规律、CMM 的要求并借鉴其他软件公司/系统集成公司成功经验制定的。

本文档主要内容分别针对项目管理整体过程以及过程中每一个阶段进行详细的论述,过程中的每一个阶段设定了阶段性的进入条件和退出条件、考核标准与方法,并对每一个操作步骤进行了说明。

4. 部门职责

按照产品/项目运作基本流程,明确各部门职责,是为了更好地解释本流程。各部门的主要的职责如下:

1) 技术管理部

- 依据 CMM 标准制定/修改公司软件过程标准。
- 监督各部门对软件生产过程的执行,提交软件过程与标准的实施报告。
- 监督、检查各部门软件质量,提交软件质量报告。
- 负责公司技术及软件资源的管理。
- 负责对各部门提供软件工程技术资源支持。
- 负责新产品开发的任务下达、立项评审、需求分析报告评审和总体方案与设计评审,软件规范过程的评审。
- 对公司重大工程项目与产品开发项目进行检查、鉴定与验收。
- 公司软件技术平台的建设。
- 跟踪和监督产品开发计划的执行情况;并对其合同执行情况进行监督。

2) 软件生产部

- 严格按照公司软件运作流程和软件过程标准与管理文件组织项目/产品的生产和实施。
- 参与软件的立项与评审、售前方案制定及评审、系统需求制定及评审,项目合同技术条款制定及评审以及其他相关的技术活动。
- 提供其他部门所需的技术资源或技术支持。
- 负责软件人员的考核。

3) 市场部

- 制定投标项目的商务应答文件及合同草案。
- 项目/产品的市场定价。
- 第三方产品的对外报价的审定。
- 合同最终评审与签定。
- 提供硬件产品的价格信息。
- 跟踪、监督合同执行计划。
- 负责软件合同的回款。

4) 财务部

- 负责为各部门提供财务支持,并检查/核算各产品/项目的财务状况。
- 提交软件生产与实施月度财务结算后的项目财务分析报告。
- 各种项目款项的收付以及通知。

5) 资源管理部

- 软件生产资源的保障与供给。
- 员工培训计划的制定与实施。

6) 测试部门

- 参与项目计划的制定和评审、立项评审、售前方案评审、需求评审、合同中技术条款评审以及其他相关的技术活动。

- 软件子系统测试、系统测试和验收测试。
- 包括子系统测试和系统测试的测试方案、测试用例、测试报告的制定和测试执行、验收测试的组织与实施。

7）质量管理部

- 负责软件工程管理体系。
- 制定和改进公司软件产品开发及系统集成项目的运行过程体系。
- 监督各部门对软件产品开发过程的执行情况和产品质量状况并提交报告。
- 技术资料的管理。

5．合同类项目管理流程

合同类项目，是指为某一用户或特定用户进行的开发项目/产品，以客户合同的要求为基本出发点。项目分为定制开发与已有产品进行客户化两大类，其总体流程如图 A-2 所示。

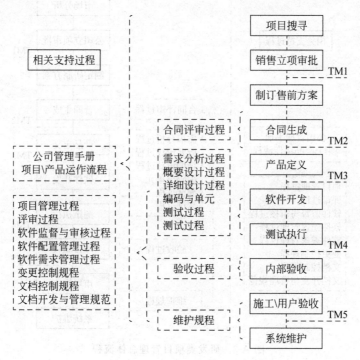

图 A-2　合同类项目管理总体流程

里程碑说明：（Milestones）

M1——立项完成。

M2——合同签定。

M3——产品功能定义完成。

M4——软件开发完成。

M5——验收通过。

（1）图 A-2 中所示各阶段管理流程参见 13.3.2 节中相关部分。

（2）当系统升级时，必须按如下原则进行。

- 所有的系统升级需要重新进行立项,具体过程按照合同类项目运作流程进行。
- 市场部、技术管理部负责收集系统的更新或升级需求,并同市场部制定产品的升级策略。
- 系统的升级应该考虑对以前版本的缺陷的修改。
- 系统升级中基线均要经审核,形成的文档、资料、代码必须交资源管理部归档。
- 对用户现场的系统进行升级后,须经过必要的系统验证测试、试运行和用户测试等。

6. 研发类项目管理流程

研发类项目是指公司根据市场发展需求和自身发展需要确定的开发项目,它以开发市场前景好、技术先进、通用性强、经济效益高为基本出发点。研发类项目包括研制产品和研制组件/构件两大类。其总体流程如图 A-3 所示。

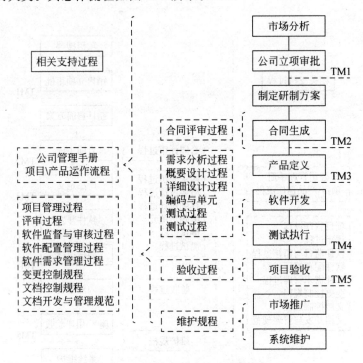

图 A-3 研发类项目管理总体流程

里程碑说明:(Milestones)

M1——立项完成。

M2——合同签定。

M3——产品功能定义完成。

M4——软件开发完成。

M5——验收通过。

研发类项目的阶段划分、运作流程、进入条件、退出条件、考核内容、考核方式与要求等与合同类项目基本相同。

7. 项目管理责任与制度

认真按照项目管理流程进行项目管理,明确各部门和各成员在项目管理工作的职责,严格按照项目管理所要求的规程运作,是使项目管理工作有序、有效进行的基本保证。

1) 项目管理工作划分与责任

- 项目经理为项目的直接责任人,他对应用软件技术、项目成员工作安排及考核、应用软件开发及实施进度负责。部门经理为项目的第一责任人和协调人,他对整个项目进度,各项目、各部门间工作的协调,用户关系的处理等负责。并参与项目组人员工作的考核。
- 项目组成员主要对项目经理负责,并定期和不定期汇报工作,项目经理负责对项目组成员的考核。
- 项目经理主要对部门经理负责,并定期汇报和不定期汇报工作;部门经理负责对项目经理的考核。
- 部门经理主要对总经理负责,并定期汇报和不定期汇报工作;总经理负责对部门经理的考核。
- 技术管理部对项目管理工作进行支持、帮助和督促。它负责检查各相关部门和人员执行项目管理规章制度的情况,对项目管理存在的问题提出整改意见,并定期和不定期向总经理报告项目管理执行情况。

2) 工作计划与总结制度

为确保软件项目的质量和进度,项目计划和完成情况以及项目开发与实施中的问题、经验和建议,采用提交《工作进度表》的方式逐级进行汇报,并以此作为年终考核的依据。具体规定如下:

- 《周工作进度表》、《月工作进度表》表现了本阶段工作计划完成情况的总结和下周工作计划的安排,是对工作质量和工作进度的检查和衡量。它反映工作中存在的问题、意见、建议是对员工和部门进行考核的重要依据。它直接反映项目管理工作在本部门贯彻执行的质量和效果,是有效地进行项目管理的基础与必要条件。各位员工务必实事求是、按质按时、严肃认真地填写。
- 每周五下午为员工周工作小结日,员工将《周工作进度表》报项目经理,项目经理负责对员工的《周工作进度表》在一个工作日内完成审核、确认、汇总归档。《周工作进度表》是员工工作量统计和业绩考核依据,无《周工作进度表》,视同项目经理此周有效工作量为零。
- 每周一上午项目经理将经过审查的员工《周工作进度表》和项目《周工作进度表》报部门经理,项目《周工作进度表》是项目工作量统计和业绩考核依据。无《周工作进度表》,视同项目经理此周有效工作量为零。
- 每月 30 日为部门月工作总结日(遇休息日提前),项目经理及以上级别的管理人员需填写《月工作进度表》。项目经理每月 29 日上报部门经理,部门经理每月 30 日上报总经理。《月工作进度表》是项目组或部门工作量统计和业绩考核依据。无《月工作进度表》,视同该经理本人此月有效工作量为零。
- 《周工作进度表》是软件生产部的所有员工对本周内所参加工作的工作量的统计和工作总结以及意见建议的体现。

- 《月工作进度表》是软件生产部项目经理及以上管理人员对所负责的项目组或部门工作的月总结,和本月内所属部门的员工工作量及考核情况的统计汇总,以及部门所负责的项目进展情况的总结,主要建立在所属部门员工的《周工作进度表》的统计汇总和相关工作报告的基础上,它是员工和部门考核的重要依据。
- 项目经理在一个工作日内审核完成员工提交的《周工作进度表》。并应明确答复项目组成员提出的问题、意见和建议,不能解决的问题应及时向部门经理报告。
- 部门经理在一个工作日内审核完成项目经理提交的《周工作进度表》。并应明确答复项目组提出的问题、意见和建议,不能解决的问题应及时向总经理报告。
- 总经理在两个工作日内审核完成部门经理提交的《月工作进度表》。并应明确答复部门提出的问题、意见和建议。

A.2.2　软件评审管理规程

1. 引言

1) 编写目的

为了做好项目的评审工作,保证阶段成果的质量,规范公司的评审工作,特制定本规程。

2) 读者对象

本规程所阐述的内容为软件开发阶段工作评审的指导性文件、操作流程及注意事项。读者对象为软件开发人员和项目管理人员以及项目评审人员。

2. 评审管理概述

1) 评审管理的意义

软件的评审,是在软件开发过程中对计划、需求、设计及每个里程碑或每件软件工作产品的开发质量、阶段成果的一次检验。评审是以提高软件质量为目的的技术活动。通过由各部门、各相关单位,甚至包括用户的技术及业务专家组成的专门队伍,有重点地督导软件开发中的过程与检查设计思路及实现方法,及早地发现软件开发中可能引起的软件质量问题和潜在错误。避免不必要的人力及财力的浪费,达到控制质量与节约开发成本与维护费用的目的。

为了保证软件开发的规范性,提高项目管理水平,加强对产品及项目质量的高标准、严要求,必须做好评审管理工作。

2) 评审的类型

- 计划审核

评审对象:

《项目开发计划》、《测试计划》及其变更的审查。

审核内容:

开发计划的工作目标、工作任务、时间进度、成本、风险、估计、使用开发技术、项目的资源配置、配置管理、质量保证规程等。

计划变更差异、原因、处理方法与措施等。

- 需求评审

评审对象:

《需求分析说明书》、《数据要求说明书》及其需求分析阶段产生的相关文档。

评审内容：

(1) 检查《需求分析规格说明书》和相关需求材料是否符合客户的要求和相关标准。

(2) 检查需求分析阶段产生的相关文档是否符合预定的质量要求。

- 设计评审

评审对象：

《概要设计说明书》、《详细设计说明书》、《数据库设计》、《测试方案与用例》。

评审内容：

检查设计阶段的成果是否符合客户的要求和相关标准。

检查设计阶段产生的相关文档是否符合预定的质量要求。

- 代码审查

审查对象：

审查对象主要有源代码和测试数据。

审查内容：

审查代码的规范性、可读性和可维护性。

审查编码阶段产生的文档是否符合相关的质量要求。

3) 评审的方式

评审的方式有 3 种。

审查：由相关的审核人根据审查材料，提出审查意见。

函评：由部门经理向相关的评审委员以传真、E-mail 或用其他通信方式递交评审材料，各相关人员分别提出评审意见，部门经理根据意见汇总形成评审报告。

会议评审：由技术管理部组织，组成评审委员会，采用会议评审的方式进行，形成《评审报告》，交会议主席批准。

3. 评审管理的工作目标

软件开发评审管理的工作目标如下：

- 保证软件开发的规范化。
- 加强软件开发的过程控制。
- 提高软件质量。
- 预防潜在的缺陷，采取预防措施。
- 集思广益，促进软件的产品化。
- 提高项目管理人员和开发人员的工作效率。
- 提高相关人员的管理水平和技术水平。

4. 评审管理的工作流程与要求

1) 评审管理总体流程

软件开发评审管理的总体流程如图 A-4 所示。

流程说明：

- 阶段任务完成后，由项目经理负责汇总阶段成果，填写《评审申请书》交部门经理和部门测试组，部门经理安排测试组预审。

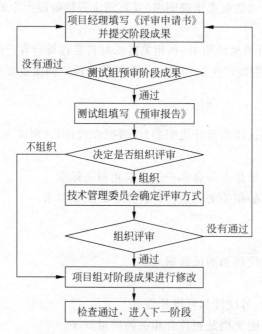

图 A-4　评审管理的总体流程

- 测试组对阶段成果进行预审,当阶段成果不满足评审要求时,提出修改意见,退回项目经理,项目经理根据意见安排相关人员进行修改。当测试组认为满足评审要求时,填写《预审报告》交部门经理,由部门经理再报技术管理部。
- 技委会根据《预审报告》、阶段成果和项目规模、技术难度等因素,确定评审方式。
- 评审不通过,项目组根据评审意见进行修改,完成后重新提出评审申请;评审通过,项目组按评审报告的要求修改阶段的成果,测试组验证后,进入下一阶段工作。

2) 评审流程

- 预审流程

预审的目的是确保提交评审的阶段成果的规范性、完整性。预审流程如下:

项目经理依据《项目运作流程》的退出条件和考核内容,根据项目进展情况和项目评审要求,整理好阶段成果和评审材料,填写好的《评审申请书》,向部门经理提出评审申请。

部门经理在收到《评审申请书》后两个工作日内制定预审计划,并将计划下达给到项目经理和确定的预审人员。

预审人员根据预审计划对评审材料和阶段成果进行预审,形成《预审报告》。

不能通过预审,材料退回项目经理,项目经理应根据预审意见尽快安排相关人员进行修改,直到满足预审要求。

通过预审后,部门经理负责向技术管理部提出评审申请,提交《预审报告》,将通过预审的评审材料和阶段成果提交技术管理部。

- 函件评审流程

函件评审是通过信息手段进行沟通和参评,它讲究时间、效率和质量,是最常用到的一种评审方式。一般参与的人员来自于不同单位或部门,持续时间为 6 天左右。其工作流程如下:

技术管理部在收到部门经理提交的《预审报告》和通过预审的评审材料和阶段成果后两

个工作日内确定评审主席,制定评审计划,并将计划通知部门经理。

当确认该项目采用函评的形式组织评审时,评审主席负责选定评委。部门经理负责向各评委发送评审材料。

评委根据材料对阶段成果进行评审,并要求在规定的时间内将评审意见提交给评审主席。

评审主席综合各评委的意见编写评审报告,提交给部门经理和项目经理。

不能通过评审时,材料退回项目经理,项目经理应根据评审意见尽快安排相关人员进行修改,直到满足评审要求。

通过评审后,依照《项目运作流程》对阶段成果进行归档处理。

- 会议评审

大会评审是规模最大的评审活动,对会议议程、评审内容、参加人员、时间地点等方面都应进行充分准备和严格的要求,以求达到最佳效果。大会评审一般不超过一天。工作流程如下:

技术管理部在收到部门经理提交的《预审报告》和通过预审的评审材料和阶段成果后两个工作日内确定评审主席,制定评审计划,并将计划通知部门经理。

当确认该项目采用会议评审的形式组织评审时,评审主席负责选定评委。

部门经理负责组织评审材料,并在会议召开前三个工作日内向评委发送评审材料。

评审主席负责组织和主持评审会议、综合评委意见、编写评审报告,将评审报告提交给部门经理和项目经理。

不能通过评审时,材料退回项目经理,项目经理应根据评审意见尽快安排相关人员进行修改,直到满足评审要求。

通过评审后,依照《项目运作流程》对阶段成果进行归档处理。

3) 评审要求

- 对预审的要求

对要求评审的项目,必须依照《项目运作流程》和评审规则,检查提交的评审材料是否完整、一致、规范;提交的阶段成果符合评审要求。

检查填写的《评审申请书》内容充实、具体,评审的目的明确。

部门经理要根据评审内容,安排技术水平高、责任心强的人负责预审工作。

预审计划要通过部门经理确认,并严格执行。

预审完成后,预审人要认真填写《预审报告》,部门经理对《预审报告》要认真核查,并及时提交技术管理部。

- 对评审的要求

评审委员的选取原则:

公司内部完善专家委员名单,评审委员从名单中选取。

有业务、技术、管理等方面的人员。

人数 3～7 人为宜。

评委非本项目的人员。

评审主席的职责:

制定评审计划,确定评审委员。

综合评委意见,编写评审报告。

对项目的阶段成果进行评定。

对评审报告的要求：

评审报告应综合考虑各评委的意见。

不反应个别评委的个别看法。

对不足部分应提出建议性意见。

对项目的成功及优秀的部分要有所体现。

对于评委的意见有较大分歧时，要在评审报告中明确结论性意见，以指导项目组进行修改。

主席对提交给项目组的评委意见要签名确认。

5．附件

(1) 评审通知书，具体形式如下：

评审通知书

_____：

定于____年__月__日(星期__)__时__分至__月__日__时__分在_____会议室，对_____进行评审会。

届时将邀请有关业务专家、技术专家、领导和特邀嘉宾等亲临指导。

请你们作好充分的准备，在所安排的时间、地点参加评审。具体的参加评审的人员和评审的流程请参考本通知附件。

请贵方项目负责人及主要成员务必准时参加。

附件 1：《××阶段评审程序》。

附件 2：《××阶段评审人员名单》。

附件 3：《评审注意事项(项目组)》。

××××年××月××日

(2) 评审邀请函，具体形式如下：

××项目阶段评审

邀请函

_____先生/女士：

鉴于××项目(项目代号为：××)××阶段工作已结束，本部门定于××××年××月××日(星期×)×午×时××分至××××年××月××日×午×时××分在××场所，对该项目进行阶段评审，特邀您担任评审委员会_____。

特发此函，敬请您准时参加，谢谢！

附件 1：《阶段评审程序》

附件 2：《阶段评审人员名单》

××××年××月××日

（3）评审人员名单，如表 A-3 所示。

表 A-3 评审人员名单

项目代号		项目名称		阶段名称	
评审日期		评审时间		评审地点	
评审内容		（关于××项目××阶段工作的评审）			

序号	组别	角色	人员
1.	评委	主席	×××
2.		委员	×××
3.		委员	×××
4.		委员	×××
5.	项目组	项目经理	×××
6.		项目成员	×××
7.		项目成员	×××
8.		项目成员	×××
9.		项目成员	×××
10.	特邀嘉宾	技术总监	×××
11.		外部专家	×××

（4）评委评审指南，具体形式如下：

评委评审指南

尊敬的各位评委：

您好，

首先非常感谢您们在百忙中抽出时间参加本次评审会。本次评审会是××项目××阶段的成果评审，希望评委们主要从以下几个方面做好评审前期的准备：

着装要求。

时间要求：（如评委请按时到场。时间为：_____年__月__日下午__。）

文件要求：（如评委届时请带好由×××部提交的文档。）

评审主题：

————

附清单：

《××××公司××项目××设计说明书》

__年__月__日

（5）评审程序，如表 A-4 所示。

表 A-4　××项目××阶段评审程序

评审日期：____年__月__日

序　号	时　间	地　点	主　持　人	工作内容

制表人：　　____年__月__日

（6）评审会议签到表，如表 A-5 所示。

表 A-5　评审会议签到表

会议主题：_____

会议日期：____年__月__日　　　　　　　　　　会议地点：_____

序号	应到人员	角色	参与类型	签到人签名	签到时间	备注
1.		主席			__时__分	
2.		评委			__时__分	
3.		评委			__时__分	
4.		评委			__时__分	
5.		评委			__时__分	
6.		项目经理			__时__分	
7.		项目成员			__时__分	
8.		项目成员			__时__分	
9.		项目成员			__时__分	
10.		项目成员			__时__分	
11.		特邀嘉宾			__时__分	
12.		其他			__时__分	

（7）评审报告，如表 A-6 所示。

表 A-6　评审报告

编号：_____

项目名称		所处阶段		
软件工作产品名称		页数		
参加评审人员				
发现问题数				
估计修改工作量	小时	评审所花费的工作量		小时
评审意见总结				
评审结论				
□通过		□不通过		
评委主席		日期		

（8）评审申请表，如表 A-7 所示。

表 A-7 评审申请表

项目名称		项目代号	
所处阶段		申请时间	
已完成的软件工作产品的简述			

已完成的软件工作产品清单	
序 号	软件工作产品名称
支持材料	
序 号	名 称
建议评审方式	
要求完成时间	

申请人		接受人	

（9）预审报告，如表 A-8 所示。

表 A-8 预审报告

项目名称		项目代号	
预审时间		预审人	
工作产品名称			
工作产品标识号			
工作产品的简要描述			

预 审 记 录

1. 文档层次结构是否清楚。

2. 文档是否符合标准。

3. 一致性、可追溯性。主要根据计划的任务细分结构及客户需求来进行审查。

4. 文档的可读性。主要指文档中图表及相应的文字描述是否清晰，可理解。

部门经理意见：

签名

处理意见：

签名

A.2.3 软件测试管理规程

1. 目的和范围

1) 编写目的

为了做好项目的测试工作,保证软件产品的质量,减少错误与缺陷,规范公司的测试工作,提高测试管理水平,特制定本规程。

2) 读者对象

本规程所阐述的内容是软件测试工作的指导性文件,它明确了软件测试流程和注意事项,读者对象为软件开发人员、项目管理人员以及软件测试人员。

2. 软件测试的基础

1) 软件测试的环节基础

要做好软件测试工作,保证软件测试的有效性、可靠性,必须先做好二项基本工作:软件配置管理和软件测试方案。

软件配置管理工作是保证软件测试质量和效率的基础。通过严格的软件配置管理,可以使接受软件测试的源代码、可执行代码和数据首先处于准基线库这种可以控制的状态中,从而可以为软件测试提供稳定的、可靠的、可重复的被测素材;同时,通过软件配置管理,可以保证开发和测试的对象的一致性,不会造成被测对象的内容和版本存在差异,从而为可能存在的测试后的缺陷跟踪和修改提供了极大的方便,而这种测试后的缺陷修改往往是不可避免的。

软件测试计划与用例是指导整个软件测试工作的依据,首先必须经过包括项目/产品开发组成员在内的严格的评审和确认过程。

2) 软件测试的生命周期

如同软件项目/产品存在生命周期一样,软件测试也存在生命周期,它们是:

测试策划——根据项目计划制定项目测试计划,以指导与管理测试过程。

测试设计——根据业务需求规则,定义测试过程和测试用例。

测试开发——创建测试用例并进行用例管理。

测试执行——执行测试、填写测试记录表。

测试评估——整理测试日志和缺陷记录,分析软件项目/产品开发的质量和需求之间的一致性,做出测试评估的结论和测试报告。

3) 软件测试的阶段划分

根据软件测试的时间进度和规模、等级的不同,软件测试的阶段划分如下:

- 单元测试——测试软件项(如构件、模块、函数等),具体测试到控制流和数据流(在编码阶段由开发人员自行完成,并不要求具有全面的测试用例,但需要具有明确而详细的测试报告)。

- 集成测试——对软件项(如构件、模块、函数等)或子系统等进行组合测试,测试其接口的正确性、稳定性。

- 系统测试——将整个软件项目/产品作为一个整体,包括网络、服务器和工作站的软硬件以及应用软件。系统测试内容包括系统整体功能、性能、系统接口以及稳定性和可靠性、安全性和配置测试等。

- 验收测试——是将整个软件项目/产品作为一个整体,包括网络、服务器和工作站的软硬件以及应用软件配置到位的情况下,由客户单位为主体进行的测试,包括初验测试和终验测试,初验可以在模拟环境下,终验则必须是在实际运行环境下进行。

4) 软件测试的类型

根据软件测试的侧重点不同,可以将软件测试的类型划分如下:

- 功能测试——测试软件项是否满足功能需求和设计要求。
- 用户界面测试——测试用户界面是否具有导航性、美观性、行业或公司的规范性、是否满足设计中要求的执行功能。
- 性能测试——测试相应时间、事务处理效率和其他时间敏感的问题。
- 强度测试——测试资源(内存、硬盘)敏感的问题。
- 容量测试——测试大量数据对系统的影响。
- 配置测试——测试在不同网络、服务器、工作站的不同软硬件配置条件下,软件系统的质量。
- 安全测试——检查系统对非法侵入的防范能力。
- 安装测试——确保软件系统在所有可能情况下的安装效果和一旦安装之后必须保证正确运行的质量。
- 回归测试——指测试过的软件发现缺陷、经过返修后,同一软件两个版本之间差异标识的测试,目的是检测系统或系统部件在修改时所引起的故障,用来验证修改未引起不希望的有害效果,或证明修改后的系统或部件仍满足规定的需求。

根据项目或产品的实际情况,在项目策划阶段确定测试的类型。

5) 软件测试的方式

软件测试的方式有人工为主和采用测试软件为主两种方式。在软件测试的初期阶段,采用以人工为主、测试工具为辅的方式进行。在软件开发和项目管理与测试水平提高后,采用以测试工具为主、人工为辅的方式进行。目前公司大部分项目的大部分测试阶段都是采用第一种方式进行测试。公司提倡和努力创造条件力争早日采用第二种方式进行测试。

6) 软件测试的方法

软件测试的方法包括黑盒测试和白盒测试两种。

黑盒测试采用运行软件系统的方法进行,它把程序看成一个黑盒子,完全不考虑程序的内部结构和处理过程。黑盒测试是在程序接口进行的测试,它只检查程序功能是否能按照规格说明书的规定正常使用,程序是否能适当地接收输入数据,产生正确的输出信息,并保持外部信息的完整性。黑盒测试又叫功能测试。

白盒测试是采用人工全读或抽读软件源代码的方法进行,它把程序看成装在一个透明的白盒子里,也就是完全了解程序的结构和处理过程。这种方法按照程序内部的逻辑测试程序,检验程序中的每条通路是否能按预定的要求正确工作。白盒测试又叫结构测试。

3. 测试管理机构

测试组由部门经理指定部门的专职或兼职人员组成,测试组对部门经理负责。技术管理部支持、帮助和督促项目的测试管理工作和测试工作质量。

软件项目/产品测试组的成员及其职责如下:

- 测试小组组长负责编写测试工作计划,确定测试方式和方法,建立测试环境,审核提交测试的工作产品的稳定性、可靠性的、可重复性和完整性,保证测试工作质量和进度,及时检查和纠正测试工作中存在的问题,协调与项目组以及相关部门和人员的关系。
- 系统设计师组织编写和评审测试用例(必要时组织编写验收测试方案),组织执行测试方案,填写测试记录表,组织编写测试报告。
- 测试组成员参与编写和评审测试方案(必要时参与编写验收测试方案),参与执行测试用例、填写测试记录表,参与编写测试报告。

4. 测试工作流程

软件测试的工作流程包括:

- 制定和评审《项目/产品测试计划、方案、用例》。
- 搭建软件项目/产品测试环境。
- 执行《软件项目/产品开发测试计划、方案、用例》,填写《软件项目/产品开发测试记录表》,撰写《软件项目/产品开发测试报告》。
- 回归测试:当测试不合格时,由系统设计师和程序员确定重新测试的范围,测试组重新进行测试,填写测试记录表,并在测试报告体现回归测试结果。
- 需求和设计修改后,对《软件项目/产品开发系统测试计划、方案、用例》进行修改,并对修改后的程序重新进行测试。

1) 制定和评审《软件项目/产品测试方案与用例》

系统设计师在软件开发设计阶段编写《项目/产品测试方案与用例》,并作为设计阶段成果进行评审。同时,将评审通过后的《项目/产品测试方案与用例》加入基线库进行配置管理。

2) 搭建软件项目/产品测试环境

- 测试组长根据《项目/产品测试计划、方案、用例》中关于测试环境的要求向部门经理提出测试环境的配置要求,填写《测试环境配置申请》。

硬件配置包括网络设备、服务器、工作站、外部设备等。

软件配置包括网络软件、系统软件、数据库软件、开发工具、测试工具和提交测试的工作产品和相关资料。

- 在测试环境配置到位的情况下,项目经理协助测试组长搭建测试环境。
- 测试环境搭建完毕后,由测试组长对测试环境进行验收。

3) 执行测试

测试组在测试环境验收合格后开始执行测试,填写《项目/产品测试记录表》。如果测试没有完全通过,则需要经过开发组的修改完善,进行回归测试,直到完全通过测试为止。在测试完全通过后,测试组组长负责组织测试组成员撰写《项目/产品测试报告》,并将《项目/产品测试记录表》和《项目/产品测试报告》加入基线库进行配置管理。

4) 需求和设计变更

当需求分析、设计发生变更时,需要对《软件项目/产品测试计划、方案、用例》进行相应的修改,测试组长接到《需求分析、设计变更申请表》后,需要重新进行测试。

5. 测试工作的质量评价

对软件测试工作的质量评价,分为日常工作和具体项目考核两种。

关于日常工作,主要考核如下内容:

- 是否有《测试日志》。
- 内容是否规范、详细、全面。
- 是否按计划完成。

关于具体项目,主要考核如下内容:

- 是否有规范的《项目/产品测试计划、方案、用例》。
- 是否有规范的《项目/产品测试记录表》。
- 是否有规范的《项目/产品测试报告》。
- 是否按时、按质、按量完成上述工作。

A.2.4 软件配置管理规程

1. 引言

1)编写目的

为了做好项目的配置管理工作,保证软件阶段成果和产品质量,规范公司的配置管理工作,构建好公司软件项目基线库,特制定本规程。

2)读者对象

本规程所阐述的内容为软件开发过程中软件工作产品及软件产品的配置管理流程和有关规程,读者对象为软件开发人员和项目管理人员以及配置管理人员。

2. 软件配置管理

1)实施配置管理的目标

软件生成期的各阶段的交付项,包括各种文档和可执行代码组成整个软件配置。配置管理要解决这些交付项的管理问题。配置管理是软件过程的关键要素,是开发和维护各个阶段管理软件演进过程的方法和规程。它包括标识在给定时间点上软件的配置,系统地控制对配置的更改,并维护在整个软件生命周期中配置的完整性和可跟踪性。配置管理使整个软件产品演进过程处于一种可视状态。

实施配置管理应达到以下目标:

- 软件配置管理活动是有计划的。
- 选定的软件工作产品是已标识的、受控制的和适用的。
- 已标识的软件工作产品的变更是受控的。
- 受影响的组和个人得到软件基线的状态和内容的通知。

2)编制配置管理计划

每个项目按照配置管理计划约定的内容制定软件配置管理计划,同时也可以作为软件开发计划的一部分存在,成文的软件配置管理计划是执行软件配置管理活动的基础。

软件配置管理计划包括:执行的软件配置管理活动、活动进度表、职责分配以及所需的资源;明确在软件开发过程中软件配置管理需求和活动。

3）软件配置管理库系统

建立一个用于保存软件工作产品和软件产品的配置管理库系统。该系统由版本目标库系统和更改控制系统组成。

当每个项目的阶段结束或软件开发周期完成后，按照《项目运作流程》中各个阶段所明确的退出条件和考核内容形成基线后，其工作产品或软件产品存入配置管理库系统。

4）配置定义

配置定义是要求确定和命名项目控制的代码、规范、设计和数据元素，并且描述它们归档的物理和功能特征。

• 配置项定义。

软件配置管理惯例应该在软件生命周期中应用到所有的软件工作产品上。在每一个发布的特殊的软件配置管理计划中描述这些配置项。所有分类的配置项必须受软件配置管理控制。一个配置项(CI)是一个任一实体或一组参数，可以是已定义的硬件、软件、数据或文档，也可以是系统的配置参数。

• 配置项命名规范。

在软件配置管理计划中需为每个受控的配置项分配一个唯一的标识符，并且指明每个命名的配置项的版本。定义方式包括命名规范、版本号和字体。

（1）产品发布命名规范。

受控的软件产品必须使用唯一的产品标识符和编号方式。这里描述的命名规范适用于所有软件开发项目。

产品发布命名规范由 6 个字段组成，从左到右依次为：产品、项目、产品主发布号、客户化主发布号、客户化次发布号和补丁号，如图 A-5 所示。前两个字段用一斜线"/"分隔，第二和第三字段用一横线"-"分隔，后三个字段之间用一点"."分隔。

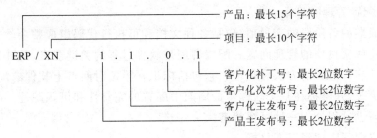

图 A-5　产品发布命名规范

产品字段：该字段由产品类别的字母组成，允许最长 15 个字符。

项目字段：该字段由项目名称的汉语拼音首字母组成，允许最长 10 个字符。

产品主发布号字段：该字段强调软件产品有主要的改进和新功能的增加，允许最大两位数字。

客户化主发布号字段：该字段用于对一个发布的客户化软件产品有主要的改进和新功能的增加，允许最大两位数字。

客户化次发布号字段：该字段用于对一个发布的客户化软件产品进行较小的修改，允许最大两位数字。

客户化补丁号字段：该字段用于对一个发布的客户化软件产品所做的修补，允许最大两位数字。

(2) 项目命名规范。

项目命名规范分为以下几个字段：项目类型＋项目名称＋版本号。

项目类型：描述此项目所属类型，不能超过 10 个字符。

项目名称：项目名称的命名不能超过 15 个字符。项目代号命名取项目中文名称的前 2~6 个汉字的首个字母，再加上项目类型组成，如 XNERP、YZERP 等。

5）更改控制

更改控制是一个系统化的过程，用于评估、协调和部署更改，以及跟踪对基线代码、文档和数据更改的执行情况。更改控制过程确保更改请求被正确描述、分类、评估、批准或拒绝、正式成文、执行、测试并集成进入一个新的软件工作产品基线。

请求对配置项进行更改应填写《变更申请表》。《变更申请表》在不同的处理阶段应有不同的状态表示，并且有不同的角色处理/批准进入下一阶段。更改请求的部署由部门经理指定的人员进行负责管理。该负责人需要估计对配置项进行修改所带来的风险。当更改任一发布的配置项时，必须遵循更改控制规程。

为确保只有经过批准的更改请求被执行，需要按以下顺序执行更改控制：

更改请求→更改请求评估→更改部署→执行→集成→检验

- 更改请求。

请求对已进入基线的工作产品或软件产品进行更改可以有多种来源，当需要更改时，更改请求人填写《变更申请表》交项目经理或部门经理。《变更申请表》具有一个唯一的标识号，用于跟踪和记录信息。

- 更改请求评估。

更改控制过程的关键点就是要根据更改对系统功能、接口、实用性、成本、进度及合同等方面的影响，提供足够的分析。另外，也要分析更改对软件安全性、可靠性、可维护性、可移植性及效率的影响。项目经理或部门经理应认真进行更改请求评估。

- 更改部署。

更改部署由部门经理指定的人员负责。根据对更改请求所做的评估结果，可以批准/拒绝，或推迟某个更改请求，也许需要更多的信息和附加的分析。更改部署内容发给更改执行者，对被拒绝的更改请求需提供合理的原因。

- 执行。

更改执行者需从版本目标库中得到一个正式的副本去执行更改。如果修改源代码，必须先修改设计文档，然后修改源代码，最后要进行测试以检验其正确性。此外，其他相关文档也要进行相应的修改。修改和测试完成后，修改的文档和源代码需提交到版本目标库中，并生产一个新的版本。

- 集成。

更改完成后，必须被集成到配置项中，这也许需要重新运行测试计划中的测试内容。回归测试必须进行，确保更改对已有的功能没有引入错误。可以等到下一个版本再对配置项或系统级的集成进行测试。

- 检验。

更改请求成功完成后,软件质量保证员需要审核整个更改控制流程是否遵循更改控制规程。一个更改请求只有经过软件质量保证员的批准,才能最终完成。

6) 配置状态统计

利用配置状态统计去记录和跟踪配置项的改变。状态统计可用于评估项目风险,在软件开发生命周期中跟踪更改,并且提供统计数据以确保所有必须的更改被执行。

- 跟踪项。

需要对软件工作产品基线和更改请求进行跟踪。项目经理、软件配置管理员和软件质量保证员决定哪些配置项需要被跟踪。下列是一些需要被跟踪的配置项。

(1) 为跟踪软件工作产品基线,需提供下列信息:项目名称、基线类型、软件工作产品名称。

(2) 为跟踪基线中的每个配置项,需提供下列信息:配置项名称/标识符、配置项所在位置。

(3) 为跟踪每个配置项增加或更改的版本,需提供下列信息:版本号、更改日期/时间、更改请求列表。

(4) 为跟踪每个更改请求,需提供下列信息:更改请求号和标题、需要更改的配置项、当前状态、当前状态发生日期、把当前状态转化成下一状态的负责人。

- 状态报告。

状态报告可以来自配置项的修改历史记录,也可来自更改请求的历史记录。这些报告需要定期产生,项目经理与项目质量保证工程师决定报告的内容。

A.2.5　会议纪要模板

会议纪要模板如表 A-9 所示。

表 A-9　会议纪要

会议主题			
会议主持		记录员	
参加人员			
缺席人员			
地点		日期	

(编号:CSA-项目代号-MEET-日期)

会议内容:

注:对于存在的问题,要对其进清楚的描述,并确定问题的责任人、解决问题的时间、行动方案等。

A.2.6 项目周/月进度报告

项目周/月进度报告模板如表 A-10 所示。

表 A-10 项目周/月进度报告

部　门		项目名称		填报人	
本周/月工作完成情况					
序　号	工作内容	实际完成情况与说明	消耗时间(天)	主要执行人	
1					
2					
……					
n−1					
n					

工作日汇总：(对每一个成员本周/月的工作时间长度进行汇总)

计划变更原因及已采取的措施：

下周/月工作计划					
序　号	工作内容	计划开始时间	计划结束时间	定义的完成标志	主要执行人
1					
2					
……					
n−1					
n					

填报人意见和建议：

填报日期：　　年 月 日

审核人意见和建议：

审核人：　　年 月 日

A.3　项目计划文档

A.3.1　项目任务书

项目任务书模板如表 A-11 所示。

表 A-11　项目任务书

任务书编号		版本号		密级：	
项目名称		任务书名称			
开始日期		终止日期			
计划工期	（人/月）	计划成本		（万元）	
工　作　目　标					
工　作　任　务					
任务书的下达与接受					
下达人			年　　月　　日		
批准人			年　　月　　日		
接受人			年　　月　　日		

注：此任务书连同项目任务细分结构一起使用。

A.3.2　项目立项申请表

项目立项申请表模板如表 A-12 所示。

表 A-12　项目立项申请表

申请表编号：　　　　　　　　　　　　　　　　　　　　　　　日期：　　　年　月　日

项目名称			项目编号		
申请人			申请日期		
客户信息	单位名称		地址邮编		
	联系人姓名	职　务	电　话	传　真	电子邮件
项目来源	□主动加入　□客户邀请　□第三方介绍(　　)　□其他(　　)				
项目类别	□软件开发　□产品代理　□系统集成　□服务　□其他(　　)				
建设方式	□新建　□扩容　□系统改造　□其他(　　)				

续表

项目规模	估计总金额		万	软件金额		万	硬件金额	万
竞标状况	□范围招标　　□公开招标　　□议标　　□其他（　　　）							
竞争对手								
成功机会	□很大　　□较大　　□一般　　□较小　　□小							
硬件需求	（说明系统的服务器，网络设备，联网类型，客户机等有关硬件的需求）							
软件需求	（说明系统软件平台，中间件，数据库，系统管理平台及应用软件等有关软件的需求）							
其他需求	（说明有关培训等其他方面的需求）							
项目初步进度安排	（详细说明项目初步的进度安排和主要的里程碑）							
补充说明								
是否立项	□同意立项			□不立项				
市场总监				签字/日期				
技术总监				签字/日期				
总经理				签字/日期				

说明：

- 销售项目立项申请表由销售经理在寻找到合适的项目时填写，先由市场总监批准同意立项，最后由技术总监和总经理批准立项申请。
- 在"项目类别"一栏中，"软件开发"指公司只承担软件产品的开发；"产品代理"指代理非公司自主开发的产品，代理产品包括第三方的硬件和软件；"系统集成"指将软件与硬件集成于一个面向实际应用的系统；"服务"指面向对用户提供服务和解决方案；"其他"指不在以上类别的其他项目类别，须进行具体说明。
- 在"建设方式"一栏中，"其他"须指明详细建设方式。
- 在"竞标状况"一栏中，"其他"须指明具体竞标状况。
- 在"竞争对手"一栏中，如描述内容较多，可以附在表后。
- 在"项目初步进度安排"中，可能包括的阶段有需求了解、方案递交、方案讲解及技术交流等阶段。
- 还有其他未提及事项，在"补充说明"一栏中进行补充，内容较多可以附在表后。
- 市场总监审查销售项目立项情况后，如认为适合立项，则在"□同意立项"处打"√"；否则在"□不立项"处打"√"。如认为不适合立项，须在签字栏前说明理由。
- 在市场总监批准《销售项目立项申请表》后，销售经理将《销售项目立项申请表》、《用户需求调查表》以及其他相关申请材料提交给技术总监和总经理进行审批。在三个工作日内给予回复。

- 市场总监、技术总监和总经理批准立项后,项目正式立项。如立项未被批准,应该在签字栏前说明理由。

A.3.3   项目工作进度计划编写要求

1. 概要

明确项目工作进度报告的编写和项目数据收集的要求,根据公司现有情况,对其编写内容与要求进行一些简要的规定。

2. 目标

确保进度跟踪的可靠性和任务的可控性。

3. 计划的创建

对项目开始日期、项目完成日期、项目日程排定方法、项目当前日期、状态日期、日历等信息要进行说明。

创建任务列表,对其任务的创建包括的信息有,任务名称或子任务名称、任务工期、任务的开始时间、任务的完成时间、前置任务、此任务所涉及的资源及其任务的优先级;建立阶段、子阶段或里程碑;建立任务备注信息,对其任务的说明或问题可以填写在备注栏中;获得资源,对其每一项目任务进行基本的工期估计,并启动所需的资源。将资源分配至项目任务后,可按分配的资源来指定任务。

4. 跟踪与管理

- 进度跟踪。进行进度跟踪的前提是需要具有各项任务的进度安排,在此基础上可以自动或手工收集项目跟踪信息,并以计划的为基准进行比较。需要收集的数据包括任务的实际开始时间、实际完成时间、任务完成的百分比等相关信息。如果条件具备,也可用工具来实行任务的下发与数据的收集。
- 跟踪资源的工作进度,包括工期和成本的跟踪、任务级别上工时的跟踪。

5. 其他

对于其任务的说明或问题的描述可以在其相对应任务的备注栏中进行说明。

A.3.4   合同执行计划

1. 概要

本节介绍制定合同计划的目的、内容和修订约定。

1) 目的

本节描述合同执行计划的目的,如概要整合项目资源,高效率、高质量地完成项目建设。

2) 内容

本节描述合同执行计划所包含的内容。

3) 合同执行计划书修订

本节描述当合同计划书需要进行修订时的约定。

2. 项目概述

概括介绍项目的目标、系统描述、合同情况。

1）项目目标

本节明确项目目标,定义重要的里程碑。

2）系统描述

- 软件架构。
- 硬件架构。

3）合同

- 合同名称。
- 最终用户。
- 签定日期。

3. 合同执行

本节描述合同执行的基准、执行说明、执行重点、验收方式及注意条款。

1）基准

描述合同执行的基准。

2）执行说明

描述合同执行的主要工作项目。

3）执行重点

描述合同执行的执行重点。

4）验收方式

- 验收方法。
- 验收准则。
- 验收时间。
- 验收条件。
- 验收成员。
- 验收报告格式。

5）注意条款

详细描述有可能导致公司遭受损失的条款。

4. 项目进度

本节描述计划的项目进度。

1）进度扼要

本节描述计划的进度扼要。

2）工作项目结构图

本节描述工作项目的结构图。

5. 项目组织

本节描述最终用户和本公司的项目组织与职责。

1）最终用户项目组织

本节详述最终用户的项目组织。

2）公司的项目组织

本节描述执行项目开发活动的项目组织。

3）组织职责

组织职责的具体形式如表 A-13 所示。

表 A-13　组织职责

序　号	工 作 任 务	交 付 成 果	负 责 人

6. 双方对本项目应提供的支援与协助

1）最终用户的支援与协助

为顺利执行本项目,需要最终用户提供具体要求如表 A-14 所示。

表 A-14　最终用户的支援与协助

序　号	工 作 任 务	所 需 资 源	需 求 时 间	依　据

2）本公司内部的支援与协助

为顺利执行本项目,本公司内部需提供的资源、产品及服务如表 A-15 所示。

表 A-15　公司的支援与协助

序　号	工 作 任 务	所 需 资 源	需 求 时 间	依　据

7. 风险管理与控制

1）风险评估

风险评估模板如表 A-16 所示。

表 A-16 风险评估

风险描述		影 响 度		可 能 性		风 险 承 担	
	不符合技术规范	进度落后	超出预算	无例可循	有依据	粗略估计	

2）主要对策

明确当出现风险评估表中的风险时，采取的应对措施。

8. 管理控制

1）重大事件管理

本项目重大事件管理由以下部分组成：

- 重大事件记录。
- 原因分析。
- 采取行动。
- 工作分派。
- 追踪反馈。

2）安全防护

本项目所提供的产品及相关文档，版权为×××所有，任何人未经授权，不得拥有和使用。项目组人员在工作中，按公司有关规定，采取安全防护措施。

3）项目简报

本项目根据工程进度不定期的采用项目状态报告的方式，向用户和公司内部有关部门或领导通报项目进展情况。

主要内容包含项目状态、项目存在的问题、原因分析、工作建议等。

A.3.5 技术资源申请表

技术资源申请表模板如表 A-17 所示。

表 A-17 技术资源申请表

申请表编号：

申请人		申请日期		年 月 日
项目名称		项目编号		
客户名称		客户地址		
客户联系人	职务及负责范围	联系方式		E-mail
期望取得的业务目标				
公司收益及对业务影响				
申请要求：（客户经理负责联系客户、安排日程、所需资料和设备的准备、检查和确认。）				
客户需求或申请人的要求				

对技术人员的素质要求	
技术资料/设备准备要求	

日程安排	任务要求
月　日	
月　日	

市场部负责人签字： (以上由市场部经理填写)	部门经理意见/签字：
总经理批准：	日期：

————以下内容在申请得到批准后,由部门经理填写————

人员安排	负责任务(以下由技术管理部填写)	估计工作量(人小时)

客户评价(市场部经理代填写)	□差/□一般/□满意/□好/□优秀	市场部经理确认签字：
工作量统计(人小时)		

A.3.6　项目计划书

项目计划书如表 A-18 所示。

表 A-18　项目计划书

项目名称		项目代号	
开始日期		终止日期	

项目人员安排			
序号	姓名	岗位/技术职称	岗位职责

任务序号	工期(人天)	任务名称及内容	开始时间	完成时间	参加人数	总工作量(人天)
	总计					

A.3.7 项目建议书

1. 项目概述

简要描述该项目的项目背景及实施项目后所要达到的工程目标。

2. 设计原则

描述实施该项目所应遵循的工程原则及所遵循的标准体系。

3. 系统总体方案

1）系统结构

通过具体的示意图描述该项目的系统结构。

2）网络体系结构

用图例描述项目的网络体系结构。

3）软件体系结构

用图例描述项目的软件体系结构。

4. 系统配置

1）硬件配置

详细描述出项目的硬件配置图。

对硬件进行具体说明，并指出支持厂商。

2）软件配置

详细列出支持该项目软件的系统软件及中间软件包。

列出开发平台、开发工具及使用的开发语言。

5. 外部系统接口

本节描述系统与外部系统的接口。

6. 功能模块详细描述

对其系统及其功能的实现进行描述。

详细描述该项目实现的软件功能。

列出功能子系统，对其进行具体描述。

7. 技术关键

指出实施该项目的关键所在，所采用的新技术，以及所需研究开发的新型技术。

8. 协作方案

此处说明实施该项目时，客户与开发单位之间的合作与任务安排；同时对有其他单位加入的情况，需对其进行资质及其所承担的项目任务进行说明。

9. 计划进度

1）工作内容和工作量

列出开发该项目的工作内容及所需的工作量。

2）计划进度

用图表表示计划进度。

10. 人员派遣

列出双方的人员结构体系及项目进度的人员安排和联系方式。

11. 培训计划

按项目的进程列出对客户方使用该系统的培训计划。

12. 验收标准

本节描述验收该项目时的度量、标准。

13. 项目费用概算

1）系统设备报价

系统设备报价模板如表 A-19 所示。

表 A-19　系统设备报价

序　号	设备名称	型号规格	数　量	单　价	金　额	备　注
合　计						

2）系统软件及中间件报价

系统软件及中间件报价模板如表 A-20 所示。

表 A-20　系统软件及中间件报价

序　号	软件名称	版　本	数　量	单　价	金　额	备　注
合　计						

3）软件开发费用预算

软件开发费用预算模板如表 A-21 所示。

表 A-21　软件开发费用预算

序　号	软件模块	费　用	备　注
合　计			

A.4 软件需求分析文档

1. 引言

在系统环境中描述软件的目的和目标。

2. 信息描述

对软件必须解决的问题提供一个详细描述。把数据流、数据结构和数据存储编制成文件资料。

1) DFD(数据流程图)

DFD反映各外部项、处理逻辑、数据存储之间的信息产生及传递、变换的逻辑关系。

2) DD(数据字典)

若按传统的软件工程要求,需要用不同的表格形式分别描述数据元素、数据结构、数据流、数据存储、外部项。

- 数据元素(名称、别名、简述、取值范围及取值含义、类型与长度、有关的数据结构和数据流、有关的处理逻辑)。
- 数据结构(名称,简述,组成,有关的数据结构、数据流的处理逻辑)。
- 数据流(名称、简述、来源、去向、组成、流通量、高峰期流通量)。
- 数据存储(名称,别名,流入/流出的数据流,组成、立即存取要求)。
- 外部项(名称、简述、有关的数据流)。

本"软件开发规范"只要求按以下表格形式描述数据存储(即数据库基表)及组成它的各数据元素;对数据流和外部项,一般情况下可以不描述,若非常有必要描述与数据流相对应的数据视图,也以该表格形式描述所需的视图,如表A-22所示。

表 A-22 数据字典

基表名：_____ 别名：_____		组织方式：	保存期限：		存取权限：
组成及数据元素		类型长度	取值范围/含义	键字否	可空否	缺省值
名称	别名					

3) 系统接口描述

描述本系统与外部项之间的信息接口及人-机界面。

3. 功能描述

描述为求解问题所要求的每个功能的过程细节。

1) 功能简述

列出功能一览表(包含功能、简述/处理解说等)。

2）设计约束

描述本功能处理时与其他功能之间的关系。

4. 有效性准则

- 性能界限。
- 测试种类。
- 所期望的软件响应。
- 特殊考虑。

5. 文献目录

包含所有与该软件有关的文献资料的参考文献表。

6. 附录

该规格说明的补充信息，包括收集整理的表格数据、处理中的算法、有关的图表。

A.5　软件设计文档

A.5.1　系统总体分析与设计说明书

1. 现行管理描述与分析

（1）企业外部信息环境。

（2）组织管理机构。

（3）主要物资流。

对于生产企业才需编写此节。

（4）主要管理职能和主要业务流程。

- XXX 部门主要管理职能和主要业务流程。
- YYY 部门主要管理职能和主要业务流程。

（5）计算机应用情况

（6）对现行管理的分析评价

- 企业特点。
- 现行管理的成功之处。
- 现行管理的不足之处。
- 新系统建设中的若干关键问题。

2. 系统的开发目标与性能保障措施

- 系统的开发目标。
- 系统的性能保障措施。

3. 拟建系统的总体逻辑设计（总体结构模型）

- 系统的总体层次结构。
- 系统应用软件的总体逻辑结构。

4. 各子系统功能与数据描述（信息模型及功能模型）

1）XXX 子系统

- XXX 子系统功能设置。

- XXX 产生及调用的数据。
- XXX 功能与数据的关联。

2）YYY 子系统

- YYY 子系统功能设置。
- YYY 产生及调用的数据。
- YYY 功能与数据的关联。

……

$n-1$）各子系统之间的数据共享分析

n）与其他系统的接口

5. 拟建系统的开发策略

- 开发方式和开发方法选择。
- 分步实施计划（包括人员培训计划、开发进度安排）。

A.5.2　系统详细分析与设计规格说明书

1. ×××××子系统详细分析与设计说明书（用面向对象的方法设计）

1）信息描述

- DFD（数据流程图）或确认的过程/数据关联矩阵。
- DD（数据字典）：只要求按以下表格形式描述数据库基表及组成它的各数据元素；对数据流和外部项，一般情况下可以不描述，若非常有必要描述与数据流相对应的数据视图的话，也可以表 A-22 的形式描述所需的视图。
- 数据库基表之间的关联（E-R 图，实体关联图）
- 子系统接口描述：描述本子系统与外部项之间的信息接口及人-机界面。

2）子系统软件结构设计

- 实体结构图。
- 对象及其属性、操作表。
- 类（包括超类、子类）之间的继承关系图。
- 类之间的调用关系图。

3）类的详细描述

对每个类用如表 A-23 所示的图表来描述，说明该类的操作活动、状态变量、继承关系、外观界面形式。

表 A-23　类的详细描述

子系统名称：	类名：	类别名：	设计：	审查：
调用关系： • 上层调用类： • 下层被调用类：	操作活动描述：			
类的状态变量：				

4）输入/输出设计

- 人-机界面设计(包括 Web 主页格式设计)。
- 输出(报表等)格式设计。

2. ×××××子系统详细分析与设计说明书(用面向过程的方法设计)

1）信息描述(信息模型设计)

- DFD(数据流程图)或确认的过程/数据关联矩阵。
- DD(数据字典)：只要求按以下表格形式描述数据库基表及组成它的各数据元素；对数据流和外部项，一般情况下可以不描述，若非常有必要描述与数据流相对应的数据视图的话，也可以表 A-22 的形式描述所需的视图。
- 注释(索引关键字、外连接关键字、触发器说明、视图语法)。
- 数据库基表之间的关联(E-R 图,实体关联图)。
- 子系统接口描述：描述本子系统与外部项之间的信息接口及人-机界面。

2）子系统软件结构设计(结构模型设计)

- 软件结构图(H 图：每个程序模块为一个节点的层次结构图)。
- 软件结构的内部接口(描述各程序模块之间的接口关系)。

3）模块处理逻辑

每个模块用如表 A-24 所示的 IPO 图来描述，说明该模块的处理逻辑、输入数据、输出数据、与其他模块之间的调用关系、所用的局部变量等。

表 A-24　模块的 IPO 图

IPO 图	子系统名称：	模块名称：	模块别名：	设计：	审查：
调用关系： • 上层调用模块： • 下层被调用模块：	处理逻辑：				
输入：					
输出：					
局部变量：					

4）输入/输出设计

- 人-机界面设计(包括 Web)。
- 输出(报表等)格式设计。

A.6　软件测试文档

A.6.1　软件测试计划

1. 概述

在此简要描述测试的内容。

1）目的

测试的目的是能够及早和有效地发现并排除软件工作产品的错误与缺陷。

2）范围

本节描述将要测试项目的功能范围等。

3）测试策略

本节描述测试的策略与测试的方法。

2. 测试内容

列出并描述测试的项目特性（功能及性能特性），以及形成本版本时增加的特性。

1）项目特性概述

• 新特性测试。

描述将在本软件版本中被展开的新特性（本节为可选，如果没有新特性，此节可不写）。

• 回归测试。

描述一些有可能受到某些新特性影响而需测试的特性（本节为可选，如果没有新特性，此节可不写）。

2）测试特性内容

• 新特性。

列出新特性相应的测试用例类型（根据项目情况可以进行剪裁）如表 A-25 所示。

表 A-25　新特性的测试用例类型

序　号	特 性 名 称	测试用例类型	备　注

• 回归测试。

列出新特性所对应的回归测试用例的类型如表 A-26 所示。

表 A-26　新特性的回归测试用例类型

序　号	特 性 名 称	测试用例类型	备　注

3. 测试环境配置

详细描述测试环境。

4. 测试任务分解

描述软件测试任务分解和工作包，并提供进度表，供项目运行、项目测试管理活动使用（如每周一次的评审、高级经理评审）。

此任务要尽量细分,建议利用 Project 甘特图进行描述,如表 A-27 所示。

表 A-27　测试用例

序　号	任　务	起 止 日 期	负 责 人

5. 进度跟踪

描述项目预先确定的会议,包括周期性的和随机举行的会议。它可能包括以下方面的内容:

- 谁负责组织和安排项目会议。
- 项目会议的时间或频度。
- 项目会议上主要讨论的内容。
- 会议记录分发的方式和范围。

A.6.2　软件测试用例

1. 概述

在此可以描述测试用例的内容范围。

2. 测试配置

1)测试环境

在此描述进行此测试所用到的软件、硬件、网络环境。

2)测试数据

在此描述测试数据的来源。

以具体的业务规则和《系统需求分析说明书》为基础,参考《系统概要设计说明书》、《系统详细设计说明书》中规定的运行限制,设计测试用例,作为整个系统的测试数据。

3)测试通过准则

规定系统通过测试的准则。例如,当依据测试用例执行的测试结果与预期结果相符,或测试结果与预期结果虽有不符但不可归咎于应用程序时为测试通过,反之则为测试失败。

3. 软件结构

在此给出软件功能结构图(或者用表格方式列出到功能级的软件功能描述)。如果有必要,给出相适应的文字说明。

A.7　项目收尾文档

A.7.1　项目结束通知单

项目结束通知单如表 A-28 所示。

表 A-28　项目结束通知单

编号：　　　　　　　　　　　　　　　　　　　　　　　　　　　　　　　　　日期：

项目名称		项目编号	
客户名称			
项目类别	□软件开发　□产品代理　□系统集成　□服务　□其他		
投资规模	□<50万　□50万～100万　□100万～300万　□300万～500万　□>500万		
立项时间			
结束时间			
商务代表			
项目成员	销售/市场人员		
	售前项目人员		
	开发组人员		
	测试组人员		
	其他人员		
项目结束时所处的阶段	□销售前期阶段　□售前方案阶段　□竞标阶段　□产品开发阶段 □系统测试阶段　□工程实施阶段　□维护阶段　□项目正常结束		
项目结束原因	（详细说明项目结束的原因：）		
项目后续工作安排	（详细说明项目结束后需要开展的后续工作安排：）		

正式批准：

市场部经理签字：

日期：

总经理签字：

日期：

A.7.2　项目总结报告

1. 引言

1）编写目的

写明编写此开发总结报告的目的。

2）背景

说明此项目产生的背景、项目的概况。

2. 实际开发结果

1）产品

说明如下内容：

- 系统中各程序的名字及它们之间的层次关系。
- 程序系统各版本号及其区别。
- 产生的软件工作产品及其状态。

2）主要功能和性能

逐项列出本产品实际具有的主要功能和性能；对照《系统总体分析报告》，说明原定的开发目标是达到/未完全达到/超过。

3）进度

列出原定计划进度与实际进度的对比，分析主要原因；并说明实际进度与原计划进度的偏离情况，用数据进行说明。

4）费用

列出原定计划费用与实际支出费用的对比，用数据进行说明。

3. 开发工作评价

1）生产效率的评价

用实际数据对其开发的生产效率进行说明与评价。要求计算出每人月的生产效率。可以按代码行或者功能点来计算。

2）出错原因分析

开发中出现的错误进行原因分析。

4. 人员评价与建议

对项目组人员的工作业绩、工作表现、工作能力、协作能力、团队精神进行评价，并对项目组撤销后项目组成员的去向提出建议。

5. 经验与教训

列出从本开发工作中的主要经验教训，以及对今后开发工作的建议。

参 考 文 献

[1] (美)凯西·施瓦尔贝. IT 项目管理(原书第 2 版)[M].邓世忠等译.北京:机械工业出版社,2004

[2] 美国项目管理协会.项目管理知识体系指南(第 5 版)[M].许江林等译.北京:电子工业出版社,2013

[3] (美)Fredrick P. Brooks. Jr.人月神话(32 周年中文纪念版)[M].汪颖译.北京:清华大学出版社,2007

[4] 周三多,陈传明,鲁明泓.管理学——原理与方法(第 5 版)[M].上海:复旦大学出版社,2009

[5] 中国(双法)项目管理研究委员会等. IT 信息化项目管理知识体现与国际项目管理专业资质认证标准 iPMBOK2004[M].北京:电子工业出版社,2004

[6] 柳纯录.信息系统项目管理师教程(第 2 版)[M].北京:清华大学出版社,2008

[7] 柳纯录.系统集成项目管理工程师教程[M].北京:清华大学出版社,2009

[8] 张作华,王鸿.卡耐基成功之道全书[M].新疆:新疆电子出版社,2004

[9] 赵晨,干红华等. IT 服务管理[M].北京:人民邮电出版社,2013

[10] 卢有杰.现代项目管理学[M].北京:首都经济贸易大学出版社,2004

[11] 张友生,田俊国,殷建民.信息系统项目管理师辅导教程[M].北京:电子工业出版社,2006

[12] 王凡林,石贵泉,关红军.现代项目管理精要[M].济南:山东人民出版社,2006

[13] 忻展红,舒华英. IT 项目管理[M].北京:北京邮电大学出版社,2005

[14] 刘慧,陈虔. IT 执行力——IT 项目管理实践[M].北京:电子工业出版社,2004

[15] 美国项目管理协会.项目管理知识体系指南(第 3 版)[M].卢有杰,王勇译.北京:电子工业出版社,2005

[16] 蒋国瑞等. IT 项目管理[M].北京:电子工业出版社,2006

[17] 张家浩.软件项目管理[M].北京:机械工业出版社,2005

[18] (美)Karl E. Wiegers.软件需求(第 2 版)[M].刘伟琴,刘洪涛译.北京:清华大学出版社,2004

[19] 钟璐.软件工程[M].北京:清华大学出版社,2005

[20] 林锐,唐勇,黄曙江等. IT 企业项目管理:问题、方法和工具[M].北京:电子工业出版社,2005

[21] 白思俊.现代项目管理(上、中、下)[M].北京:机械工业出版社,2002

[22] (美)格雷戈里·T.豪根.项目计划与进度管理[M].北京:机械工业出版社,2005

[23] (美)哈罗德·科兹纳(Harold Kerzner)著.项目管理:计划、进度和控制的系统方法(第 9 版)[M].杨爱华,杨敏,王丽珍译.北京:电子工业出版社,2006

[24] (美)Roger S. Pressman.软件工程:实践者的研究方法[M].梅宏译.北京:机械工业出版社.2002

[25] 马国丰,尤建新,杜学美.项目进度的制约因素管理[M].北京:清华大学出版社,2007

[26] 孙慧,毕星.项目成本管理[M].北京:机械工业出版社,2006

[27] Barry W. Boehm.软件成本估算 COCOMO II[M].北京:机械工业出版社,2005

[28] Mark J. Christensen,Richard H. Thayer.软件工程最佳实践项目经理指南[M].北京:电子工业出版社,2004

[29] 克里斯·F.克默勒.软件项目管理:阅读与案例[M].上海:上海财经大学出版社,2004

[30] 牛冲槐,程明娥.成本会计学[M].徐州:中国矿业大学出版社,2003

[31] 罗里·伯克著.项目管理[M].滕冲译.北京:经济科学出版社,2005

[32] 薛四新,贾郭军.软件项目管理[M].北京:机械工业出版社,2004

[33] Dennis Lock,李金海.项目管理(第八版)[M].天津:南开大学出版社,2005

[34] 赵涛,潘欣鹏.项目成本管理[M].北京:中国纺织出版社,2004

[35] 戚安邦. 项目管理学[M]. 天津：南开大学出版社,2004

[36] (印)Gopalaswamy Ramesh. 全球化软件项目管理[M]. 陈新等译. 北京：机械工业出版社,2003

[37] 覃征,杨利英,高勇民等. 软件项目管理[M]. 北京：清华大学出版社,2004

[38] 于秀芝. 人力资源管理[M]. 北京：经济管理出版社,2003

[39] 黄维德,刘燕. 人力资源管理实务[M]. 上海：立信会计出版社,2004

[40] 吴玉良. 团队为王——凝聚群体的力量[M]. 北京：中国物资出版社,2004

[41] 马西斯(Mathis,R. L),杰克逊(Jackson,H.)著. 人力资源管理精要(原书第二版)[M]. 高增安,马永红译. 北京：机械工业出版社,2004

[42] 丁荣贵,杨乃定. 项目组织与团队[M]. 北京：机械工业出版社,2005

[43] 戴维·I. 克利兰著. 项目管理战略设计与实施[M]. 杨爱华译. 北京：机械工业出版社,2002

[44] 丁荣贵. 项目管理——项目管理思维与管理关键[M]. 北京：机械工业出版社,2004

[45] 安妮·布鲁斯. 激发员工 24 策略[M]. 北京：中信出版社,2003

[46] 沈建明. 项目风险管理[M]. 北京：机械工业出版社,2004

[47] 郭宁,周晓华. 软件项目管理[M]. 北京：清华大学出版社,2007

[48] 甘华鸣. 业务流程[M]. 北京：中国国际广播出版社,2002

[49] 林锐. 软件工程与项目管理解析[M]. 北京：电子工业出版社,2003

[50] 许江林,刘景梅. IT 项目管理最佳历程[M]. 北京：电子工业出版社,2006

[51] 朱海林,方乐等. IT 服务管理、控制与流程[M]. 北京：机械工业出版社,2006

[52] 张会斌,张莉. Project 2003 企业项目管理实践[M]. 北京：人民邮电出版社,2006

[53] (美)阿迪德吉·B. 巴迪鲁(Adedeji B. Badiru),(美)P. 施铭·巴拉特(P. Simin Pulat). 项目管理原理[M]. 北京：清华大学出版社,2003

[54] 赖宇阳. 中文 Project 2002 教程[M]. 北京：北京希望电子出版社

[55] 程铁信. 国际流行项目管理软件应用——构建经济实用高效的项目管理信息平台[M]. 北京：中国电力出版社,2006

[56] 魏江. 管理沟通——理念与技能[M]. 北京：科学出版社,2001

[57] (美)斯蒂芬·P. 罗宾斯. 管理学(第 7 版)[M]. 北京：中国人民大学出版社,2004

[58] 中国(双法)项目管理研究委员会. 中国项目管理知识体系(C-PMBOK2006)[M]. 北京：电子工业出版社,2006

[59] 中国软件评测中心. 计算机信息系统集成项目管理基础[M]. 北京：电子工业出版社,2005

[60] 陈明. 软件工程导论[M]. 北京：机械工业出版社,2011

[61] 张海藩. 软件工程导论(第 5 版)[M]. 北京：清华大学出版社,2008

[62] 吴文钊. 企业信息化行动纲领——中国企业信息化方法论[M]. 北京：机械工业出版社,2003

[63] (美)卡耐基梅隆大学软件工程研究所. 能力成熟度模型(CMM)：软件过程改进指南[M]. 刘孟仁等译. 北京：电子工业出版社. 2001

[64] 王方华,吕巍. 战略管理[M]. 北京：机械工业出版社,2004

[65] 孙强. 信息系统审计安全、风险管理与控制[M]. 北京：机械工业出版社,2003

[66] 徐晓春,李高健. 软件配置管理[M]. 北京：清华大学出版社,2002

[67] 王强. IT 软件项目管理[M]. 北京：清华大学出版社,2004

[68] (美)凯尼菲克. 软件配置管理[M]. 北京：清华大学出版社,2004

[69] (美)雷克斯(Rakos,J.). 项目文档管理指南[M]. 北京：电子工业出版社,2006

[70] Ivar Jacobson. 软件复用：结构、过程和组织[M]. 北京：机械工业出版社,2003

[71] (美)Donald J. Reifer. 软件复用实践[M]. 北京：机械工业出版社,2005

[72] 王亚沙. 软件复用标准指南[M]. 北京：电子工业出版社,2004

[73] 黄军. 软件配置管理及其工具应用[M]. 北京：人民邮电出版社,2002

[74] Brian A. White. 软件配置管理策略与 Rational ClearCase[M]. 北京：人民邮电出版社,2003

[75]　Watts S. Humphrey. 软件过程管理[M].北京：清华大学出版社,2003

[76]　Anne Mette Jonassen Hass. 配置管理原理与实践[M].北京：清华大学出版社,2003

[77]　肖刚.实用软件文档写作[M].北京：清华大学出版社,2007

[78]　陈劲.研发项目管理[M].北京：机械工业出版社,2004

[79]　袁义才.项目管理手册[M].北京：中信出版社,2000

[80]　中企联企业管理顾问公司.软件业质量管理体系文件编制示例[M].北京：中国计划出版社,2001

[81]　王如龙,王莹,张锦等.软件项目管理课程教材与教学方法开发与实践.全国高校软件工程专业教育年会会议论文集[J].南京大学学报,2009(10)

[82]　罗铁清,王如龙.软件项目管理的研究及在项目开发中的应用[D].湖南大学硕士毕业论文,2005(5)

[83]　李彦峰,王如龙.缺陷分类及度量方法在软件缺陷管理中的应用[D].湖南大学硕士毕业论文,2006(3)

[84]　邓子云,王如龙.网上银行系统的分析及在长沙市商业银行的设计与实现[D].湖南大学硕士毕业论文,2006(3)

[85]　唐爱国,王如龙.软件项目风险管理的研究与应用[D].湖南大学硕士毕业论文,2007(5)

[86]　唐一韬,王如龙.基于工作流的构件组装技术研究与应用[D].湖南大学硕士毕业论文,2007(5)

[87]　杨烺,王如龙.商业银行信息系统风险评估模型的设计与实现[D].湖南大学硕士毕业论文,2006(7)

[88]　张益林,王如龙.工作流技术的研究及在工程项目管理中的设计与实现[D].湖南大学硕士毕业论文,2005(5)

[89]　孙志刚,王如龙.基于ASP的供应链管理系统的设计与实现[D].湖南大学硕士毕业论文,2007(5)

[90]　伍江杭,王如龙.软件需求建模复合技术的研究与应用[D].湖南大学硕士毕业论文,2006(3)

[91]　谢英辉,王如龙.基于.NET的软件企业管理信息系统的分析与设计[D].湖南大学硕士毕业论文,2006(3)

[92]　刘胜春,王如龙.软件外包交付模式及其管理的研究与平台实现[D].湖南大学硕士毕业论文,2011(5)

[93]　吴大清,王如龙.IT项目组合管理研究与应用[D].湖南大学硕士毕业论文,2011(5)

[94]　王如龙,张益林,王莹.基于Web工作流管理系统的设计与实现[D].项目管理技术,2005(7)

[95]　王如龙,湖南装备制造业信息化探讨[J].中国制造业信息化,2008(1)

[96]　王如龙,杨烺.企业信息系统风险评估分析[J].湖南制造业信息化,2006(4)

[97]　罗铁清,王如龙.软件项目管理的研究及在项目开发中的应用[J].项目管理技术,2005(3)

[98]　罗铁清,王莹,王如龙.软件项目管理流程分析与设计[J].计算技术与自动化,2005(3)

[99]　杜斌.沟通——现代管理之必须[J].现代企业,2004(11)

[100]　崔佳颖.管理沟通理论的历史演变与发展[J].首都经济贸易大学学报,2005(5)

[101]　王蕾.项目沟通绩效评价初探[J].价值工程,2005(2)

[102]　湖南制造业信息化专家组.湖南省制造业信息化发展研究报告[J].湖南大学期刊社,2006

[103]　王如龙.现代集成制造系统的研究与设计[J].计算技术与自动化,2006(1)

[104]　王念,李珂.制造业信息化工程项目成功要素研究[J].计算技术与自动化,2006(1)

[105]　王如龙.我国中小企业信息化发展研究[J].中国制造业信息化,2006(22)

[106]　王如龙,莫继红.钢铁企业信息系统集成应用研究与实现[J].计算技术与自动化,2006(1)

[107]　张益林,王如龙.基于WEB的工作流技术在工程项目管理系统中的实现[J].科学技术与工程,2005(6)

[108]　李彦峰,王如龙.软件开发项目错误跟踪系统的设计与实现[J].科学技术与工程,2006(1)

[109]　杨烺,西米莎,王如龙.商业银行信息系统风险评估模型研究与实现[J].计算技术与自动化,2007(1)

[110]　邓子云.制定软件项目计划的方法与策略[J].企业技术开发,2004(5)

[111]　卢毅.项目干系人分析的"四步法"[J].项目管理技术,2006(11)

[112]　潘晨光.纵观各国人力资源[J].软件工程师,2006(6)

[113]　许鑫.企业架构：理论与实践[M].南京：南京大学出版社,2009

[114]　郭树行,王如龙等.企业架构与IT战略规划设计教程[M].北京：清华大学出版社,2013

[115]　王仰富等.中国企业的IT治理之道[M].北京：清华大学出版社,2010

[116]　(美)彼得·维尔,珍妮·W.罗斯.IT治理：一流绩效企业的IT治理之道[M].杨波译.北京：商务印书馆,2005

[117]　(美)斯塔夫里·阿诺斯.全球通史：从史前到21世纪(第7版修订版)[M].吴象婴等译.北京：北京大学出版社,2005

致　谢

当此书完稿之际,回想这本书走过的历程,我的心情久久难以平静。因为我深深地懂得,没有这样一个时代,没有这样一个环境,没有这么多给予我关心、支持和帮助的人,我是无法实现产生于十多年前的这个愿望的。

我从 20 世纪 80 年代大学毕业分配到湖南省计算技术研究所(该所 2002 年并入湖南大学)从事 IT 项目的研发、管理和教学近 30 年,这么多年来我没有一天离开过这个单位,更没有一天不在开发或管理 IT 项目。许多人都感到非常惊讶,因为我所从事的这个行业和工作可变因素太多、不稳定因素太多、诱惑也太多。能够坚持走到今天并取得一点成绩,我首先应该感谢项目,感谢项目管理。

感谢时任湖南省计算机学会常务理事长、湖南省计算所所长粟福璋研究员,我在以他为学术带头人的项目团队中工作多年,从他身上我看到了一个项目领导者所具有的扎实业务根底和对全局的把握能力。感谢湖南省计算所彭求实所长对我工作的肯定和支持,他对项目协调的方法和深刻见解使我受益良多。感谢湖南省计算所郭克俊研究员,他对项目的执著给我留下了深刻的印象。

感谢湖南省计算所副所长、天工远科信息技术公司总经理莫继红研究员对我工作的理解与信任,没有他的支持与帮助,我在项目管理方面的教学和实践的机会不可能有这么多,书中的内容也不可能有这么丰富。感谢与我共事多年的项目开发团队成员,在与他们一起开发和实施项目的过程中,我学到了许多业务知识,掌握了许多软件开发技巧,积累了许多项目管理经验,这些都成为我授课的素材及本书的案例与体会。

感谢时任湖南大学软件学院院长张大方教授和副院长孙星明教授,在我们一次不经意的交流中,他们敏锐地察觉到我在 IT 项目管理实践中的经验和体会对学生的价值,是他们的盛情邀请,使我开始了给软件工程硕士班讲授 IT 项目管理课程的历程。如果没有这段经历,这本书的出现也许会晚很多年。感谢湖南大学软件学院林亚平院长,他对 IT 项目管理教学与研究方向的准确把握和支持,使我加快了本书的写作步伐。感谢我 2007 级的研究生汪保杰、鲁健翔、陈泉泉、黄德君、彭昂,他们对书稿进行了认真的校对,提出了许多好的建议。

感谢我的学生,从多年的教学实践中我感觉到了他们是那么迫切地需要了解和掌握 IT 项目管理知识,他们近 1000 万字的作业和邮件是我多年来教学的最大收获。我的学生已经体会到应该将每一堂课都当作一个项目或项目的某个阶段来运作,从每堂课结束时给予我的掌声中我感觉到了项目管理的价值,这也是我最快乐的时刻,我衷心地谢谢他们!

感谢清华大学出版社计算机与信息分社的工作人员,他们辛勤的劳动使这本书得以顺利面世。在本书出版的过程中,付弘宇老师认真负责的精神和出色的协调能力使我深受感动,她为本书的逐步完善提出了许多建议,感谢她给予我们的理解和帮助。

感谢我们这个写作班子的所有家人,没有他们的理解与支持,我想有些困难是很难克服的。

我要表达对我父亲的深切怀念和我 80 岁母亲的深深祝福。我的父母执教几十年,培养了几代学生。我从小就耳濡目染他们对学生的热爱和对人民的真诚,是他们的言传身教让我懂得了如何做事、如何做人。我深深地知道因为有了这些,学生才喜欢听我来讲课,才可能把听我的课当作一种享受。我要感谢我的姑父张俊才先生,他自军医大学毕业后一直在部队和地方从事医学研究和医务管理工作,他对项目管理的真知灼见对我的影响是非常深刻的。

最后,我要特别感谢我的妻子章羽毛女士和女儿王莹,没有她们的爱,我是不可能完成这本书的写作的。我们坚信,只要有了爱,今后的项目就会做得更好。

我深深地懂得,这本书出版之际就是一个新的项目开始之时。我非常渴望收到您对本书的意见和建议,我的邮箱地址是 wrl@hnu.edu.cn。您的宝贵意见和建议将使我和我的学生以及广大读者受益,谢谢您!

王如龙

于岳麓山

2008 年 4 月 20 日

图 书 资 源 支 持

感谢您一直以来对清华版图书的支持和爱护。为了配合本书的使用,本书提供配套的资源,有需求的读者请扫描下方的"书圈"微信公众号二维码,在图书专区下载,也可以拨打电话或发送电子邮件咨询。

如果您在使用本书的过程中遇到了什么问题,或者有相关图书出版计划,也请您发邮件告诉我们,以便我们更好地为您服务。

我们的联系方式:

地　　址:北京市海淀区双清路学研大厦 A 座 714

邮　　编:100084

电　　话:010-83470236　　010-83470237

客服邮箱:2301891038@qq.com

QQ:2301891038 (请写明您的单位和姓名)

资源下载:关注公众号"书圈"下载配套资源。

资源下载、样书申请

书 圈

图书案例

清华计算机学堂

观看课程直播